MOTOCICLETA

Fausto Macieira

MOTOCICLETA

A EVOLUÇÃO DAS MÁQUINAS QUE CONQUISTARAM O MUNDO

São Paulo
2009

EDITORA
ALAÚDE

1ª edição em outubro de 2009 - Impresso no Brasil

Publisher: Antonio Cestaro
Editora: Alessandra J. Gelman Ruiz
Capa e Projeto Gráfico: Walter Cesar Godoy
Preparação de texto: Eduardo Sigrist

Dados Internacionais de Catalogação na Publicação (CIP)
(Câmara Brasileira do Livro, SP, Brasil)

Macieira, Fausto
Motocicleta, a evolução das máquinas que conquistaram o mundo / Fausto Macieira. -- São Paulo : Alaúde Editorial, 2009.

1. Motocicletas 2. Motocicletas - História I. Título.

09-09307 CDD-629.2275

Índices para catálogo sistemático:
1. Motocicletas : Tecnologia : História
629.2275
2. Motos : Tecnologia : História
629.2275

ISBN 978-85-7881-023-8

Alaúde Editorial Ltda.
Rua Hildebrando Thomaz de Carvalho, 60
CEP 04012-120 - São Paulo - SP - Brasil
Fone: (11) 5572-9474 / 5579-6757
www.alaude.com.br
alaude@alaude.com.br

AGRADECIMENTOS

Ao meu saudoso pai, Gil Macieira, que calculou certinho com a minha mãe para que eu chegasse ao mundo no Dia Internacional do Motociclista e, ainda por cima, me deu minha primeira moto, o melhor presente de aniversário que ganhei na vida. À minha mulher, Cecilia Porto, que me atura há décadas com todas as manias e motocicletas. Aos meus amigos, em especial Ralf Kyllar, que respira motociclismo 25 horas por dia, Maurício Papaléo, um dos mais entusiasmados colecionadores motociclísticos do planeta, e Murilo Porto, que com grande paciência resolve meus problemas cotidianos de cunhado faixa branca em informática.

SUMÁRIO

GSX

PREFÁCIO

Acompanho a carreira do Fausto Macieira há muito tempo. Nos conhecemos nos tempos do programa *Bike Show*. Das minhas sete vitórias em mundiais, seis foram transmitidas ao vivo pela SporTV, com o Fausto nos comentários. Na TV e nas revistas, as intervenções dele são, em geral, diretas, bem-humoradas e, sobretudo, precisas. Quando fui convidado para escrever o prefácio deste livro, mesmo aceitando, fiquei preocupado. Já escrevi colunas para revistas, mas nada tão sério como comentar um livro. Ainda mais para o Fausto, que sempre me apoiou nas suas reportagens. É fácil encontrar motivos para criticar os outros, especialmente quando não se sabe das dificuldades. O Fausto foi piloto, venceu e perdeu corridas, e como conhece o que se passa no esporte, sempre tem uma palavra de incentivo para mim e para outros pilotos do motociclismo.

Aí fui ler o livro. Achei um trabalho vibrante, interessante e bem completo. Minha família é de ciclistas, o que me fez prestar atenção especial ao desenvolvimento da bicicleta, que serviu de base para o surgimento da motocicleta. Achei graça no comportamento de muitos personagens do livro. Como tem gente maluca envolvida na história da moto! A parte que mais me chamou a atenção foi o surgimento das corridas. É engraçado saber que os empresários e organizadores sempre quiseram levar vantagem; os pilotos eram explorados ao máximo, recebendo quase nada para arriscar a vida nas competições. Ainda bem que isso vem mudando, mas mesmo no campeonato mundial, ainda pode melhorar muito.

Uma das coisas legais do livro é que, partindo dos tempos da invenção da roda, ele anda junto com a história, fala das guerras, de crises econômicas, da chegada dos japoneses, e faz uma grande retrospectiva do motociclismo no Brasil. Não sou um grande conhecedor de livros, mas nunca vi nada parecido, muito menos no Brasil. Quero parabenizar o Fausto pelo trabalho, desejar-lhe boa sorte e boas vendas. Finalizando, espero que ele escreva muitos outros livros desse tipo. Além de divertir, este livro instrui e, mais, dá uma vontade danada de andar de moto.

Alexandre Barros
piloto de motovelocidade

INTRODUÇÃO

Não importa se você é motociclista, marinheiro, aeronauta, pedestre, ou se você se desloca pelo planeta de bengala, muletas, cadeira de rodas ou maca. O que nos une é o amor pelas duas-rodas-e-um-motor. E o fato de estar lendo estas linhas prova que, próximo ou afastado, você é parte da família. Também é fato que algumas pessoas afirmam ser a motocicleta o automóvel dos pobres, veículo perigoso, incompetente, que não se mantém equilibrado sozinho, sofre com a chuva e por aí vai. Não ligue. A motocicleta, ou carinhosamente moto, vai além, muito além de mero veículo ou meio de transporte. Ela é prazer, aventura, estilo de vida. A moto simboliza o que todos nós buscamos na vida: a liberdade.

Os ingleses, acostumados a chuvas diárias, têm um ditado solar sobre a motocicleta: *"If there is anything better than a motorbike, God must have kept for him in heaven"* ("Se existe algo melhor que a motocicleta, Deus deve ter guardado para Ele no céu"). Este livro não tem a pretensão de esgotar o assunto, mesmo porque muitos acontecimentos e histórias narrados a seguir não têm comprovação integral, tanto pela precariedade da documentação na época, quanto pela possibilidade de a presente versão dos acontecimentos não ser condizente com a efetiva realidade. A meta aqui não é trilhar um roteiro acadêmico, mas celebrar a invenção e o desenvolvimento da motocicleta, fenômeno cultural e expressão de arte, progresso, liberdade e, sobretudo, diversão – sem perder de vista que esse universo inteiro se apoia em um singelo par de rodas e em um motor.

Grid de largada do início do século XX: em busca da liberdade

Parte I

POSFÁCIO

Eu e minhas amigas motocicletas

Geralmente, quem entra no motociclismo é para ficar. Comigo não foi diferente. Não sei se cheguei ao mundo na garupa da cegonha, mas o fato é que foi no Dia do Motociclista, 27 de julho, há muito tempo... Desde a idade das fraldas, meu interesse não eram carrinhos, mas motinhas, desenhadas ou recortadas de revistas. Como praticamente não existiam motos de brinquedo naquele tempo, o jeito era namorar as grandes mesmo. Para minha sorte, meu pai era advogado dos donos da Motojet, uma das primeiras revendas Honda no Rio de Janeiro. A loja ficava na avenida Princesa Isabel, em Copacabana, e o ambiente era sempre animado. Uma vez, um cliente débil acelerou demais sua moto nova na saída da loja, não fez a curva de entrada na avenida Atlântica e se espatifou na calçada da praia. Bons tempos aqueles...

Motocicleta: diversão garantida sem limite de idade

Meu primeiro emprego foi numa revenda Yamaha, a RTT Veículos, na rua Toneleiro, também em Copacabana. Foi nesse período que convenci meus pais a me darem uma moto como presente de 15 anos. A conversa funcionou e consegui, lá na loja mesmo, uma Yamahinha 50 cc FS1 "do ano" (1972), estilo motovelocidade. As condições de uso eram claras: usar equipamento de proteção completo, andar apenas durante o dia, e mesmo assim só nos fins de semana; a moto ficaria "sediada" na nossa casa de veraneio em Petrópolis. Topei todas as restrições, claro – meu objetivo era garantir a moto. Na véspera da chegada da cinquentinha, nem consegui dormir. O pior é que choveu direto e mal pude dar um rolê. Resolvi o problema afastando os móveis e andando dentro da sala lá de casa, mas o pessoal não gostou muito do "circuito" e decidi sair na chuva mesmo. Petrópolis tem um clima bem londrino, chuva e nevoeiro estão sempre em pauta.

Aos poucos, fui aprendendo o básico. Lembro-me da sensação incrível da primeira vez em que passei dos 40 km/h. Mas só comecei a acelerar a partir do dia em que conheci a "turma da fazenda inglesa",

A rapaziada do Moto Clube de Campos, Rio de Janeiro, fundado em 1923

especialmente Benjamim Medeiros, o "Biim" e Alfredo Vieira de Mello, o "Jimmy". Esses caras andavam forte pra valer em suas destemidas cinquentinhas F5 com pneus dianteiros *off-road* (da Honda CT 90 cc) e carecas na traseira, escorregando com tudo em pisos de terra e no paralelepípedo molhado das estradinhas petropolitanas. Logo de cara, eu, prego total, achei que se eles faziam aquilo tudo com aquelas motos velhas, a minha FS1 ia jantar todo mundo. Eu me animei, botei pra dentro e logo na primeira curva: chão... meu primeiro de uma série que não tem data pra terminar.

Depois desse batismo de fogo, deixei de lado o asfalto e seus heróis (Agostini, Saarinen, Cecotto, Adu Celso...) para me concentrar no *motocross*. Jawas, KTMs, Husqvarnas e Suzukis passavam pela minha cabeça enquanto eu tentava, em vão, acompanhar o ritmo dos meus novos amigos. Depois de "centos" tombos, comecei a aprender. Modifiquei pneus, guidão e relação, troquei o capacete fechado por um aberto, arrumei uma camisa da Suzuki e me senti um misto de Joel Robert e Roger de Coster, os bambambãs da época.

A cinquentinha durou bastante e foi uma excelente escola. Em Petrópolis, quase todo mundo tinha uma, e inventávamos saltos, *speedways* e outras firulas que quase sempre acabavam em tombos. Era tudo muito divertido. Andávamos em grupo e cronometrávamos todos os percursos, sempre querendo baixar o tempo. As pequenas motos sofriam, mas davam conta do recado. Uma vez aproveitamos um depósito de esterco para construir uma pistinha. A minipista ficou ótima, e o piso de esterco tinha uma aderência inacreditável. O único senão era o aroma do local...

Fiquei uns dois anos com a 50 cc, cuja segunda e quarta marchas acabaram quebrando; acho que ela não gostava de números pares. Era um tal de hááááááán (primeira), a seguir pôôôuuu (terceira) – imagine com garupa! O conserto era tão caro que acabei vendendo a moto para o Paulo Lyra, que tinha – e continua tendo – uma revenda Yamaha.

Depois de algum tempo a pé, juntei dinheiro do meu emprego de estagiário na advocacia, apelei para o "paitrocínio" – a ocasião era favorável –, e entrou em campo minha segunda moto, uma Suzuki TS 185 cc 1974 seminova. *Rapeize*, que moto! Aro 21, suspensão de ponta, segunda marcha, quarta marcha...

Na negociação familiar existia um compromisso de não competir, mas a vontade era maior e caí na clandestinidade. Houve dia de descer para o Rio, correr (em Jacarepaguá, no saudoso circuito Maqui-Mundi), voltar para Petrópolis, deixar a moto e descer novamente no final do domingo, arrasado, claro. O problema maior é que a moto tinha de enfrentar as 250 cc. O Nivanor também passou por isso, mas eu tinha pouco em comum com o "Touro do Paraná", tanto no físico quanto na técnica.

Ao final desse estágio na TS, surgiu a oportunidade de adquirir uma verdadeira moto de competição, uma "fabulosa" Yamaha MX 125 cc safra 1974 com *kit* Noguchi e amortecedores Koni, o máximo da época. Eu estava entusiasmado e decidi estrear a moto em alto estilo, na abertura do campeonato brasileiro de *motocross*, temporada 1975!

A corrida seria em Belo Horizonte, ou melhor, no distrito industrial de Contagem, na periferia da capital mineira. Junto com o Paulo Lyra, embarquei meu "protótipo" e fui à luta. Minha família foi também, para dar uma força. Paulo e eu andamos razoavelmente nos treinos, e no "agradável" horário das 13 horas de domingo nos alinhamos junto com outros 39 animados "pilotos suicidas", como berrava o locutor.

Apesar da ilustre presença do governador do Estado e de outras autoridades, não havia partidor, um elástico cirúrgico que fazia as honras de *gate*. O saudoso presidente da CBM, Eloy Gogliano, deu a ordem de largada, alguém soltou o tal elástico e decolamos para a primeira bateria das 125 cc. Ajudado pelo *kit* Noguchi e pela leveza dos meus cinquenta e poucos quilos, larguei bem, em quinto eu acho, colado nas YZs e RMs do pelotão dianteiro, mas me empolguei e capotei morro abaixo. No meio da poeirada, muitos dos que vinham atrás acabaram caindo também. Depois que todo mundo se levantou, consegui achar minha moto, que virou *monoshock* por conta de um caríssimo Koni partido ao meio.

Essa MX quase me levou à falência. Quebrava a todo momento, acho que não terminei nenhuma corrida com ela. Decidido a encerrar minha pseudocarreira, vendi a moto e comprei uma Yamaha AT3 125 cc, que, se não andava tanto, também não quebrava. Gostei muito da AT, mas a vontade de voltar às pistas foi aumentando, e comprei uma experiente Suzuki TM 250 cc, precursora da RM. Essa moto tinha sido do Luizmar Muniz, o lendário "Chaveta", que correu com ela nas areias da praia do Leme na histórica corrida de 1972. A moto já tinha sido de meio mundo carioca, mas estava em boas condições. Mesmo conservada e com um excelente motor, não era páreo para as revolucionárias YZs e RMs, que dominavam o *cross* da época. Fiz algumas provas em Minas e em São Paulo, até que numa dessas acabei trocando minha obsoleta TM por uma radical e exclusiva... Honda CG 125!

A CG andava pouco, e bebia menos ainda, chamando a atenção pelo ridículo do guidão Mancs, pelo acendedor de cigarro no painel e pelo mata-cachorro, além da espantosa cor rosa. Mas o chato mesmo era que eu não cabia na moto, meus joelhos ficavam meio metro para fora do tanque, e as costas doíam por causa do tal guidão. Vendi a CG e comprei uma Suzuki PE 175 cc, antecessora das RMXs de enduro. Não gostei da moto. Haviam colocado um cano de RM 125 cc para melhorar a alta, mas ela perdeu a baixa e não teve ganho na alta, ou seja, ficou sem nada, devagar quase parando. Fiquei com a PE por algum tempo, até que apareceu um incauto querendo a moto, coitado...

Com a grana da PE e mais umas economias, finalmente capturei uma moto competitiva, uma Suzuki RM 125 C seminova. A moto andava bem e quase não precisava de manutenção. Com ela fiz algumas provas dos campeonatos brasileiro, carioca, paulista e mineiro na temporada 1977. Os melhores resultados foram sexto lugar no brasileiro (etapa de Brasília), terceiro no paulista (São Bernardo) e segundo no mineiro (Conselheiro Lafaiete). Foi muito bom viajar pelo país, conhecer pessoas novas e dividir curvas e saltos com feras consagradas, como Nivanor, Boettcher, Moronguinho, Scateninha, Balbi sênior, Geraldo Starling e muitos outros. No carioca, acabei em oitavo lugar nas 250 cc, correndo de 125 cc. Em 1978, mantive a moto – o dinheiro andava curto – e fiquei no circuito carioca, terminando o ano em terceiro nas 125 cc e quarto nas 250 cc. Não havia *supercross* naquele tempo, o obstáculo da moda era o inclinadíssimo salto "King Kong", no qual o segredo era só uma decoladinha básica pra não quebrar a moto nem arriscar um capote lá de cima.

O ano de 1979 começou bem, com algum saldo em caixa: vendi a RM e comprei uma Honda CR 250 R seminova, safra 1978. A moto era revolucionária para a época, com suspensões de longo curso e uma cavalaria de 37 hp (que hoje em dia está presente nas motos de 125 cc). Mesmo *standard*, a moto era simplesmente ótima, andava muito, não quebrava e tinha a vantagem adicional da exclusividade, pois quase ninguém corria de Honda naquele tempo. No meio do ano, fiz minha primeira viagem para os Estados Unidos. Pirei de vez, claro, e acabei comprando uma segunda CR 250 R, do ano, zerada e com um lote de peças de evolução da DG, Fox e Simons. Uhu, animal! A moto voava e eu ia atrás, os tombos eram frequentes. Acabei fechando o campeonato carioca em terceiro lugar, no mineiro fiquei em quarto, e o melhor momento do ano foi um sétimo lugar no latino-americano em Interlagos, em que o vencedor foi o "Touro do Paraná", Nivanor Bernardi.

A falta de preparo físico e técnico ficava mais evidente com a CR, o que me levou a uma nova viagem aos *States* em 1980, dessa vez para um curso de pilotagem da U.S. Suzuki na lendária pista de Carlsbad Raceway, perto de San Diego. Meu amigo Duca Kruel foi também, numa das viagens mais divertidas que fiz na vida. O curso era incrível, os caras davam alojamento, teoria, preparação física, manutenção da moto, a própria moto, obviamente uma Suzuki, pista e combustível à vontade. Nós, alunos, entrávamos com o equipamento, a cara e a coragem. Conhecemos uma brasileirada de fé e acabamos ficando muito mais tempo que o planejado. O saldo foi amplamente positivo, ganhei o campeonato carioca e consegui andar mais seguro, para decepção do meu ortopedista.

Em 1981, mudança radical: vendi as CRs, casei e fui morar em Brasília, onde completei o curso de Direito, singrando o tal plano piloto com uma Suzukinha TS 125. O *cross* começava a crescer no planalto central, em que pontificavam Quintino Vargas, "Mexicano" *(sorry, Mexica, I forgot your real name)* e Rafael Campos, sem falar no vizinho goiano Roberto Boettcher, um dos melhores pilotos da história do Brasil. Eu me animei novamente e voltei aos Estados Unidos para mais um curso na Suzuki, aproveitando o embalo "suzukiano" para encomendar duas RMs, uma 125 e uma Duque. O ano parecia bom, mas as motos "encruaram" na alfândega – só foram liberadas em agosto – e perdi o campeonato carioca por W.O. Mesmo assim, tive o gostinho de usar o sonhado número 1 em algumas provas, mas perdi o título estadual para meu amigo Paulo Lyra.

Fiquei tão aborrecido com os problemas de importação que desisti de correr em 1982, época em que comprei do meu amigo Marcelo "Magal" uma raríssima Montesa 360 H7 de enduro. Em 1983, eu já tinha esquecido a parte ruim e acabei de volta ao Rio e ao *motocross* com a RM 125 de 1981 e outra Montesa, uma Cappra 250 cc "nacional". A turma da Montesa podia correr em duas categorias, a Nacional Força Livre e a 250 Especial, o que dava três baterias no final do dia, com boa chance de faturar pontos, troféus e uma graninha de quando em vez. Terminei o ano em quarto lugar no carioca e venci algumas corridas no Rio e em Minas, recuperando o prazer de competir.

Como a verba da minha "euquipe" andava restrita, vendi a excelente H7 e mantive as duas motos de *cross* no ano seguinte, 1984. Não foi uma boa ideia, já que minhas montarias estavam ultrapassadas e não eram muito confiáveis. Meu melhor resultado foi numa prova extra em Angra dos Reis, na qual ganhei nas 125 e nas 250 cc e me senti *the king of the world*, ao menos na praia das Pedrinhas...

E veio o ano de 1985. Eu me desfiz do patrimônio motociclístico, comprei uma DT 180N para as ruas e uma Kawasaki KX 125 (quente, por 1.800 dólares no câmbio oficial e com um *kit* de reposição que incluía um cilindro reserva. Bons tempos, hein?) para os pulinhos de fim de semana. Foi em 1985 que os ianques Kenny Keylon e Rodney Smith vieram competir no Brasil. Eram tempos de nova república também no *cross* tupiniquim. Os dois americanos começaram a conquistar o Brasil pelas mãos do Luís Augusto, da Maremoto, carioquíssima revenda Yamaha.

Era meio sem graça andar junto dos dois gringos. Eles sumiam no horizonte logo na primeira volta e não tomavam conhecimento da concorrência, simulando um duelo cheio de estilo pela vitória, para a alegria do público e desespero das outras equipes, especialmente a poderosa Honda, que tinha na época os megacraques Moronguinho e Paraguaio. Mesmo de KX 125 eu não tinha mais nada em comum com o Jeff Ward e não fiz uma boa temporada. Não adiantaram muito as aulas grátis dos americanos; o ritmo deles era tão mais forte que só nos encontrávamos sob a bandeira azul, adivinhe para quem... Meu melhor resultado foi um segundo lugar na semifinal do Supercross da Apoteose, prova vencida por outro importado, Jordi Elias, da Espanha. Olé!

Em 1986, resolvi voltar para as 250 cc: vendi meu lote 85 (KX e DT) e comprei outra DT e uma KX 250 cc (zero, quente e por 2.100 dólares no oficial). Enquanto a moto não chegava, decidi aceitar o convite do meu amigo Guingo Pareto e fui curtir um *motocrossinho* básico em pistas californianas. Dividindo as despesas e a YZ 125 cc do Guingo, fizemos o circuito Ascot/Perris no melhor estilo nômade aventureiro, vivendo dentro de uma *van* e acampando na pista.

De volta ao Brasil, completamente duro e cheio de trabalho a fazer, desisti das viagens e fiquei restrito aos bons e confortáveis eventos do Lagoa Barra Clube, espécie de precursor do União Moto Clube. O *supercross* decolava em terras cariocas com o primeiro campeonato estadual, inteiramente disputado no Lagoa, ao som de "Boys Don't Cry", do The Cure. Um luxo. O bom conhecimento da pista e a estratégia de pontuar sempre me deixaram com chances no campeonato carioca até a última etapa, quando vacilei a acabei fora dos *top* 3, que foram, pela ordem, Augusto Nadur (campeão), Márcio Campos e Guto Lima.

No ano seguinte (1987), troquei de DT, mas mantive a Duque. Meu tempo livre era pouco, o preparo físico menor ainda, e as esperanças de chegar ao pódio eram parecidas com as chances de o atual time do Botafogo ganhar um título... Depois de duas provas sofríveis, desisti de vez das competições, vendi a KX e passei a ser motociclista em tempo integral, o que definitivamente não foi tão ruim.

Daí por diante, foram mais três DTs 180 na minha opinião, uma excelente moto em termos de custo/benefício, o que se comprova pelas exportações e avaliações em revistas americanas. Uma vez, em San Diego, entrei num bar e fiquei chocado com uma 180 pendurada no teto. O proprietário era fã da RT 180, versão USA da nossa "pequena notável".

No início dos anos 1990, comprei uma Tenerê azul daquelas carenadas. Uma bela moto, mas um tanto pesadona e visada pela ladroagem carioca – combinação de fatores bastante perigosa. Na sequência, uma 200 R que efetivamente me deixou a pé em vários pontos do Rio de Janeiro por excesso de calor. Imaginem, a moto fervia comigo (60 kg) sozinho! Eu me senti um lutador de sumô!

Em 1995, tive uma recaída e comprei uma CR 250 R safra 1994. O objetivo era dar uns treininhos e tirar umas fotos, sem pensar em competir. Mesmo assim, acabei me machucando num "pseudonac-nac" que me deixou de muletas um bom tempo. No final de 1997, vendi a CR e comprei uma impecável Honda XR 650 L safra 1995.

Depois de oito anos e 80 mil milhas, troquei a 650 por uma XR 250 R Tornado, minha condução desde então. Em 2008, pensei em trocar de moto, mas preferi comprar mais uma, minha sétima DT 180, modelo 1996, impecável, saída do acervo particular do meu amigo Ralf Kyllar. A moto fica no sítio do meu sogro em Minas Gerais. Passeio com ela uma vez por semestre, se tanto, mas só de saber que ela está lá me dá uma tremenda paz de espírito.

Ao todo, são 27 motocicletas em 37 anos de motociclismo. Eu gostaria de continuar com todas elas, assim como faz o ex-campeão de *cross* Guy Cooper, que tem dois hangares cheios de relíquias em Cooperland, seu lendário sítio em Stillwater, Oklahoma. Mas não tem problema. Mesmo sem a presença física, cada uma dessas motocicletas foi amiga, confidente e companheira, com direito a vaga cativa no meu coração e na minha cabeça enquanto eu viver. Nada de extraordinário. Quem tem ou já teve moto deve sentir a mesma coisa. Mas, para os que ainda não experimentaram as duas rodas motorizadas, só posso dizer que vale a pena tentar, e como vale a pena! Mesmo se a grana é pequena, e a moto também, pilotar é um privilégio tal que não existe mais nada além.

Sorry, Fernando Pessoa...

Saudações motociclísticas,
Fausto Macieira

Foto de Murilo Porto

Algumas das paixões do autor: Pimenta (o cão) e Botafogo (a enseada e o clube)

REFERÊNCIAS BIBLIOGRÁFICAS

BACON, Roy. *The Illustrated Motorcycle Legends*. Londres: Chartwell Books, 1995.

BARRINGTON, Shaun. *Harley-Davidson, an Illustrated Story*. Londres: Grange Books, 1998.

BOURGIES, Christian de. *Guia prático da moto*. Lisboa: Bertrand, 1978.

BROWN, Roland. *The Encyclopedia of Motorcycles*. Londres: Smithmark, 1996.

BYGRAVE, Mike; DOWDALL, Jim. *Motos e motorizadas*. Lisboa: Editorial Verbo, 1977.

CARROL, John; STUART, Garry. *The Gatefold Book of Harley-Davidson*. Londres: Grange Books, 1997.

DUHAMEL, Yvon. *La Moto*. Barcelona: Ediciones Daimon, 1973.

FORSDYKE, G. *Motociclos e motocicletas*. Lisboa: Presença, 1978.

________. *Off Road Motorcycle Sport*. Londres: Hamlyn, 1976.

HATFIELD, Jerry; HABERSTADT, Hans. *Indian Motorcycles*. Osceola: Motorbooks International, 1996.

HOLDER, Bill. *Motorcycle Racing*. Leicester: Magna Books, 1994.

ISENBERG, Hans; MAXEINER, Dirk. *Die schnellsten Motorräder der Welt*. Kriftel: Libro Satz, 1978.

KNITTEL, Stefan. *Motorrad Lexikon*. Zurique: BLV Verlagsgesellschaft, 1983.

MINTON, Dave. *Motorcycles of the World*. Londres: McDonald Phoebus, 1981.

MORLEY, Dan. *A história da motocicleta*. Rio de Janeiro: Ao Livro Técnico, 1983.

________. *Motociclismo*. Rio de Janeiro: Ao Livro Técnico, 1982.

MOTO Catálogo 1976. Rio de Janeiro: Livraria Hachette, 1976.

MOTO Catalogo Internazionale. Milão: Edizioni AID, 1979.

MUYLAERT, Roberto. *Honda*: 25 anos de Brasil. São Paulo: Dorea Book and Arts, 1997.

PAGÉ, Victor. *Motorcycles and Side Cars*. Nova York: Henley Publishing, 1921.

PASINI, Marcos V. *1967*: o começo de uma paixão. São Paulo: Biblioteca 24x7, 2008.

PÉTRIER, Marc. *A história da Yamaha*. São Paulo: Edipromo, 1986.

REY, Christian. *Vade-Mecum du Motocycliste*. Paris: Éditions Moto Revue, 1972.

SALVAT, Bernard. *Les Motos Françaises*. Rennes: EPA, 1994.

SCHILLING, Phil. *The Motorcycle World*. Verona: Mondadori, 1974.

THE art of the motorcycle. Las Vegas: Guggenheim Museum Publications, 2001.

TRAGATSCH, Erwin. *The Illustrated Encyclopedia of Motorcycles*. Londres: Temple Press Books, 1985.

VOTRE Vespa. Paris: Librairie Automobile, 1951.

WILSON, Hugo. *Hot Bikes*. Londres: Dorling Kindersley, 2001.

WOOLET, Mick. *Racing Motorcycles*. Londres: Hamlyn, 1974.

Revistas

Cycle World. Nova York: Hachette Filipacchi Media U. S. Inc.

Dirt Action. São Paulo: Adrenal.

Dirt Bike. Valencia: Daisy/Hi-Torque Publications.

Duas Rodas Motociclismo. São Paulo: Sisal.

Moto Adventure. São Paulo: Crazy Turquey.

Moto Max. São Paulo: Europa.

Moto Sport. São Paulo: Pinus.

Motoaction. São Paulo: Adrenal.

Motociclismo. Milão: Edisport Editoriale.

Motociclismo ES. Madri: Motorpress Ibérica.

Motociclismo Magazine. São Paulo: Motor Press Brasil.

Motocross. São Paulo: Pinus.

Motoshow. São Paulo: Três.

Racer X Illustrated. Morgantown: Filter Publications.

Revista da Moto. São Paulo: Mestra.

Solo Moto. Madri: Alesport.

CRÉDITOS DAS IMAGENS

Arquivo do autor: páginas 6, 8, 9, 10, 11, 14, 15, 16, 17, 18, 19, 20, 21, 22, 23, 24, 25, 27 (em cima e embaixo), 28, 29, 30, 31 (em cima e ao centro), 32, 33, 34, 35, 36, 38, 42, 43, 44, 45 (ao centro e embaixo), 46, 47, 48, 49, 50 (em cima), 52 (em cima), 53 (em cima e ao centro), 54, 55, 56, 57, 58, 59, 60, 61, 62, 63, 64, 65, 66, 67, 68, 69, 70, 71, 72, 73, 74, 75, 76, 77, 78, 79, 80, 81 (em cima e ao centro), 82, 83, 84, 85, 86, 87, 88, 89, 90, 91, 94, 95, 96, 97, 98, 99, 100, 101, 102, 103, 104, 105, 106, 107, 108, 109, 110, 111, 112, 113, 114, 115, 116, 117, 118, 119, 120 (à direita), 121, 122, 123, 124 (em cima e embaixo), 125, 126, 127, 128, 129 (à esquerda), 130 (à direita), 131, 132 (embaixo), 133 (ao centro), 134, 135, 136, 137, 138, 139, 140, 141, 142, 143, 144, 145, 148 (em cima), 149, 150 (em cima), 151 (embaixo), 152, 153, 154, 155, 156, 157, 158, 159, 160, 161, 162, 163, 165, 166 (a direita), 167, 168, 169, 170, 171, 172, 173, 174, 175, 176, 177 (à direita e embaixo), 178 (embaixo), 179, 180, 181, 182, 183, 184, 185, 186, 187, 188, 189, 190 (em cima), 191 (embaixo), 192, 193, 196 (em cima e embaixo), 197 (em cima), 198 (em cima e embaixo à direita), 199 (em cima e embaixo à esquerda), 200, 201, 202, 203 (em cima à direita e ao centro), 204 (em cima e embaixo), 205, 206 (ao centro e embaixo), 207 (em cima à esquerda e ao centro), 208 (à direita), 209 (embaixo), 210, 211, 212, 213, 214, 215 (à direita), 216 (embaixo), 217, 218, 219 (em cima), 220 (embaixo), 221, 222 (em cima à direita), 223, 224, 226, 227, 228 (ao centro à direita), 229 (em cima), 230, 232, 233 (em cima e ao centro à esquerda), 234 (ao centro), 235 (em cima e embaixo), 236 (em cima à esquerda e abaixo), 238 (em cima à esquerda e abaixo), 239 (em cima e abaixo), 240, 241 (em cima e embaixo à esquerda), 243 (embaixo), 244 (em cima), 245 (ao centro e embaixo), 246 (embaixo à direita), 247 (em cima à esquerda e abaixo), 250, 252 (embaixo), 253 (ao centro e embaixo), 254, 255, 256, 257 (em cima), 260, 261, 265 e 268.

Alex Llobet Vidal: página 197 (embaixo).

Bascar: página 235 (ao centro).

Beto Avallone: páginas 164 (à direita), 166 (à esquerda).

Beto Kahena: páginas 177 (à esquerda).

BMW: páginas 194, 195, 251 (embaixo) e 252 (em cima).

Brandy: páginas 198 (à direita), 203 (em cima à esquerda) e 207 (em cima à direita).

Bryan Dunlap: página 199 (embaixo à direita).

Casa do Menino Jesus: página 246 (embaixo à esquerda).

Casa Rosada comunicação, fotografia & marketing: páginas 132 (em cima) e 148 (embaixo).

Craig Vetter: páginas 262 e 263.

Federação Catarinense de Motociclismo: página 130 (embaixo).

Fernando PN: página 190 (embaixo).

Flávio Kenup: página 246 (ao centro à direita).

Harley-Davidson: página 45 (em cima).

Honda: páginas 129 (à direita), 130 (à esquerda), 136 (em cima), 204 (ao centro), 215 (à esquerda), 225, 229 (embaixo), 236 (em cima à direita), 237, 242 (em cima e ao centro), 243 (em cima), 248, 249 e 264.

IMOCX: página 244 (embaixo).

Luciana Picoli: página 196 (ao centro).

Matthew Hann: páginas 208 (à esquerda) e 209 (em cima).

Matthew King: páginas 50 (embaixo), 51 e 52 (embaixo).

Motor Z: páginas 246 (em cima) e 253 (em cima).

Paulo Martins: páginas 26, 27 (ao centro), 31 (embaixo), 37, 39, 53 (embaixo), 81 (embaixo) e 150 (embaixo).

PVGA do Brasil/Piaggio: página 120 (à esquerda), 124 (ao centro) e página 245 (em cima).

Rafael Ramos: página 151 (em cima).

Revista *Duas Rodas Motociclismo:* páginas 206 (em cima), 220 (em cima), 231 (em cima), 234 (em cima) e 257 (embaixo à direita).

Revista *Pro Moto:* páginas 164 (à esquerda) e 257 (embaixo à esquerda).

Rodrigo Rogues: página 191 (em cima).

Sérgio Hosken: página 178 (em cima).

Sundown: páginas 198 (embaixo à esquerda), 222 (em cima à esquerda), 233 (ao centro à direita), 239 (ao centro) e 247 (em cima à direita).

Suzuki: páginas 216 (em cima), 219 (ao centro), 228 (em cima à esquerda), 231 (ao centro), 238 (em cima à direita) e 251 (em cima e ao centro).

Team Kawasaki SBK: página 228 (ao centro à esquerda).

Yamaha: páginas 5, 219 (embaixo), 222 (ao centro), 241 (embaixo à direita) e 242 (embaixo).

RAÍZES

CAPÍTULO 1

RODAS

Invenção e reinvenção

As rodas formam a base de todo o conjunto que compõe a motocicleta. Elas são a essência, a fonte da qual irradiam as demais peças mecânicas do veículo. A ampla maioria dos veículos terrestres se movimenta sobre rodas. Esse simples mas fundamental engenho surgiu bem depois das primeiras ferramentas utilizadas pelo homem, e inicialmente sua função não era proporcionar mobilidade, mas servir de base para a fabricação de peças de cerâmica. E assim foi, até que um dia alguém a empurrou morro abaixo e, notando que ela ganhava velocidade, pensou que isso poderia ser útil para o ser humano. Foi o que se chamou de "reinvenção da roda", ou seja, sua utilização para transporte de cargas por terra. Antes dessa descoberta, as cargas mais pesadas eram arrastadas por animais ou pessoas, organizadas em juntas ou cangas, com grande esforço e perda de energia. Nas regiões mais frias, o transporte era feito por meio de trenós, que passaram a utilizar as rodas e ficaram muito mais versáteis. Um trenó com rodas é descrito num pictograma datado de cerca de 3.500 a.C., na cidade de Uruk, Mesopotâmia.

Rodas em destaque em pictograma asiático

Os estudiosos consideram que os troncos rolantes, supostamente adotados pelos egípcios na construção das pirâmides, seriam os antecessores diretos da roda, mas não há evidências de que os mesopotâmios tenham participado dessa fase, pois naquela região existiam apenas umas poucas e frágeis árvores, o que impediria sua utilização como suporte de carga. Aliás, os primeiros percursos dos "carros com eixos e rodas" não foram utilitários, mas fúnebres, carregando, com pompa e circunstância, os bacanas da época para a sua última morada.

Pictograma mesopotâmio: rodas antes de Cristo

Das cerimônias religiosas, o carro mesopotâmio passou a ter propósitos bem menos nobres. Era a guerra, e quem fosse mais eficiente na arte de exterminar seus semelhantes conquistava fama e fortuna. É dessa fase bélica a era das bigas, carruagens com duas rodas em paralelo e grande poder de combate, montadas em aros e raios bem leves e resistentes. A popularidade dos veículos com rodas espalhou-se rapidamente do Egito para a Europa, e dali para a Ásia, difundindo-se pelas Américas por intermédio do México. Por conta das dificuldades geográficas, algumas regiões, como os países andinos e desérticos, atrasaram-se na adesão ao transporte sobre rodas, pois a falta de estradas tornava mais efetivo o deslocamento por tração animal. Cavalos, camelos e bois seguiram transportando bens até que as trilhas se transformaram em estradas, permitindo a difusão das rodas por quase todos os caminhos do planeta, para o bem do povo e felicidade geral da humanidade.

Duas rodas

Com a expansão do Império Romano, as rodas em paralelo estavam em toda parte. Transportavam nobres, carregavam mantimentos e eram usadas como base de armas de guerra temíveis, como as catapultas. Mesmo os povos bárbaros, como os gauleses, hunos e mongóis, adotaram a roda, em menor escala, mas com grande eficiência bélica. A decadência romana freou a evolução da roda, que ressurgiu com tudo no Renascimento, preparando o terreno para os veículos modernos.

Data de 1493 o esboço de uma bicicleta (com rodas em linha), descoberto em 1966 por um grupo de monges liderados pelo historiador Augusto Marinoni (1911-1997), e anunciado oito anos depois, em 1974. O trabalho aparece em um anexo (fólio 133) ao Código Atlântico e é atribuído a um dos discípulos do mítico Leonardo da Vinci (1452-1519). A autenticidade do desenho é veementemente contestada, já que nem todos os componentes nele utilizados estavam disponíveis no século XV. Carlo Pedretti (1928-), historiador de arte e professor da Universidade da Califórnia, UCLA, estudou os fólios em 1961 e não viu a bicicleta, apenas dois círculos e algumas linhas. Pedretti conta que o processo de restauração dos monges era caótico, e muitos desenhos foram destruídos por erros de manuseio. Porém, como as notas originais do trabalho foram furtadas do carro dele em 1965, não há comprovação documental de suas afirmativas.

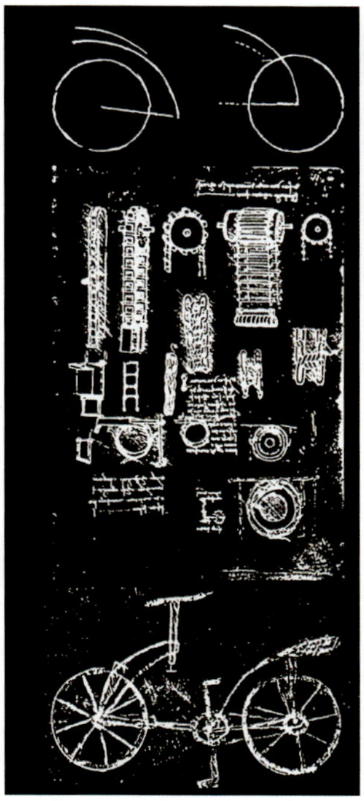

O controverso esboço de Da Vinci: avançado demais para a época

Segundo o professor Hans-Erhard Lessing (1938-), do Museu de Tecnologia e Trabalho de Mannheim, Alemanha, o esboço é uma fraude. Segundo ele, algum monge, ou o próprio Marinoni, partindo de dois círculos genuínos dos tempos de Da Vinci, desenhou a bicicleta. Lessing afirmou, ainda, que a alteração foi feita a lápis, e o grafite surgiu como descoberta no ano de 1564, décadas depois da morte de Da Vinci, em 2 de maio de 1519. Após um período de constrangedor silêncio, Marinoni declarou que confiava na honestidade dos monges. A discussão prossegue, com a Biblioteca Ambrosiana de Milão, a Universidade Católica e o Laboratório de Restauro de Grottaferrata fechando a questão a favor da autenticidade do desenho. Na visão deles, a posição do alemão Lessing é tendenciosa, pois atribui a paternidade do invento a um conterrâneo, o barão Von Drais. Um exame mais detalhado comprovaria a idade do desenho, mas o original foi selado em plástico para conservação, por ordem do próprio Marinoni.

O polêmico professor Augusto Marinoni teve influência na descoberta do esboço de Leonardo da Vinci

Outra alusão polêmica à bicicleta data do ano de 1643, na igreja inglesa de Saint Giles, povoado de Stoke Poges. É um vitral conhecido como "A bicicleta do anjo", que mostra um risonho querubim sentado num cavalo-marinho apoiado sobre uma roda dianteira. O Deutsche Museum de Mônaco conserva um modelo chamado "bicicleta de Kassler", que remonta a 1761. A paternidade da invenção é, contudo, objeto de discussão, tanto que muitos pensam que esse é, na verdade, de um modelo francês exportado bem mais tarde para a Alemanha.

Vitral de 1643: anjo sobre rodas

A bicicleta de Michael Kassler, de 1761, media 2,3 metros de comprimento, era construída em madeira e não havia controle sobre o garfo dianteiro

No fim do século XVIII, voltou-se a ter notícias da bicicleta. Diz a história que o conde Méde de Sivrac teria inventado uma antecessora da bicicleta, batizada de celerífero, junção das palavras em latim *celer* (rápido) e *fero* (transporte). O engenho era composto de uma viga que unia duas rodas de madeira enfileiradas, e não possuía pedais, banco ou guidão; no lugar dele, cabeças de animais como leão, cavalo, crocodilo ou serpente, o que tornava difícil seu uso com mínima precisão. O condutor movimentava o veículo empurrando-o alternadamente com os pés, ao estilo dos patinetes. Bom para os sapateiros, mas ruim para a coluna cervical.

Sivrac: se ele existiu mesmo, enxergava longe...

Sivrac teria passeado com o celerífero pelas ruas de Paris em 1790. Não há comprovação desse fato, que não consta do atlas histórico mundial. É bastante improvável que um aristocrata pudesse circular despercebido pela cidade-luz, nos exaltados primeiros tempos da Revolução Francesa, mormente em um veículo insólito como o celerífero. Existem dúvidas sobre a existência do próprio conde. Ao que parece, os franceses criaram a história toda para salvar o orgulho nacional, abalado pela derrota para os alemães em 1870. A lenda do conde surgiu em 1891, quando o francês Louis Baudry de Saunier (1865-1938) escreveu a versão dele da história da bicicleta. Existe, contudo, no Ministério dos Negócios da França, patente em nome de um certo Jean-Henri Sievrac, referindo-se a um veículo chamado celerífero, registrada em 4 de junho de 1817. Mas o invento de Sievrac era puxado por cavalos.

Celerífero com cabeça de crocodilo: difícil de pilotar

A corrente majoritária sobre o assunto afirma que o conceito básico da bicicleta é de um alemão, o barão Karl Friedrich von Drais (1785-1851), oficial florestal a serviço do exército da Prússia. Com os conhecimentos adquiridos na Universidade de Heilderberg, Von Drais partiu do conceito das duas rodas de madeira dispostas em linha e unidas por viga e instalou um eixo vertical em forma de garfo na roda dianteira, com mais um eixo horizontal no topo, o que permitia "guiar" o engenho, que era todo construído de madeira e pesava

Barão Von Drais: residência em São Paulo e aventuras no Brasil

aproximadamente 22 quilos. No dia 5 de abril de 1818, ele apresentou o veículo no Jardim de Luxemburgo, em Paris. No mesmo ano, depois de patentear o invento e realizar com sucesso uma jornada de 36 quilômetros entre as cidades de Beaun e Dijon, a uma média de 15 km/h, iniciou a produção para venda.

Repletas de acessórios como buzinas e lanternas, as Draisianas, também chamadas de *hobby horses*, agradaram em cheio, e dois anos mais tarde surgiu a versão infantil, inédita no mundo. Ainda assim, Von Drais não ganhou dinheiro com seu invento. Funcionário público aposentado, ele recebeu uma pensão pela administração da patente e seguiu dando aulas de ciência mecânica para completar o orçamento. As Draisianas tinham freios bastante precários, quando existentes, e andavam pela calçada, causando muitos acidentes. Por conta disso, foram proibidas em países como Inglaterra, Estados Unidos e a própria Alemanha, terra natal de Von Drais. Ele ainda desenvolveria outros inventos, como um leitor de música para piano, dois veículos de quatro rodas, um carro de apoio para ferrovias, o precursor do periscópio e o estenógrafo de 16 caracteres.

Drais sobre uma das versões da Draisiana, em meio a um galanteio

Curiosamente, o barão morou no Brasil entre 1822 e 1827, entre outras aventuras, fez parte da lendária Expedição Langsdorff, que, saindo de São Paulo, subiu o rio Amazonas e chegou a Belém. Foi no Brasil que ele teve a ideia de desenvolver uma máquina para escavação. A reputação de Von Drais, posta em cheque pela história francesa do conde de Sivrac, vem sendo resgatada, e atualmente o alemão detém a predominância da paternidade na invenção da bicicleta.

A bicicleta de McMillan: repare o intrincado sistema de pedais, banco de couro e cara de mau

A engenhosidade humana, ainda que um tanto excêntrica, seguia em alta no século XIX. No ano de 1820, o escocês Kirkpatrick McMillan (1812-1878), ao acionar duas barras movidas pelos pés, obteve a tração da roda traseira, dando o grande passo da história da bicicleta. Foi a partir de McMillan que os ciclistas puderam se movimentar sem os pés no chão, usando o movimento aplicado somente ao veículo em si. Em 1839. esse mesmo inventor, aperfeiçoando seu projeto de tração humana, criou os pedais. Naquela época, porém, as novidades demoravam a se espalhar, e a difusão das ideias revolucionárias de McMillan ficou restrita à Escócia e à Irlanda. Apesar disso, em 1842, um jornal de Glasgow, capital escocesa, notificou que um pedestre fora atropelado pelo inventor, naquele que seria o primeiro acidente de trânsito registrado no mundo. McMillan pagou uma multa de cinco xelins e foi liberado.

Em 1861, os franceses Pierre (1813-1883), um ferreiro que fornecia peças para carruagens, e Ernest Michaux (1842-1882), filho dele, na época com 14 anos, construíram o "velocípede", uma bicicleta com pedais (no formato da de McMillan) adaptados à roda dianteira, iniciando a produção para venda. O crescente número desses veículos obrigou as autoridades, em 1862, a criar caminhos especiais para eles. A tração era fornecida pela enorme roda dianteira. Esse sistema, além de dificultar o acesso do condutor, era muito instável, causando diversos acidentes. Mesmo assim, o sucesso comercial foi imenso e, em 1875, os Michaux inauguram a primeira fábrica de bicicletas do mundo, com 200 operários e capacidade para produzir 140 velocípedes (chamados Michauline) por ano.

Em 1866, chegou a Paris um diplomata chinês de nome Bin Chun, que havia percorrido a Inglaterra e a Alemanha em busca de informações sobre bicicletas. Com as informações precisas de Chun, em apenas três décadas o veículo tornou-se a principal alternativa de transporte na China e na Índia. Em solo japonês, a bicicleta teve de superar um rival de peso no transporte individual, o riquixá (invenção nipônica que sucedeu os palanquins), com duas rodas em paralelo e movido a tração humana, de grande popularidade entre a elite asiática.

A Michauline: proibida para baixinhos

Ciclismo na China: graças a Bin Chun

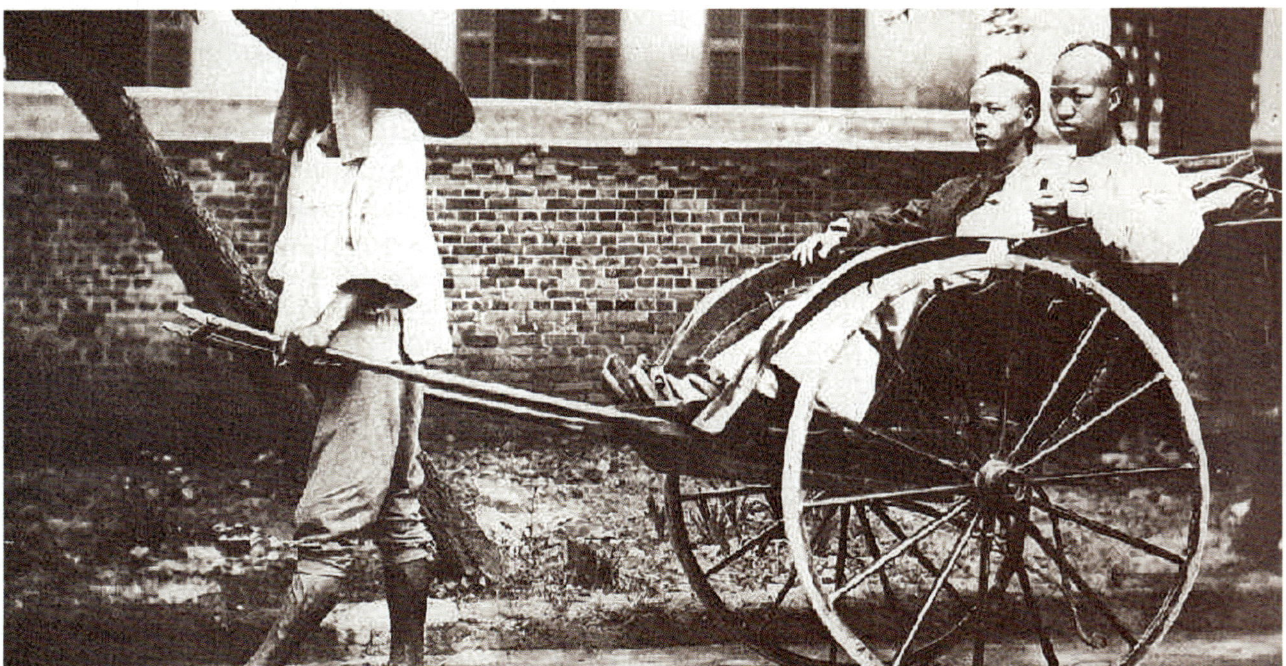

Riquixá: o rival das bicicletas depende de carregador para se mover

Em 1880, surgiu a "bicicleta de segurança", também chamada de "bicicleta baixa", desenvolvida pelo inglês James Starley (1831 - 1881) e família. Batizada de Rover, a versão dos Starley inovou em quase tudo. As rodas passaram a ter o mesmo diâmetro (26 polegadas), o chassi (quadro) era feito de tubos de aço em forma de trapézio, o guidão era integrado ao suporte da roda dianteira e os freios eram a tambor. Os pedais, acoplados a uma engrenagem, movimentavam uma corrente de transmissão que gerava a força motriz na roda traseira.

No final do século XIX, a "bicicleta de segurança" era símbolo de *status*

Finalmente, a bicicleta dispunha de suas características básicas principais, mas ainda apresentava um problema de difícil solução: as rodas eram de madeira, ferro ou borracha maciça, comprometendo o conforto e a dirigibilidade. Essa restrição só foi superada a partir de 1887, quando o veterinário escocês John Boyd Dunlop (1840-1921), preocupado em melhorar as vibrações das rodas (de madeira) do triciclo do filho, imaginou uma espécie de sobrerroda: um tubo de borracha oco, preso à roda por meio de uma tela de brim e inflado com uma bomba de ar. Era o nascimento do pneu, que teve um veterinário como pai. Como diriam os lutadores de vale-tudo, esse John Dunlop era o *bicho*! Ele criou o termo "pneumático" (de pneu mais automático), em 1888, voltado para a bicicleta. Nos procedimentos de montagem de uma linha de produção, o veterinário constatou que outro escocês, Robert William Thompson (1822-1873), já patenteara algo semelhante, no tempo das carruagens, em 1846. Apesar da briga judicial, a fábrica de pneus Dunlop seguiu em frente, e atualmente é uma das maiores do mundo, sob o controle japonês.

John Boyd Dunlop, inventor do pneu e eterno ciclista

Na França, os irmãos André (1853-1931) e Édouard Michelin (1859-1940) contribuíram para o rápido aperfeiçoamento dos pneus. Corria o ano de 1889, e eles trabalhavam numa tecelagem, quando lá apareceu um ciclista com os pneus destruídos. Naquela época, os pneus (Dunlop) eram rudimentares, presos à roda por meio de tiras de pano, que se rompiam facilmente com as irregularidades do caminho. Para costurá-las, era preciso mais de três horas, fora o tempo de secagem. Era urgente o desenvolvimento de um sistema de reparo que demorasse somente uns poucos minutos.

Ciclista pronto para ir trabalhar

Os irmãos Michelin estudaram com profundidade o problema, e três meses mais tarde construíram um pneu que se fixava ao aro por 17 cavilhas. Com o novo sistema, bastavam cerca de 15 minutos para o pneu ser desmontado e a câmara, substituída. O novo pneu foi testado na primeira grande prova de velocidade ciclística, a Paris-Brest-Paris, em 1891. O vencedor, Charles Terront (1857-1932), percorreu incríveis 1.208 quilômetros em 71 horas e 30 minutos, com oito horas de vantagem sobre o segundo colocado, Pierre Jacques Jiel-Laval (?-1917), da Dunlop, um dos melhores ciclistas da época. Com a média de 16,9 km/h, Terront derrotou também o único automóvel inscrito na corrida, que registrou pacatos 14,7 km/h. Para manter os concorrentes acordados durante o inacreditavelmente longo percurso, os treinadores soavam enormes campainhas junto aos ouvidos deles.

Ciclista feminina em traje esportivo

Animados, os irmãos Michelin organizaram uma corrida de Paris a Clermont Ferrand, e para demonstrar a eficiência do seu produto, espalharam secretamente na estrada uma grande quantidade de pregos. Foram ao todo 244 furos, reparados em menos de três minutos, em média. Note que já naquela época existiam organizadores de corridas movidos por outros interesses que não a esportividade... Mas os pneumáticos desmontáveis tinham provado de uma vez por todas que haviam chegado para ficar.

Ciclista feminina em traje de caça

Na mesma época, do outro lado do Atlântico, August Schrader (1820-?), um imigrante alemão, desenvolveu um produto pequeno, mas importantíssimo para o progresso dos veículos: a válvula de segurança, que retém o ar comprimido injetado em alta pressão. Esse engenho, patenteado no final do século XIX como "válvula Schrader", permitiu o rápido enchimento de pneus com ou sem câmara de ar, e é utilizado desde então com poucas modificações e a mesma eficiência.

O consagrado cientista Albert Einstein considerava a bicicleta uma invenção genial

Desde a sua invenção, a bicicleta teve grande popularidade no continente europeu, especialmente entre os franceses. Em 11 de maio de 1893, com a inauguração do velódromo Buffalo, o parisiense Henri Desgranges (1865-1940) estabeleceu um novo recorde do ciclismo: 35 quilômetros e 325 metros percorridos em apenas uma hora. Vem dessa época o envolvimento do consagrado pintor Toulouse-Lautrec (1864-1901) com o ciclismo, como colaborador do *Jornal dos Velocipedistas* e ilustrador oficial do segmento. Por conta do nanismo, Lautrec não estava capacitado para competir, mas gostava de andar de bicicleta pelas ruas do bairro boêmio de Montmartre. Ele foi um dos grandes incentivadores da criação do Tour de France, maior e mais tradicional prova do ciclismo de estrada mundial. O Tour, com 2.400 quilômetros de percurso, começou a ser disputado em 1903, dois anos após a morte de Lautrec.

Tolouse-Lautrec, pintor e entusiasta do ciclismo, produziu uma ilustração que divulgava as virtudes do velódromo Buffalo

Em cerca de 200 anos de existência, as bicicletas evoluíram, passando a fazer parte do cotidiano do planeta. A produção global, em dados de 2001, foi de cerca de cem milhões de unidades, mais que o dobro da produção de automóveis, estimada em 41 milhões de unidades. Além disso, esse simpático veículo serviu de base para o surgimento de outro meio de transporte arrebatador, do qual passaremos a tratar a partir do próximo capítulo: a bicicleta a motor, mais conhecida como motocicleta.

CAPÍTULO 2

A GÊNESE DA MOTOCICLETA

Os componentes básicos de uma motocicleta são muito simples: duas rodas e um motor. Já o encanto desse veículo, em constante desenvolvimento há mais de 12 décadas, é difícil de explicar. Vai muito além de meio de transporte. É uma mistura mágica de tecnologia, arte e individualismo. Em suma, cada tipo de moto exterioriza determinado interesse, uma cultura específica, um estilo de vida. Esse mosaico sempre gerou polêmica e discussões acaloradas que retrocedem à invenção da motocicleta. E, assim como acontece na aviação, os americanos têm sua própria versão da paternidade do invento.

Na versão norte-americana, o inventor da moto foi Sylvester Howard Roper (1823-1896), nascido em 24 de novembro de 1823, em Francestown, New Hampshire, nordeste dos Estados Unidos, próximo à fronteira com o Canadá. Filho de um marceneiro, desde cedo Roper se envolveu com ferramentas e mecânica. Com apenas 12 anos, ele inventou um pequeno motor estacionário a vapor e, dois anos depois, um motor para locomotivas. A paixão pelos trens o levou à carreira de maquinista, mas o instinto da criação continuou desperto. Residindo na progressista cidade de Boston, Roper projetou e construiu máquinas de costura, armas, ferramentas, alarmes contra incêndio, fornos e, eventualmente, carruagens e bicicletas movidas a vapor. Os negócios progrediam e, em sociedade com o filho Charles, Sylvester fundou uma fábrica de furadeiras.

Em 1869, um estranho veículo foi desenvolvido pelos Roper. Era uma bicicleta feita de madeira, com rodas de madeira e bandas de ferro que atuavam como pneus. O direcionamento era feito por um garfo dianteiro de ferro abaixo de um guidão reto e punhos de madeira. As pedaleiras eram conectadas ao garfo dianteiro. Mais esquisito ainda era o sistema de propulsão: um cilindro de cada lado do chassi, montado sobre molas e conectado por hastes de condução e manivelas à roda traseira. A bomba d'água de acionamento manual, com três níveis de água e um dreno, ficava imediatamente acima da caldeira, ao lado da chaminé. O abastecimento de água para a caldeira era feito por meio da abertura existente na parte dianteira do tanque, que também servia como banco. A água era fornecida à bomba manual e à bomba d'água para a alimentação por meio de uma tubulação existente no fundo do tanque. Uma fornalha para queima de carvão e uma caldeira ferviam a água de um reservatório embaixo do banco para enviá-la aos cilindros. O calor extremo produzia o vapor comprimido que, aplicado às hastes e manivelas, gerava o movimento. O acelerador, localizado na parte superior da caldeira, era acionado pela manopla do guidão.

A bicicleta a vapor de Roper fez sucesso em exibições, mas não era muito apreciada em Boston.

Uma das versões do engenho de Sylvester H. Roper, o inventor da moto a vapor. Repare no escape para lá de perigoso

A evolução veio com a Roper Classic 600, com motor fechado e um novo escapamento

Os cidadãos reclamavam do barulho e do odor, além do fato de espantar os cavalos que transportavam os poderosos de então. Em dias frios, eram necessários longos minutos para aquecer o sistema, situação extremamente irritante para a vizinhança. Roper chegou a ser preso algumas vezes, mas, como ainda não existiam leis de trânsito organizadas, ele era logo liberado.

Automóvel a vapor projetado por Roper em 1860

Em 1895, numa parceria com a poderosa fábrica de bicicletas Pope, Roper desenvolveu uma versão aperfeiçoada da bicicleta a vapor. Na época, as motocicletas com motores a combustão estavam se tornando viáveis, e a experiência de mais de 30 anos credenciava Roper a fazer o mesmo com os propulsores a vapor. O excêntrico inventor apresentou um veículo melhor, com mais autonomia, reaproveitando o carvão em um compartimento fechado, que, ao mesmo tempo, reduzia o mau cheiro.

Em 1° de junho de 1896, uma semana depois de aproveitar a madrugada de Boston para cruzar a avenida Dorchester a estonteantes 64 km/h, Roper decidiu que seu engenho estava pronto para ser exibido ao público. Ele partiu para a pista de corridas de Charles River (na qual hoje está sediado o Instituto Tecnológico de Massachusetts – MIT) e desafiou os pilotos de bicicleta a acompanhá-lo. Girando na pista com piso de madeira a uma velocidade média de 48 km/h, o velhinho Roper, de 73 anos, era inalcançável. Ele ficou muito entusiasmado com o rendimento do invento e resolveu melhorar sua própria marca. Na volta seguinte, a frente da bicicleta começou a oscilar na reta, Roper perdeu o controle e foi projetado para fora da pista. O público correu para socorrer o inventor, que jazia inerte embaixo do veículo. Em poucos segundos, confirmou-se a triste notícia: Roper estava morto. A tragédia foi noticiada pelo jornal *Boston Daily Globe*, que ouviu várias testemunhas e adicionou uma biografia do falecido. Um exame posterior apontou que a causa da morte não havia sido o tombo em si, mas um ataque cardíaco fulminante.

Velocípede a vapor projetado, construído e pilotado por Sylvester Roper

Numa época de grandes descobertas, os inventos de Roper não foram suficientes para tornar o motor a vapor adequado para mover veículos leves como a motocicleta, mas inspiraram aperfeiçoamentos significativos em locomotivas e navios. Além disso, deram sentido à trajetória individual de um dos mais criativos e corajosos motociclistas de todos os tempos. O Smithsonian Institution possui e expõe um dos modelos originais de Roper, que gostava de dizer que sua moto a vapor iria "subir qualquer colina e ultrapassar qualquer cavalo".

A bela história de Sylvester Roper é verídica, mas a paternidade da invenção da motocicleta é contestada. Os franceses têm sua própria versão de moto a vapor, a Michaux-Perreaux, de 1868 (da qual falaremos mais adiante), e os próprios americanos desistiram da tecnologia, em decorrência das experiências malsucedidas da Geneva, de 1896, e do Orient, de 1900. O motor de combustão interna prevaleceu desde as origens e é tido como o ponto de partida para a invenção da motocicleta. O desenvolvimento desse motor, assim como sua adaptação às duas rodas em linha, formando o embrião da motocicleta, é obra do genial Gottlieb Daimler (1834-1900), nascido na pequena cidade de Schorndorf, Alemanha, em 17 de março de 1834.

Filho do padeiro Johannes e de sua mulher, Frederika, Gottlieb estudou seis anos de latim e frequentou aulas de desenho aos domingos. Foi nessas aulas que surgiu sua paixão pela engenharia. Aos 14 anos de idade, junto com Riedel, seu professor na escola técnica local, Daimler desenvolveu um revólver de cano duplo, interessou-se pelo assunto e passou a trabalhar como aprendiz de armeiro. Entre 1853 e 1857, Daimler terminou seus estudos de engenharia em Stuttgart e, graças a uma bolsa de estudos, foi para Londres fazer um estágio com Joseph Whitworth, célebre engenheiro e inventor. Cansado da Inglaterra, o irrequieto alemão trabalhou numa fábrica de máquinas a vapor em Estrasburgo, na França. Em Paris, Daimler interessou-se pelo motor Lenoir, frequentemente utilizado para iluminação de pequenas cidades. Precursor dos propulsores de combustão, alimentado por gás e fagulha de ignição interna, o propulsor criado pelo engenheiro belga Jean-Joseph Étienne Lenoir (1822-1900) era uma alternativa mais compacta e eficiente que os motores a vapor. Nos dez anos em que permaneceu na França, e analisando o funcionamento do engenho de Lenoir, Daimler se convenceu de que os motores a vapor estavam com os dias contados.

Em 1863, de volta à Alemanha, Daimler conseguiu um emprego de inspetor de oficina na fábrica de máquinas Bruderhaus, na qual viria a conhecer Wilhelm Maybach (1846-1929), amigo inseparável e parceiro nos projetos mais criativos e malucos da época. As experiências se sucediam, e os empregos também. Daimler entrou e saiu de diversas empresas de engenharia, pois sua agenda atrapalhada prejudicava o rendimento profissional. A vida pessoal também fervia, e, em 9 de novembro de 1867, Daimler casou-se com Emma Kurtz (?-1889), filha de um farmacêutico, que lhe daria cinco filhos. Em 1872, Daimler foi contratado como diretor técnico da fábrica de motores Deutz, na qual participou do projeto do motor de combustão interna desenvolvido por Nikolaus August Otto (1832-1891) e Eugen Langen. Ele tentou sem sucesso incluir Maybach na empresa, especialmente a partir de 1875, quando foi designado chefe do grupo de trabalho que adaptaria o motor atmosférico Otto, movido a diesel, para consumo de gasolina. Mesmo depois de obter a admissão de Maybach, as divergências de Daimler com a diretoria da Deutz continuavam. A ordem da empresa era priorizar a produção sobre a pesquisa, estratégia completamente oposta aos pensamentos de Daimler.

Em 1881, a situação ficou insustentável e Daimler foi demitido. Com o dinheiro da indenização, ele viajou para a Rússia, onde estudou tecnologia de combustíveis. A seguir, voltou para a Alemanha, onde adquiriu uma grande propriedade em Cannstatt, nos arredores de Stuttgart. O passo seguinte foi convencer Maybach a acompanhá-lo em sua nova empreitada, o desenvolvimento de motores não estacionários movidos a petróleo. Uma estufa no jardim da nova residência foi ampliada para servir de oficina de testes, e a dupla começou a trabalhar com afinco nos novos projetos. Naquela época, os motores a gasolina não superavam 200 rotações por minuto, potência insuficiente para gerar o movimento. A base da pesquisa foi o motor quatro tempos de ciclo Otto, com diversas modificações, especialmente no sistema de ignição. Na época, as experiências de Daimler e Maybach atravessavam madrugadas, e nem os empregados da casa tinham acesso à estufa. Isso gerou suspeitas, e a polícia, pensando que se tratava de um projeto terrorista, chegou a invadir a casa, mas não encontrou nada além de ferramentas, peças e desenhos. Curiosamente, na mesma semana, outro craque da engenharia, o inventor Karl Benz (1844-1929), que trabalhava em um projeto de caminhão movido a óleo em Mannheim, a meros 130 quilômetros de Cannstatt, também foi fiscalizado pela polícia.

Daimler e Maybach, amigos para sempre

Em cima, a estufa-laboratório de Daimler e Maybach, em foto da época. Embaixo, a estufa-laboratório totalmente restaurada, em foto recente

Depois de muitas tentativas, no final do ano de 1883, Daimler e Maybach pediram a patente de um motor de quatro tempos que atingia assombrosas 600 rotações por minuto, fundido em uma fábrica de sinos, com cilindros horizontais de bronze, isolamento de calor, refrigeração a ar e ignição de tubo incandescente não controlada pela rotação do motor. Otto e a diretoria da Deutz espumaram de raiva, pois essa formulação era muito próxima dos produtos que o próprio Daimler desenvolvera em seus dez anos de Deutz. A disputa pela patente foi para os tribunais, e, após longas discussões e acusações pessoais, a Corte Federal decidiu em favor de Gottlieb Daimler.

Em 1884, animados pela vitória sobre a Deutz, Daimler e Maybach construíram um novo motor, de concepção vertical, batizado de Standuhr (relógio de pé), com 462 cc e 1,2 hp de potência, com economia de peso e medidas que o capacitavam a fazer um veículo se movimentar. Foi aí que se pensou no biciclo, veículo que, por sua leveza, se adaptava muito bem à situação, além de ser de fabricação simples, prática e barata – o dinheiro da indenização da Deutz estava chegando ao fim.

À esquerda, o Standuhr, em formato de relógio, abriu o caminho para a primeira motocicleta. A direita, a primeira motocicleta do planeta tinha rodinhas auxiliares

A versão final do Standuhr foi ainda mais reduzida, com 212 cc e 0,5 hp de potência, a 600 rpm. O veículo, batizado de Einspur, ou "uma pista", referência às duas rodas em linha montadas em um chassi de madeira (nogueira), com rodas de madeira e banda de rodagem de ferro, chamava a atenção sob todos os aspectos. A dianteira não tinha angulação de *caster*, o que implicou uma dirigibilidade precária, mas afinada com o propósito fundamental da dupla de inventores: movimentar o veículo pela força do motor. A exemplo dos biciclos para crianças, a Einspur possuía duas pequenas rodas laterais para manter o equilíbrio, pois o banco, no estilo sela de cavalo e propositalmente aquecido pelo escapamento, era tão alto que o condutor não conseguia apoiar os pés no chão. A transmissão, por meio de correia plana para um pinhão, na ponta do qual havia uma haste, era conectada a uma espécie de coroa em dois tamanhos, movimentada por cordões conectados ao guidão. A tensão das correias gerava a tração e o consequente movimento. Com base nesse "veículo com máquina de potência a gasolina ou petróleo", conforme descrição da patente, Daimler recebeu em 28 de agosto de 1885 a DRP 36423.

Na manhã de 10 de novembro de 1885, Paul Daimler (1869-1945), o filho mais velho de Gottlieb, partiu para três quilômetros de viagem, entre as cidades de Cannstatt e Untertürkheim, a uma velocidade média de 6 km/h. Paul não foi muito longe, nem andou muito rápido, mas tornou-se o primeiro motociclista do planeta. Os dois tombos que levou pelo caminho e o incêndio no banco da Einspur no final do trajeto também entraram para a história.

Curiosamente, assim que alcançaram seu objetivo, Daimler e Maybach se desinteressaram da Einspur, passando a desenvolver um barco e um automóvel movidos a gasolina. Maybach era o gênio dos desenhos, e Daimler, o perfeccionista que propagava suas invenções em várias línguas. Em 1887, a oficina empregava 23 pessoas, o que consumia boa parte das finanças da dupla de inventores. Três anos mais tarde, à beira da falência, Daimler foi obrigado a aceitar sócios, e fundou a Daimler-Motoren-Gesellschaft (DMG). Maybach foi contratado como diretor técnico, mas não ficou muito tempo, preferindo continuar com os inventos a se ajustar aos padrões da produção industrial. Ele deixou a DMG em 11 de fevereiro de 1891.

O engraçado é que Daimler só não fez o mesmo por causa da pressão dos demais sócios, mas forneceu os meios para Maybach seguir criando os mais variados engenhos, em uma oficina improvisada no jardim de inverno de um antigo hotel em Stuttgart. O afastamento de Maybach não foi bom para a DMG, que, para recompor as finanças, vendeu a patente dos motores de dois cilindros em "v" para os franceses René Panhard (1841-1908) e Émile Levassor (1843-1897), pioneiros da indústria automobilística.

Para piorar, Emma, esposa e companheira de Daimler, havia morrido em julho de 1889, e ele próprio não estava bem de saúde. No ano de 1893, em tratamento numa clínica em Florença, na Itália, Daimler conheceu Linda Hartmann (1855-?), 21 anos mais jovem e muito comunicativa. Os dois se casaram três meses depois e tiveram dois filhos.

Os problemas da DMG se acumulavam, e Daimler foi pressionado a adquirir o controle acionário. Ele não concordou e, para evitar a falência, teve de ceder os direitos de suas invenções por um valor simbólico. No final da vida, Gottlieb Daimler, considerado um dos maiores inventores do século das ciências, estava frustrado e deprimido com os problemas financeiros.

Enquanto isso, Maybach prosperava, projetando engenhos importantes, como o motor de quatro cilindros paralelos fundidos em um só bloco, radiador por colmeia e sistemas de refrigeração por dutos, inovações que ornavam os automóveis mais modernos do momento. Auxiliado por Paul, o filho motociclista de Gottlieb, Maybach se tornou o "rei dos construtores".

Em 1895, um grupo de investidores liderado pelo inglês Frederik Simms (1863-1944) queria se associar à DMG, e apresentou uma proposta para o retorno de Maybach. Este respondeu que só aceitaria se Daimler também voltasse. As circunstâncias favoreceram a posição dos dois amigos: Daimler foi nomeado para o conselho de administração e recuperou suas ações, enquanto Maybach foi nomeado diretor técnico da empresa, com a difícil missão de recuperar a credibilidade dos produtos da DMG.

Quatro anos mais tarde, em 1899, Maybach desenhou um carro de linhas ousadas e o batizou com o nome de Mercedes (1889-1929), a filha de dez anos de Emil Jellinek (1853-1918), piloto de automóveis e representante da DMG em Nice, na Riviera Francesa. Na época, Daimler estava muito doente e foi reduzido à condição de figura decorativa na DMG. Novamente obrigado a vender suas ações, ficou profundamente ressentido, tornou-se amargo e perdeu a alegria de viver.

Emil Jelinek e a filha de nome ilustre no mundo dos automóveis, Mercedes

Em 6 de março de 1900, a dez dias de completar 66 anos, Daimler retornava de uma visita de rotina a uma filial da DMG, quando passou mal ao volante e caiu do automóvel. Curiosamente, assim como ocorrera com o americano Sylvester Roper do outro lado do Atlântico, quatro anos antes, o alemão Gottlieb Daimler não morreu do acidente, mas de um ataque cardíaco.

Uma Steffey 250 cc de 1902, com aros de madeira, transmissão por correia e apenas uma marcha

Maybach sofreu muito com a morte do amigo, mas seguiu produzindo motores e veículos de alto nível. Por encomenda de Jellinek, Maybach projetou um carro de corridas espetacular, batizado de Daimler-Mercedes. Em 1902, a DMG registrou a marca Mercedes, com a estrela projetada por Daimler uma década antes.

Uma NSU de 1906, com tecnologia de máquinas de costura

Mesmo com tanto sucesso, os investidores da DMG apressaram a aposentadoria de Maybach, em 1907, aos 61 anos, substituído na diretoria técnica por Paul Daimler, o filho motociclista de Gottlieb, que anos depois trocaria a DMG pela Porsche. Maybach se sentiu desprezado e se associou ao excêntrico conde Ferdinand von Zeppelin (1838-1917) na construção de dirigíveis. Durante a Primeira Guerra Mundial, Maybach e o conde chegaram a fabricar mais de 2 mil unidades do dirigível, até que o Tratado de Versalhes, em 1919, proibiu a derrotada Alemanha de fabricar aviões.

Aos 73 anos de idade, Maybach não se deu por vencido e imediatamente se voltou para a fabricação de motores para navios e trens; dois anos depois, projetou um carro de luxo que levava seu nome.

O carro e os motores mantiveram Maybach no topo do sucesso, até que o pós-guerra o atingiu em cheio e, em 1926, ele se viu obrigado a associar-se a Karl Benz, dando origem à famosa Daimler-Benz AG. Wilhelm Maybach morreu em 29 de dezembro de 1929, aos 83 anos de idade.

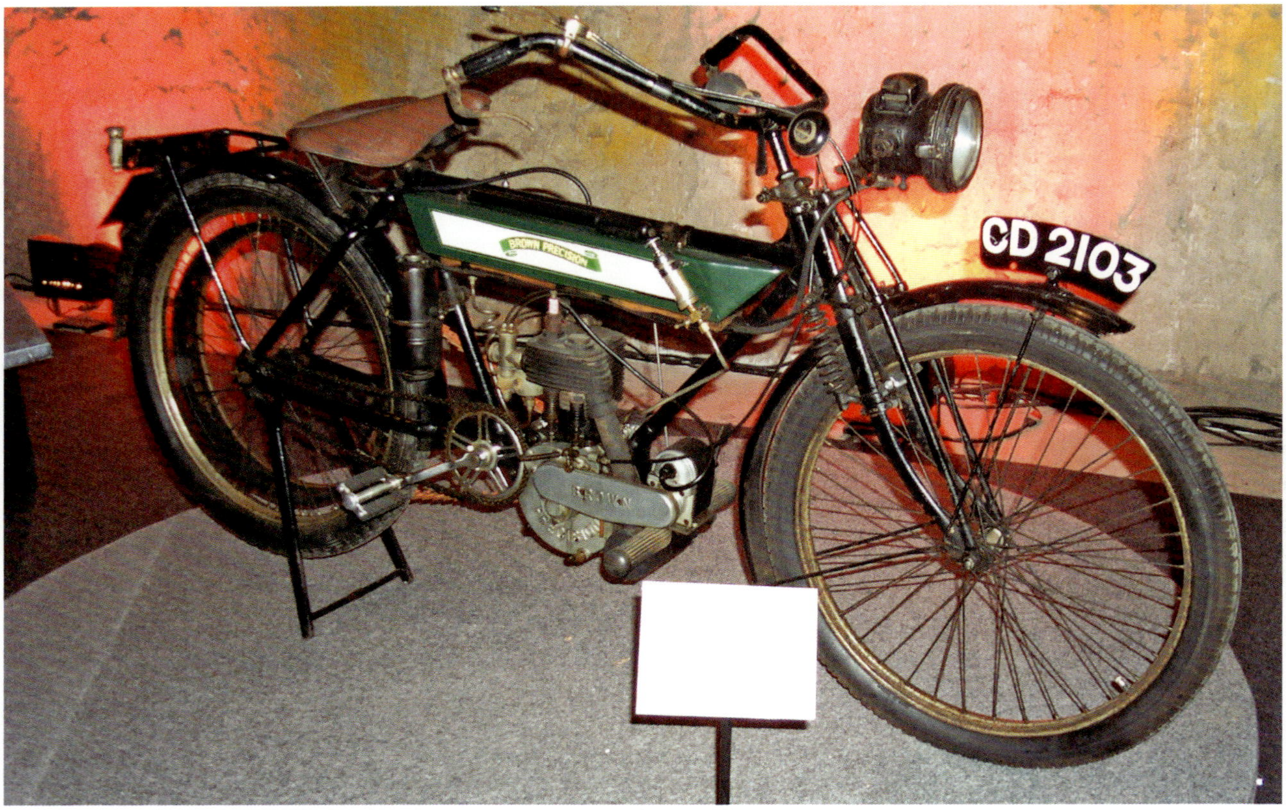

Uma Brown Precision 300 cc de 1907, com os pedais de bicicleta em destaque

Em suma, a discussão interminável sobre a paternidade da motocicleta se fundamenta em duas correntes: para quem aceita a tese de que duas rodas e um motor bastam para caracterizar esse veículo, a primeira moto surgiu em 1876, nos Estados Unidos, fruto da imaginação de Sylvester H. Roper; já os que consideram moto o veículo com duas rodas e um motor a explosão, na linha do que vem sendo desenvolvido desde então, esse engenho concretizou-se no desastrado passeio de Paul Daimler pelas estradas alemãs nove anos mais tarde, em 1885. Depois do surgimento da motocicleta, o mundo jamais seria o mesmo. Aliás, ainda bem!

Enquanto isso, na França...

O interesse pelos biciclos movidos a motor aumentava a cada dia. Em 1877, Daimler e Maybach trabalhavam na Deutz, mas encontravam tempo para desenvolver seus próprios projetos. Vem dessa época, embora não suficientemente comprovada, a primeira versão da Einspur, com as características básicas do veículo, inclusive as rodinhas de apoio, mas com um sistema de direção diferente do modelo de 1885. O

Anúncio de uma escola de acrobacias na França

guidão era mais recuado, os comandos eram acionados ao girar as manoplas, e a distância entre os eixos era menor. Não se sabe como os desenhos de Maybach foram parar na França, mas os fortes vínculos de Daimler com aquele país, somados ao aborrecimento de Otto, Langen e companhia com as atividades paralelas da dupla, tornam crível a construção de um protótipo para "testes secretos" em outro país.

Ao que tudo indica, os estranhos costumes locais impediram o desenvolvimento dos testes. Em solo francês, veículos motorizados não podiam ultrapassar 6 km/h nas estradas e 3 km/h nas cidades. Além disso, os veículos deveriam ser ocupados por no mínimo três pessoas – condutor, passageiro e um anunciante –, que caminhava na frente empunhando uma bandeira vermelha. Outra lei estabelecia que, se o veículo a motor encontrasse uma carruagem e assustasse o cavalo, o motorista deveria desligar o engenho e descer para acalmar o animal, podendo voltar a colocar o veículo para funcionar somente depois que a situação estivesse normalizada.

Ainda assim, os franceses reivindicam a primazia da invenção da motocicleta que, segundo eles, teria surgido em 1868, quando o ex-ferreiro Pierre Michaux, que havia se tornado o maior fabricante de velocípedes da Europa, e seu amigo Louis-Guillaume Perreaux (1816-1889), inventor e engenheiro, adaptaram um motor a vapor com 61 quilos de peso a um velocípede, com chassi de metal, conectando os pedais ao eixo da roda dianteira. Os autores patentearam o invento, batizado de "*vélo à vapeur*", que, segundo eles, atingia 30 km/h.

O invento de Michaux e Perreaux era um tanto desengonçado

Até os italianos se proclamam pais das duas-rodas-e-um-motor, por meio do discreto Giuseppe Munigotti, que, em 1879, teria patenteado um motor de quatro tempos movido a combustão interna. Essa informação, porém, é altamente contestada pelos estudiosos. A corrente majoritária considera a Einspur de Daimler e Maybach como, digamos assim, a primeira moto "oficial" a circular pelo planeta. Essa afirmativa de forma alguma tira o brilho dos engenheiros, inventores e visionários que, de um modo ou de outro, em qualquer país, contribuem desde sempre para o avanço do motociclismo.

Uma Peugeot francesa, modelo 1908, com motor bicilíndrico quatro tempos de 397 cc

Nessa linha, há que se mencionar o francês Felix Millet (1873-1951) que, em 1892, patenteou uma motocicleta, baseada na "bicicleta de segurança" de James Starley, movida, além dos pedais tradicionais, por um motor rotativo de cinco cilindros e virabrequim fixo, instalado diretamente no eixo da roda traseira. O motor, inspirado nos motores para aviões, gerava potentes sete cavalos, que levavam a Millet a 35 km/h. Esse conceito voltaria anos mais tarde, com a marca alemã Megola. Com tantos avanços, o modelo de Millet foi considerado exótico demais e não obteve êxito comercial.

O engenho de Millet era baseado em conceitos aeronáuticos de vanguarda, mas não agradou

De volta à Alemanha

A La Petrolette foi a primeira motocicleta produzida em série. Hildebrand e Wolfmuller trocaram a caldeira pelo motor à explosão e se deram bem

Corria o ano de 1894. Enquanto na Rússia Nicolau II (1868-1918) ascendia ao trono como o último dos czares, e chineses brigavam com japoneses pelo controle da Coreia, os veículos movidos a motor de combustão interna ganhavam ruas e estradas, despertando o interesse pela velocidade. Na Europa, surgiram as primeiras competições, logo imitadas pelos americanos. Enquanto os automóveis evoluíam, carruagens, biciclos e bicicletas entravam em um período de decadência. As motos continuavam sendo tratadas como subprodutos dos carros, como veículos artesanais, com limitações e falhas crônicas. Apesar das críticas, os progressos continuavam. Os motores a vapor, desconfortáveis e perigosos, foram substituídos pelos motores de combustão interna, na linha da Einspur. O sucesso da criação de Daimler serviu de alento aos irmãos Heinrich (1855-1928) e Wilhelm Hildebrand (?-1927), que deixaram as pesquisas com motores de caldeira e se juntaram a Alois Wolfmüller (1864-1948) e seu mecânico, Hans Geisenhoff, ex-auxiliar de Karl Benz, para desenvolver um motor de dois tempos movido a gasolina.

O projeto seguinte do quarteto foi um imenso bicilíndrico de quatro tempos com refrigeração líquida, 1.489 cc e tecnologia inspirada nas locomotivas, considerado o mais potente motor projetado para equipar uma bicicleta de segurança, engenho que os Hildebrand dominavam havia algum tempo. Eles batizaram o engenho com o nome de Motorrad, patenteado em janeiro de 1894. A moto gerava 2,5 hp a 240 rpm, podendo atingir 48 km/h, velocidade estonteante para a época. Lançando-a com estardalhaço como a primeira motocicleta produzida em série, a empresa planejava construir uma grande fábrica, na cidade de Munique. Porém, como vários componentes eram fabricados na França, o quarteto de engenheiros acabou licenciando a fabricação para a Duncan, Superbie et Cie, que rebatizou a Motorrad de La Petrolette (A Gasolininha).

O modelo foi apresentado no Motor Show de Paris em dezembro de 1895, e as encomendas começaram imediatamente. A Duncan decidiu então apostar no apelo esportivo da "Gasolininha" e contratou o jornalista e relações públicas Pierre Giffard (1853-1922), que, entre outras competições, havia organizado a corrida Paris-Rouen, considerada a primeira competição de automóveis do mundo. Giffard promoveu uma corrida de motos nos arredores da cidade de Lille, mas um incêndio na véspera destruiu os três modelos da "Gasolininha" que participariam da prova. Pior, o estouro dos pneus de borracha fabricados pela Dunlop deu a impressão de que explosões nas motos causaram o incêndio, e não o contrário.

Depois do episódio do incêndio, Alois Wolfmüller assumiu pessoalmente a promoção de seus produtos e decidiu inscrever a moto numa histórica competição na Itália. No dia 18 de maio de 1895, Wolfmüller e um amigo italiano, Giovanni Ceirano (1860-1912), alinharam duas H&W na primeira corrida mista para automóveis e motocicletas de que se tem notícia, disputada entre a cidade de Turim e a vila de Asti. Depois de 93 quilômetros cobertos de poeira, Wolfmüller e Ceirano terminaram a corrida em segundo e terceiro lugares e comemoraram o excelente resultado no pódio ao lado do vencedor, o engenheiro italiano Simone Federmann, que pilotou um automóvel Daimler.

Animada, a dupla se inscreveu na maior das corridas entre cidades, a Paris-Bordeaux-Paris, um percurso de quase 1.200 quilômetros. Entre os veículos inscritos, seis motos: duas Millet e quatro H&W/La Petrolette. Destas, apenas uma completou a prova, depois de 47 horas, e foi pilotada pelo minúsculo piloto francês Georges Osmont (1841-?). Wolfmüller, Ceirano e outro piloto desistiram no meio do percurso, em acidentes causados por falhas no projeto da moto.

Uma DKW alemã de 1938. A moto tinha motor dois tempos de 125 cc e câmbio de três marchas

Moderna em alguns aspectos, como nos pneus de borracha fabricados por Dunlop, e no para-lama traseiro que funcionava como tanque de água para resfriar o motor e o combustível que circulava pelos tubos do chassi, a Petrolette/"Gasolininha" apresentava problemas. Os freios se resumiam a uma colher de aço que, quando aplicada sobre a roda dianteira, desacelerava o veículo, enquanto, na traseira, uma trava fazia contato com o piso, arrancando fagulhas

Duncan, em um triciclo, antes de abrir falência

e espantando pedestres, mas com pouca eficiência para conter o veículo. O motor era pesado demais para o chassi, e a moto não tinha embreagem, o que obrigava o condutor a empurrá-la e, ao mesmo tempo, ajustar os giros do motor, processo bastante complexo e, sobretudo, cansativo. A ignição era igualmente imprecisa, assim como a tração sobre a roda traseira, o que levou um cliente a processar a Duncan. A empresa perdeu a disputa, teve de devolver o dinheiro, e o efeito multiplicador acabou levando ao encerramento das atividades na França e na Alemanha, no início de 1897. Aproximadamente mil unidades da Motorrad/La Petrolette foram vendidas, o que indicava que, apesar do fracasso do empreendimento, havia grande demanda pela motocicleta, tanto como meio de transporte quanto como veículo de lazer.

Na Revolução Francesa

Mais um importante capítulo na história da motocicleta começaria meio por acaso, de maneira lúdica, quase como uma brincadeira. No Natal de 1881, o conde Jules Félix Philippe Albert de Dion (1856-1946) fazia sua peregrinação anual em busca de presentes, a maioria para ele mesmo. Aos 25 anos de idade, rico desde o nascimento, o conde era um conhecido *bon vivant*, ou seja, tinha como preocupação essencial aproveitar a (boa) vida daqueles tempos.

Selo austríaco que homenageava o conde De Dion e seus veículos

O primeiro modelo da associação de De Dion com Bouton no campo dos motores de combustão interna

Pois bem, numa tarde fria do dezembro parisiense, à procura de infindáveis mimos natalinos, o conde entrou em uma loja de brinquedos no *boulevard de italiens* (alameda dos italianos), reparou num pequeno engenho e ficou maravilhado. Era uma minilocomotiva a vapor, fabricada ali perto, na *rue de La Chapelle*, pelos cunhados-engenheiros Georges Bouton (1847-1938) e Charles-Armand Trépardoux (1868-1920), fabricantes de caldeiras e, nas horas vagas, inventores extravagantes.

De Dion imediatamente se associou a eles e fundou a De Dion-Bouton et Trépardoux. A empresa logo começou a desenvolver suas experiências e, dois anos depois, em 1883, apresentou o primeiro veículo, um triciclo a vapor batizado de Rudge. Apesar dos conselhos da família e dos enormes investimentos, De Dion seguia fervendo água para mover seus motores e criou um quadriciclo batizado de La Marquise, em homenagem à mãe dele. Com motor dianteiro e rodas direcionais traseiras, era um espanto de veículo, que teve apenas três proprietários e, aos 125 anos de idade, ainda funciona, sendo hoje considerado o automóvel mais antigo do mundo.

La Marquise de 1884, o mais antigo automóvel do planeta, arrematado em um leilão em 2007 por 3,52 milhões de dólares

O conde insistia na tecnologia do vapor, com carvão, papel e madeira como combustíveis para esquentar a caldeira e atingir incríveis 60 km/h. Em 1887, De Dion inscreveu a Marquesa no que seria a primeira corrida de veículos motorizados da Europa, que acabou não dando certo, pois apenas ele apareceu para competir. No ano seguinte, finalmente, De Dion venceu uma corrida, chegando à frente do único outro competidor, ninguém menos que Georges Bouton, seu inseparável parceiro no mundo dos motores, que pilotou um triciclo De Dion-Bouton. Ridicularizado pela imprensa, que afirmava ter ele inventado uma "locomotiva sem trilhos", e com um vasto rombo financeiro, o conde se viu na iminência de ser interditado.

Mas a França sempre teve excelentes advogados, e de obstáculo em obstáculo a vida seguia seu curso – nada como um dia depois do outro, especialmente em Paris. Em 1889, promovido a marquês com a morte do pai, De Dion compareceu à Exposição Universal que festejou os cem anos da Revolução Francesa. Esse evento marcou a inauguração da Torre Eiffel, que viria a se tornar o maior símbolo do país. Mas o que mais impressionou o "neomarquês" foram os motores movidos a petróleo, fabricados por Gottlieb Daimler e licenciados na França por Panhard e Levassor.

O La Marquise em foto de época

Correndo em dupla, Panhard e Levassor venceram inúmeras competições

Trépardoux deixou a sociedade e morreu no ostracismo

Entusiasmado, De Dion passou a pesquisar o assunto, com o apoio de Bouton e o desagrado de Trépardoux, que considerava esse tipo de propulsor uma "heresia". Em 27 de maio de 1893, Trépardoux deixou a sociedade brigado com De Dion, que, exímio atirador, por pouco não o desafiou para um duelo. Depois de

ETABLISSEMENTS DE DION-BOUTON
SOCIÉTÉ ANONYME
CAPITAL: 15.000.000 DE FRANCS
SIÈGE SOCIAL: 36, Quai National. PUTEAUX
OBLIGATION DE 500 Fr. 6% AU PORTEUR
Nº 15,417
PUTEAUX, le 1er Mai 1919
Une nouvelle feuille de coupons sera délivrée après épuisement des coupons ci-joints.

Exemplar de obrigação ao portador emitida pela De Dion-Bouton

escapar do duelo mortal, e mesmo recebendo uma boa indenização pelos serviços prestados, Trépardoux teve um fim de vida amargurado e faleceu em 1920, contando somente 52 anos de idade.

Em 1894, a dupla patenteou um motor monocilindro a gasolina, com 185 cc e cerca de 0,75 hp, que, aperfeiçoado, a partir de 1895 equiparia os quadriciclos e triciclos produzidos em escala industrial. Foi nesse mesmo ano que o marquês fundou o Automóvel Clube da França, primeiro do gênero no mundo. Na virada do século, mais de 150 fabricantes de motos, triciclos e automóveis possuíam licença para fabricação e uso dos motores De Dion-Bouton.

Em 1901, uma queda nas vendas de triciclos apressaria a decadência desses exóticos veículos, vencedores de inúmeras competições em toda a Europa. Em 1904, a De Dion-Bouton já havia produzido 40 mil motores e era a maior fábrica desse equipamento em atividade no mundo. A Primeira Guerra Mundial e a Depressão nos Estados Unidos esvaziaram os cofres da empresa, que entrou em decadência e deixou de produzir automóveis, tornando-se uma prestadora de serviços de manutenção de veículos até fechar definitivamente, na década de 1940.

O conde/marquês De Dion poderia ser considerado um tanto excêntrico, mas não era bobo. Pelo contrário, a história conta que, assim como Daimler e Maybach na Alemanha, De Dion e Bouton enveredaram pelo opulento caminho das quatro rodas. Ambos são considerados, além de gênios da engenharia, pioneiros da indústria automotiva, tendo, entre outros atributos, reconhecido a força e o potencial dos motores a gasolina.

De Dion, um homem de múltiplos talentos e interesses

Uma bicicleta artesanal Alcyón de 1920, com motor de dois tempos de 98 cc. A marca desapareceu em 1954, comprada pela Peugeot

CAPÍTULO 3

MOTOCICLETAS NO SÉCULO XX

Mistura de moto e carro, o Wallycycar usava motor quatro tempos de 500 cc com 4,25 hp e câmbio de duas marchas

O último século do segundo milênio começou a pleno vapor. O Império Britânico ainda dominava a Europa, mas via seu poder ser contestado mais e mais a cada dia. Na Itália, os anarquistas assassinaram o rei, e, na China, nacionalistas lutadores de *kickboxing* chacinavam quem passasse pela frente. Enquanto isso, do lado oeste do Atlântico Norte, os Estados Unidos prosperavam, criando inventos práticos e baratos, como a câmera de um dólar, que podia ser manejada até por crianças popularizando a fotografia.

Pôster de propaganda da Orient Cycles

No florescente mundo do motociclismo, as patentes se multiplicavam. O ciclista americano Charles Herman Metz (1863-1937) projetou o ciclomotor Orient, com o restrito objetivo de ajudar no treinamento da sua equipe de pilotos da fábrica de bicicletas Waltham (Waltham Manufactoring Company). O veículo usava um motor francês Aster e tinha dois lugares: o "ciclista"

Por conta de seu invento, Charles Metz não era muito benquisto entre os ciclistas

ia à frente, tentando pedalar no ritmo do motor, com o treinador atrás, acelerando e dando ordens.

A equipe se saiu bem e Metz começou a comercializar o ciclomotor. Os bons resultados o levaram a projetar uma motocicleta e, logo depois, um automóvel. As empresas Waltham prosperaram bastante até serem afetadas de forma indireta pela Primeira Guerra Mundial. Naqueles tempos confusos, nacionalistas americanos entenderam que Waltham era um nome alemão e resolveram boicotar a companhia. Não adiantou mudar de nome, a empresa declarou falência em 1923, depois de três décadas de atividades. Entre suas boas ideias, Metz incentivou o amigo e empregado Albert Champion (1878-1927), um famoso ciclista francês que, além de promover esportivamente os produtos Waltham, inventou um novo tipo de vela de ignição e fundou a fábrica que leva seu nome, Champion Spark Plugs.

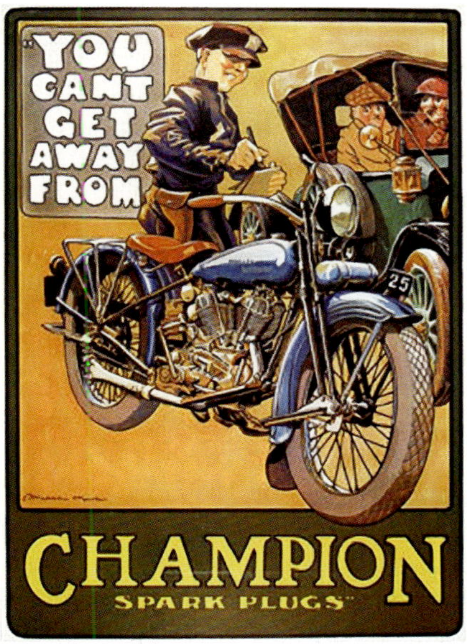

Pôster de propaganda da Champion Spark Plugs

Na Inglaterra, a cidade de Coventry se tornou um polo industrial das duas rodas, inicialmente fabricando bicicletas e, no final do século XIX, com engenhos como a Motor Wheel, de Perks e Birch, um motor com uma roda acoplada que podia ser adaptado na parte traseira das bicicletas ou na dianteira dos triciclos. Aliás, os ingleses tinham uma queda especial pelos veículos com três rodas – as motocicletas e os ciclomotores eram meros apêndices desse mercado.

Esse estranho triciclo do final do século XIX chamava-se Petrol Cycle, e usava motor Daimler

Para melhorar o panorama, a esquisita lei da bandeira vermelha (a mesma que vigorava na França) foi revogada em 1896. Finalmente os veículos podiam circular livremente em solo inglês. A partir daí, os inventores locais começaram a se interessar pelo assunto e nada menos que 61 fábricas surgiram na Inglaterra, a maioria delas na região de Coventry. Inspiradas nos avanços de Hildebrand & Wolfmüller na engenharia dos chassis e nos engenhosos motores De Dion-Bouton, são desse tempo as artesanais Coventry Motette, Coventry Eagle, Allard, Beeston Hillman, Excelsior, Norton, Royal Enfield, P&M (depois Phanter), Humber, MMC, Riley, Rover, Singer, Starley, Swift, Matchless e Triumph, que foi fundada em 1886 pelo imigrante alemão Siegfried Bettman (1863-1951) e é a única que permanece em produção até os dias de hoje.

Exemplar de ação ordinária da Triumph Cycle Company

Em Nuremberg, Alemanha, a Hercules-Werke, futura Sachs, fundada em 1896 por Carl Marschutz (1882-1970) para fabricar bicicletas, preparava seus primeiros biciclos motorizados. Ali perto, a Neckarsulmer Strickmaschinen Union – NSU (que significa "união de máquinas de costura da cidade de Neckarsulm"), fundada em 1873, passou das máquinas de costura para as bicicletas motorizadas, utilizando um motor

Um dos primeiros biciclos motorizados da NSU, de 1901

suíço Zedel (com base no formato De Dion-Bouton) de 234 cc, que rendia 1,75 hp. E chegava a 48 km/h!

Apesar dos progressos, as primeiras versões da motocicleta eram precárias, lentas, pesadas e desengonçadas. Os fabricantes tinham urgência em recompor suas finanças e lançavam no mercado produtos não suficientemente testados. Em decorrência disso, os acidentes eram dolorosamente frequentes. Veja que "primor" de visão essa notícia publicada na revista mensal inglesa *Engeneering* em 1901: "*O motociclismo é uma forma de entretenimento que atrai apenas os entusiastas das excentricidades mecânicas. Nós pensamos que é duvidoso que a motocicleta possa, uma vez passada a novidade, firmar-se junto ao público*". Apesar dos problemas crônicos e do preconceito, literalmente aos trancos e barrancos, o motociclismo se desenvolvia. E a esperteza dos franceses daria um grande impulso a esse processo.

Liberté, Egalité, Fraternité et... Motocyclette!

Michel e Eugène Werner eram dois irmãos russos de origem francesa que imigraram para Paris no início da década de 1890. A intenção deles, além de provar a liberdade de expressão ímpar daqueles tempos na cidade luz, era aproveitar as oportunidades comerciais no campo audiovisual. Em 22 de agosto de 1892, eles fundaram uma empresa que vendia máquinas de escrever, mimeógrafos e uma exclusividade, os então avançados fonógrafos do americano Thomas Edison (1847-1931), célebre inventor da lâmpada elétrica.

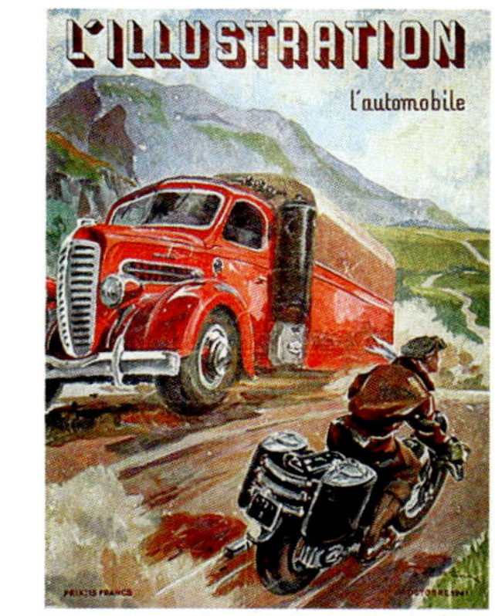

Pôster de propaganda de revista francesa: as motos ganham espaço

A primeira versão da Werner, com motor horizontal sobre a roda traseira

Existem evidências de que os Werner, que tinham boa noção de fotografia, quiseram, por assim dizer, apropriar-se de um invento de Edison, o cinetoscópio, precursor do projetor de cinema. Como o invento não deu certo, a cópia não autorizada dos Werner foi igualmente malsucedida, obrigando-os a mudar radicalmente de atividade. A sagaz dupla decidiu então dedicar-se à fabricação de bicicletas a motor, inaugurando os trabalhos, em 1896, com um motor terceirizado de marca Labitte, montado horizontalmente sobre a roda traseira.

O modelo seguinte, com um motor de 2 hp instalado acima da roda dianteira, impulsionando o veículo por meio de uma cinta, foi lançado no Salão do Ciclo, em dezembro de 1897. Não era um primor de projeto, tinha estabilidade precária, mas passou a fazer sucesso graças à criatividade dos Werner, que obtiveram, no Tribunal do Comércio de Paris, em 7 de janeiro de 1898, a primazia do nome comercial Motocyclette e um escudo com desenho de bicicleta alada e os dísticos: "Werner – Sans Rivale" (sem rivais). Esse nome era muito melhor que os escolhidos pelos "rivais": Motobicyclette, da Peugeot, Pétrocyclette, da Marcquart, ou Autocyclette, da Clément, que deixaram a (pouca) inspiração de lado e imediatamente

A famosa segunda versão da Werner, batizada de Motocyclette

La Petrolette, de Martial Bergeron

processaram os irmãos Werner, sob o fraco argumento de que o nome Motocyclette era de domínio público.

Em 1901, pressionado por importantes cavalheiros, o tribunal acabou revendo a posição anterior, concordou com a tese do nome genérico e chancelou uma competição no estádio Parc des Princes. Mas em 20 de novembro daquele ano, no IV Salão do Automóvel, os irmãos Werner apresentaram um novo modelo e, graças à habitual inércia dos concorrentes, obtiveram a propriedade exclusiva (patente nº 316.105) da disposição diferenciada do motor, à frente dos pedais originais da bicicleta, na parte de baixo do chassi, entre os eixos das rodas dianteira e traseira. Há que se mencionar que essa solução, que vigora desde então na ampla maioria das motocicletas, não obstante ter sido patenteada pelos Werner, já existia na Petroletette de Martial Bergeron e na bicilíndrica Omega do inglês Arthur Hertschmann. Em suma, a exemplo do que acontecera com o invento de Thomas Edison, novamente os irmãos russos se apossaram de uma ideia alheia. Polêmicas e processos à parte, na virada do século, a França registrou nada menos que 11.252 motociclos, 5.286 automóveis de dois lugares e 2.884 sedãs de quatro lugares, quase metade da frota do mundo inteiro.

Em dezembro de 1901, 81 veículos de duas-rodas-e-um-motor fizeram parte da primeira exposição da indústria automotiva no Grand Palais, singular prédio de pedra, ferro e vidro construído para a Exposição Universal de 1900. Os triciclos, em ocaso comercial, não passaram de dois, ao passo que os automóveis, em franca expansão, já somavam 600 modelos de diferentes marcas. Naquele ano, os irmãos Werner retornaram à configuração do motor dianteiro, com o benefício de um novo carburador que funcionava por pulverização, substituindo o anterior de borboleta – tudo devidamente patenteado, claro.

A Motocyclette de 1902 voltou a usar o motor sobre a roda dianteira

A Werner do início de 1901 tinha motor central

A concorrência também progrediu, e os irmãos descobriram as competições esportivas como oportunidade de propagar as virtudes de seus veículos. Com esse objetivo, participaram de competições de longa duração, como a corrida Paris-Viena (990 quilômetros), na qual duas motocicletas Werner fizeram dobradinha no pódio, em primeiro e segundo lugar, atingindo no quilômetro lançado a marca espetacular de 76 km/h.

Os irmãos Werner aproveitavam as corridas para divulgar a Motocyclette. Na foto, um modelo de 1902 com 230 cc

Com o apelo esportivo, as vendas continuaram em alta, mas no século XX a Werner não estava mais sozinha no mercado. A competição era grande e começava dentro do próprio território francês, em que uma poderosa fábrica estava interessada em explorar o nicho das duas-rodas-e-um-motor. As origens da empresa remontam a 1811, quando os irmãos Jean-Frédéric (1770-1822) e Jean-Pierre Peugeot (1768-1852) transformaram seu moinho em uma oficina de funilaria. No ano seguinte, foi fundada a Peugeot Frères, uma fundição de laminados.

Os Peugeot fabricaram também pequenas moendas de café, armações para guarda-chuvas, veículos a vapor e bicicletas. A partir de 1882, a expansão da empresa atrelou-se diretamente à linha de ciclos. Inicialmente eram quadriciclos, com a marca Lion, e em 1898, sob a direção de Eugène Peugeot (1844-1907), triciclos equipados com motores De Dion-Bouton de 239 cc. Logo em seguida surgiu a opção do motor Peugeot para triciclos e quadriciclos. Os veículos da marca eram resistentes e, sobretudo, baratos, tornando-se, por conta disso, muito populares.

Pôsters de propagandas das motos Peugeot

Animado pela prosperidade dos Werner, Eugène lança sua primeira motocicleta – ops, "motobicicleta" –, equipada com um motor suíço da marca ZL, de concepção simples, mas confiável. O quatro tempos monocilíndrico tinha 197,9 cc, potência de 1,5 hp, admissão automática por correia e escapamento lateral. O chassi foi inteiramente reforçado e o conjunto inteiro pesava apenas 35 quilos, atingindo uma velocidade de 40 km/h.

Apesar das muitas qualidades, a motobicicleta não era páreo para a motocicleta dos Werner. Por conta disso, em 1903, a Peugeot acabou adotando a posição de motor entre os eixos, "à maneira dos Werner", e substituindo o ZL por um motor fabricado pela própria Peugeot, com 5 hp de potência, perfeito para encarar as corridas de longa duração, que atraíam cada vez mais público. Cinco dessas máquinas participaram da corrida Paris-Madri, em 22 de maio de 1903, na categoria D, para motocicletas e triciclos com até 250 quilos. Na hora da largada, uma multidão de mais de 200 mil pessoas viu os 216 carros e 59 motos concorrentes partirem de Paris a toda velocidade.

A francesa Monet Goyon Sport 125 cc de 1936 usava motor dois tempos Villers inglês e câmbio de três marchas com alavanca manual. A fábrica fechou no final da década de 1950

No entanto, a segurança era precária, e por conta de oito acidentes fatais, com cinco pilotos entre as vítimas, inclusive o construtor francês Marcel Renault (1872-1903), a prova ficou conhecida como "a corrida da morte". Os irlandeses Leslie Porter (1881-1903) e William Nixon (?-1903), da equipe oficial Northern, morreram ao cruzar uma linha de trem. Segundo consta, os policiais que deveriam atuar como fiscais de pista no local haviam saído para lanchar... Essa prova foi suspensa pelas autoridades francesas nos arredores da cidade de Bordeaux, com metade da distância original de 1.070 quilômetros percorrida. A tragédia acabou determinando a interrupção das corridas entre cidades, pois o público se aglomerava na beira das estradas e os atropelamentos eram frequentes.

Mas nem tudo que surgia sobre esportes a motor era ruim. Em Paris, a mudança de século foi comemorada com a Exposição Universal, a construção da Torre Eiffel e a segunda edição dos Jogos Olímpicos da era moderna. O evento, apesar de ofuscado pela exposição, teve o mérito de abrir espaço para os esportes motorizados. Homens e veículos competiriam novamente, e dessa vez sob as bênçãos do barão de Coubertin (1863-1937).

Motociclismo olímpico

Os Jogos Olímpicos de Paris foram tão progressistas quanto poderiam ser. Participaram das 95 competições 997 atletas, em 18 modalidades esportivas. As mulheres disputaram pela primeira vez, e a inglesa Charlotte Cooper (1871-1967) se tornou a primeira campeã olímpica ao vencer a final do tênis. Além das provas tradicionais, os organizadores das Olimpíadas francesas decidiram testar alguns esportes de forma "não oficial", para avaliar a reação do público.

Corridas de motos, carros e barcos a motor entraram num rol variado e esquisito, que incluiu competições de tiro ao pombo, combate a incêndios, paraquedismo, pesca, falcoaria e balonismo. No motociclismo, houve dois tipos de prova. Em circuito fechado, na pista do lago Daumesnil, de 2.290 metros, 70 voltas eram dadas por dia, somando 815 quilômetros em cinco dias. A vitória ficou com Michel Werner, da Werner, pilotando a nova versão da Motocyclette, a tal "sem rivais", com uma velocidade média de 47 km/h. As provas de longa duração foram realizadas no percurso Paris-Toulon, um total de quase 1.300 quilômetros. O francês Teste foi o mais rápido entre os sete concorrentes e, com o tempo de 23 horas, 54 minutos e 1 segundo, faturou a medalha de ouro e o prêmio de 2 mil francos.

Em 1904, os americanos A. Jordan e E. Holloway venceram as duas provas de motociclismo da terceira edição dos Jogos, em Saint Louis, Missouri, Estados Unidos. Infelizmente, mesmo sendo um sucesso de público, o motociclismo foi então descontinuado. Atualmente, a Federação Internacional de Motociclismo (FIM) é reconhecida pelo Comitê Olímpico Internacional (COI), e são crescentes as possibilidades de o motociclismo esportivo vir a ser incluído no rol de esportes olímpicos, começando pela modalidade *Trial*, da qual trataremos mais adiante.

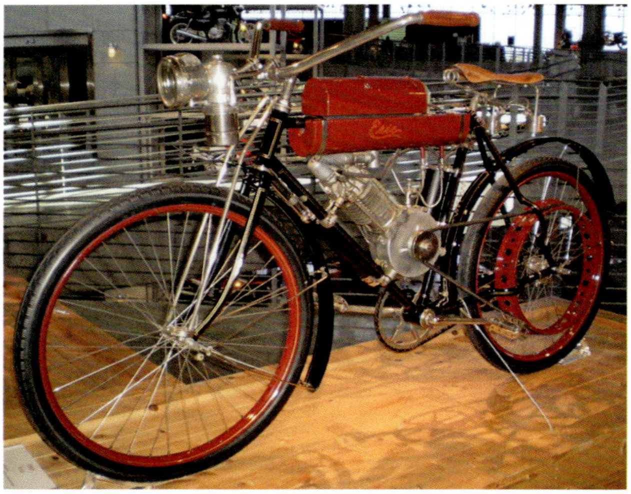

A Erie 268 cc de 1905 trazia um belíssimo motor de quatro tempos com potência de 2 hp a 2.000 rpm e era capaz de alcançar 64 km/h

O BMX fez sucesso nos Jogos Olímpicos de 2008

Vale acrescentar que os Jogos Olímpicos de Pequim de 2008 movimentaram 10.500 atletas e 302 eventos diferentes, entre eles BMX, ciclismo e tiro, que envolvem engenharia mecânica. Em suma, entre os esportes "modernos", há espaço e interesse para o motociclismo esportivo, que pode ser incorporado aos jogos em breve.

Crescei e multiplicai-vos...

Linhas de montagem e produção em massa, novidades do motociclismo no século XX

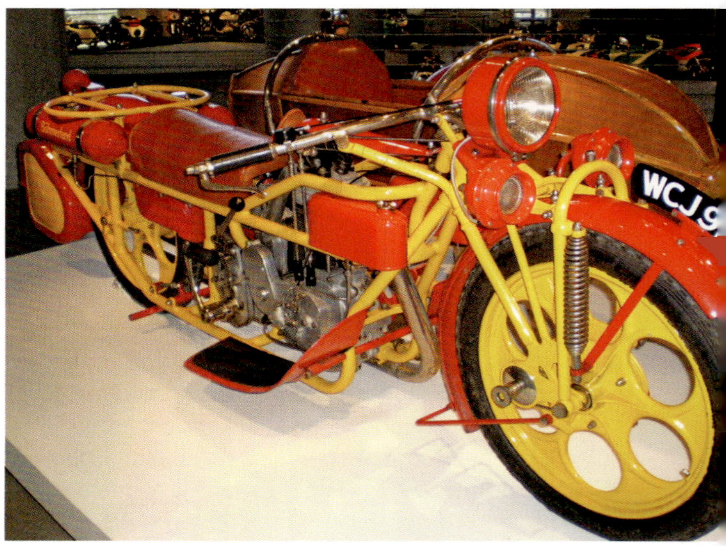

Uma exótica Bohmerland, 600 cc de 1925, com rodas esportivas de alumínio e câmbio manual de três marchas. Fabricada na Tchecoslováquia, a moto tinha três metros de comprimento e vaga para três passageiros no *sidecar*

Na primeira década do século XX, o mundo civilizado avançava a passos largos. O rádio e o cinema difundiam novos comportamentos, impérios caíam, surgiam novas linguagens nas artes, na psicologia, nas ciências e na geografia. Modernidade era a palavra de ordem em todos os setores da atividade humana.

As motocicletas, com a configuração do motor vertical entre-eixos dos irmãos Werner, simbolizavam os novos tempos, espalhando-se pela Europa e pelas Américas. Os franceses, sempre atentos ao desejo da clientela, produziam cada vez mais. Marcas como a Clément, autora da Autocyclette, um ciclomotor com motor de 143 cc e 1 hp de potência, a Georgia Knap, que se autointitulava "a mais rápida do mundo inteiro", com um motor de 330 cc e 2 hp, que atingia inacreditáveis 80 km/h, e a Griffon, um potente motociclo que usava um propulsor bicilíndrico Zedel com 5 hp, disputavam a atenção do público. Os bicilíndricos invadiram o país, com uma diversidade de configurações que incluía a Rochet, movida por um motor bicilíndrico em linha de 538,8 cc que, apesar do tamanho, não dispensava o auxílio dos tradicionais pedais de bicicleta.

A criatividade dos engenheiros interessados nas motocicletas passou pela Áustria, onde o aloprado inventor esloveno Johann Puch (1862-1914) instalou um motor nas bicicletas que fabricava e fundou a Puch, futura fornecedora de veículos para o império Austro-Húngaro. Ali perto, na Suíça, o condor, grande pássaro dos Andes, deu seu nome à marca que equiparia o exército suíço até 1978. Na Alemanha, a Neckarsulmer Strickmaschinen Union (NSU) deixava definitivamente para trás as máquinas de costura e priorizava a produção de motos. Na Inglaterra, a centenária Birmingham Small Arms (BSA), fundada em 1692 com evidentes intenções bélicas, expandia seu setor motociclístico, preparando-se para adquirir a filial inglesa da Daimler. História semelhante aconteceu com a sueca Husqvarna, que de fundição de armas no século XVII (1689) passou a ser fabricante de bicicletas (1896) e evoluiu para as motocicletas (1903). Na Bélgica, a Fabrique Nationale de Herstal (FN), fundada em 1899 para produzir armas e munições, passou a fabricar bicicletas, motos e ciclomotores de alta qualidade. E na pacata Suíça, os irmãos Henry (1879-1980) e Armand Dufaux (1883-1941) desenhavam sua nova criação, o Motosacoche, ou "motor-sacola", pequeno motor quatro tempos de 0,25 hp montado em subchassi que podia ser adaptado a qualquer bicicleta, com razoável precisão.

Uma Scott modelo 1905 com motor 2 tempos e refrigeração líquida: avançada para a época

A concorrência aumentava a cada dia, e as pesquisas não paravam jamais. Ingleses e franceses deixaram a rivalidade de lado e, interessados em mais velocidade, viram na tecnologia dos motores de dois tempos a opção perfeita. Um motor Bichrone (francês) de dois tempos foi adaptado num chassi Griffon (inglês) e venceu o International Coupé Race em 1904. No ano seguinte, o anglo-escocês Alfred Angas Scott (1874-1923) patenteou seu motor vertical de dois tempos, cuja versatilidade e rendimento se tornariam referência no motociclismo esportivo.

Parte II

O ADMIRÁVEL MUNDO NOVO

CAPÍTULO 4

A CONQUISTA DA AMÉRICA

Cumprimentos da equipe Harley-Davidson após uma vitória

Se no Velho Mundo as novidades eram muitas, o Novo Mundo não ficava atrás. No final do século XIX, o transporte individual nos Estados Unidos era feito de duas maneiras: a cavalo ou de bicicleta. Existiam na época mais de 27 milhões de cavalos no país, prestando os mais variados serviços. Mas eles precisavam de comida e lugar adequado para guarda, o que nas cidades era um problema. As bicicletas davam menos aborrecimentos, mas o esforço para movimentá-las era considerável, e por isso os cidadãos sonhavam com um transporte pessoal motorizado, sem os limites dos trilhos de trem, as cansativas pedaladas da bicicleta e o temperamento difícil dos cavalos. O panorama era perfeito para ciclomotores, triciclos e motocicletas. Os automóveis eram ainda caros e igualmente problemáticos, e empurrar um carro estrada afora era bem mais complicado.

Por todo o país, engenheiros, inventores e curiosos se dedicavam a construir bicicletas a motor. As histórias desse período são tão variadas quanto interessantes. Em Hammondsport, Nova York, Glenn Hammond Curtiss (1878-1930), ex-empregado do setor de fotografia, ex-ciclista-mensageiro, ex-campeão de ciclismo, ex-lojista de ciclismo e ex-fabricante de bicicletas, decidiu se tornar fabricante de motores para motocicletas. Seu primeiro modelo, em 1901, tinha uma lata de molho de tomate como carburador e nenhum freio. No ano seguinte, aos 24 anos, Curtiss venceu sua primeira prova no motociclismo esportivo, a corrida do Dia do Trabalho, em Nova York. Além da engenhosidade comprovada, Curtiss era excelente piloto. As façanhas se sucediam e, em pouco tempo, seus motores equipavam a maioria das motos artesanais americanas. Em 23 de janeiro de 1907, na praia de Ormon, na Flórida, Curtiss quebrou o recorde mundial de velocidade, atingindo inacreditáveis 219,5 km/h (136,4 milhas por hora) em sua moto com motor V8 de 40 cavalos, uma marca que durou até 1911 e, nas motos, até 1930. O "homem mais rápido do mundo" virou celebridade, enriqueceu e passou a dedicar-se à aviação. Nessa área, Curtiss venceu competições, trabalhou com os irmãos Wright e inventou o hidroavião, sendo considerado o "pai da aviação naval".

Glenn Curtiss e seu protótipo: recordista mundial de velocidade em 1907

Histórias como essas demonstram que, nos Estados Unidos da primeira década do século XX, o empreendedorismo se fez presente. Em pouco tempo, além de exportar as Orient para a Europa, os americanos estavam produzindo, entre outras, pelo menos duas preciosidades: a Indian, dos ex-ciclistas George Hendee e Oscar Hedstrom, e a lendária Harley-Davidson.

Indian

Apesar de nunca ter competido como profissional, o americano George M. Hendee (1866-1943) venceu nada menos que 302 das 309 corridas de que participou. A fama nas pistas o levou ao sucesso como empresário e, aos 20 anos, George inaugurou a fábrica de bicicletas Hendee Manufactoring Company, na cidade de Springfield, Massachusetts. O interesse de Hendee voltou-se para os motores a gasolina por influência de Oscar Hedstrom (1871-1960), um imigrante sueco que, apesar de não obter resultados expressivos como atleta, também nutria grande paixão pelo ciclismo. Foi Hedstrom quem primeiro desenvolveu uma bicicleta motorizada, para atuar como *pacer* (passista, ritmista), aumentando o ritmo das equipes de ciclismo. A finalidade dessas máquinas era "furar" o ar, o que diminuía a resistência do vento, abrindo caminho para as bicicletas, que vinham logo atrás, atingirem maior velocidade. A criação de Hedstrom era de grande eficiência, e a procura foi enorme desde o lançamento, em dezembro de 1899.

Oscar Hedstrom com o primeiro modelo da Indian

Naquela época, o ex-campeão Hendee construía suas próprias bicicletas e, como um dos sócios do Velódromo de Springfield, também patrocinava corridas. A "máquina infernal" de Hedstrom chamou a atenção de Hendee, que o levou de Nova York para Springfield. O nível das corridas no local subiu muito, e, no final do ano, reconhecendo o talento de Hedstrom, Hendee apresentou ao amigo uma proposta para a fabricação em larga escala de uma bicicleta motorizada, não para driblar o vento, mas como meio de transporte popular.

O sueco topou, e as pesquisas começaram de imediato. Hedstrom não quis se mudar para Springfield, preferindo alugar parte de uma fábrica de bicicletas em Middletown, Connecticut, a cerca de 60 quilômetros da fábrica de Hendee. Sem ninguém para ajudá-lo, Hedstrom precisou de apenas 90 dias para aprontar o protótipo, com motor do tipo De Dion-Bouton de 290 cc, potência de 1,75 hp, peso de 52 quilos e transmissão por corrente, testado entre as duas cidades numa tarde chuvosa de 24 de maio de 1901. No domingo seguinte, os cidadãos de Springfield pararam suas atividades para ver a primeira Indian, pilotada por Hedstrom, enfrentar um morro de 19 graus de inclinação em piso de terra. Hedstrom impressionou, subindo o morro várias vezes em velocidades que variavam entre 19 e 40 km/h, o que comprovava a potência em várias faixas de rotação, um grande atrativo para os potenciais clientes. Naquele mesmo ano, para recuperar o investimento, Hendee e Hedstrom venderam duas das três unidades construídas, tornando-se a mais antiga fabricante de motocicletas dos Estados Unidos.

Pôster de propaganda da Indian

Uma Indian "pele-vermelha" modelo luxo, de 1914

A primeira fábrica da Indian Motorcycle Company ficava no segundo andar de um prédio na Worthington Street, 216, no centro de Springfield. O nome Indian foi escolhido para representar "um produto genuinamente americano, na tradição pioneira da palavra". Uma cabeça de índio com cocar completava o visual da marca, criando polêmica com os nativos, que acusaram a companhia de enganar o público, fazendo-o pensar que se tratava de um produto construído e comercializado por indígenas.

A Indian, uma instituição norte-americana que nasceu nas pistas do ciclismo de competição

Tanto a Indian quanto a Harley-Davidson começaram a produzir suas motos usando motores alheios ou copiados, mas a diferenciação logo passou a ser prioridade. Hedstrom chamou esse primeiro modelo de Motocycle e, em 1902, passou a fabricar seu próprio motor. Ao mesmo tempo, a Indian resolveu participar da corrida de resistência entre Boston e Nova York. Os três "motociclos" inscritos completaram a prova, e esse resultado ajudou nas vendas. Nos cinco anos seguintes, as Indian estiveram nas mais diversas competições do país, muitas vezes pilotadas pelo craque canadense Jacob "Jake" de Rosier (1880-1913), e outras pelo próprio presidente da empresa, George Hendee. Em 1902, a produção foi de 143 motociclos, número que aumentou para 376 unidades no ano seguinte. Em 1904, foram 596 motos, um aumento da ordem de 60% na produção. A seguir, 1905 foi o ano da "pele-vermelha" (*red skin*), como opção ao azul real e ao preto, cores que dominavam o motociclismo da época. A adoção do sistema de aceleração por torção da manopla, uma criação simples e genial, garantiu vantagem em um mercado tremendamente disputado. As adversárias eram muitas: marcas como Orient, Merkel, Pope, Crescent, Imperial e outras. Apesar disso, as Indian "pele-vermelha" eram as mais velozes, especialmente nas provas de arrancada e subidas de montanha, o que fez a produção subir para 1.181 motos no final de 1905. Tudo ia bem para Hendee e Hedstrom, mas a oeste de Springfield, na base do entusiasmo, uma nova empresa estava em formação, e viria a ser a maior concorrente da Indian. O nome? Harley-Davidson. Por quê? Pela sonoridade, e com razão: Davidson-Harley não teria a mesma magia...

William Harley e os irmãos Davidson

Os quatro fundadores da Harley-Davidson: Arthur Davidson, Walter Davidson, William Harley e William Davidson

Esta é a história de como um estudante de desenho, um maquinista, um fazedor de moldes e um ferramenteiro construíram um império. O estudante de desenho era William Sylvester "Bill" Harley (1880-1943), que aos 15 anos trabalhava como montador de bicicletas na Barth Manufacturing Company, em Milwaukee, Wisconsin, centro-leste dos Estados Unidos. Junto com ele na Barth estava Arthur Davidson (1881-1950), inseparável amigo dos tempos de colégio. No início, eram apenas dois garotos que gostavam de pescar e sonhavam chegar mais rápido aos locais de seu passatempo favorito. Com a experiência adquirida na fábrica, a dupla pensou que seria fácil adaptar um motor a explosão ao chassi de uma bicicleta, economizando tempo e esforço para ir e voltar das pescarias. No fundo do quintal da casa de Arthur, eles construíram um quartinho de madeira com 15 metros quadrados, que foi a primeira "fábrica" da Harley-Davidson. Mas a tarefa não era nada fácil. Na prática, apesar de Bill desenhar muito bem e Arthur moldar com capricho as peças necessárias, o resultado final não agradava. Depois de dois anos de trabalho, Arthur decidiu convidar o irmão mais velho, Walter (1876-1942), para participar do projeto. O maquinista trouxe novas ideias, e o trio, enfim, conseguiu montar um protótipo confiável em 1903. Mais um ciclomotor do que uma motocicleta, a Harley-Davidson 1903 utilizava um pequeno motor De Dion-Bouton de 2 hp, e os pedais eram fundamentais tanto para fazê-la funcionar quanto para encarar as muitas subidas de Milwaukee.

A Harley-Davidson 1903, a primeira da história da marca

A primeira versão da Harley-Davidson serviu como estímulo e, sobretudo, aprendizado. Os irmãos decidiram convidar mais um Davidson para compor a sociedade, William, o primogênito (1870-1937), que fabricava ferramentas para a ferrovia local. Em 1904, os três Davidson e Bill Harley se trancaram na oficina e produziram o segundo protótipo, considerada a primeira Harley-Davidson genuína, com um chassi monotubo superdimensionado, motor quatro tempos monocilíndrico De Dion-Bouton, com válvulas laterais, potência de 6,5 cavalos, suspensão dianteira rígida e uma velocidade máxima em torno de 80 km/h. Depois de uma demonstração convincente, Arthur pediu a uma de suas irmãs que pintasse, na entrada do quartinho, uma placa artesanal em que se lia "Harley-Davidson Motor Co.". Mais duas motos foram fabricadas e vendidas naquele ano, e o quarteto estava maravilhado.

A primeira fábrica da Harley-Davidson

Walter, o maquinista, foi eleito presidente, William, o ferramenteiro, cuidava dos "recursos humanos", Arthur trabalhava nas vendas e Bill era engenheiro-chefe e tesoureiro. Com apoio técnico de Emil Kruger, alemão que trabalhava na Barth, e do engenheiro naval Ole Evinrude (1877-1934), que morava na vizinhança, em pouco tempo os rapazes estavam construindo a motocicleta inteira, inclusive o motor. Entre 1905 e 1907, eles venderam cerca de 160 motos, todas construídas no jardim dos Davidson.

Walter, o primeiro presidente da Harley-Davidson, fala sobre esse período mágico: "Nós trabalhávamos todo dia, até no mínimo dez da noite, de domingo a domingo. Lembro que na noite de Natal paramos às oito da noite, porque a família insistiu e, sabe, nós estávamos ali mesmo, no fundo do quintal". A razão do sucesso nas vendas era a resistência. O mercado americano da época era superdisputado, sem falar nas motos europeias. As Harley-Davidson eram motos caras, mas tremendamente resistentes, priorizando essa característica sobre a velocidade.

Em 1908, o galpão de madeira foi sucedido por uma construção de tijolos maciços com cerca de 500 metros quadrados, em que trabalhavam 18 empregados, produzindo 150 motos por ano. O modelo mais vendido não mudara desde 1904, e foi batizado de Silent Gray Fellow (algo como Silencioso Amigo Cinza), por conta do eficiente sistema de exaustão. A moto possuía motor monocilíndrico quatro tempos de 440 cc, com pistão de três anéis, válvula de admissão atmosférica, transmissão por correia, desprovida de câmbio ou suspensões. A Fellow permaneceu na linha de montagem até 1918, com poucas modificações.

O Silent Gray Fellow, um grande sucesso de vendas

Bill Harley seguia os estudos de engenharia na Universidade de Wisconsin, mas encontrava tempo para desenvolver novos projetos para a Harley-Davidson. No final de 1907, ele teve uma ideia brilhante. Juntou dois cilindros de 5-35 numa caixa de câmbio única, arranjando-os em linha num ângulo de 45 graus. Ao mesmo tempo, a válvula IOE (inlet-over-exhaust), que depois seria chamada de "válvula de bolso" (pocket valve), acionada pelo comando mecânico, substituiu a válvula de entrada atmosférica do projeto original De Dion-Bouton. A nova configuração no formato V2 limitava o tamanho do cilindro, por causa da angulação, o que implicava uma rotação longa e produzia bastante força. Se o pistão ultrapassasse 4.000 rpm, haveria muita vibração, e a ênfase foi na manutenção da força em baixas rotações, significando maior durabilidade. Daí vem o som preguiçoso das Harley-Davidson, que mais de 150 empresas em atividade na época tentavam imitar, sem sucesso.

Depois de superar alguns problemas com a válvula de admissão, os V2 foram para as ruas e tomaram conta delas por mais de dez anos. Em 1912, uma embreagem no cubo traseiro foi introduzida, bem como a tração por corrente, substituindo as tradicionais correias de couro. Em 1914, surgiram um novo banco e a ignição por pedal de partida, o máximo em sofisticação, pois até então as motos só pegavam quando empurradas no "tranco" do motor, e com a ajuda dos pedais de tração, que continuavam os mesmos dos tempos da bicicleta. No mesmo ano, com uma transmissão com duas velocidades e um afogador no carburador,

A Harley-Davidson 5-35 de 1913, em exposição no Barber Museum, no Alabama, EUA

a H-D era a vanguarda do motociclismo mundial. Até então, a experiência nas pistas se limitava a participações do próprio Walter Davidson, presidente da empresa, em provas de resistência e consumo, em 1908. Mas, desde sempre, não há nada melhor para provar a supremacia da marca que desafiar a concorrência nas mais variadas, sedutoras e perigosas pistas de competição.

Arthur Davidson acumulava os cargos de diretor e piloto de testes na Harley-Davidson

CAPÍTULO 5

AS PRIMEIRAS CORRIDAS

Um par de motos inglesas de competição marca Sunbeam, do início do século XX

Desde o século XIX, os ciclistas possuíam pistas apropriadas para competir. Os velódromos eram comuns na Europa; já os triciclos, bicicletas motorizadas, motos e automóveis dividiam o espaço das ruas e estradas, o que era muito mais perigoso. Segundo o estudioso inglês Glenn le Santo, a primeira corrida exclusivamente entre motociclistas aconteceu em 29 de novembro de 1897, no velódromo de Sheen House, em Surrey, subúrbio de Londres, e a vitória foi de Charles Jarrot, que percorreu uma milha (1,6 quilômetro) em dois minutos e oito segundos, com uma moto artesanal Fournier.

Piloto e preparador sorridentes, prontos para a largada

Essa informação leva a uma projeção de velocidade em torno de 48 km/h, muito alta para a época. Parece pouco provável que Jarrot tenha sido tão veloz, especialmente quando ele próprio, em um saboroso artigo publicado nos jornais da época, conta suas desastradas experiências com a moto:

> *Eu não tinha interesse por motos até que, na primavera de 1897, estava passeando pelo Bois de Boulogne em uma manhã quando vi Fournier vir voando ao longo da estrada montado numa moto. A máquina tinha um comprimento extraordinário, quase tão grande quando as pacer (para treinamento de ciclistas) de três lugares. O pequeno motor, com enormes pedais, ficava perto da roda traseira, que se estendia quase um metro (quatro ou cinco pés) atrás do condutor. A moto era tão linda que não descansei até comprá-la. Dois dias depois, ela era minha, mas colocá-la em funcionamento exigia enorme esforço físico. O chassi era muito pesado, eu tinha de empurrar, correndo ao lado, e, depois de umas três explosões, pular na sela, com cuidado para não encostar na corrente de transmissão. Não sei quantas correntes eu troquei nos primeiros dias; tive de mandar fazer umas reforçadas.*

Jarrot prossegue a narração de suas aventuras.

> *A Fournier desembarcou em Londres numa manhã de sol. Eu estava tão entusiasmado que trabalhei horas até deixá-la pronta para funcionar, e naquela tarde saí para o campo. Devo ter sido ousado e tolo, pois passei por espaços pequenos no meu caminho para sair de Londres. Apercebi-me de que, se parasse, não conseguiria continuar, e rezei para que o tráfego não estivesse congestionado a ponto de evitar minha estreita passagem. Claro que isso tudo criou muita excitação nas ruas, e me senti muito orgulhoso com*

meu novo brinquedo. Então, em um mau momento, um ônibus surgiu na minha frente e, para não ser atropelado, tive de parar. Empurrei a moto por algum tempo antes de me aventurar na rua novamente. Reparei em um amistoso poste e o usei como apoio para sentar na moto e começar de novo. Tive a sorte de ser bem-sucedido nessa tarefa, consegui continuar sem quebrar o pescoço ou amassar a moto. Depois disso, fiz longos passeios, mas sempre em companhia de outros motociclistas. Para dar uma ideia do peso da máquina, permito-me dizer que era impossível para um homem levantá-la quando caída no chão. Em ordem de marcha tudo ia bem, mas quando a velocidade diminuía, o motor ficava febril e parava como um idiota; eu tinha de ser muito ágil em sair do selim antes que ela caísse sobre mim. Em uma ocasião, eu estava reduzido a tal estado de exaustão que, quando a máquina parou, eu simplesmente caí e ela caiu em cima de mim. E lá fiquei, impotente e incapaz de me mover, sem saber se tentava alguma coisa ou permanecia do jeito que estava. Meus amigos me encontraram deitado na grama ao lado da estrada. Quatro deles removeram a moto, com grande esforço.

Apesar dos contratempos, Jarrot continuou motociclista pelo resto da vida. E mais: se no século XIX o trânsito de Londres já era um problema, imagine nos dias de hoje...

Gordon Bennett

As corridas geralmente aconteciam de cidade para cidade, sem muitas regras – quem chegasse ao destino primeiro seria o vencedor. Um dos primeiros e o mais importante organizador de corridas na primeira década do século XX foi Gordon Bennett Junior (1841-1918), editor do *New York Herald*. Nas (muitas) horas vagas, o riquíssimo jornalista-empresário Bennett viajava para a Europa, onde corria de automóveis, balões e aviões. Em homenagem a ele, existe uma avenida chamada Gordon Bennett em Paris, onde se situa o estádio Roland Garros, sede do famoso torneio de tênis. O nome Gordon Bennett foi incorporado ao vocabulário inglês, como exclamação de surpresa, espécie de paródia blasfema à expressão cristã "God in Heaven" (Deus do Céu). Uma das lendas sobre a expressão conta que ela surgiu quando Bennett Junior, embriagado, urinou na lareira da casa da noiva, a socialite Caroline May, e foi flagrado pelo pai dela, que mandou chicoteá-lo. Os garçons mantinham com ele uma relação de amor e ódio; é que o aloprado empresário entrava nos melhores restaurantes do mundo civilizado e puxava a toalha das mesas, gratificando os chocados clientes com quantias em dinheiro, a título de compensação. Em 1900, Bennett lançou um desafio: uma corrida internacional de automóveis em que cada país participaria com três veículos; o país vencedor teria o direito de sediar a corrida no ano seguinte. O jornal e a fortuna pessoal de Bennett arcariam com as despesas. As corridas, chamadas de Gordon Bennett World Cup Races, foram um estrondoso sucesso e, a partir de 1905, incorporariam uma categoria para motocicletas.

O extravagante Gordon Bennett Junior, milionário e fã do ronco dos motores

Em dezembro de 1904, num jantar de gala no restaurante Ledoyen, em Paris, foi criada a Federação Internacional dos Clubes Motociclísticos (FIM). A recém-criada federação assumiu a organização da participação das motocicletas na corrida. A prova foi disputada na província de Dourdan, a sudoeste de Paris, no dia 25 de setembro de 1905, entre as equipes da Áustria, França, Alemanha, Dinamarca e Inglaterra. As regras eram um tanto esquisitas: os veículos deveriam pesar no máximo 50 quilos. Essa limitação acabou levando a uma grande quantidade de quebras, pois as motos foram construídas priorizando a leveza sobre a resistência. De toda forma, a equipe francesa venceu, com todos os méritos.

Em 1906, uma disputa de poder levou à dissolução da FIM, e Bennett decidiu voltar a organizar corridas. A Áustria foi o país-sede da International Motor-Cycle Cup daquele ano. Na prática, a prova foi uma

Pôster de propaganda da Gordon Bennett Cup de 1904

catástrofe. O governo local, interessado em favorecer Johann Puch e sua V2 de quatro tempos, 904 cc e 3,5 hp, fez vista grossa às constantes trocas de moto e outras manobras escusas, que deram a T. J. Nikodem e Louis Obruba os dois primeiros lugares, à frente de Charles "Charlie" Collier (1885-1954), um dos donos da Matchless. A roubalheira da corrida afetou o desenvolvimento do motociclismo esportivo, abalando a credibilidade de Gordon Bennett. Decepcionado com o motociclismo, o milionário americano passou a interessar-se pelos esportes aéreos e marítimos, sempre promovendo seu próprio nome. Em 1909, Bennett patrocinou a primeira corrida de aviões de que se tem notícia, e curiosamente a prova foi vencida por Glenn Curtiss, que vinha de atuações marcantes no ciclismo e no motociclismo. Considerado um precursor dos "*playboys*" internacionais, Gordon Bennett desistiu das duas-rodas-e-um-motor, mas as raízes do motociclismo esportivo estavam lançadas, de forma tão audaciosa quanto amalucada, diga-se de passagem.

A Shaw de 1909 tinha motor quatro tempos, uma curiosa suspensão dianteira e freios de bicicleta na roda traseira

Brooklands, o primeiro autódromo do mundo

O ano de 1907 foi importante para a recuperação do prestígio dos esportes a motor. Hugh Fortescue Locke-King (1848-1926), nobre e abastado engenheiro civil inglês, assistiu a uma corrida na França e ficou decepcionado por não encontrar competidores ingleses. A ausência dos ingleses explicava-se pela proibição de corridas e testes com veículos motorizados. Assim que voltou à sua fazenda em Surrey, subúrbio de Londres, Locke-King deu sinal verde para transformar um enorme pântano que existia na sua propriedade em uma pista de testes, com o objetivo de melhorar a velocidade e a segurança dos veículos.

A obra mobilizou 2 mil operários, que removeram 300 mil toneladas de terra, desviaram um rio e, sobre 150 mil dormentes de madeira, construíram uma pista de 5,2 quilômetros, em piso de concreto, com 30 metros de largura e duas rampas inclinadas de 30 graus nas curvas, adotadas posteriormente nos autódromos de Monza e Daytona. O circuito tinha 5 mil lugares na arquibancada e uma capacidade total de cerca de 250 mil pessoas. Para pilotos e mecânicos, havia garagens e vestiários, além de um clube, de acesso restrito aos ricos e famosos da época.

Em 6 de julho de 1907, apenas nove meses depois do início das obras, a primeira pista de competições para veículos a motor do mundo foi inaugurada, com uma competição de carros chamada Motor Ascot. A primeira corrida de motos em Brooklands aconteceu em 20 de abril de 1908, com 21 pilotos no *grid* de largada, inclusive os irmãos Charlie e Harry Collier (1878-1927), donos da Matchless.

Pelotão de motocicletas a caminho da vistoria. Repare ao fundo uma das célebres curvas inclinadas da pista de Brooklands

Charlie e Harry Collier no *grid* de largada em Brooklands, ao lado de Bert Colver, também piloto da Matchless

Depois de duas voltas no circuito, o vencedor foi o destemido William "Will" Cook, estudante de Oxford, pilotando uma NLG com motor Peugeot V2 de 950 cc, a uma velocidade média de 100,8 km/h. Essa moto permaneceu com a família de Cook até os anos 1960, quando foi vendida para John Griffith (1930-1974), repórter da revista *Motor Cyclist*, que morreu num acidente de trânsito. A moto foi então adquirida pelo National Motorcycle Museum, em Birmingham, Inglaterra, mas pegou fogo no grande incêndio de 2003. Quando tudo parecia perdido, o restaurador Simon Miles decidiu tentar recuperar a NLG. Peças foram fundidas, a moto foi inteiramente refeita e retornou ao museu. Recentemente, ela voltou a Brooklands, no evento comemorativo do centenário do autódromo, conduzida pelo jornalista Mick Duckworth (1949-).

As iniciais NLG correspondem ao nome da North Garages London, em que Cook trabalhava. Em 1909, o animado piloto quebrou o recorde de velocidade com a NLG, atingindo vertiginosos 121,4 km/h. No mesmo ano, ele desenvolveu outro projeto artesanal, uma moto com motor JAP de 2.713 cc, que alcançou incríveis (e não oficiais) 144 km/h no retão de Brooklands. Após terminar o curso de engenharia, Cook foi trabalhar na Associated Springs Ltd., ASL, na qual inventou uma moto com suspensão a ar.

No traçado semioval de Brooklands, as partes mais temidas eram as curvas inclinadas. O segredo ali, apesar das irregularidades do piso de cimento, era não desacelerar,em nenhuma hipótese. Quando isso acontecia, o equilíbrio precário da motocicleta ia embora e os acidentes eram inevitáveis.

As corridas de motocicletas em Brooklands eram emocionantes, mas não atraíam o grande público, que preferia as provas de automóveis. Os automobilistas frequentavam o Member's Bar, em que até mesmo os banheiros eram elegantes, com pentes, escovas e toalhas à disposição. As relações dos membros do clube com os motociclistas eram tumultuadas, mas, apesar disso, as motos tinham um espaço específico para competições e testes, aproveitando a cronometragem dos automóveis, inaugurada em 1908. No ano seguinte, a evolução de Brooklands prosseguiu, com a inauguração de um trecho de subida de montanha. O *test hill* punha à prova a potência dos veículos na subida e os freios na descida, e foi palco de momentos de grande assombro para os fãs dos esportes a motor. Naquele ano, foi fundado o British Motorcycle Club (BMC), que passou a organizar os eventos sobre duas-rodas-e-um-motor.

Em Brooklands, as mulheres não se limitavam a enfeitar o ambiente das corridas. Com você, Mrs Gwenda Jansen, depois Mrs Gwenda Stewart, e a seguir Mrs Gwenda Hawkes. Sem dúvida, uma senhora muito veloz, como comprova LFK (de chapéu), inclinando-se para ajudá-la a ajustar a moto

Competição de frenagem no *test hill*

Em pouco tempo, Brooklands estabeleceu-se como o melhor autódromo do continente europeu. Bicicletas e aviões também tinham espaço na agenda de corridas do local, que sediou ainda a primeira competição de automóveis pilotados exclusivamente por mulheres. No ano de 1911, o circuito inglês foi a sede do primeiro desafio Inglaterra x Estados Unidos, vencido por Jacob "Jake" de Rosier (1880-1913) da Indian, à frente de Charlie Collier, da Matchless. Naquele mesmo ano, Charlie levou uma Matchless 998 cc a estupendos 154,69 km/h, recorde mundial na aceleração em milha. Em 1912, motos com *sidecar* se juntaram ao contingente de veículos a motor que se enfrentavam pela preferência popular.

Em 1914, o início da Primeira Guerra Mundial pôs fim a essa fase pioneira e mudou o panorama em Brooklands. As corridas foram suspensas, e o local passou a funcionar como fábrica e pista de testes da Real Força Aérea Britânica. Ainda assim, corridas eventuais eram realizadas por lá, a exemplo do All-Khaki Meeting (algo como o "encontro das vestimentas cáqui"), disputado pelos motociclistas que serviam às Forças Armadas e, presumivelmente, estavam de licença no dia 7 de agosto de 1915.

A inglesa Royal Enfield 250 cc era uma típica moto do pós-guerra. Barata, de fácil manutenção e econômica, fazia mais de 30 quilômetros por litro de combustível

Um raro triciclo dos anos 1920, preparado para enfrentar os perigos de Brooklands

Em 1920, após o término da guerra, a pista voltou às origens, com as motos ganhando mais espaço e prestígio. As corridas passaram a ser dominadas pelas Brough-Superior de Eric Fernihough (?-1938) e Noel Pope. A vizinhança não gostou do retorno das atividades na pista. Para acalmar os ânimos, as corridas noturnas foram proibidas e os silenciosos se tornaram obrigatórios em todas as categorias. Mesmo com essas restrições, Brooklands permaneceu no topo de corações e mentes do esporte motor até 1939, quando a Segunda Guerra Mundial pôs fim ao sonho de Hugh Locke-King. O local foi mais uma vez transformado em fábrica e pista de testes para aviões militares, permanecendo assim depois do final da guerra. A maioria dos aviões civis supersônicos Concorde foi construída em Brooklands. Em 1986, a fábrica de aviões anunciou o encerramento das atividades, e no ano seguinte surgiu a Associação do Brooklands Museum, que a partir de então vem investindo na recuperação e preservação da pista. O acervo do museu conta com 60 automóveis e motocicletas, cem bicicletas e mais de 30 aviões, entre eles um dos 20 Concordes que entraram em operação nos anos 1970. O museu promove inúmeros eventos e recebe cerca de 80 mil visitantes por ano.

A ilha

Brooklands ainda não havia nascido quando um grupo de ingleses ligado ao Real Automóvel Clube (RAC), fundado em 1897, buscava alternativas para realizar corridas. Como existia a proibição de realizá-las em ruas públicas e não havia autódromos, as liberais ilhas vizinhas Irlanda e Escócia receberam os ases do esporte de braços abertos, com corridas desorganizadas e quase sempre perigosas, mas tremendamente divertidas. Os irlandeses tinham paixão especial pelas motos, que já competiam em Dublin, capital do país, no ano de 1900. A Federação Nacional de motociclismo, chamada Motorcycle Union of Ireland, criada em 1902, antecede a fundação da Federação Nacional inglesa (ACU, 1903) e a própria Federação Internacional (FIM, 1904). O primeiro presidente da MCUI foi ninguém menos que o escocês John Boyd Dunlop, inventor do pneu moderno.

As corridas na Irlanda foram beneficiadas pelo interesse de Gordon Bennett, que realizou naquele país a edição de 1903 da Gordon Bennett World Cup Race. O parlamento local colaborou sobremodo para que a corrida acontecesse, alterando o limite de velocidade, que era de 19 km/h em todo o império britânico, e destacando nada menos que 7 mil policiais para a função de fiscais de pista.

Rem Fowler e sua Norton, heróis do TT de 1907 na classe dois cilindros

O lendário troféu do Troféu Turista da Ilha de Man

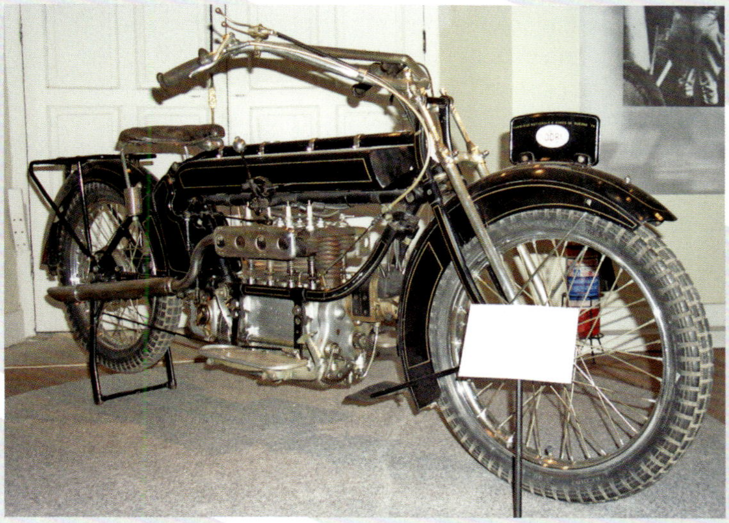

Uma possante FN belga da década de 1910. A marca foi ao pódio no TT de 1908, com a terceira posição de R. O Clark, na classe multicilindros

No ano seguinte, Bennett organizou uma prova para automóveis em Man, uma pequena ilha a meio caminho entre Inglaterra, Irlanda e Escócia. A Ilha de Man faz parte do Reino Unido e está ligada diretamente à coroa britânica. A exemplo de outras 1.098 minúsculas ilhas, Man é governada pela rainha Elizabeth II (1926-) e possui autonomia legal. O parlamento da ilha, tido como o mais antigo do mundo, não se opôs a mudar o limite de velocidade e a fechar as estradas ao redor de Douglas, a capital. A prova fez sucesso, movimentando o então incipiente turismo da ilha. Em 1905, Man sediou uma corrida classificatória para a polêmica International Motor-Cycle Cup de 1906 na Áustria, aquela que colocaria em risco a reputação de Gordon Bennett. A vitória ficou com J. S. Campbell, da Ariel. Os comerciantes comemoraram quando, em 1907, a ACU, com o apoio do marquês de Mouzilly Saint Mars (1827-?), membro do parlamento e entusiasta do motociclismo, anunciou a criação do Tourist Trophy, TT (Troféu Turismo), uma corrida em estrada (*road racing*) exclusivamente para motocicletas.

Como as motos não tinham muita potência, as primeiras edições do TT aconteceram no Saint John's Course, um trajeto triangular com cerca de 25 quilômetros de extensão, atravessando as estradas do lado oeste da ilha. Em 28 de maio de 1907, os competidores partiram para dez voltas no circuito, e as motos participantes deveriam ser do "estilo turismo", o que tornava obrigatórios freios, para-lamas e caixa de ferramentas. O sistema de classificação não mudou desde a primeira edição: as motos largavam aos pares, valendo o tempo cronometrado de cada competidor, ou seja, era uma corrida contra adversários e o relógio. Passada metade da prova, as motos paravam por dez minutos, retornando a seguir para completar as voltas finais. Na categoria monocilindro, em que o consumo mínimo obrigatório era de 33 quilômetros por litro de combustível, 18 motos se alinharam, e a vitória foi de Charlie Collier, piloto, engenheiro e dono da Matchless, com a média de 61,5 km/h. Collier foi o primeiro a receber o famoso troféu criado e doado pelo marquês, uma estatueta de prata do deus olímpico Mercúrio (Hermes, em grego) cavalgando uma roda alada, que até hoje passa o ano nas mãos do vencedor da categoria principal da prova.

No ano de estreia, a maior dificuldade para os pilotos aconteceu nos trechos em subida, em que, mesmo com as pedaladas, como nas bicicletas, os veículos sofriam com a falta de potência. Alguns pilotos seguiam a pé, empurrando a moto. A vitória de Collier foi contestada pelo segundo colocado, Jack Marshall, da Triumph, que afirmou que, sem a ajuda dos pedais, a Matchless de Collier não cumpria a regra do consumo, o que era verdade. Por conta dessa reclamação, o uso de pedais foi proibido nas edições seguintes do TT. Na categoria dois cilindros, com consumo mínimo obrigatório de 25 quilômetros por litro, venceu Harry Rembrandt "Rem" Fowler (1883-1963), um ferramenteiro e ex-piloto de fora-de-estrada, com uma Norton com motor Peugeot de 5 hp, a uma média horária de 68,5 km/h. Outros nove pilotos completaram a corrida. Em certo momento da prova, exausto, depois de trocar pneus, velas e correia de transmissão, Fowler estava a ponto de abandonar a corrida, quando um espectador o avisou que ele tinha uma vantagem de meia hora sobre o segundo colocado. Fowler nem sabia que era o líder e decidiu continuar. Seu tempo total, 4 horas, 21 minutos e 52 segundos, foi 13 minutos mais lento que o de Collier com uma moto maior, o que demonstra os problemas que Fowler teve de superar até cruzar a linha de chegada.

Com todos os tombos, problemas mecânicos e confusões, a corrida foi um sucesso. A proximidade com Inglaterra, Escócia e Irlanda garantiu um grande público, que chegou de barco, passou uma semana aproveitando os encantos da ilha e fortaleceu muito a receita comercial local.

Em 1908, motos, pilotos e público estavam de volta à ilha de Man. O regulamento foi bastante modificado. Além da proibição dos pedais, a regra do consumo mínimo ficou mais camarada, passando para 27 quilômetros por litro para as monocilindro e 22 para as bicilíndricas. O governo local encaminhou funcionários como voluntários para atuar como fiscais de pista, e, em decisão bastante sensata, o trânsito passou a ser interrompido nos horários de treinos e corridas. Uma sirene soava para avisar a população que as motos voariam pelas estreitas ruas e estradas da ilha, procedimento que até hoje é utilizado e funciona com perfeição. Na segunda edição do Tourist Trophy, 15 motos competiram na categoria monocilindro, e mais uma vez a briga pela vitória envolveu os rivais Collier e Marshall. Mesmo caindo, e com problemas no escapamento, o piloto da Triumph venceu a corrida. A categoria bicilindro, que incorporou novidades como dois modelos de quatro cilindros da marca belga FN, teve 21 participantes. Depois do abandono do líder Fowler, quem ganhou a prova foi Harry Reed (1876-?), com uma Devoid of Trouble (DOT), que significa "desprovida de problemas", moto artesanal inglesa construída por ele mesmo, em torno de um motor Peugeot.

Jack Marshall, da Triumph, vencedor do TT de 1908 na classe monocilindro

No ano seguinte, a ACU decidiu modificar as categorias, que passaram a ser classificadas não mais pelo consumo, mas por cilindrada. A monocilindro, constantemente mais rápida, ficou limitada a 500 cc, enquanto as bicilíndricas chegavam a 750 cc. As duas classes competiram juntas, somando 54 motos, e a vitória voltou para a Matchless, dessa vez com Harry Collier, irmão mais novo de Charles, à frente do americano Lee Evans, que pilotou uma Indian V2.

Em 1910, havia 83 máquinas na pista, e nova vitória dos irmãos Collier. A prova estava cada vez mais famosa. Pilotos de toda a Europa e dos Estados Unidos buscavam fama e fortuna nas perigosas curvas da ilha de Man. Naquele ano, uma seção de madeira foi incorporada na passagem de nível de Ballacraine, mas o risco era tamanho que o local ficou conhecido como *"wall of death"* (parede da morte), sendo descontinuado no ano seguinte.

A Humber venceu o TT de 1911 na classe Junior, pilotada por Percy Evans Ou A151a, uma Humber 1903, com 3 hp de potência e pouca disposição para frear

Em 1911, o TT foi transferido para um circuito montanhoso, que incluía o monte Snaefell, o mais alto da ilha. Com isso, cada volta passou a ter 60 quilômetros e 720 metros de extensão, o que, nas seis voltas da classe Sênior, significava 400 quilômetros de corrida e mais de 2 mil curvas até a bandeira de chegada. As motos estavam em franco desenvolvimento: a Indian e a Scott tinham transmissão por corrente e duas marchas, a Triumph e a AJS testavam versões com três marchas, e a Matchless, dos Collier, desenvolvia uma moto com nada menos que seis marchas. As categorias foram novamente modificadas e divididas. No dia da corrida, uma chuva tornou as estradas lamacentas, piorando as coisas para os pilotos. Os que tinham motos com transmissão por correia sofriam mais, pois, com as tiras de couro ou borracha encharcadas, a tração simplesmente desaparecia. Na classe Júnior, vitória de Percy J. Evans, com uma bicilíndrica Humber 340 cc, marca preferida do George V (1865-1936), rei da Inglaterra, à frente da Matchless monocilindro de Harry Collier. Na classe Sênior, depois da desclassificação de Charles Collier, por reabastecimento em local indevido, ocorreram vários acidentes, um deles mortal, e um passeio das Indian "pele-vermelha", que ocuparam os três lugares do pódio.

Pôster de propaganda da AJS que faz referência às vitórias no Troféu Turista da ilha de Man

A prova foi tão difícil que algumas marcas decidiram não comparecer no ano seguinte. Ainda assim, a corrida aconteceu. Na Sênior, houve um passeio das motos de dois tempos da Scott, que, além do motor leve e arisco, tinham pedal de partida e transmissão por corrente com duas velocidades. Em 1913, a força do Tourist Trophy ressurgiu, com 147 inscritos e um troféu para novos fabricantes. O regulamento mudou novamente, e a nota triste foi mais uma morte, a de Frederic Bateman (?-1913), que liderava a classe Sênior quando, após um estouro de pneu, perdeu o controle de sua moto e bateu na lateral de uma ponte. Outros dois acidentes fatais em 1914 levaram os organizadores a exigir capacete dos competidores, que até aquela ocasião podiam optar por bonés, gorros ou simplesmente nada.

Um piloto acelera sobre o piso de terra das estradas da ilha, incentivado pela platéia

Omobono Tenni, o "Diabo Negro", comemora sua primeira vitória de expressão no campeonato italiano de 1924

Entre 1915 e 1919, a Primeira Guerra Mundial calou o ronco dos motores na ilha de Man. As corridas retornaram em 1920, último ano em que uma moto de marcha única completou a corrida na classe Sênior. Em 1922, a moda das equipes coloridas chegou com tudo. Além das Indian "pele-vermelha" e pilotos idem, estiveram na pista a Scott, de roxo, a Harley-Davidson, de amarelo, a Rudge, de verde, e a Sunbeam, vencedora da classe Sênior naquele ano, de preto e dourado. Em 1923, surgiu a classe dos *sidecars*, suspensa dois anos depois por excesso de perigo. Em 1937, o extraordinário Tommaso Omobono Tenni (1905-1948), apelidado de "Diabo Negro" (pela cor do cabelo e pela forma demoníaca de pilotar), tornou-se o primeiro piloto italiano a vencer na ilha. A Moto Guzzi havia vencido antes, em 1935, pilotada por um inglês, Stanley Woods (1903-1993), em uma corrida em que os dois pilotos da Guzzi brigavam pela ponta, até que Omobono atropelou um corvo e foi ao chão, quebrando duas vértebras da coluna cervical. Como consolo, ele fez a volta mais rápida da corrida, sendo 21 segundos mais veloz que Woods. Os médicos que o atenderam declararam que sua carreira nas pistas estava encerrada. Contrariando todos os prognósticos, Omobono se recuperou. Em março de 1937, ele treinava em uma estrada próxima de sua casa, quando foi atingido em cheio por um automobilista distraído. O impacto foi enorme, causando a perda de dois dedos do pé. Omobono guardou os dedos no bolso e foi para o hospital, mas os médicos não conseguiram reimplantá-los. Dois meses depois, com a ferida ainda aberta, ele embarcou para a ilha de Man.

Os jornais ingleses noticiaram a chegada de Omobono Tenni com as manchetes: "O homem que vem da terra dos Césares", "O rei das curvas", "Aquele que desafia a morte" e outras do gênero. Apesar dos problemas físicos, o italiano voou pela pista durante as sete voltas da corrida. Quando a vitória parecia garantida, a moto parou de funcionar a poucos metros da chegada. Ele trocou a vela e entrou na última curva a plena velocidade, mas ninguém sabia ao certo o resultado (para diminuir o risco de acidentes, a classificação do TT é feita pelo tempo corrigido, similar ao dos rallies). A Itália inteira acompanhava a corrida pelo rádio, e, depois de alguns minutos de tensão, o locutor berrou: *"Tenni há vinto!"*. Omobono Tenni venceu nas 250 cc naquele ano de 1937, com uma média incrível de 120,22 km/h, apesar da troca da vela. Stanley Woods chegou em segundo, com 37 segundos de atraso. Foi a primeira vitória de um piloto estrangeiro com uma moto estrangeira em 25 anos de TT. Astro internacional, Tenni venceu 47 corridas para a Moto Guzzi, no período de 1933 a 1948. Morreu em um acidente nos treinos para o GP da Suíça, no dia 1° de julho de 1948. Uma estátua de Tenni e algumas motos que ele pilotou estão expostas no Museu Guzzi.

Omobono Tenni, o "Diabo Negro" da motovelocidade

As provas na ilha continuaram acontecendo, em maio/junho de cada ano, até 1939. Naquele ano, a BMW, com forte apoio do governo nazista, foi para a pista, apesar da morte de um dos pilotos da equipe durante os treinamentos. Conduzindo com frieza germânica a avançada BMW RS 500 Supercharger, com apenas 138 quilos, motor turbinado de 494 cc e 55 hp, o ex-policial Georg Meier (1910-1999) venceu a classe Sênior. O segundo colocado foi o inglês Jock West (1909-2004), também de BMW turbo, num dia em que a engenharia britânica teve de se contentar com o terceiro lugar no pódio, com Freddie Frith (1909-1988), da Norton, piloto que, dez anos mais tarde, se tornaria o primeiro campeão mundial nas 350 cc.

Georg Meier e a BMW, uma dupla quase imbatível nas estradas da ilha de Man

A Segunda Guerra Mundial marcou mais um período de silêncio na ilha, para alegria dos poucos cidadãos que não estavam envolvidos com o evento. As corridas voltaram em 1947 e, dois anos depois, fizeram parte da primeira temporada do campeonato mundial de motovelocidade. O GP da Inglaterra deixou de ser sediado na ilha de Man em 1976, pelo excesso de perigo e perda de vidas. Com motos cada vez mais velozes, as ruas e estradas da ilha eram inseguras demais para as largadas conjuntas do campeonato mundial. Ainda assim, as corridas na ilha prosseguiram, e em 2008 completaram um século de existência, confirmando o título de mais célebre e tradicional competição do motociclismo de estrada. Atualmente, a volta mais rápida no circuito completo é de John McGuiness (1972-), com uma Yamaha R1: estonteantes 208,33 km/h de média. O maior vencedor da história do TT foi o irlandês Joe Dunlop (1952-2000), que venceu a corrida 26 vezes, em variadas categorias, e morreu num acidente em uma prova de rua em Tailin, na Estônia, em 2 de julho de 2000. Robert (1960-2008), o irmão mais novo, que conquistou sete vitórias na ilha, morreu em 15 de maio de 2008, durante uma prova de rua na Irlanda. Apesar de todos os perigos, a ilha de Man continua sendo, na primeira semana de maio, a "capital mundial do motociclismo", com uma semana de provas e muitas atrações.

O International Six Days Trials/Enduro

Reconhecida pela Federação Internacional como a mais antiga competição do motociclismo esportivo mundial na modalidade fora-de-estrada, o International Six Days Trials foi disputado pela primeira vez em Carlise, Inglaterra, em 1913. A ideia geral da competição é mostrar que as motocicletas são veículos eficientes e confiáveis para o trabalho cotidiano em qualquer situação. Os roteiros percorridos em cada um dos seis dias da prova incluem obstáculos e pisos variados, com uma média de 500 quilômetros por dia. Uma série de testes especiais de velocidade afere a rapidez e a precisão dos pilotos, que devem completar o percurso diário nos tempos-base estabelecidos para cada categoria. As primeiras edições incluíam trechos em que os pilotos não poderiam colocar os pés no chão; se isso acontecesse, seriam penalizados pelos juízes-observadores, situação que acabaria criando outra modalidade esportiva, o Motorcycle Trials. Recebem medalha de ouro todos os competidores que terminam os seis dias de prova com um tempo total de até 10% além do tempo total do vencedor de cada classe. Os que terminam com até 50% além do tempo do vencedor recebem medalha de prata, e os demais competidores que completam a prova recebem medalha de bronze. As regras para a manutenção das motos são bastante restritas. Apenas o próprio piloto pode fazer os reparos, em um prazo máximo de dez minutos. As trocas de pneus devem ser concluídas em até três minutos. As motocicletas ficam confinadas num parque fechado e devem funcionar perfeitamente durante todo o tempo, o que inclui componentes elétricos.

Pôster de propaganda da 20ª edição do ISDT

Essa competição é considerada a "Olimpíada do motociclismo", aberta a equipes de todos os países filiados à Federação Internacional (em 2008 eram 98). Em 1913, apenas os franceses se dispuseram a enfrentar os donos da casa. Como se esperava, eles foram derrotados. No ano seguinte, seria a vez de a França sediar a competição, mas, às vésperas do início da prova, sobreveio a Primeira Guerra Mundial. Pilotos e imprensa ingleses conseguiram cruzar o Canal da Mancha em segurança, mas muitas motos se perderam pelo caminho. Em 1920, com o término da guerra, os franceses requereram a organização do Six Days. A histórica rivalidade entre França e Inglaterra levou os ingleses a boicotarem a corrida, deixando franceses e suíços sozinhos na briga pelas medalhas. Surpreendentemente, os suíços venceram, repetindo o feito nos dois anos seguintes.

Em 1923, a Suécia sediou e venceu o Six Days pela primeira e única vez. A partir daí, as fábricas inglesas se interessaram pelo evento e o país passou a dominar. Uma mudança importante foi a criação da categoria Vase (vaso), em que as equipes poderiam competir com motos estrangeiras, o que abriu caminho para uma vitória norueguesa (com motos inglesas) naquele ano. Na categoria Trophy (troféu), a principal do Six Days, após seis anos de supremacia inglesa, os anos 1930 trouxeram duas vitórias da equipe italiana, possivelmente com máquinas Gilera. Os alemães desenvolveram motos baseadas nos modelos de motovelocidade para vencer as edições de 1934, 1935 e 1936. Os ingleses reagiram, com o apoio governamental, e venceram em 1937 e 1938.

Os competidores enfrentam uma subida enlameada na edição de 1964, que aconteceu na ilha de Man

Capa da *Motorrad* de setembro de 1934, mostrando a preparação dos pilotos em um posto de controle do Six Days. O piloto da moto 88 é Jaques Ickx da Bélgica, pai do ex-piloto de Fórmula 1 Jacky Ickx

A edição de 1939 aconteceu na Áustria, então anexada pela Alemanha, e teve o número recorde de 266 pilotos inscritos, incluindo equipes dos governos da Alemanha, Inglaterra, Rússia, França e Itália. O ambiente, cheio de bandeiras militares com a cruz suástica, era tremendamente tenso. No terceiro dia, o embaixador

A Moto Guzzi Stornello Regolaritá 1965 tem motor quatro tempos de 125 cc com apenas 7 hp de potência e, além de bela, não quebra nunca

Na edição da corrida Six Days Trials de 1939, na Áustria, os competidores estrangeiros foram hostilizados pelos nazistas e tiveram de deixar o país às pressas, na chamada "grande escapada" (*great escape*)

francês determinou que seus pilotos abandonassem a prova e voltassem para a França o mais rápido possível. Oficiais britânicos solicitaram – e receberam – garantias de segurança para continuar. Mas, no dia seguinte, o consulado geral inglês em Berlim recomendou que todos os britânicos voltassem a seus países imediatamente. A equipe do exército inglês, que competiu em todas as edições do Six Days, permaneceu até o quinto dia, mas teve de desistir e deixar a Áustria pela fronteira com a Suíça. Com a retirada da maioria dos concorrentes, Alemanha e Itália dividiram os louros da vitória, mas a Federação Internacional de Motociclismo não ratificou os resultados e ordenou a anulação da competição, que só seria retomada sete anos depois.

Em 1974, o Six Days Trials deixou de ser realizado somente na Europa, e desde então passou pelos cinco continentes, inclusive pelo Brasil. Em 1980, o evento mudou de nome, passando a se chamar International Six Days Enduro. A edição de 2003 foi realizada na cidade de Fortaleza, Ceará. A vitória na categoria principal foi da equipe finlandesa, enquanto o belga Stefan Everts (1972-), decacampeão mundial de *motocross*, foi o vencedor individual da prova.

OS ESTADOS UNIDOS DESCOBREM AS COMPETIÇÕES

CAPÍTULO 6

A equipe oficial da Harley-Davidson em 1914, conhecida como "Wrecking Crew" (algo como "gangue dos destruídos") e suas motos especiais

A primeira corrida oficial de motocicletas em solo americano aconteceu em maio de 1901, em um hipódromo na cidade de Los Angeles, Califórnia. Quatro pilotos se alinharam para 16 quilômetros de prova, vencida pelo pioneiro Ralph Hamlin, que pilotou uma Orient. O evento foi um sucesso, e as corridas prosseguiram, geralmente em locais inadequados, como estradas secundárias e trechos montanhosos. Em 1902, aconteceu a primeira corrida entre cidades, entre Irvington e Milburn, em Nova Jersey, e mais uma vez a Orient, de Charles Metz, foi a vencedora, com a média de 49 km/h. Os velódromos, em formato oval e piso de madeira, construídos para receber provas de ciclismo, serviram de palco para muitas competições de moto. As disputas, realizadas em duplas e baterias eliminatórias, eram emocionantes, mas bastante perigosas. Volta e meia um piloto perdia o controle da moto e, como não havia área de escape, ia de encontro ao público, causando graves acidentes.

O inglês Jack Prince, campeão de ciclismo e pioneiro na construção de motódromos nos Estados Unidos

A situação melhorou em março de 1908, quando o ex-campeão mundial de ciclismo (em 1880) John "Jack" Shillington Prince (1859-1927) inaugurou o Los Angeles Coliseum Motordrome, a primeira pista de madeira construída especialmente para veículos a motor. Campeão americano em 1883, Prince abandonou as competições depois de vencer um desafio internacional, em 1886, passando a morar definitivamente nos Estados Unidos, onde ele representava diversas fábricas de bicicletas de seu país. Nas longas viagens de divulgação dos seus produtos, Prince acabou se encantando com os velódromos, e decidiu largar o comércio de bicicletas para promover corridas. Na segunda metade do século XIX, as corridas de bicicletas eram tão populares nos Estados Unidos quanto o beisebol, as corridas de cavalo e o boxe. Prince viu nas competições de motocicletas uma excelente oportunidade comercial. De início, ele ampliou os velódromos existentes, mas, em 1910, construiu em Los Angeles uma pista exclusivamente para automóveis e motocicletas, ao custo de 75 mil dólares, uma fortuna para a época. O circuito, chamado de Plaza del Rey, era imenso, um oval de

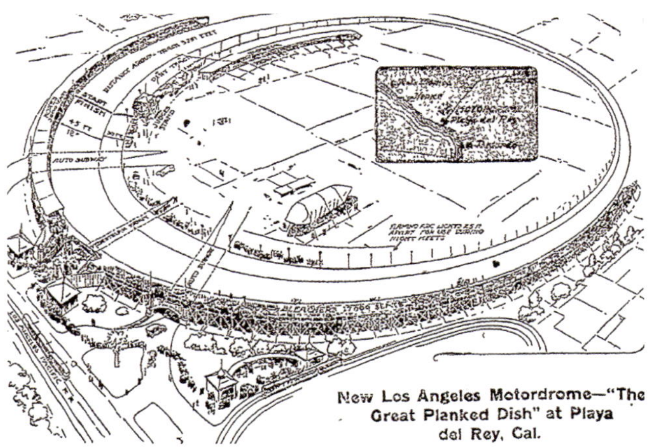

Um esboço da "Plaza Del Rey", também conhecida como Los Angeles Motordrome ou Los Angeles Coliseum

madeira de pinho de 1,6 quilômetro (uma milha), com curvas inclinadas a 20 graus.

O sucesso das competições no "Coliseu" de Prince chamou a atenção de George Hendee e Oscar Hedstrom, da Indian, que em pouco tempo se uniram a ele para construir um motódromo na cidade de Springfield, Massachusetts, próximo à sede da Indian. Com isso, George e Oscar teriam, além de uma pista de testes, um ótimo local para propagar as qualidades de seu produto. Foi nessa época que os sócios recontrataram Jake de Rosier, que vinha de um desempenho sensacional no oval ciclístico de Nova Jersey. Em julho de 1908, correndo com uma Indian emprestada, o ás canadense cravou uma média de 109,12 km/h na prova de três milhas, na qual ele colocou mais de três minutos de vantagem sobre o seu oponente. O talento de Jake se faria notar no Coliseu de Prince, vencendo Paul "Daredevil" Derkum, na época o melhor piloto da Califórnia. Ganhando corridas de costa a costa e usando sempre roupas pretas e justas, De Rosier se tornou o melhor piloto da América.

Jake De Rosier: roupas pretas e mão no fundo em qualquer situação

Tudo ia bem até que um tombo, quando liderava a categoria principal na ilha de Man, deixou o canadense fora do pódio, dominado pela Indian na edição de 1911. Ao que tudo indica, George Hendee ficou muito decepcionado, e, após uma acalorada discussão, De Rosier, foi demitido da equipe Indian. Contrariado, Jake viajou para Chicago e se apresentou ao milionário alemão Ignaz Schwinn (1860-1948), proprietário das bicicletas Schwinn, que o contratou para a recém-formada equipe Excelsior (não confundir com as marcas homônimas alemã e inglesa). Não se sabe se foi a estrela de Schwinn, a habilidade de De Rosier ou o empenho dos engenheiros da Excelsior, mas o fato é que a pequena fábrica de Chicago produziu uma moto espetacular para a temporada 1911. O motor V2 com *pocket valve* (lateral) era muito potente e, com De Rosier pilotando, a moto quebrou vários recordes de velocidade. Em setembro de 1911, De Rosier e a Excelsior atingiram 150,4 km/h numa reta de um quilômetro. Schwinn havia adquirido por uma ninharia a moto de série mais rápida dos Estados Unidos.

Em cima, o alemão Ignaz Schwinn comprou a Excelsior e se deu bem. O modelo é o 1911, com 4 hp, transmissão por correia e farol com lâmpada de gás acetileno. Embaixo, o modelo 1916 tinha inovações, como descompressor automático e controles operados por hastes no lugar dos cabos

Enquanto as motos se aperfeiçoavam, as pistas de madeira iam ficando para trás, insuficientes para suportar o aumento da velocidade nas competições. A solução mais fácil foi aumentar a inclinação das curvas, que subiram para até 60 graus (só para fazer uma comparação, as rampas do Daytona International Speedway têm 31 graus de inclinação). A improvisação resultou no aumento da força da gravidade sobre a precária suspensão das motos, e qualquer perda de tração era multiplicada pela força centrífuga, que projetava moto e piloto sobre as arquibancadas, localizadas na parte superior da pista. O veterano Jake de Rosier, aos 42 anos, competia de forma contínua pelo país, e estava constantemente exposto ao risco de um acidente sério. Em 1912, a equipe Excelsior contratou um californiano chamado Charles Balke (1891-1914). Balke tinha um estilo de pilotagem agressivo que lhe rendeu o apelido de "fearless" (o destemido). Ele e De Rosier não gostavam de dividir o estrelato. Notando a desavença, Jake Prince os colocava para competir lado a lado, e eles duelavam de forma decidida, para grande satisfação da plateia.

Numa dessas corridas finais, em 12 de março de 1912, os dois rivais vinham lado a lado, batendo os guidãos, quando Balke, na linha de dentro, arrastou o pedal interno na madeira, perdendo o controle instantaneamente. As motos se tocaram e De Rosier foi arremessado ao chão em alta velocidade. Balke

Largada na pista de Hawthorne, na qual Balke viria a falecer, em 8 de junho de 1914

teve apenas ferimentos leves, mas De Rosier quebrou a perna em três lugares. Levado para o hospital mais próximo, ele passou por uma complicada operação. Depois de alguns meses de convalescença, a situação piorou e De Rosier teve de ser novamente operado. Com poucas chances de recuperação, ele foi transferido para Springfield, Massachusetts, onde, em 25 de fevereiro de 1913, após uma terceira operação na perna, veio a falecer. Jake de Rosier era considerado o mais famoso piloto de motocicletas do continente americano, tendo vencido mais de 900 corridas na carreira (possivelmente esse número inclui provas de ciclismo).

Charles Balke acabou contratado pela equipe Indian no ano seguinte. Ele ganhou muitas corridas, até que, em 8 de junho de 1914, na pista de Hawthorne, um organizador incompetente colocou uma máquina de rolo compressor no meio da pista. Balke, a toda velocidade, não teve como evitar o choque. Ele fraturou o crânio e morreu no hospital uma hora depois do acidente, a uma semana de completar 24 anos.

A Harley-Davidson entra na briga

Linha de montagem da Harley-Davidson na década de 1910

Estabelecidos como fabricantes de um produto resistente, mais voltado para o dia a dia do que para o motociclismo esportivo, William Harley e os irmãos Davidson não tinham nem vivência e nem interesse nas competições. Desde 1908, a empresa fornecia motos para a polícia, para os bombeiros e para o correio americanos. Apesar de composta por jovens, a diretoria achava que as corridas serviam de incentivo ao descumprimento das leis. Só para se ter uma ideia, em uma mensagem às concessionárias do início dos anos 1910, exposta no Harley-Davidson Museum, em Milwaukee, Wisconsin, a empresa afirmava: "Nós estamos construindo motocicletas para serem usadas por pessoas sãs, no trabalho e no lazer. Não queremos nossas máquinas pilotadas por lunáticos, com o propósito de competir uns com os outros". Na edição de setembro de 1913 do jornal *Pacific Motorcyclist*, lia-se um anúncio um tanto contraditório: "Não nos culpe quando a Harley-Davidson vence uma corrida, porque nós não acreditamos em corridas. Não empregamos pilotos ou construímos máquinas especiais de corrida, mas os resultados falam por si". Nos velódromos construídos por Jack Prince, as poucas Harley-Davidson na pista eram pilotadas por competidores privados, sem nenhuma vinculação com a fábrica.

Piloto da Indian pronto para a largada, confiante na vitória

O mercado americano na época era dividido entre Harley-Davidson, Indian e Excelsior, então chamadas de "Big Three". A Excelsior, de Ignaz Schwinn, era com sobra a mais eficiente na divulgação esportiva de suas motocicletas. Nas competições, depois de bater todos os recordes de Jake de Rosier e da equipe rival Indian, em 30 de dezembro de 1912, Lee "Comet" Humiston se tornou o primeiro motociclista americano a superar a barreira das cem milhas por hora (160,9 km/h) em corridas, com uma Excelsior bicilíndrica de 1.000 cc. Com o sucesso nas pistas, as vendas dispararam e, em 1914, a marca inaugurou em Chicago a maior fábrica de motocicletas do mundo.

Bill Ottaway, craque na preparação dos motores e na estratégia de corridas

Forçados a aceitar as corridas como eficaz instrumento de divulgação, os executivos da Harley-Davidson começaram a sondar engenheiros com experiência no assunto. Um dos primeiros contratados foi o canadense Bill Ottaway (1877-?), famoso preparador e chefe de equipe da Thor, uma pequena marca que alcançou sucesso nas provas de fora-de-estrada, em piso de terra. Imediatamente, Ottaway passou a desenvolver os motores da marca e aperfeiçoar o chassi. Esse modelo modificado por ele, chamado de 11-K, estreou nas pistas em julho de 1914, numa prova de estrada com 300 milhas (480 quilômetros) de extensão, nos arredores da cidade de Dodge, no Kansas. Os dois William (Harley e Davidson) estiveram presentes e gostaram do que viram, apesar de apenas duas 11-K terem completado a prova, nenhuma delas no pódio.

Os dois William (Harley e Davidson), voltando de uma pescaria sobre duas, ops, três-rodas-e-um-motor

Em 26 de novembro de 1914, uma inédita equipe oficial Harley-Davidson alinhou seis motos na largada da corrida 300 milhas de Savannah, e uma delas chegou ao pódio, ao lado da Excelsior, segunda colocada, e da vencedora, uma Indian. As Indian "pele-vermelha" de oito válvulas eram motos especiais de competição, e essa vantagem as levou a vencer quase tudo no ano seguinte, inclusive a perigosa corrida San Diego-Phoenix, que atravessava o deserto de Sonora.

Uma das corridas mais comentadas da temporada de 1915 foi a de Venice, organizada por Paul Derkum, que deixara as pistas para, depois de um estágio como bombeiro ferroviário à noite e empregado de Jack Prince durante o dia, tornar-se organizador de competições. Criativo, Derkum comprou as madeiras que sobraram do motódromo de Del Rey, incendiado em 1912, para construir uma pista com três milhas

Paul "Daredevil" Derkum, bombeiro de dia, organizador de competições à noite e piloto nos fins de semana

(4,8 quilômetros) de extensão, nas ruas do bairro de Venice, em Los Angeles, mesclando pisos de madeira, cimento e terra. A equipe Harley-Davidson, chefiada pelo competente Bill Ottaway, alinhou quatro motos. Dessa vez, os pilotos da marca se destacaram, e Harry Walker (1890-1963), apelidado de "Otto", porque corria com um capacete de aviador alemão, venceu a corrida, com seu companheiro Leslie "Red" Parkhust (1896-1972) na segunda posição, à frente das Excelsior e das Indian oficiais de fábrica.

Os departamentos de engenharia das empresas derrotadas foram acionados e, meses depois, a Indian apresentava seu motor de válvulas laterais, enquanto a Excelsior surgia com o Big Valve X. A próxima batalha seria nas 300 milhas de Dodge City, marcada para 4 de julho, Dia da Independência. Entre os 29 pilotos inscritos, a Harley-Davidson alinhou nada menos que oito motos, com Otto Walker vencendo a prova de forma espetacular, ao ultrapassar Morty Graves (1890-1944), da Indian, na última das 145 voltas. No geral, seis motos da equipe ficaram nas sete primeiras posições. Animados, os irmãos Davidson deram sinal verde para Ottaway mudar da *pocket valve* para as de quatro válvulas por cilindro, configuração adotada pela Indian desde 1910. Bill passou o ano desenvolvendo o novo motor, enquanto a Excelsior e a Indian dividiam troféus e fama nas pistas.

Mas, em 1916, a equipe Harley-Davidson foi invencível e ganhou as 15 etapas do campeonato nacional daquele ano. No fim da temporada, as seis fábricas presentes nas pistas assinaram um acordo para suspender todo o envolvimento com as competições. Era a guerra, que invadia lares, ruas e pistas de corrida. Para a Harley, que naquele ano tinha mais de 1.500 empregados fixos, a receita só fez aumentar. As Forças Armadas fizeram grandes encomendas, e a empresa se fortaleceu, confirmando o ditado que diz que "para quem não está na frente de batalha, a guerra pode ser um ótimo negócio".

Otto Walker, estrela da equipe oficial Harley-Davidson na década de 1910

A Harley-Davidson 1915 Speed Roadster tinha 997 cc, potência de 16 hp e transmissão por corrente com marcha única. Era uma moto de competição extremamente rara. Esse exemplar, em perfeitas condições, é possivelmente único no mundo

CAPÍTULO 7

GUERRA E PÓS-GUERRA

Motocicletas militares

Pôster de propaganda da Indian militar de 1918

A principal inovação trazida pela Primeira Guerra Mundial foi a mecanização militar. A tradicional cavalaria foi, na sua maior parte, substituída pelas versáteis motocicletas. Em 1916, o general John "Black Jack" Pershing (1860-1948) usou motos Harley-Davidson como base de metralhadoras, na sua expedição pelo México atrás do revolucionário Pancho Villa (1878-1923). Em março daquele ano, a empresa recebeu a encomenda de 12 motos com *sidecar* adaptados para carregar e disparar armas. Compreendendo a importância de um bom relacionamento comercial com os militares, William Harley desenhou o projeto em tempo recorde. O pedido foi entregue na fronteira com o México, a cerca de 1.600 quilômetros da sede da empresa, apenas dois dias depois. Nove dias mais tarde, veio um segundo pedido, e as seis motos solicitadas foram entregues na fronteira em 33 horas.

Motociclistas do exército belga em 1914

A Harley-Davidson foi igualmente eficiente em remeter seus veículos militares para a Europa. No final de 1917, ano em que os Estados Unidos entraram na guerra, metade da produção da H-D se destinava aos militares. No final do conflito, toda a produção da fábrica estava comprometida com o esforço de guerra. A empresa publicava anúncios proclamando-se a "escolha do Tio Sam". Incentivados pela diretoria, nada menos que 312 empregados da fábrica se alistaram para combater, e somente três sobreviveram. Cerca de 20 mil motos participaram da Primeira Guerra Mundial, a maioria delas fabricada pela Harley-Davidson. O modelo padrão era o V2 de 990 cc, com 9 hp. As motos serviam basicamente como escolta e transporte de documentos. Os perseguidos conceitos de velocidade e diversão foram substituídos pelos de solidez e confiabilidade. Em tempos de guerra, uma

O Militor com *sidecar* foi fabricado para o exército norte-americano e combateu na França em 1918. Uma combinação de excesso de peso (360 Kg) com falta de potência (11 hp) o fez sofrer no campo de batalha

moto com rendimento problemático pode condenar à morte o seu condutor. Além disso, ela deve ser ágil o suficiente para transpor pisos irregulares e não deve ser barulhenta a ponto de despertar a atenção do inimigo.

Motociclistas mensageiros do exército italiano

A rival Indian também assinou contrato, e foi ainda mais eficiente no fornecimento. A produção, em torno de 20 mil unidades por ano nos tempos de guerra, era, na sua maioria, destinada às vendas militares, e cerca de metade delas equipada com *sidecar*. Essa prioridade para a guerra contrariou os interesses dos revendedores civis, e muitos deles migraram para a Harley-Davidson. A estratégia da Indian durante a Primeira Guerra Mundial prejudicaria o desenvolvimento da companhia nos anos seguintes.

Entre os membros do exército britânico, pontificavam as Douglas bicilíndricas de 2,75 hp, com transmissão por correia, e as Triumph, de Siegfried Bettman (1863-1951), então prefeito da cidade industrial de Coventry, vendidas em tempo recorde para o exército inglês. Ao que tudo indica, o alemão Bettman tinha o dom da palavra fácil, pois forneceu às Forças Armadas nada menos que 30 mil unidades da sua excelente H Model, uma 550 cc monocilíndrica que ficou conhecida como "Trusty" (confiável). Do lado alemão, as motocicletas eram, em sua maioria, da marca Neckarsulmer Strickmaschinen Union (NSU), que produzia motos desde 1900, esteve na primeira competição na Ilha de Man, em 1907, e também fornecia munições para as Forças Armadas germânicas.

A capa do livro do Capitão Watson. Repare nas "mochilas" de palha para transporte de documentos

Existe um livro interessante sobre as funções desempenhadas pelas motocicletas na Primeira Guerra Mundial: *The Adventures of a Despatch Rider*, do capitão William Henry Lowe Watson (1891-1932). Watson era um erudito estudante de Oxford que se alistou na Divisão de

Motociclistas do exército inglês e serviu na França. Não se conhecem detalhes da moto que ele usou, pois a narrativa é fragmentada. No meio dos horrores de uma guerra que matou quase 20 milhões de pessoas, em muitos momentos a moto não funciona, ou faz o capitão Watson, na época simples soldado, ter mais medo de quebrar o pescoço numa queda que de levar um tiro. O livro termina com a citação do agradecimento do comandante-em-chefe, que afirma: "Transportando mensagens e despachos em todas as horas do dia e da noite, em todo tipo de clima, quase sempre por estradas ruins e bloqueadas pelo inimigo, eles (os mensageiros-motociclistas) alcançaram um extraordinário grau de eficiência no serviço de comunicações, superando as dificuldades e perigos com energia e ardor".

O herói de guerra Henry Tanden esteve a ponto de mudar o curso da história, mas a ética falou mais alto

A Primeira Guerra Mundial teve entre seus combatentes o austríaco Adolf Hitler (1889-1945), que se alistou espontaneamente para lutar a favor da Alemanha. O futuro líder nazista se destacou como mensageiro (pedestre) no campo de batalha, foi ferido duas vezes e condecorado com a Cruz de Ferro, a maior honraria do governo germânico. Vem dessa época um incidente que poderia, por assim dizer, ter mudado o curso da história. Em 28 de setembro de 1918, Adolf Hitler estava com o 16° Regimento de Infantaria da Bavária, na vila de Marcoing, noroeste da França, quando foi ferido. Do outro lado, estavam os soldados ingleses do 5° Regimento do duque de Wellington, entre eles Henry Tandey (1891-1977) que, pelos atos de heroísmo daquele dia, receberia a Victoria Cross, maior comenda do império britânico. No meio da confusão, com o inimigo se rendendo ou fugindo, Tandey teve Hitler em sua linha de tiro, mirou, mas não atirou. Ele declarou que não poderia atirar num homem ferido e desarmado. Décadas depois, ao saber de quem se tratava, Tandey ficou arrependido e amargurado, especialmente após os bombardeios alemães por toda a Inglaterra. Hitler confirmou a história em conversa com o primeiro-ministro Neville Chamberlain (1869-1940), e disse que temeu pela própria vida. Externando admiração por Tandey, o líder alemão pediu uma cópia de um quadro que mostra Tandey carregando um colega ferido naquele dia de setembro de 1918. O episódio é polêmico, pois não há provas de que tenha efetivamente ocorrido, mas os dois protagonistas sempre confirmaram sua veracidade. Se isso aconteceu de fato, pode-se dizer que o soldado Henry Tandey esteve muito perto de mudar o rumo da história.

O Cabo Roy Holtz, sua Harley-Davidson e uma história incrível marcaram o final da Primeira Guerra Mundial

Entre tantos malefícios trazidos pelo conflito, uma história curiosa. A Primeira Guerra Mundial tornou célebre o cabo Roy Holtz, natural de Chippewa Falls, a 200 milhas de Milwaukee, sede da Harley-Davidson. Em 8 de novembro de 1918, com o exército alemão em desordenada retirada, Holtz foi designado para levar seu capitão em missão de reconhecimento, na região norte da Bélgica, próximo da fronteira com a Alemanha. Anoiteceu, chovia muito, e, sob os protestos de Holtz, razoavelmente familiarizado com a região, o capitão ordenou um caminho que os levaria diretamente por linhas inimigas. No meio da madrugada, a desorientada dupla parou em frente ao quartel general da 5ª Divisão Bávara e pediu informações em inglês, sendo imediatamente capturada. Eles foram liberados três dias depois, com o armistício. Roy Holtz ganhou fama como o primeiro militar americano a andar de moto no território alemão em tempos de guerra, sem saber para onde ia, mas pilotando uma Harley-Davidson.

Pós-guerra

Passado o sofrimento da guerra, o sentimento de alívio geral dos sobreviventes foi sucedido pela vontade de aproveitar a vida. A busca da felicidade, a amizade, o valor do tempo, os prazeres de viagem se tornaram fundamentais para as pessoas, dentro da máxima de que "eu sou parte de tudo o que já vi". Viajar de trem ou de automóvel era rápido, mas esse não era o espírito. Mais que chegar ao destino, o maior prazer era a viagem em si, a beleza dos campos, a altivez das montanhas, a multiplicação de cenários que iam surgindo à frente do viajante. Fotografias e descrições de viagens eram pálidas imagens, feitas para os que, por qualquer motivo, não podiam ver de perto. Sob essa ótica, a motocicleta era o veículo ideal.

A Triumph incorporou a criatividade de Sir Harry Ricardo e vendeu muitas unidades da Riccy

As fábricas logo entenderam essa necessidade, respondendo com motos mais robustas, adequadas ao uso em todo tipo de terreno. A Inglaterra seguia à frente entre os europeus, com 300 mil motos vendidas anualmente e mais de 200 fabricantes. Em 1921, George Brough (1890-1969) lançou a primeira versão da Brough-Superior, com motor V2 fabricado pela JAP. Harry Ricardo (1885-1974), famoso projetista da divisão de automóveis da Triumph, apresentou a Riccy, uma monocilíndrica de 498 cc com comando de válvulas no cabeçote e pistão côncavo – uma maravilha tecnológica. De maneira geral, os engenheiros trabalhavam com determinação, e os avanços se sucediam.

Como de hábito, as motocicletas Scott trouxeram soluções criativas, como a lubrificação do cilindro, refrigeração líquida e suspensão monochoque na traseira

Esse estado de coisas colocou em evidência o gênio e a visão do inventor escocês Alfred Angas Scott (1875-1923). Ele começou sua empresa, a Scott Motors, em 1900, fabricando pequenos motores para barcos. Deve-se a Scott a invenção das válvulas rotativas, suspensões monoamortecidas, freios *caliper* (precursores dos freios a disco) e refrigeração a água. Em 1908, um voo alto: uma 450 cc de dois tempos com chassi triangular, transmissão por corrente com duas velocidades, posição de neutro e pedal de partida. As motos de Scott ditaram as regras dos modernos motores de dois tempos e venceram o TT da ilha de Man em 1912 e 1913, antes de serem desqualificadas, em uma manobra política das fábricas derrotadas. O engraçado é que Scott aproveitou a proibição como propaganda das qualidades de seu produto, com um lucrativo resultado.

Alfred Angas Scott com um modelo de sua fabricação, ano 1913, com *sidecar*

Desde 1914, Scott patrocinava uma competição fora-de-estrada que levava seu nome, o Scott Trials. Os competidores teriam de cumprir um percurso de 70 milhas (cerca de 112 quilômetros) pelas montanhas e campos do interior da Inglaterra. Quem colocasse os pés no chão durante o trajeto era penalizado por fiscais que estavam ao longo do caminho, e, após a chegada do vencedor, cada minuto de atraso contava um ponto perdido. O que começou como um desafio restrito aos empregados e amigos do inventor se tornou um evento de grande prestígio após a guerra, realizado até os dias de hoje.

O esquisito Scott Sociable de 1919, mistura de carro e triciclo com motor dois tempos de 580 cc

No início dos anos 1920, Scott havia deixado a empresa para desenvolver outra invenção genial, o Scott Sociable, uma inovadora mistura de moto com *sidecar* e triciclo coberto. Ele usava um motor bicilíndrico dois tempos de 7,2 hp e refrigeração líquida. O chassi era de madeira e não havia guidão; a dirigibilidade era feita por um volante de automóvel. Foram produzidas 110 unidades do veículo, e cinco foram conservadas em perfeitas condições. As motocicletas Scott continuaram sendo produzidas regularmente até 1979, quando a fábrica encerrou as atividades.

Em toda a Europa o motociclismo crescia. Na Itália, os irmãos Giuseppe (1887-1971) e Luigi Gilera (?-1956) evoluíram das bicicletas motorizadas para as V2 com válvulas no cabeçote, e invadiram as pistas de corrida. A Garelli, de Adalberto Garelli (1889-?), antes voltada para o segmento das motonetas, em que brigava diretamente com os irmãos Benelli (donos da marca de mesmo nome, fundada em 1911), produziu uma moto genial, com motor dois tempos de 346 cc, um cilindro e pistão duplo. A Bianchi, de Eduardo Bianchi (1864-?), famoso fabricante de bicicletas, também montou sua equipe, com craques como Tazio Nuvolari (1892-1953) e Alberto Ascari (1918-1955), futuros campeões da Fórmula 1. O motociclismo esportivo no país teve um grande incentivo a partir de 1922, com a inauguração do Autódromo Nacional de Monza. As motos competiram pela primeira vez no circuito completo, de 5,5 quilômetros de extensão, em 8 de setembro de 1922, em uma prova denominada Grande Prêmio das Nações. A vitória ficou com Amedeo Ruggieri, que pilotou uma Harley-Davidson de 1000 cc. Também surgiram na década de 1920 a Moto Guzzi, de Carlo Guzzi (1889-1964), a primeira a utilizar um túnel de vento para desenvolver a parte aerodinâmica das motocicletas de competição, e a Ducati, dos irmãos Marcello (1912-?), Bruno (1905-2001) e Adriano (1903-?), que no início era voltada exclusivamente para a fabricação de rádios e câmeras fotográficas.

Linha de montagem da Jawa em 1929

Na França, apesar dos estragos da guerra, a briga pelo mercado de motos médias, de até 500 cc, era enorme. As empresas que forneciam aviões para a Força Aérea viram as encomendas diminuír 95% e tiveram de converter sua produção para veículos civis. A Train, de Emile Train (1877-?), fabricava motores de um e dois cilindros, dois e quatro tempos, que podiam mover qualquer coisa – bicicletas, automóveis, tratores, motos, etc. A Monet-Goyon começou com a básica Roda Motriz, de 117 cc, capaz de ser adaptada a bicicletas, passando a seguir para os triciclos da série Automouche, e o Vélauto, considerado pelos franceses como o primeiro *scooter* (espécie de motoneta derivada dos patinetes, pequenos veículos de duas rodas, com uma plataforma no lugar dos pedais) do mundo.

O patinete, veículo simples e útil, especialmente na descida

A Blériot, do ás da aviação Louis Blériot (1872-1936), situada às margens do rio Sena, aproveitou sua localização para fabricar barcos. Mas como a demanda era pequena, passou para as motocicletas em 1920, com a B20 "Touriste" e a versão esportiva, B20 Sport, inspiradas na Harley-Davidson. As motos tinham motor bicilíndrico de quatro tempos, com 497,6 cc, transmissão com três velocidades, embreagem multidisco de aço e bronze e suspensão traseira com três centímetros de curso. Com essas novidades, a propaganda da Blériot anunciava: "Ela não roda, ela voa!". As concorrentes eram de peso: Luis-Clemént e sua bicilíndrica de válvulas no cabeçote e pistões cônicos, "elaborada com precisão aeronáutica", segundo o próprio autor; a DFR, voltada para o segmento fora-de-estrada, que usava motores de dois tempos da Train, assim como muitas outras fábricas semiartesanais. As motos francesas eram um tanto inferiores em qualidade, mas os fabricantes encontraram no recém-inaugurado (1924) autódromo de Montlhéry o local perfeito para testar seus produtos e evoluir tecnologicamente. A pista tinha um traçado oval com 2,5 quilômetros de extensão, curvas inclinadas e provavelmente um circuito de estrada com extensão de 12,5 quilômetros. O autódromo foi inaugurado em 5 de outubro de 1924. A pista,

Uma Blériot de 1920: tecnologia de aviação

remodelada, continua em operação, sediando eventos de automóveis e motocicletas.

Outras pistas famosas foram inauguradas naquela época: Spa-Francorchamps, na Bélgica (1921), Montjuich Park, na Espanha (1923), Assen, na Holanda (1925), Brands Hatch, na Inglaterra (1926), Sachsenring, na Alemanha (1927), e Phillip Island, na Austrália (1928).

A "década das máquinas" incluiu a derrotada Alemanha, que se juntou aos países vencedores da guerra para produzir a "motocicleta popular". A NSU, das máquinas de tricô, voltou a construir motos e continuou suas pesquisas no setor de automóveis. Mas ela já não estava sozinha. O Tratado de Versalhes proibia a fabricação de aviões na Alemanha, o que levou a Bayerische Motoren Werke (em inglês, Bavarian Motor Works), BMW, principal fornecedora da Força Aérea germânica (o famoso barão Von Richthofen, o "barão vermelho", pilotava um BMW), a mudar o foco para o segmento motociclístico. Apesar de não gostar muito de motocicletas, o engenheiro Max Fritz (1899-1972), chefe do departamento de projetos, ex-empregado do célebre Paul Daimler, filho de Gottlieb e primeiro motociclista do planeta, apresentou em um mês o desenho do famoso motor Boxer (em caixa, em inglês), também conhecido como *"flat-twin"* (duplo raso). Esse motor, baseado no M2 B15 criado pelo engenheiro alemão Martin Stolle, equipava motos como a inglesa ABC e a alemã Victoria.

Ilustração de propaganda da Victoria modelo Bergmeister. Repare na angulação dos cilindros

A proeza de Fritz foi conseguir montá-lo de lado, em um ângulo de 90 graus em relação ao movimento da moto. Dessa forma, os dois cilindros opostos facilitavam a circulação do ar, e o motor funcionava mais frio que os V2 de 45 graus. A transmissão era feita por eixo cardã longitudinal, levando a potência do motor diretamente à roda traseira, sem utilizar as tradicionais correias ou correntes. Essas características permaneceriam imutáveis e eficientes nos 75 anos seguintes. O motor, no início, foi destinado somente aos automóveis da marca. Enquanto isso, as motos, consideradas primas pobres dos carros, recebiam pouca atenção. Basta dizer que a Flink (veloz), primeira bicicleta motorizada da BMW, era vendida sob o nome de Helios Flink.

A situação só mudaria em 1923, quando Fritz finalmente colocou o coração ao lado da mente para projetar a BMW R 32. A moto pesava 120 quilos, era equipada com um motor Boxer de 485 cc, com potência de 8,5 hp, e atingia 98 km/h. Curiosamente, o próprio Fritz conduziu a R 32 numa prova de resistência pelas montanhas da Baviera, e a moto se mostrou extremamente confiável. A BMW R 32 foi considerada revolucionária, em uma época em que o motociclismo alemão tinha craques do desenho e ótimos engenheiros.

Uma Henderson com *sidecar* da safra 1923. A moto usava motor de quatro tempos 1300 cc com quatro cilindros em linha e potência de 30 hp, câmbio de três marchas à frente e uma a ré

Um exemplo disso é a Megola, criação estranha e exuberante do designer Fritz Cockerell (1889-1965). A moto tinha cinco cilindros radiais de 128 cc com 52 mm de diâmetro e 60 mm de curso, montados ao redor do cubo da roda dianteira, como se fossem uma estrela. Não havia embreagem ou caixa de marchas, mas o giro da roda movia o virabrequim por corrente, com enorme força, um conceito derivado dos motores de avião. Tanto o pneu quanto os cilindros poderiam ser desmontados sem a retirada da roda dianteira. A moto era bastante exótica e difícil de conduzir, o que não impediu a marca de vencer o campeonato alemão de motovelocidade em 1924. Os bons resultados nas pistas abriram caminho para mais de 2 mil unidades vendidas no período entre 1922 e 1926, quando a instabilidade econômica levou ao fechamento da fábrica.

O engenheiro alemão Max Fritz foi mais um que, teoricamente, não gostava de motocicletas

Detalhe da parte dianteira da Megola modelo 1923: cinco cilindros

Em um mundo cada vez mais industrializado, os eventos esportivos ganhavam importância como símbolos de força, talento, determinação e tecnologia. As competições internacionais colocavam em evidência um nacionalismo extremo e, na Europa, no período que se seguiu à Primeira Guerra Mundial, eram todos contra a Alemanha, e a Alemanha contra todos. Os germânicos tinham, por assim dizer, inventado a motocicleta no final do século XIX, mas em pouco tempo a Inglaterra tomou a frente e, mesmo antes da guerra, era tida como líder mundial do segmento. A Alemanha da República de Weimar, porém, era muito diferente do império do *kaiser* Guilherme II (1859-1941).

Pôster de propaganda da marca alemã Ardie und Durkopp

Por incrível que pareça, a confusão dos novos tempos e a inflação galopante favoreceram a indústria de motocicletas. Os alemães não tinham dinheiro e, se pretendessem trabalhar, precisariam se locomover com rapidez. A solução, mais uma vez, veio das duas-rodas-e-um-motor. Para manter essa vantagem comparativa em relação aos automóveis, os modelos alemães da década de 1920 eram pequenos, econômicos e inevitavelmente lentos. Vem dessa época o sucesso da Dampf Kraft Wagen (DKW) (o nome provém de um automóvel a vapor produzido em 1917), empresa criada em 1916 pelo dinamarquês Jorgen Rasmussen (1878-1964) e que, em 1929, produziu mais de 60 mil unidades de uma bicicleta motorizada com motores de dois tempos com 125, 140, 175, 250 e 350 cc, apelidadas de "pequenas maravilhas".

Casal feliz da vida passeia em uma DKW da década de 1920. Note a alavanca de câmbio ao lado do tanque

O orgulho germânico estava bastante abalado, e os esportes a motor podiam ser a tão desejada válvula de escape. No motociclismo, o Tourist Trophy na ilha de Man era o objetivo dos pilotos alemães, mas sem equipamento competitivo não havia como bater os países concorrentes. Para atingir esse objetivo, foi construído, em 1927, o circuito de Nürburgring, ao redor do Castelo de Nürburg. A pista, que incluía belos trechos de estrada em meio a florestas, era muito perigosa e seria apelidada de "green hell" (inferno verde). O traçado original tinha nada menos que 172 curvas, com uma infraestrutura que incluía arquibancadas para 2.500 pessoas e um hotel. O circuito recebeu competidores estrangeiros pela primeira vez em 1928, para uma prova internacional. Os ingleses sumiram na frente, com motos de quatro cilindros, enquanto os alemães, com NSUs, DKWs e BMWs bicilíndricas, penavam nos (muitos) trechos de subida. Mas o intercâmbio deu aos alemães a base necessária para enfrentar os fabricantes do resto da Europa de igual para igual na década seguinte.

Pôster de competição de carros e motos em Nurburgring, no ano de 1927

Na Inglaterra, as vendas disparavam, e celebridades como Thomas Edward Lawrence, o "Lawrence da Arábia" (1888-1935), demonstravam paixão pelas motocicletas. Lawrence tinha nada menos que cinco Brough-Superior, marca que se autointitulava "O Rolls-Royce das motos", e com a qual ele sofreria o acidente que o matou, na rua em que morava, em Clouds Hill, Inglaterra, no dia 16 de maio de 1935. Dois garotos de bicicleta o forçaram a mudar bruscamente de direção; a Brough-Superior SS 1100 bateu em um buraco na pista e o jogou por cima do guidão. Lawrence morreu seis dias depois. No momento do acidente, ele não usava capacete.

T.E.Lawrence e uma de suas Brough-Superior

No final dos anos 1920, o mercado de motocicletas nos Estados Unidos não ia bem. Harley-Davidson, Indian e Excelsior, que havia incorporado a Henderson, lideravam o mercado, mas as vendas anuais estavam em torno de 150 mil unidades. A Harley, que havia ultrapassado a Indian e exportava para 67 países, sofreu um baque quando suas vendas para o para o Japão foram bastante reduzidas, em decorrência do protecionismo comercial instalado naquele país a partir de 1928. Além disso, a empresa teve dificuldades com o modelo VL de 350 cc e válvulas laterais. A moto era muito pesada e o motor se revelou fraco. O magneto era muito pequeno e prejudicava a aceleração. Encomendas foram canceladas, e a fábrica teve de rever o projeto, o que foi extremamente caro. Na América de 1929, as vendas seguiam insuficientes: 31 mil motos vendidas, entre elas 21 mil Harley-Davidson. Em termos gerais, a economia sofria com a queda nas vendas dos automóveis e nas atividades rurais, resultando no aumento do desemprego. E o que parecia ruim virou devastação no dia 29 de outubro, a chamada *Black Tuesday* (terça-feira negra). Naquele dia, o mercado de ações de Wall Street desabou gerando perdas de mais de 14 bilhões de dólares, valor cinco vezes maior que o orçamento anual dos Estados Unidos e mais que o país gastou com a Primeira Guerra Mundial. Em uma semana, as perdas chegaram a 30 bilhões de dólares. Milhares de pessoas perderam suas economias, empregos e moradias.

A crise de 1929 afeta o motociclismo

Fila em Nova York para receber um prato de sopa: desespero

A crise econômica americana estendeu-se a todo o mundo capitalista. Somente nos Estados Unidos, 5 mil bancos faliram e 30% da população ficou desempregada. A redução do poder de compra da população deu origem à superprodução agrícola e industrial, com quedas de preços e consequentes falências. A crise não poupou países ou classes sociais, afetando a todos, de uma maneira ou de outra.

Duas Harley-Davidson de competição, de um cilindro e transmissão por correia, e de dois cilindros com transmissão por corrente (ao fundo)

Curiosamente, enquanto grande parte das fábricas de automóveis fechou, a indústria de motocicletas conseguiu manter o nível de produção em 1930. A criatividade foi posta de lado, em benefício da robustez e da produção em massa. Nos Estados Unidos, a Excelsior saiu de cena, deixando a Harley-Davidson e a Indian brigarem pela sobrevivência. A Harley-Davidson acertou ao lançar o Servi-Car, triciclo que parecia um riquixá, com 750 cc, eixo traseiro rígido e diferencial. Com várias possibilidades de carroceria, o veículo fez tanto sucesso que permaneceu na linha de produção por 41 anos. A Indian mudou toda a diretoria e fez várias tentativas de alcançar a Harley-Davidson, mas não recuperou o prestígio da década anterior.

O Servi-Car foi um inesperado e estrondoso sucesso da Harley-Davidson na década de 1930

O campo de batalha das duas gigantes americanas nos anos 1930 foi no fora-de-estrada, mais especificamente nas provas de subida de montanha (*hill climbs*), nova febre nacional. A série de vitórias começou no Jack Pine Enduro, vencido por William Davidson Junior (1905-1993), com apenas três pontos perdidos. Nas pistas de terra, brilhava como nunca a estrela de Joe Petrali (1904-1973), ex-piloto da Indian, campeão nacional de (baixo) consumo aos 14 anos, com a incrível marca de 48,8 quilômetros por litro, em uma velha Indian 500 cc. O fato de Joe pesar menos de 40 quilos ajudou bastante.

Joe Petrali venceu corridas com Indian e Harley-Davidson

A partir daí, o jovem piloto competiu em provas de resistência, e ficou famosa sua participação em uma corrida estilo maratona, na qual, depois de três dias e quatro noites, com paradas apenas para reabastecer, os fiscais de pista, exaustos, registraram empate técnico entre Petrali e Archie Rife (1895-1952), seu patrocinador. Em 1921, houve outra atuação notável de Petrali, então com 17 anos. Obrigado a testar uma inédita Indian movida a álcool, ele acertou a moto, mas não conseguia superar a equipe Harley-Davidson, que bloqueava todas as suas tentativas de ultrapassagem. No final da corrida,

"Smokin" Joe Petrali foi campeão norte-americano de *dirt track* em 1935. Note o leque de terra levantado pela Harley-Davidson a plena aceleração

Petrali simulou um defeito mecânico, os adversários relaxaram e ele atacou na última volta para chegar em segundo, indo ao pódio pela primeira vez. As Indian eram frágeis, e com álcool quebravam mais. Petrali só venceu uma corrida quando pegou emprestada a Harley-Davidson de um amigo que se acidentara nos treinamentos, em 4 de julho de 1925, numa corrida comemorativa da independência dos Estados Unidos. Ele dividiu o prêmio com o amigo que emprestara a moto e desapareceu de vista.

A vitória de Petrali, conhecido nas pistas como "Smokin Joe" (Joe Fumaça), da forma como foi conquistada, chamou a atenção dos executivos da Harley-Davidson. Depois de localizado (estava morando em uma modesta oficina), ele assinou contrato para competir pela equipe oficial da marca. Joe ganhou três campeonatos americanos e foi recordista de velocidade em piso de madeira. No ano seguinte, uma proposta mais atraente da Excelsior o levou a assinar por cinco anos com a equipe de Ignaz Schwinn. Foi nesse emprego que Petrali se aproximou das subidas de montanha. Como as motos Excelsior eram fracas, ele fez um arranjo insólito com o empresário alemão: em algumas provas, Petrali andava de Harley-Davidson, pontuando como piloto da Excelsior. Ele ganhou dois campeonatos em 1926, ambos com Harley. Em 1927, finalmente, veio o primeiro título com a Excelsior, no campeonato nacional em pistas de terra (*dirt track*), mas um acidente no final da temporada o afastaria das pistas por um longo tempo. No dia 13 de agosto de 1927, em uma corrida em Springfield, Illinois, Eddie Brinck (1896-1927), da Harley-Davidson, bicampeão nacional, teve um pneu dianteiro estourado e caiu à sua frente. Petrali não teve como evitar o choque. As motos se espatifaram, Brinck morreu na hora e Petrali foi levado ao hospital mais próximo, com poucas chances de sobrevivência. A coisa estava tão ruim que o médico de plantão deixou uma estagiária costurar a boca de Petrali. Um pedaço de lábio havia sido deixado para trás, mas alguém achou e o levou para ser costurado. Contra todos os prognósticos, Petrali sobreviveu e voltou às pistas no ano seguinte. Com uma Excelsior de 1000 cc apelidada de "Big Bertha", ele conquistou cumes de morro até então inéditos no circuito americano de subida de montanha, mas a quebra da bolsa determinou o fechamento da fábrica Excelsior, e Joe Petrali passou a ser um entre milhões de desempregados que perambulavam pelos Estados Unidos nos anos 1930.

Quando estava prestes a entrar em desespero, um telefonema salvador o recolocou na equipe oficial de Harley-Davidson. De boca costurada e tudo, Petrali estava no auge da forma e expressou sua gratidão ganhando os campeonatos de *dirt track* e *hill climb* em 1932. Ele foi o único piloto da história a vencer nas duas modalidades no mesmo ano. Petrali repetiu

Visual de uma pista de subida de montanha nos Estados Unidos da década de 1930: haja motor

Joe Petrali no topo do morro de Easton, Pensilvânia, em 1937, prestes a estabelecer um "contato imediato do terceiro grau" com a superfície do planeta

a façanha em 1933, 1935 e 1936. Em março de 1937, então um veterano de 33 anos, Petrali quebrou o recorde de velocidade em uma milha, com o tempo de 217,8 km/h, marca que demoraria 11 anos para ser batida. Em 29 de agosto de 1937, ele venceu uma etapa do campeonato americano pela 49ª e última vez, pendurando o capacete dois meses depois. Foi uma prova confusa, na qual jovens pilotos não se importaram em competir numa pista mal preparada.

Após se aposentar como piloto, Joe Petrali trabalhou para o excêntrico milionário Howard Hughes e foi engenheiro de voo do *Spruce Goose*, o maior hidroavião do mundo. O engenho não deu certo, e Petrali foi ser chefe de equipe nas competições de automóveis em Indianápolis. Ele adorava conversar sobre os tempos de piloto de moto, e recebeu a inscrição honorária número 1 da American Motorcyclist Association (AMA). Joe Petrali morreu numa estrada de Casagrande, Arizona, em 10 de novembro de 1973, aos 69 anos de idade, quando fazia um teste de consumo para a fábrica de automóveis Buick.

CAPÍTULO 8

A ALEMANHA QUER DOMINAR O MUNDO... DE NOVO

Equipe Moto Guzzi, com Carlo Guzzi (ao centro, de terno) e o sócio Giorgio Parodi (do lado direito dele)

Na Europa dos anos 1930, os governos passaram a incentivar as fábricas nacionais de motocicletas. Na Itália fascista, Benito Mussolini (1883-1945) quis reviver os tempos de Império Romano, nas saudações e no poder político. Essa postura "neoclássica" se estendia à indústria. No setor das motocicletas, a marca escolhida para demonstrar a supremacia italiana foi a Moto Guzzi, fundada em 1921 por Emanuelle (1897-1955) e Giorgio Parodi (1921-1955), pai e filho, e o amigo Carlo Guzzi, ex-comandante da aeronáutica. Os três eram apaixonados por motos e começaram logo com uma 500 cc monocilíndrica de válvulas no cabeçote, 8 hp e consumo de 30 quilômetros por litro. A águia com asas abertas, símbolo da marca, foi uma homenagem a Giovanni Ravelli (?-1918), que seria sócio da empresa, mas havia morrido em um desastre aéreo. Mussolini se encantou com a moto e, a partir daí, incentivou sua adoção como meio de transporte e lazer. "*Il Duce*" tinha uma coleção de motocicletas Guzzi, que utilizava como instrumento de exaltação da sua coragem.

Uma Moto Guzzi, a favorita de Benito Mussolini

É emblemática a reportagem intitulada "Nação de centauros", publicada na revista *Time* em 17 de julho de 1933. Diz a matéria:

> *Depois de circular numa limusine com vidros à prova de balas por suposto medo de assassinato, Benito Mussolini passou a andar de moto, vestindo roupas informais. Na semana passada, o secretário-geral do Partido Fascista divulgou um guia de seis normas de conduta para os funcionários do partido: 1) Não frequentar hotéis e cinemas luxuosos; 2) Viajar a pé tanto quanto possível, caso contrário, em automóvel utilitário, ou, melhor ainda, utilizando uma motocicleta; 3) Não usar chapéu de seda em cerimônias oficiais, usar a simples camisa preta da revolução; 4) Não divulgar em nenhuma hipótese hábitos ou estilo de vida; 5) Manter rigoroso horário de trabalho, escutar o maior número de pessoas com grande paciência e bondade; 6) Frequentar os bairros populares e ajudar as pessoas não só na teoria, mas fisicamente. Recentemente, o Gabinete isentou as motocicletas de todos os impostos na Itália, e a imprensa fascista convocou os cidadãos a se tornarem uma nação de centauros motorizados.*

Adolf Hitler é saudado pelo parlamento alemão após a anexação da Áustria, em março de 1938

Na Alemanha, a inflação venceu o parlamentarismo democrático, e Adolf Hitler chegou ao poder em 1933, com o lema de "purificar a raça". Ele tinha sido mensageiro na Primeira Guerra Mundial, andou muitas vezes de moto e tinha grande simpatia pelas duas-rodas-e-um-motor. No mesmo ano, por inspiração do novo chanceler, o exército alemão encomendou à BMW motos do modelo R4, de 398 cc e comando de válvulas no cabeçote. Um total de 4.720 empregados participou do projeto, o que ajudou a empresa a sobreviver em tempos de crise econômica mundial.

Hitler adorava corridas, mas, assim que ascendeu ao poder, em 1933, não hesitou em cassar as licenças esportivas concedidas a "judeus e outros não arianos". Leo Steinweg (1906-1945), famoso piloto e construtor de motocicletas, foi um dos judeus perseguidos pelo

O piloto judeu Leo Steinweg, em foto de 1933

Terceiro Reich. Foi uma história triste e emocionante que virou livro, escrito por sua esposa, Emmy Herzog. Leo foi mecânico de motos e instrutor de pilotagem na concessionária DKW da cidade de Munster, Alemanha, onde vivia com os pais. Em 1924, ele venceu a primeira corrida de que participou, com uma DKW 175 cc. Nos anos seguintes, as vitórias se repetiriam por toda a Alemanha, nas classes 175 e 250 cc. O sucesso nas pistas rendeu fama e fortuna a Leo Steinweg. O antissemitismo já se fazia notar aqui e ali, mas a presença constante de Emmy, sua esposa, alemã e católica, amenizava a situação. Em 1929, com suas próprias economias, o casal inaugurou uma fábrica de motocicletas e preparação de motores. A Sportler Steinweg ia bem até 30 de janeiro de 1933, quando o Partido Nazista chegou ao poder. Em abril daquele ano, por pressão discriminatória do novo governo, a fábrica fechou. Em dificuldades financeiras, Leo voltou a competir, e novamente obteve bons resultados. Em julho de 1933, porém, um formulário de licenciamento para o ano seguinte perguntava se o piloto pretendente era ariano ou não. Como Leo era judeu, ele não pôde mais correr. Seu casamento com Emmy também era proibido, e os amigos lhes aconselharam a mudar de país. Leo rejeitou essa possibilidade, pensando que o pesadelo seria passageiro. Os negócios pioraram, pois ninguém queria contato com um judeu comerciante.

No verão de 1938, um amigo na SS avisa que ele deveria ir embora o mais rápido possível. Poucos dias depois, em 1° de setembro, com 30 *reichmarks* no bolso, Leo cruzou clandestinamente a fronteira com a Holanda. Naquela época, o governo holandês, por influência nazista, não autorizava a entrada oficial de judeus em seu território. Em Munster, Emmy ficou encarregada de vender a casa, móveis e equipamentos motociclísticos. Ela conta que apurou uma ninharia, pois os compradores sabiam que seu marido não poderia mais voltar. A única lembrança dos sete anos de carreira nas pistas eram dois faqueiros de prata; ela entregou um aos pais dele e levou outro consigo na viagem.

Mas o preconceito com os judeus havia muito ultrapassara as fronteiras alemãs. Leo teve seu passaporte confiscado pela polícia e fugiu para Utrecht, onde encontrou a esposa. Eles sobreviviam com dificuldade. Em maio de 1940, as tropas alemãs invadiram a região do Benelux (parte da Bélgica, Holanda e Luxemburgo), onde eles estavam. O casal Steinweg viveu cerca de dois anos escondido no último andar de uma casa na rua Harting, número 18. Em 28 de agosto de 1942, Leo Steinweg foi preso e deportado para o campo de concentração de Auschwitz. Reconhecido pelos guardas da Wehrmacht, ele manteve algum contato com Emmy, mas não havia mais esperanças de sobrevivência. Em 1945, pouco antes da libertação pelos aliados, no castelo de Flossenbürg, perto da fronteira tcheca, o ex-campeão alemão de motovelocidade Leo Steinweg foi executado, encerrando uma página vergonhosa não só para o motociclismo, mas para a humanidade em geral.

Na orgulhosa Alemanha da década de 1930, quando não estava perseguindo judeus, Adolf Hitler, o *führer* nazista, assistia pessoalmente às provas na pista de Sachsenring, torcendo, evidentemente, pelos pilotos locais, especialmente para Bernd Rosemeyer (1910-1938), da DKW, que depois competiu em automóveis e se tornou seu amigo particular. Rosemeyer morreu quando testava um Auto Union para a temporada de 1938. O acidente fatal causou comoção no país, e Hitler encerrou seu discurso em homenagem ao amigo afirmando: "Que o pensamento de que ele caiu lutando pela reputação da Alemanha diminua a nossa dor".

Entre os estrangeiros, Hitler simpatizava com o escocês James Guthrie (1897-1937), da Norton, campeão europeu em 1935. Guthrie morreu no GP da Alemanha de 1937, uma corrida assistida por nada menos que 250 mil pessoas, entre elas Adolf Hitler. O ponto da pista em que Guthrie se acidentou possui um marco em homenagem ao piloto. Adolf Hitler ficou muito abalado e deu ao mecânico de Guthrie uma estátua do deus Mercúrio (réplica do famoso troféu do TT da ilha de Man) que lhe havia sido entregue antes da corrida.

James "Jimmie" Guthrie em cartaz de propaganda dos óleos Castrol

O momento mais alegre do motociclismo alemão em 1937 foi obra da BMW, que, com o piloto Ernst Henne (1904-2005), quebrou o recorde mundial de velocidade em moto, atingindo incríveis 279,5 km/h, com uma BMW turbo de 500 cc e 108 hp, em 28 de novembro de 1937, uma marca que permaneceria imbatível por 14 anos. A dupla Ernst e BMW ficou conhecida como "Henne e seu ovo", por conta do formato aerodinâmico da moto.

Ernst Henne e seu "ovo": 280 km/h em 1937!

O empenho em bater os ingleses na ilha de Man era notório. Quando isso aconteceu, em 1939, foi uma festa incrível, naquela que é considerada a vitória mais importante da história da BMW. Poucas semanas depois, o mesmo Georg Meier que triunfou na ilha venceria o GP da Bélgica em Spa-Francorchamps, tornando-se o primeiro piloto de moto a girar com média de cem milhas por hora (160,9 Km/h) em uma pista de Grande Prêmio. No mesmo ano, Meier passou a competir também nos automóveis, pela equipe oficial NSU, estreando com uma incrível segunda colocação no GP da França de Fórmula 1. Mas um duplo acidente no GP da Suécia de Motovelocidade, em agosto, o deixou no hospital por dois meses, com problemas na coluna vertebral. Em 1° de setembro de 1939, Adolf Hitler, que havia anexado a Áustria no ano anterior, invadiu a Polônia, o que precipitou o início da Segunda Guerra Mundial. Por conta do tombo na Suécia, Meier foi declarado incapaz para o serviço militar, mas insistiu e se tornou instrutor da polícia militar motociclística e motorista particular do almirante Wilhelm Canaris (1877-1945), chefe da Abwehr, a inteligência militar alemã.

As motocicletas na Segunda Guerra Mundial

Lotes de motocicletas militares postos à venda pelo exército norte-americano em 1946

A Segunda Guerra Mundial começou oficialmente em 3 de setembro de 1939, quando Neville Chamberlain, primeiro-ministro inglês, declarou guerra à Alemanha, que na manhã daquele dia havia invadido a Polônia. Com sua tática de ataques-relâmpago das *Blitzkriegs*, baseadas na surpresa e na velocidade, Hitler acreditava que se tornaria um novo Napoleão Bonaparte (1769-1821). Ele havia aprendido muito na Primeira Guerra Mundial e sabia que um exército estático era presa fácil para o inimigo. Bombas lançadas por aviões abriam caminho para os tanques leves, que se deslocavam sem parar pelo continente europeu.

Para coordenar esses ataques, o uso de motocicletas era fundamental. A BMW era a fornecedora principal do exército alemão, à frente de Zündapp, DKW e NSU. A Zündapp, fundada em 1917 por Fritz Neumeyer

A Harley-Davidson Modelo U foi produzida em pequenas quantidades durante a guerra. Com motor de 1.213 cc e potência de 34 hp, ela andava pouco, pois, como peso extra, carregava um rifle e 350 balas calibre 45

Soldados a bordo de uma Zündapp KS 750 com *sidecar*, em agosto de 1944

(1875-1935), começou fabricando detonadores e passou a fazer motos em 1921, com o lema *"Motorrad fur Jesseman"* (motocicletas para todos). O nome Zündapp é a junção de *zunden* (detonar) e *apparatebau* (aparato). A partir de 1940, a fábrica forneceu para o exército alemão (frentes russa e africana) nada menos que 18.695 motocicletas modelo KS 750, com *sidecar* tracionado (*Seinewagen*) e diferencial blocante, rival da BMW R75 (que vendeu 20.200 unidades durante a guerra). A moto tinha motor bicilíndrico quatro tempos Boxer de 750 cc, com potência de 26 hp a 4.000 rpm, torque de 5 kgfm a 2.650 rpm, câmbio de quatro marchas, com reduzida e ré. O conjunto pesava 840 quilos, atingia 100 km/h e consumia proporcionalmente pouco: um litro de combustível a cada 16 quilômetros rodados. A pintura, na cor areia, era especial para o DAK (Deutsche Afrika Korps).

A Zündapp encontrada enterrada na praia 64 anos depois do Dia D

Uma Zündapp KS 750 foi encontrada no Natal de 2008, enterrada na areia de uma praia da Normandia, cerca de 64 anos depois do dia 6 de junho de 1944, o famoso Dia D. Os modelos DKW mais utilizados foram os da série NZ, de 250 e 350 cc, com motores dois tempos monocilindro. Já a NSU entrou com o propósito de agilizar o transporte de mensagens, com o modelo NSU ZDR 125. E coube a ela a fabricação do veículo mais esquisito da Segunda Guerra Mundial, o SD KFZ 2 Kleines Kettenkrad (pequena motocicleta com esteiras), um veículo com frente e guidão de moto, traseira de tanque (esteira dupla), movido pelo motor Opel quatro tempos e quatro cilindros de 1.478 cc refrigerado a água, que equipava os tanques ligeiros da famosa Divisão Panzer. O peso total era de 1.560 quilos, e os 36 hp a 3.400 rpm faziam o SD KFZ 2 atingir instáveis 70 km/h. Um total de 8.345 unidades foram fabricadas pela NSU durante a guerra.

O SD KFZ 2 Kleines Kettenftrad, ou pequena motocicleta com esteiras. O peso não era tão pequeno: 1,5 tonelada

Com o apoio italiano, as forças militares alemãs rapidamente tomaram a França e, apesar do pacto de não agressão com a Rússia, invadiram também esse país. As motos ganhavam importância cada vez maior. BMW e Zündapp chegaram a montar um modelo híbrido, a BW 43, com o *sidecar* BMW acoplado à motocicleta Zündapp KS 750 e com 70% dos componentes intercambiáveis. O exército russo, que no conflito anterior com a Finlândia tinha penado com motos pouco competitivas, importou cinco BMW militares modelo R71 e as copiou descaradamente,

A Ural M72 era baseada na BMW R71

batizando o clone de Ural, por conta das montanhas que circundavam a fábrica. O modelo, batizado de M72, deu certo, para alegria do exército vermelho e de Josef Stálin (1879-1953). Ao todo, 9.799 M72 participaram da guerra, em missões de reconhecimento e coordenação de tropas.

Até mesmo os americanos, que entraram na guerra em 1941, copiaram a BMW R71. Por conta da transmissão por corrente, as Harley-Davidson WLA 45, motos americanas planejadas para o serviço militar, atolavam na areia dos desertos africanos, deixando seus condutores em situação desesperadora. Acuado pelo general alemão Erwin von Rommel (1891-1944) e sua Afrika Korps, o exército requisitou com urgência motos "tão eficientes quanto a BMW R71". A diretoria da Harley, sentindo-se incapaz de atender as exigências militares, adotou a tática russa e simplesmente copiou a moto alemã. Nos Estados Unidos esse veículo foi batizado de XA, de *"eXperience Army"* (experiência do exército). A moto trazia o acelerador do lado esquerdo, para o piloto poder manusear mensagens, despachos e armas com a mão direita, bagageiro reforçado para carregar equipamentos de rádio, suspensão dianteira com molas e um motor *flat twin* de 750 cc com 23 hp de potência. A rival Indian, que já assessorava as forças aliadas por meio da Inglaterra, usou suas ligações para tentar ganhar o contrato de fornecimento com a 741 cc com motor V2 e válvulas laterais. Nada menos que 16.647 Indian modelo 741 foram vendidas para as forças aliadas em 1942, o que gerou um lucro magnífico de 1,1 milhão de dólares, melhor resultado da empresa em todos os tempos. Todavia, o exército americano, depois de pedir mil modelos XA (e apenas umas poucas Indian 741) para testes, decidiu que o projeto era caro demais e optou pelo automóvel Jeep. O cancelamento do contrato com o exército marcou o início do declínio na utilização das motocicletas na guerra, o que afetaria a produção e a própria sobrevivência das empresas do setor.

Depois de um início arrasador, e apesar do apoio dos italianos e, posteriormente, dos japoneses, o exército alemão foi contido na Rússia e perdeu terreno

A rara Harley-Davidson XA, uma moto "cara demais"

para americanos, ingleses e franceses na Europa. Em 6 de junho de 1944, as forças aliadas desembarcaram na Normandia, retomaram a França e partiram para Berlim. O "império dos mil anos" terminou em 1945, com as forças do Eixo destroçadas, e Hitler e Mussolini mortos, assim como outras 50 milhões de pessoas, incluindo mais de 200 mil no polêmico bombardeio atômico das cidades de Hiroshima e Nagasaki, no Japão. A rendição incondicional do Japão, em 2 de setembro de 1945, marcou o fim de uma era. A Alemanha seria dividida em duas, a Ocidental, integrada à Europa capitalista, e a Oriental, parte da União Soviética, num acordo que se tornaria a alvorada da Guerra Fria. Mas aqueles dias de 1945 se tornaram inesquecíveis. A duras penas, a chama da liberdade havia derrotado novamente o "império do mal".

Os bons tempos estão de volta

Nos tempos de guerra, o motociclismo não progrediu muito, pois as novidades se restringiram ao aperfeiçoamento do uso militar, como o acelerador do lado esquerdo do guidão e reforços na estrutura para transportar armas. Com a retomada das atividades habituais dos fabricantes de motocicletas, surgiu a necessidade de avançar em termos de tecnologia. Mas desenvolvimento envolve custo, que não poderia

Faça amor, não faça guerra

ser repassado aos sofridos bolsos do consumidor. Na maioria dos países, o petróleo continuou racionado, e os modelos mais econômicos passaram a ser prioritários.

Pôster de propaganda da Triumph Speed Twin modelo 1948

Na Europa, a Inglaterra, vanguarda na fabricação de motocicletas, tentava reagir, mas os danos foram muitos, e a produção artesanal foi praticamente extinta pelos ataques alemães. A Brough-Superior encerrou sua produção, passando a fabricar componentes aeronáuticos, depois de vender 3.100 unidades de uma das motos mais famosas da história. A fábrica da BSA em Birmingham foi bombardeada em 1940, com a perda de 53 operários e 1.600 máquinas de produção. Ainda assim, graças ao desenvolvimento de armas poderosas, como a metralhadora Browning e o rifle Enfield, a empresa sobreviveu e teve capital para incorporar a rival Ariel e relançar a Gold Star, uma 350 cc que marcaria época. A Triumph, que fabricou cerca de 50 mil motocicletas em tempos de guerra, também refez seus planos de venda. A marca da cidade de Coventry lançou os modelos 1946, a Speed Twin (500 cc), a Tiger 100 (350 cc) e a Tiger 70 (250 cc), que eram basicamente os mesmos dos anos 1930, com nova pintura e frente telescópica.

Uma Jawa CZ 350 cc de 1959

No continente europeu, a Jawa, de Frantisek e Karel Janecek, largou na frente, colocando no mercado uma 250 cc dois tempos bastante moderna. Mas logo depois a empresa tcheca foi nacionalizada pelos comunistas e perdeu visibilidade, passando a fornecer para os países da União Soviética. Entre os derrotados, a Alemanha foi obrigada pelos aliados a restringir suas motocicletas a menos de 60 cc, posição que seria revista em 1949. A BMW foi bombardeada no final do conflito e, a título de reparação de guerra, perdeu todas as suas patentes, passando a produzir bicicletas e utensílios domésticos. Zündapp, NSU e DKW logo se enquadraram, recomeçando o ciclo das bicicletas motorizadas. Na Itália, que não enfrentou as mesmas proibições, a lendária MV (Meccanica Verghera) Agusta, ex-fabricante de aviões, apresentou seu primeiro modelo, a 98 cc de dois tempos. A Moto Guzzi mudou sua política de produção e, apesar de continuar fabricando as 246 e 498 cc do pré-guerra, passou a produzir pequenas motocicletas de 44, 48, 65, 73, 98, 123 e 153 cc. Entre essas, a de maior sucesso foi a Guzzino 65, que passaria a mover os italianos com agilidade e economia. A Gilera, que havia fornecido suas Saturno 500 cc para o exército italiano durante a guerra (com o nome de Marte), "civilizou", por assim dizer, o modelo lançado em 1938, com motor monocilindro de quatro tempos de 498 cc e válvulas no cabeçote (OHV), potência de 18 hp a 4.500 rpm, câmbio de quatro marchas e velocidade máxima de 135 km/h. Essa moto fez enorme sucesso e permaneceu em produção, com pequenas modificações, até 1956.

Enquanto isso, na França, as refinadas Peugeot, Motobecane e Terrot partiram para se popularizar como

Em cima, a Gilera Saturno 500 cc podia ser usada em ruas, trilhas ou autódromos. A versão com carenagem atingia mais de 200 km/h. Embaixo, uma Triumph Speed Twin de 1948, com *design* antiquado e uma nova suspensão dianteira

meio de transporte, enquanto a Ratier – espertamente, como o nome indica – aproveitou as peças BMW produzidas em solo francês durante a ocupação alemã para fabricar cópias das BMW R71 (600 cc) e R75 (750 cc), com grande aceitação na força policial francesa. Mais criativa foi a Velosolex, que lançou seu modelo com motor dois tempos de 38 cc e 0,5 hp montado sobre a roda dianteira, à moda da Werner de 1897. A pequena maravilha era lenta (com velocidade máxima de 30,1 km/h), mas capaz de percorrer cem quilômetros com apenas um litro de combustível.

A francesa Velosolex foi lançada em 1946 e chegou ao Brasil na década de 1960. Ela tinha motor de dois tempos de 38 cc sobre a roda dianteira, potência de 0,8 hp e fazia cerca de 90 quilômetros por litro

Nos Estados Unidos do pós-guerra, a Harley-Davidson reafirmava sua liderança, com números duas vezes maiores que os da concorrência. A linha mudou pouco em 1946. As principais novidades foram um amortecedor hidráulico na suspensão traseira, novas lanternas e mais cromados. A rival Indian enfrentava problemas muito maiores. Os 15 anos de administração de Paul duPont se revelaram catastróficos, com prejuízos acima de 250 mil dólares, o que levou a diretoria a diminuir a semana de trabalho de 60 para 48 horas. A produção anual de 1945 foi de 2.070 Indian Chief, contra mais de 10 mil Harley-Davidson.

A DKW 125 RT foi a moto mais copiada do planeta

Os tempos eram de paz, e a corrida pelas vendas recomeçou quase imediatamente. Assim como acontecia na Europa, a matéria-prima era escassa, havia pouco alumínio disponível e o óleo era produzido em garrafas, para economizar metal. A Harley-Davidson apostou nos pequenos veículos e pôs nas ruas uma 125 cc dois tempos baseada na DKW 125 RT, isenta de pagamento de patentes, a exemplo do que ocorrera com a BMW. O outro lançamento da Harley-Davidson foi um variado catálogo de acessórios, em que pontificava uma jaqueta de couro negro com zíperes que se tornaria um ícone do visual rebelde que desde sempre encanta a juventude. Em 1946, foram produzidas 15.554 Harley contra 6.974 Indian. Depois de hibernar durante a guerra, pouco a pouco o motociclismo voltava a se desenvolver.

Relargada!

Com algumas desorganizadas exceções, não houve competições de motocicletas durante a Segunda Guerra Mundial. Os templos do motociclismo esportivo continuaram silenciosos até o final da década. Em solo americano, porém, sem nada para fazer, os ex-combatentes estavam se aborrecendo. Depois de confrontarem a morte e viverem emoções a cada dia, não havia lugar para eles no cotidiano calmo dos Estados Unidos dos anos 1940. E as corridas eram um excelente campo para novas batalhas, novos heróis. O calendário de 1946 foi reduzido, pois não houve tempo para estruturá-lo melhor. Em 1947, a temporada incluiu corridas de *dirt track, hill climb* e, em nível internacional, o retorno do International Six Days

Acima, disputa pela ponta em prova de Dirt Track na pista de Ascott, em Los Angeles, Califórnia. Abaixo, uma AJS 350 cc de competição. Apenas 25 dessas artesanais máquinas inglesas eram fabricadas a cada ano. Essa moto foi do neozelandês Hugh Anderson, que mais tarde se tornou tetracampeão mundial pela Suzuki (1963 e 1964 nas 50 cc e 1963 e 1965 nas 125 cc)

Trial e das provas do Tourist Trophy, na Ilha de Man. A novidade foi a criação do *Motocross* des Nations, competição fora-de-estrada entre países que antecedeu o surgimento do mundial de motovelocidade.

O *Motocross* das Nações, tradicional competição por equipes, começou a ser disputado antes do Mundial de Motovelocidade

As corridas estavam liberadas, inclusive para os derrotados, mas com algumas restrições técnicas. Buscando reduzir custos, a Federação Internacional de Motociclismo (FIM) baniu os turbocompressores, restringiu a refrigeração a óleo nos cabeçotes dos cilindros e impôs uma gasolina de 72 octanas, vetando misturas e aditivos no combustível. As novas regras afetaram diretamente Gilera, DKW, Norton e Ariel, que perderam todo o investimento que haviam feito em seus modelos turbinados. Com as novas especificações, muitas marcas obtidas na ilha de Man ficaram aquém dos registros de 1939, o que demonstrava o retrocesso esportivo de 1947. No ano seguinte, os dois lados do Atlântico preferiram não investir em corridas, situação que levou a FIM a imaginar um campeonato que resgatasse a credibilidade do motociclismo esportivo, envolvendo fabricantes, pilotos e público com o que de mais avançado houvesse em termos de tecnologia. No início de 1949, foi oficialmente lançado o primeiro Campeonato Mundial de Motovelocidade, com seis etapas, nas classes 125, 250 e 500 cc. O sistema de pontuação incluía um ponto extra para a volta mais rápida da corrida.

O italiano Bruno Ruffo, da Moto Guzzi, foi o primeiro campeão mundial na classe 250 cc. Ele conquistou mais dois títulos, nas 125 cc, em 1950 e na 250 cc, em 1951

No dia 17 de junho de 1949, uma tarde chuvosa de sábado, começou a maior competição de motos do mundo. Os pilotos da categoria 250 cc se apresentaram primeiro no *grid* de largada. O circuito utilizado foi o do famoso Tourist Trophy, na ilha de Man, com 60 quilômetros de extensão. A corrida foi disputada em sete voltas. Ao todo, 29 concorrentes se alinharam, mas apenas 13 conseguiram completar a prova. A vitória histórica ficou com o irlandês Manliff Barrington (1910-1999), da Moto Guzzi, a única dele em Grandes Prêmios. Na categoria 500 cc, disputada no dia seguinte, a corrida contou com a participação de 59 pilotos. Destes, 35 cruzaram a linha de chegada, e a vitória ficou com o inglês Harold Daniell (1909-1967), que pilotou uma Norton. A torcida local delirou com a primeira vitória de uma dupla britânica na abertura do primeiro Campeonato Mundial em todos os tempos. Em 2 de julho, mais uma vez os pilotos da 250 cc se alinharam para competir, agora na cidade de Berna, que realizava o primeiro Grande Prêmio da Suíça, em um circuito misto de estrada e ruas urbanas, com 7,2 quilômetros de extensão. No total, 16 pilotos largaram e 13 completaram a corrida, e o vencedor foi o italiano Bruno Ruffo (1920-2007), da Moto Guzzi. Nas 500 cc, no domingo, Inglaterra na cabeça, com a vitória do ex-piloto de aviões da Força Aérea Britânica (RAF) Leslie Graham (1911-1956) e sua AJS, que passaram a liderar o campeonato. Nesse mesmo dia, mais uma novidade da primeira temporada do mundial: as rápidas e levíssimas 125 cc entraram na pista pela primeira vez na história. A vitória ficou com o italiano Cirillo "Nello" Pagani (1911-2003), que pilotou uma italianíssima Moto Mondial.

O italiano Cirilo "Nello" Pagani foi um dos maiores pilotos de motovelocidade em todos os tempos

O público gostou tanto das corridas que, no fim de semana seguinte, os ases do asfalto largaram novamente, na mitológica Assen, o Templo da Motovelocidade, uma pista sensacional de 16,5 quilômetros de extensão pelas estradas e ruas holandesas. Pagani venceu novamente nas 125 cc, aproximando-se do título mundial. Nas 250 cc, vitória do inglês Maurice Cann (1911-), da Moto Guzzi. Nas 500 cc, uma surpresa: Nello Pagani arranjou uma Gilera emprestada e chegou à frente da AJS de Graham, tornando-se o primeiro piloto a vencer em duas categorias.

Da Holanda, os pilotos foram para a Bélgica. O país do *motocross* sediou a quarta etapa do mundial, em Spa-Francorchamps, lugar lendário para os esportes a motor, com uma pista de 14,5 quilômetros por volta. As 125 cc não andaram em Spa, o que facilitou a situação de Pagani. Nas 500 cc, categoria principal do Campeonato Mundial, quem venceu foi o britânico Wayne Doran (1916-?), da AJS. O italiano chegou em quinto e se manteve na luta pelo título nas duas categorias. Nas 250 cc, os pilotos ficaram aborrecidos com a falta de apoio e não correram.

Nello Pagani vencia corridas do mundial de motovelocidade com motocicletas emprestadas

O ex-piloto de aviões Leslie Graham sumindo na ponta na categoria 500 cc do Mundial de Motovelocidade

A rodada decisiva do mundial seria em Belfast, com o GP da Irlanda. Leslie Graham faturou as 500 cc, com Pagani em terceiro e Doran em quinto. Nas 250 cc, Cann venceu novamente, mas Ruffo foi o segundo e manteve a liderança do mundial. As 125 cc ficaram mais uma vez de fora, e o pequeno, mas apaixonado, circo do primeiro Campeonato Mundial de Motovelocidade juntou forças para decidir os títulos no GP das Nações, num dia só, o domingo, 4 de setembro, no famoso Autódromo de Monza, que na época tinha 6.300 metros de extensão.

Nello Pagani foi o primeiro campeão mundial de motovelocidade na categoria 125 cc

Ao todo, 16 pilotos largaram nas 125 cc, e 13 terminaram a corrida. Como se esperava, os italianos fizeram a festa, com os cinco primeiros colocados no pódio. Gianni Leoni (1915-1951), da Mondial, venceu, mas quem vibrou mais foi Nello Pagani, que, com a quinta posição, chegou aos 27 pontos e se tornou o primeiro campeão mundial da história do motociclismo.

O inglês Maurice Cann brigou pelo título mundial até o final, mas acabou derrotado por Nello Pagani

Nas 250 cc foram 19 pilotos brigando pela vitória em 24 voltas. No final, mais cinco italianos no pódio, todos com motos nacionais. Dário Ambrozini venceu a prova, mas o título ficou com o regular Bruno Ruffo, piloto da Moto Guzzi, que somou 24 pontos na temporada, contando o descarte do pior resultado.

Veículo de transporte das motos do piloto inglês Geoff Duke, seis vezes campeão mundial de motovelocidade

Nas 500 cc, a corrida mais esperada do dia, a torcida aplaudiu de pé o duelo das Gilera 500 cc do campeão das 125 cc, Nello Pagani, contra o amigo Arciso Artesicni, que cruzou em segundo, a oito décimos do vencedor. Doran foi o terceiro, depois Leoni (também das 125 cc) e Bruno Bertachinni. Mas o descarte foi cruel com Pagani, que precisou jogar fora 12 pontos, contra apenas um do britânico Leslie Graham, que acabou se sagrando campeão das 500 cc por uma diferença de um ponto, a volta mais rápida de Graham no GP da Suíça lhe deu o título mundial. A discussão foi grande, pois na verdade o autor da volta mais rápida daquela corrida havia sido Freddie Frith, da Velocette, mas, como ele abandonou a corrida, a volta de Graham foi computada e lhe deu o ponto extra. A AJS venceu entre os construtores, o mesmo acontecendo com a Moto Guzzi nas 250 cc e a Mondial nas 125 cc. Depois de muita confusão, o sistema de ponto extra por volta mais rápida foi suprimido do regulamento do Campeonato Mundial na temporada 1950. Nessa fase, a supremacia foi das marcas italianas. Gilera, Guzzi e MV Agusta eram extremamente velozes e, somadas a pilotos de alta

O inglês Freddie Frith e sua Velocette voam na passagem de nível da Ballaugh Bridge, a caminho da vitória no GP da Inglaterra de 1949

qualidade, dominavam o pódio em quase todos os Grandes Prêmios.

O Campeonato Mundial elevou o nível das competições de motocicletas de maneira geral, aumentando o interesse pelas outras modalidades. A cada domingo, no asfalto ou fora dele, os experientes pilotos do pré-guerra enfrentavam a ousadia dos novos ases do motociclismo, para satisfação do público e alegria dos patrocinadores.

Jack McEwen e sua BSA 348 cc contornam uma curva, em foto de 1950

Nos Estados Unidos, se os domingos eram felizes, o resto da semana deixava a desejar. O governo tentou facilitar as coisas para os ex-combatentes, liberando empréstimos e acesso à educação. O *general bill of rights* (nota de direitos gerais) assegurava bons salários a todos, incentivando o surgimento de uma nova classe média. Com o crédito fácil veio uma onda de consumismo: geladeiras, automóveis, fonógrafos, televisões, tudo passou a ser necessário e urgente para os americanos. Mas, para quem viu a morte de frente no campo de batalha, não havia bem material que compensasse os horrores da guerra. Com uma exceção...

CAPÍTULO 9

MOTORCYCLE GANGS

O ator Lee Marvin, astro do filme "The Wild One" (O Selvagem): sucesso de 1954

Em todo o planeta, a imagem aventureira dos motociclistas sempre despertou reações negativas dos setores mais conservadores da sociedade. A aquisição de uma motocicleta envolve aspectos emocionais e contém um risco consideravelmente maior que a compra de um automóvel. Na moto, a exposição ao perigo é proporcional à fragilidade do equilíbrio, e o piloto deve estar concentrado em manter a situação sob razoável controle. As estatísticas apontam que as chances de morrer num acidente de moto são mais concretas que num automóvel, no qual o habitáculo protege o automobilista de maneira bem mais efetiva. Em última análise, comprar uma moto é um ato que vai além de ser proprietário, dispor de um meio de transporte próprio. Significa assumir uma postura, uma maneira um tanto rebelde de viver: ideologia complexa, que vai de encontro ao preestabelecido como prudente, padrão e recomendável.

Os veteranos da guerra, acostumados a correr riscos e sentindo falta deles em tempos de paz, encontraram uma nova irmandade sobre duas-rodas-e-um-motor. Some-se a isso o fato de que as Forças Armadas não são exatamente o lugar mais apropriado para adquirir boas maneiras. Bebedores ferozes, os ex-combatentes se encontravam para falar de batalhas e motocicletas, esvaziando uma garrafa após a outra. Para eles, não havia futuro, apenas o presente, com o vento no rosto, sob sol ou chuva, para o que desse e viesse.

Cartaz de propaganda do filme "Motorcycle Gangs", de 1957

Os moto grupos ou moto clubes existem desde o início do século XX. O mais antigo de que se tem notícia é o Yonkers Motorcycle Club, de Nova York, fundado em 1903, um ano antes do surgimento do famoso San Francisco Motorcycle Club. Os grupos e clubes reúnem pessoas com interesses comuns. O perfil de uma associação dessas pode ser definido pela marca, pelo tamanho ou estilo da motocicleta, ou por alguma afinidade entre os integrantes. Existem moto grupos de religiosos, esportistas, *gays* e outros.

Esses clubes organizam passeios e competições. Os grandes eventos, denominados *rallies* (no Brasil são chamados encontros), duram dias e atraem milhares de motociclistas. Em 1947, um desses encontros determinou o surgimento de uma categoria de motociclistas que encontrou seguidores em todas as partes do mundo: *"the outlaw biker"* – o motociclista fora da lei.

A pequena cidade rural de Hollister fica a 150 quilômetros ao sul de São Francisco, Estado da Califórnia, parte inferior da costa oeste dos Estados Unidos. No fim de semana prolongado pelo feriado de 4 de julho (Dia da Independência) de 1947, aproveitando o clima quente e seco, cerca de 4 mil motociclistas (na época, quase o tamanho da população local, 4,5 mil habitantes) dirigiram-se para a cidade, que sediaria uma das etapas do Gipsy Tour (Excursão Cigana), apoiado pela Associação de Motociclistas da América (AMA). A ideia era fazer um grande acampamento com uma série de atrações, música e competições de habilidade durante três dias. O grande consumo de álcool começou logo na chegada, e os participantes, embebedados, passaram a se exibir em corridas pelas ruas. O tenente Roy McPhail e os sete guardas do departamento de polícia pouco podiam fazer contra centenas de motociclistas que desafiavam as leis de trânsito, muitos deles feridos e precisando de cuidados médicos. À noite, a confusão aumentou, com bares destruídos e garrafas lançadas contra quem se aventurasse a sair de casa. Um grupo, adequadamente denominado Booze *Fighters* (lutadores da bebida), entrou com suas motos dentro de um bar. Sessenta pessoas foram presas por desordem, bebedeira, direção perigosa e atentado ao pudor.

A expressão "outlaw biker" é forte a ponto de virar nome de revista de motos

No dia seguinte, sábado, a arruaça continuou. Os donos de bares se negaram a vender cerveja para os motociclistas, acreditando que eles não teriam como pagar uísque. Isso gerou revolta: os motociclistas arremessavam seus veículos contra a parede, e os bares tiveram de fechar mais cedo. O juiz não dava conta de tantos casos no tribunal. Um dos presos, James Clearwater, de 23 anos, declarou-se surpreso: "Nós estamos apenas realizando uma convenção". No geral, mais de 50 prisões e 2 mil dólares em multas. A senhora Choice Lane, do hospital local, disse que atendeu centenas de bêbados e feridos, mas era tudo tão rápido que não conseguiu registrá-los como pacientes. Charles Krieger, comissário de polícia, declarou: "Isso não vai mais acontecer aqui, podem me cobrar". Seis décadas depois, o Hollister Rally está mais vivo que nunca. Em 2007, foram 130 mil participantes, recebidos de braços abertos pela população local, especialmente pelos comerciantes da cidade.

Anúncio de "Vagabunda", preconceituoso filme da década de 1950: "Ela era lixo da estrada, vivendo para ser chutada". (*living for kicks*)

A confusão nas ruas de Hollister começou já na chegada

Na histórica edição de 1947, o tumulto atingiu grandes proporções no domingo, com a chegada de um reforço de 40 policiais rodoviários. Os patrulheiros, armados com gás lacrimogêneo, avançaram contra os motociclistas, que correram para seus veículos e bateram em retirada, aumentando o caos. O capitão L. T. Torres, que comandava os reforços, ligou para Fred Earin, o chefe de polícia, e disse: "Está uma confusão dos infernos!". Em depoimento posterior, a polícia admitiria que os "motoqueiros" causaram mais danos a si mesmos do que à cidade de Hollister.

Os "motoqueiros" de Hollister em processo de autolesão

No geral, apesar das brigas e confusões, não foi tão ruim assim. Ninguém morreu, não houve atropelamentos, estupros, destruição de propriedade alheia, incêndios ou saques. Mesmo assim, os jornais californianos deram grande destaque ao episódio, que virou escândalo nacional quando a revista *Life*, a mais famosa do país, publicou uma foto de um motociclista

Uma Harley-Davidson de *dirt track* dos anos 1950: moto preferida das *gangs* norte-americanas

bêbado sentado numa Harley-Davidson, cercado de garrafas vazias, muitas delas quebradas, segurando uma cerveja em cada mão. A manchete dizia: "Feriado de motociclista: ele e seus amigos aterrorizam cidade". Em apenas uma página, a reputação dos motociclistas foi reduzida a pó. Ao que tudo indica, a foto foi montada depois da confusão, conforme testemunho de Gus Deserpa, o homem que aparece rindo na calçada, ao lado da motocicleta.

De toda forma, a imagem do motociclismo estaria para sempre associada ao que aconteceu em Hollister. Inspirado por ela, o escritor Frank Rooney escreveu uma crônica de ficção chamada "Cyclists raid", publicada na revista *Harper* em janeiro de 1951. Essa história seria a base do filme *O selvagem*, sucesso de Marlon Brando e Lee Marvin. Com o impacto do filme, o mundo passou a considerar os motociclistas como bárbaros, que passam os fins de semana destruindo cidades e causando pânico na população. Essa (má) fama permanece, ainda que bastante reduzida, até os dias atuais.

A célebre foto da revista *Life*. Repare ao fundo, com expressão gaiata, Gus Deserpa, cidadão de Hollister, Califórnia

Anos 1950

Incidentes como o de Hollister se repetiriam em vários pontos do planeta. O inconformismo e a rebeldia estavam na moda, e o cinema divulgava essa cultura da juventude contestadora em produções marcantes, como *Juventude transviada* e *Sementes da violência*. A motocicleta era um símbolo desses tempos, cultuada por políticos, soldados, celebridades e marginais. Elvis Presley tinha uma garagem cheia de motos Harley-Davidson; a atriz Jane Russell e o marido, Bob Waterfield, craque do futebol americano, preferiam a Indian.

Elvis Presley na estrada, com um inverossímil *rack* para o violão, em cena do filme *Roustabout* (Carrossel de Emoções)

De Vespa, picados pela paixão

A alegria do pós-guerra mascarou a década de 1950, mas os problemas do mundo continuavam evidentes. Os Estados Unidos e a Europa ocidental temiam a União Soviética, que apoiava os conflitos na Coreia e em Cuba, buscando aumentar sua influência internacional. E os americanos, avançados em muitos setores, continuavam com uma visão preconceituosa, que encarava negros e índios como cidadãos de segunda classe.

Uma Norton de competição: preços baixos e muito torque

No motociclismo, ao contrário, pessoas de todos os tipos e cores se uniam, comentando os novos lançamentos, as competições e os encontros do próximo fim de semana. Entre os fabricantes, a Europa exportava o quanto podia para os Estados Unidos, um mercado rico e dominado por apenas duas marcas de peso, Indian e Harley-Davidson. Modernas Norton, Triumph e

Bobby Hill, campeão norte-americano de *dirt track* em 1951, o último título nacional da marca

BSA desembarcavam aos montes no litoral dos Estados Unidos, enfraquecendo a indústria nacional.

A Indian acusou o golpe, e a situação piorou com a morte de Paul duPont, o presidente que conduziu a companhia por 15 anos e que tinha sólidos contatos no mundo financeiro. Os novos modelos de 220, 440 e 498 cc não foram bem aceitos pelo mercado e apresentaram problemas de manutenção. Com os concessionários em fuga e com a falta de investimentos, as vendas caíram. As corridas foram postas de lado, pois as Indian não eram páreo para as rápidas, leves e baratas motos inglesas. Uma associação com a Norton acalmou os revendedores, mas a marca não ganhou nenhum campeonato nacional, apesar de frequentar o uniforme dos pilotos da Norton. Em 1951, um trio de pilotos da Indian enfrentou uma dúzia de competidores da equipe oficial Harley-Davidson. Apesar de desigual, a luta rendeu a Bobby Hill (1922-) o título americano na categoria *dirt track*. Hill manteve o título no ano seguinte, mas em 1953 a Norton foi a campeã, com Bill Tuman (1921-),

Bill Tuman, o último piloto a levar a Indian ao topo do pódio no norte-americano de *dirt track*, temporada de 1953

Uma Indian Enfield 750 cc, com motor inglês. A moto não agradou, e o nome Indian foi disputado nos tribunais por mais de 40 anos

que por coincidência seria o último piloto a vencer uma etapa do campeonato nacional com um motor Indian, emprestado por um amigo depois que o motor da sua Norton oficial explodiu nos treinos.

Em 2 de dezembro de 1953, a diretoria da Indian distribuiu um comunicado oficial a todos os revendedores, dizendo que, após completar um estudo das condições adversas que afetavam a produção de motocicletas nos Estados Unidos, decidiu suspender a montagem delas durante o ano de 1954. "Nesse período, a empresa fabricará componentes e distribuirá as melhores marcas fabricadas na Inglaterra. Esse programa, que será energicamente promovido, é realista e vai gerar lucros para cada revendedor participante. Nós ansiamos pelo seu leal e contínuo apoio." A situação, como se verifica pela leitura desse comunicado, estava insustentável. Os registros apontam que apenas 500 Indian Chief (de 1200 cc), o carro-chefe da marca, foram fabricadas entre 1950 e 1953. A decadência começou naquele ano e não parou mais. Das motos inglesas, apenas a Royal Enfield se associou à Indian, recebendo nomes tribais como Tomahawk e Fire Arrow, mas as vendas jamais decolaram. Em 1959, a Motorcycles Associated, formada por Matchless e AJS, comprou o que restava da Indian e lançou motos com os nomes de Apache, Weterner e Arrow. Não deu certo, e, em 1962, a operação foi transferida para Joseph "Joe" Berliner, concessionário da Norton em Nova York, que não usou mais o nome. Uma confusão sobre patentes levou o espólio da Indian aos tribunais, envolvendo revendedores, herdeiros, acionistas americanos, ingleses, chineses e o governo dos Estados Unidos. A disputa legal terminou em 2004, mas o retorno da Indian ainda não tem data para acontecer.

No quartel-general da Harley-Davidson, em Milwaukee, Wisconsin, o avanço inglês dos anos 1950 também se fez notar, com menos intensidade, mas igualmente predador. A década começou com uma

Patty, a "Trophy Girl" da pista de Ascott, em 1949.
O autor competiu nessa pista em 1985

tragédia, a morte de Arthur Davidson e sua esposa, Clara, em um acidente de automóvel em Milwaukee, cinco dias antes do Natal de 1950. Um dos fundadores da empresa e último sobrevivente do quarteto "Bill Harley and the Davidsons", o pequeno Arthur acumulava funções nos Escoteiros da América, na Associação Americana de Motociclistas, na Young Men's Christian Association (YMCA) e em outras instituições. Na Harley, ele foi o grande incentivador do departamento de competições, do treinamento de mecânicos e do fortalecimento da relação com os revendedores. Correu mundo uma piada politicamente incorreta sobre sua morte. Ela conta que Arthur, o "inventor da Harley-Davidson", morreu e foi para o céu. Lá chegando, São Pedro lhe disse: "Já que você foi um homem bom e que suas motocicletas melhoraram o mundo, você pode conversar com quem quiser". Arthur pensou um pouco e respondeu: "Quero conversar com Deus". São Pedro o levou imediatamente para a sala do trono e o apresentou a Deus. Deus reconheceu Arthur e comentou: "Então você é aquele que inventou a motocicleta Harley-Davidson?". Arthur respondeu: "Sim, sou eu mesmo". E Deus disse: "Qual é a vantagem de inventar uma coisa instável, barulhenta, poluidora e que não anda fora da estrada?". Arthur ficou embaraçado, mas respondeu: "Desculpe-me, mas você não é o inventor da mulher?". E Deus disse: "Ah, sim, sou eu". Arthur prosseguiu: "Bem, de profissional para profissional, seu projeto tem muitas falhas: a suspensão dianteira é muito frágil; ela balança muito em velocidade; a traseira é muito mole e tende a cair; a câmara de compressão está muito perto da de exaustão; e o custo de manutenção é altíssimo". Deus pensou por um momento e rebateu: "Ok, minha invenção também não é perfeita, mas nesse exato momento, no plano terrestre, tem muito mais gente interessada no meu invento que no seu".

Um dos logotipos oficiais da Harley-Davidson, inspirado na bandeira norte-americana

Em 1951, os engenheiros da empresa, chefiados por William J. Harley, relançaram a 74 FL Panhead (74 polegadas cúbicas, ou 1.212,64 cc; FL vem de *frame large*, chassi largo), com 55 hp, sucessora da Knuckle Head desde 1948. No final do ano, finalmente um lançamento esportivo, a K 55, de 900 cc, com suspensão hidráulica, quatro marchas e 30 hp de potência. A moto era boa, mas as inglesas também eram, e custavam muito menos. A companhia tentou em vão aumentar os impostos de importação. A Norton era a nova campeã das pistas, vencendo em Daytona de 1949 a 1952, ano em que a novidade foi o câmbio no pé. Paul Goldsmith recuperou o topo do pódio para a Harley-Davidson em 1953, com uma KR, mas a vitória foi mais do piloto que da moto, que não vencia aquela corrida desde 1940. No final do ano, a falência da Indian, engolida pela concorrência britânica, acendeu uma luz amarela na administração. A diretoria lembrou-se das lições do falecido Arthur Davidson e fortaleceu os dois pilares da cartilha dele, propaganda e competições. Nestas, apesar do esforço, faltava musculação para bater as rivais Matchless, Norton e Triumph. Pior, as Indian extintas, nas mãos de preparadores criativos e pilotos audazes, davam um trabalhão para a equipe oficial Harley-Davidson. A engenharia, com seu conservadorismo, de fortes vínculos familiares com o início do século, relutava em arriscar voos mais altos, preferindo comemorar os 50 anos de existência com um trombone alado e outras parafernálias do cada vez maior catálogo de acessórios. Outro fator que atrapalhava era o custo da mão de obra, inflacionado pelo sindicato nacional da indústria automotiva, que não tinha equivalente na Europa. Além disso, o reflexo negativo das confusões de Hollister e do filme de Marlon Brando contribuíam para a queda no faturamento. Nesse estado de coisas, a Harley-Davidson fechou o ano de 1955 com apenas 9,5 mil motos vendidas, contra 24 mil em 1949.

Em maio de 1956, em plena onda do *rock'n roll*, o cantor-ator-galã Elvis Presley (1935-1977) aparece na capa da revista *The Enthusiast* sentado numa Harley-Davidson modelo KH vermelha e branca, uma imagem tão popular que virou selo de correio. Mas as vendas continuaram patinando, o que levou a companhia a dividir sua atuação em duas linhas de ataque: as Glides, mais tradicionais, confortáveis e resistentes, destinadas ao "turismo calmo", sem pressa de chegar, e as Sportsters, leves e ágeis, voltadas para o desempenho esportivo. Em 1957, a 883 cc Sporster foi introduzida no mercado, enquanto as Glides evoluíam com uma suspensão traseira flexível, com balança e amortecedores em substituição às sólidas "rabo duro" de até então. Deu certo. Os clientes adoraram, os pilotos enfim tinham material competitivo à disposição, as vitórias voltaram a acontecer e, com a ajuda de Elvis e seus filmes, as vendas subiram vertiginosamente. A festa de fim de ano em 1959 foi tão alegre que pouca ou nenhuma atenção foi dada a uma estrangeirinha discreta que acabava de desembarcar no país. A Honda Super Cub (de *upper basic category,* ou categoria básica superior) de 100 cc era a linha de frente da invasão japonesa, um movimento que mudaria para sempre a história da motocicleta.

Elvis Presley, na capa do *The Enthusiast* de maio de 1956: disparada nas vendas

Parte III

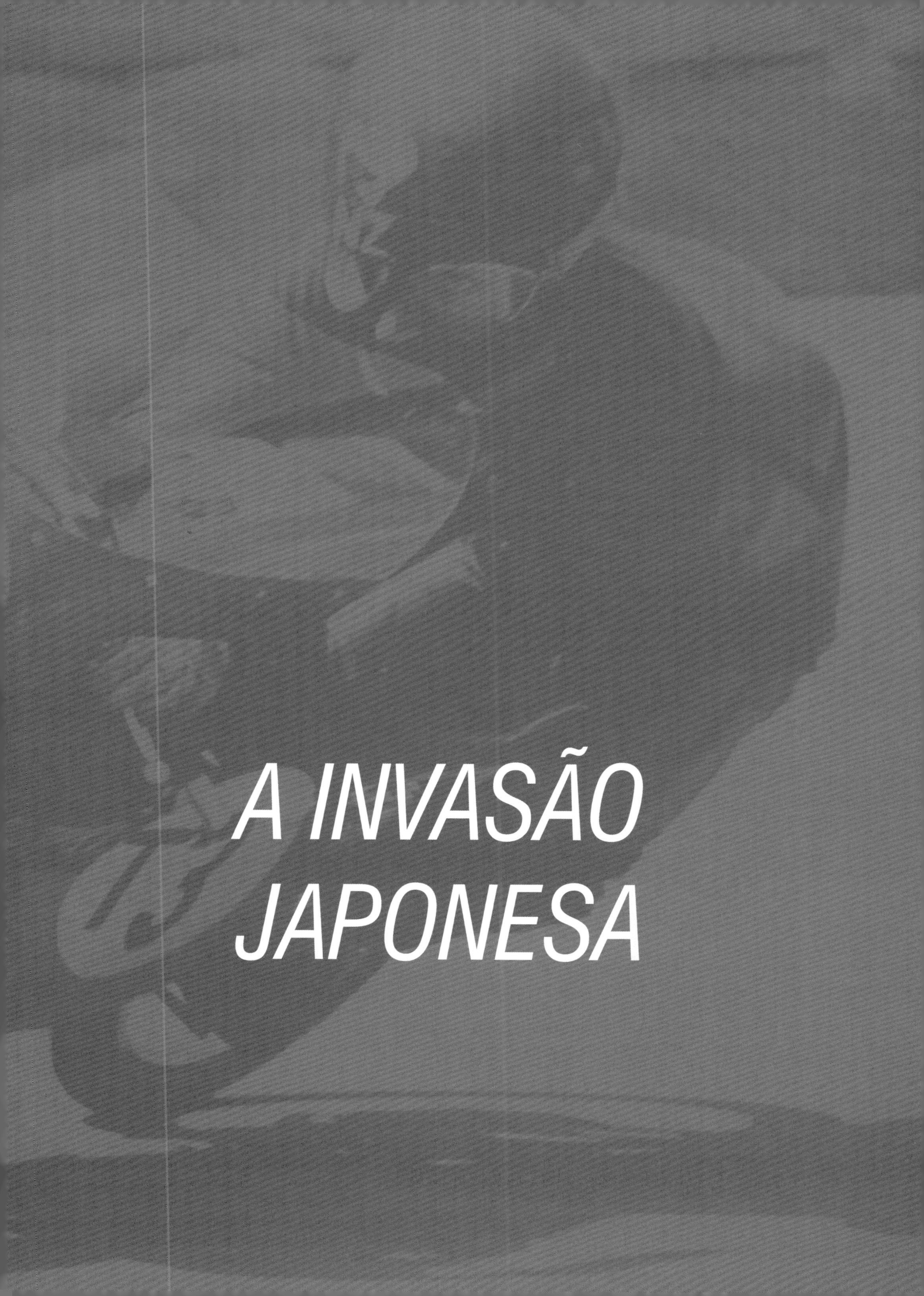

A INVASÃO JAPONESA

CAPÍTULO 10

HONDA, O PODER DOS SONHOS

Soichiro Honda (1906-1991) veio ao mundo em 17 de novembro de 1906, na pequena vila de Komyo, na província de Shizuoka, Japão. Primogênito do ferreiro Gihei e da tecelã Mika, Soichiro teve uma educação rígida, com base na seriedade e na honradez. A habilidade de Gihei com metais e mecânica levou a família a abrir uma loja de consertos e reciclagem de bicicletas, o principal meio de transporte do país. Na época, os automóveis, quase todos importados, eram caros e raros, destinados apenas à elite da população. O primeiro carro que cruzou o caminho do garoto Soichiro Honda, um Ford modelo T, deixou no ar, além do cheiro de óleo, um encanto definitivo pelo ronco dos motores.

Soichiro Honda, o maior fabricante de motocicletas do mundo

Um Ford Modelo T de 1920, o carro que despertou Soichiro Honda para o mundo dos motores

Tempos depois, vencendo a timidez, enviou uma carta para a Art Shokai, que anunciava nas revistas de ciclismo os serviços de "manufatura e reparos de automóveis, motocicletas e motores a gasolina". Os argumentos devem ter sido convincentes, pois, em abril de 1922 ele foi aceito como aprendiz, recebendo alojamento em Tóquio, espaço para trabalhar e algum dinheiro para as despesas. Os mais variados tipos de veículos frequentavam a Art Shokai, que logo se tornou um precioso laboratório de estudos práticos sobre o funcionamento de motores. O entusiasmo do jovem Honda foi percebido pelo proprietário da empresa, Yuzo Sakakibara, que se aproximou do talentoso aprendiz e lhe ensinou, entre outras coisas, o complicado processo de fabricação de peças de precisão. Sakakibara apreciava as competições internacionais, que acompanhava pelas revistas repassadas depois para Soichiro Honda. As provas da ilha de Man, Indianápolis e Le Mans passaram a fazer parte das conversas entre eles. Em 1923, a Art Shokai começou a construir carros de corrida, entre eles um com chassi americano Mitchell e motor de avião Curtiss (de Glenn Curtiss, já mencionado neste livro), cujo desenvolvimento foi entregue ao aprendiz Honda. O carro, com peças artesanais fabricadas pelo próprio Honda, que esculpiu os raios das rodas de madeira, venceu logo na estreia. Foi pilotado por Shin'ichi, o irmão mais novo de Yuzo Sakakibara, que teve Soichiro Honda como engenheiro acompanhante aos 17 anos de idade.

O jovem Honda competiu como engenheiro acompanhante aos 17 anos de idade

Com 20 anos, Honda foi convocado para o serviço militar, mas o daltonismo o livrou dos quartéis. Um ano mais tarde, em 1928, Soichiro abriu uma filial da Art Shokai na província de Hamamatsu. Ele era admirado não só pelo talento para a engenharia, mas também pelas invenções, o que o levou a ser apelidado de "Thomas Edison de Hamamatsu". A empresa cresceu rapidamente e, em 1935, tinha mais de 30 empregados. Em outubro daquele ano, Soichiro Honda se casou, e a esposa, Sachi, integrou-se à empresa, fornecendo refeições aos empregados e ajudando na contabilidade.

Em 7 de junho de 1936, em uma corrida que inaugurou o circuito de Tamagawa, Soichiro sofreu um acidente. Seu irmão, Benjiro, que era o engenheiro acompanhante, fraturou a coluna vertebral. Depois do acidente, pressionado pela família, Soichiro Honda correria apenas mais uma vez, em outubro daquele ano. Fora das pistas, ele queria mudar o rumo da empresa, transformando-a de oficina de reparos em fabricante de autopeças. Seus parceiros da Art Shokai discordaram. Para eles, não havia razão para trocar uma atividade rentável por uma aventura em um segmento muito disputado. Soichiro não desanimou e, após encontrar um novo sócio, o xará Soichiro Kato, fundou a Tokai Seiki Heavy Industries, na qual desenvolvia anéis para pistão no período da noite, depois do expediente normal na Art Shokai. O projeto técnico era difícil, e ele não tinha nenhuma formação acadêmica, o que o levou a frequentar o Instituto Industrial de Hamamatsu (hoje Faculdade de Engenharia de Hamamatsu), para melhorar seu conhecimento de metalurgia. Após dois anos de sacrifício, as coisas começaram a dar certo, e Soichiro Honda deixou a Art Shokai para assumir a presidência da Tokai Seiki, até então ocupada por Kato. A produção começou, mas os problemas continuaram. De um lote de 50 jogos de anéis vendidos para a Toyota, apenas três passaram pelo controle de qualidade, o que o levou de volta aos estudos por mais dois anos, ao fim dos quais sua produção atendia as especificações da Toyota e da Nakajima (aviação), empregando mais de 2 mil pessoas.

O ataque ao arquipélago de Pearl Harbour mudou a vida da população japonesa, atingindo diretamente a Tokai Seiki, empresa de Soichiro Honda

Mas as coisas mudaram drasticamente a partir de 7 de dezembro de 1941. O ataque japonês ao arquipélago de Pearl Harbour marcou o ingresso do país na Segunda Guerra Mundial, compondo, com Alemanha e Itália, o chamado "eixo do mal". A Tokai Seiki passou a ser controlada pelo malfadado Ministério das Munições, e em 1942, tendo a Toyota como sócia, o governo rebaixou Soichiro Honda de presidente para diretor executivo sênior. Os empregados homens foram convocados para combater, e a empresa operava com mulheres e crianças arregimentadas "voluntariamente" pelo ministério. Soichiro seguia ingenuamente colaborando com o governo por meio de suas invenções, situação que causou espanto em seu colega Kaichi Kawakami (?-1950), presidente da Nippon Gakki (futura Yamaha Motor Company). A guerra estava sendo perdida, e o Japão era bombardeado frequentemente. Um dos ataques atingiu a Tokai Seiki, e um terremoto logo a seguir completou o quadro de destruição. Quando o Japão se rendeu, em 15 de agosto de 1945, a situação interna era caótica, e a população (Soichiro Honda incluído), chocada com o bombardeio atômico em Hiroshima e Nagasaki, teria de recomeçar do zero, ou abaixo dele.

Após o fim da Segunda Guerra Mundial, Soichiro Honda teve de começar tudo novamente

Um ano depois, Soichiro, empenhado em reorganizar sua empresa, foi visitar um amigo, Kenzaburo Inukai, ex-dono de uma frota de táxis que fora seu cliente dos tempos de Art Shokai. Na casa de Inukai, Soichiro se interessou por um motor que originalmente equiparia o radiotransmissor número 6 do Exército Imperial, mas que, com o término da guerra, deixou de ter utilidade. Ao examinar o motor, Honda teve a ideia de acoplá-lo a uma bicicleta. Afinal, fora assim que o motociclismo havia começado, e ele possuía o conhecimento técnico para voltar às origens sem grandes contratempos. As condições do transporte coletivo eram precárias, e o reduzido poder aquisitivo

Soichiro Honda tinha por hábito testar todos os produtos fabricados por sua empresa. Na foto, ele experimenta a C 70 Dream

das pessoas só permitia locomoção a pé ou de bicicleta. Um motor incorporado àquele veículo aumentaria muito as possibilidades de transporte individual para o povo japonês.

O trabalho começou no mesmo dia. Uma garrafa térmica para chá serviu de tanque de combustível, e o motor foi instalado sobre a roda dianteira da bicicleta, com um rolamento de borracha fazendo fricção no pneu, que gerava o movimento, num conceito próximo ao da Velosolex francesa. O sistema era muito precário e os pneus não aguentavam, o que o levou a recolocar o motor entre as rodas, com transmissão por correia movendo a roda traseira.

Soichiro Honda, em plena linha de montagem: aprendizado diário

Em todo o Japão, aproveitando a evidente oportunidade comercial, engenheiros e inventores desenvolviam projetos semelhantes, inclusive no campo dos *scooters*, semelhantes aos modelos italianos, mas cujos preços os colocavam fora do alcance da maioria da população. Já as bicicletas motorizadas eram mais baratas. E uma pequena bicicleta motorizada com motor de dois tempos de 50 cc representou o embrião do que seria a Honda Motor Company, maior fabricante de motocicletas do planeta. Tudo começou em 1° de setembro de 1946, em um pequeno barracão na Yamashita-cho, número 30, na cidade de Hamamatsu, onde o presidente e cerca de 12 empregados do Instituto de Pesquisas Técnicas Honda – um nome então desconhecido, que se tornaria modelo mundial de excelência – trabalhavam sem parar. Eles tentaram vários caminhos: transmissão por correia, corrente, posicionamento do motor. Soichiro não estava satisfeito, e seguia experimentando. Sachi Honda lembra que o marido chegou uma noite em casa e disse: "Eu inventei essa máquina e quero que você tente pilotá-la". Ela acrescenta que o marido disse estar preocupado por ela ter de pedalar rumo às compras, mas ela mesma não acreditou na história, achando que o que ele queria era convencê-la a testar a bicicleta motorizada. "Penso que o que ele realmente queria era saber se uma mulher seria capaz de pilotar a moto. Ele me fez pilotar pelas principais ruas da cidade, usando minha melhor roupa." Em suma, a primeira mulher a testar o engenho de Honda foi sua própria esposa. A estratégia deu certo. Apesar de as roupas ficarem manchadas de óleo, Sachi Honda e sua moto movimentaram Hamamatsu. Depois do passeio, um tanto contrariada, ela disse: "Não foi bom! Fiquei toda suja de óleo, seus clientes vão reclamar". Mas Soichiro não se importou; ele sabia que o vazamento era um problema de ajuste do carburador. Os motores do radiotransmissor número 6 eram fabricados pela Mikuni, especializada em carburadores. Em uma visita à fábrica, Honda comprou todo o encalhe do modelo, um total de 500 unidades. Junto com seus empregados, ele desmontou e ajustou um por um e os instalou nas bicicletas, testando cada uma antes de colocá-las à venda. Com o impacto causado pelo passeio de Sachi, a bicicleta motorizada foi um sucesso de vendas, e em pouco tempo a produção se esgotou. Soichiro Honda havia recuperado o investimento e estava pronto para dar o passo seguinte: fabricar os próprios motores.

O engenheiro Kiyoshi Kawashima (segundo da esquerda para a direita) foi o primeiro empregado da Honda Motor Company

Em março de 1947, Kiyoshi Kawashima se tornou o primeiro empregado da Honda Motor Company com um diploma de engenharia. O simpático japonês, que no futuro seria presidente da empresa, lembra que o desemprego estava em alta e, mesmo com um salário não condizente com sua profissão, trabalhar ao lado do "Velho" (como Soichiro Honda era conhecido) era uma oportunidade imperdível. "Eu morava perto e não teria gastos com condução. Nem me preocupei em saber se ia receber em dia, porque eu era solteiro e morava com meus pais. Pensando bem, acho que dei uma sorte danada... Soichiro Honda era famoso por gritar com os empregados, mas ninguém reagia, ele era muito respeitado por todos nós. Um dia, a mulher dele apareceu na fábrica e pediu dinheiro emprestado a um empregado da contabilidade, que me disse que era para as compras de casa, porque o 'Velho' priorizava os salários em detrimento de sua própria família."

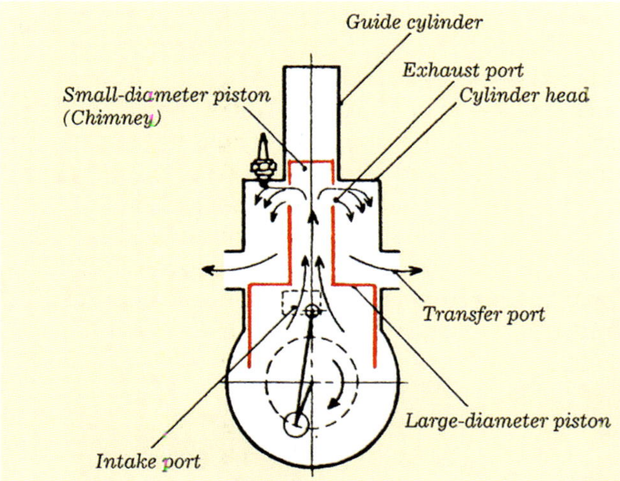

Mapa de funcionamento do motor "chimney" (chaminé), o pioneiro da Honda Motor Company

O primeiro motor desenvolvido pela Honda foi o lendário "chaminé", que levava esse nome porque tinha uma longa projeção acima do cilindro. A empresa poderia ter se limitado a copiar o motor número 6, mas o "Velho" não se contentaria com essa opção. Kawashima desenhava o projeto, mas, quando se reunia com Honda, a pergunta de sempre era: "Quantas peças são novas? Quais são as diferenças para as outras marcas?". "Não tive alternativa senão mudar tudo... Nosso motor dois tempos foi projetado para o máximo de desempenho com o mínimo de consumo, mas foi abandonado por falta de materiais condizentes com esses objetivos. A ideia era avançada demais para aqueles tempos. Esse episódio negativo foi o combustível do projeto seguinte, a Honda A Type, apelidada 'Bata-Bata' por conta do barulho do motor, um dois tempos com válvulas rotativas instaladas nas laterais de sua carcaça, carburador também acoplado à carcaça, atrás do cilindro, transmissão por correia e embreagem simultânea. Um belo exemplar que enfim contentou o 'Velho'." A empresa utilizava moldes de aço na fundição pelo método *die casting* (metal injetado por alta pressão), o que era muito caro e impedia o lucro na operação. Naquela época, a maioria dos moldes (matrizes) era em areia (*sand casting*). Mas Soichiro Honda não se importava, ele sabia o que queria. A ideia era ambiciosa, e a empresa não tinha capital para concretizá-la. Cada máquina custava 500 mil ienes. Uma vez pronto o molde, a produção em massa era melhor, com menos aparas e refugos. Os empregados começaram a fabricar os moldes para as partes internas do motor. Em novembro de 1947, a Honda A Type estava pronta para entrar em produção. Um dos destaques era o tanque em formato de gota, ao contrário dos tubulares das motos inglesas. Isso facilitava a construção do bocal do tanque e era visualmente atraente. Os moldes, porém, não ficaram perfeitos e o combustível vazava. Para resolver o problema, com a falta de materiais, Honda mandou que os empregados passassem laca no lado externo do tanque e na carcaça do motor. Esse tipo de resina é altamente tóxico, causando alergias e, eventualmente, envenenamentos. Os empregados sofreram bastante naqueles dias; os gritos do "Velho" os faziam ir além de seus limites, em uma árdua e contínua busca pela qualidade.

A Honda D Type de 1949 foi a primeira da consagrada série Dream

Em agosto de 1949, o projeto D Type ganhou um nome: Dream (sonho). Na época, Soichiro declarou: "Eu sempre falava de como a Honda seria uma fábrica de nível mundial, o que era um sonho para mim. Aí alguém começou a chamar a nossa moto assim". A Dream era o futuro, com chassi de ferro prensado em chapa e cores vivas, contra as pretas e tubulares da concorrência. A moto tinha motor dois tempos, duas marchas e embreagem automática, o que ampliava bastante os potenciais consumidores. As vendas começaram muito bem, mas houve reclamações quanto ao sistema de embreagem. Em uma subida, o pé precisava ficar pressionando a alavanca para a moto continuar em primeira marcha, o que na prática se tornava cansativo. Era uma falha grave de projeto, mas nada que abalasse o "Velho". Naquele mesmo ano de 1949, ele contratou Takeo Fujisawa (1910-1988), um brilhante executivo da Nakajima Aircraft, para conduzir a estratégia de vendas da empresa. Uma alteração contratual no final do ano aumentou o capital da Honda Motor Corporation para 2 milhões de ienes, um quarto deles trazido por Fujisawa. A luta por um lugar ao sol continuava. Em um país marcado pela recessão e pela perda do poder aquisitivo, quase cem pequenos fabricantes de motos e bicicletas motorizadas lutavam pela preferência popular. Os problemas da Dream deram início a uma queda nas vendas, e, mesmo com o aumento no patrimônio da empresa, o capital de giro diminuiu. Os empregados eram pagos com atraso e os fornecedores cobravam com uma veemência cada vez maior. Quando tudo parecia perdido, foi deflagrada a Guerra da Coreia, trazendo com ela um pedido expressivo de motores auxiliares. Num piscar de olhos, estava superada a crise na Honda. O Japão se reergueu com a injeção dos dólares da ONU. Em setembro de 1950, a Honda inaugurou uma nova linha de montagem e abriu um escritório em Tóquio, onde Soichiro voltou a residir 22 anos depois dos tempos de aprendiz na Art Shokai.

Takeo Fujisawa (à esquerda), Soichiro Honda (ao centro) e Kiyoshi Kawasahima, os três baluartes da Honda Motor Company, em um momento de descontração

Corria o mês de maio de 1951, quando o engenheiro Kiyoshi Kawashima foi chamado à sala de Soichiro Honda que mostrava os desenhos do projeto E Type para Fujisawa e comentava entusiasmado: "Isso é o que eu chamo de motor, não aqueles dois tempos que parecem um corte de bambu com buracos. Isso vai vender!". Fujisawa, que não entendia nada de mecânica, apenas falava coisas como "aham, sim, excelente, muito bom", segundo relatou Kawashima, sorrindo. O mesmo Kawashima atuou como chefe do projeto e foi o piloto do famoso teste no Hakone Pass, em 15 de julho. O teste consistia numa subida íngreme que desafiava a resistência de qualquer veículo. Mesmo os automóveis maiores só conseguiam atingir o topo parando e recebendo ajustes aqui e ali, imagine uma motocicleta de apenas 150 cc! Um tufão se aproximava da costa, e o dia foi de chuva torrencial. Kawashima disse que isso foi positivo, pois a água e a neblina mantiveram baixa a temperatura do motor e ele pôde chegar ao topo sem incidentes, ultrapassando no caminho o Buick em que estavam Honda e Fujisawa. No cume, os três se abraçaram, comemorando como alpinistas um feito incrível do primeiro modelo quatro tempos da Honda. A marca ficaria conhecida pelos motores de quatro tempos e válvulas no cabeçote, consideravelmente mais velozes e eficientes que os da concorrência, com válvulas laterais. O "Velho" não gostava dos motores de dois tempos, que, para ele, eram barulhentos, beberrões, queimavam óleo lubrificante e causavam fumaça. Na E Type, o manete de embreagem reapareceu, mas Kawashima recorda que, mesmo com essa concessão, o diferencial da marca continuava a ser precisão e qualidade. Em setembro de 1951, surgiu uma revista mensal, a *Honda Monthly*, que divulgava notícias e difundia os conceitos de produção e metas da empresa. A E Type foi lançada em outubro, e seis meses depois já vendia 500 unidades por mês, bem mais que as 160 D Type vendidas no pico de mercado desse modelo. Um ano mais tarde, eram 2 mil unidades vendidas, e a produção alcançaria 32 mil unidades em 1954.

Uma bicicleta japonesa Kumotsru com um motor Honda Cub F Type, de 1953. Esse motor podia ser acoplado a qualquer tipo de bicicleta e foi decisivo na história da Honda

Os resultados poderiam ter sido melhores logo no primeiro ano, mas o sistema de vendas, por consignação em revendedores não exclusivos, teria de ser revisto. E foi essa a missão de Fujisawa. Ele vinha analisando as possibilidades de *marketing* e promoção e obteve carta branca de Soichiro Honda para fazer os contatos necessários e aperfeiçoar o sistema de vendas. O primeiro passo foi atrair os revendedores de automóveis de Tóquio, para onde, em abril de 1952, o escritório central foi transferido. Faltava, porém, um novo produto para alavancar as vendas, e isso se concretizou no Cub F Type, um pequeno motor auxiliar de dois tempos e 50 cc que podia ser montado em qualquer modelo de bicicleta, transformando-a em bicicleta motorizada. O Cub F foi lançado em junho, mas, desde o início do ano, Fujisawa trabalhava em um detalhado folheto que demonstrava as qualidades do produto e foi enviado por mala-direta para as mais de 50 mil lojas de bicicleta em atividade no país. O texto trazia argumentos como: "Depois da Guerra Russo-Japonesa (1904-1905), nossos ancestrais tomaram a corajosa decisão de importar bicicletas, formando a base do nosso mercado. Agora nossos clientes querem bicicletas a motor. Nós, da Honda, fabricamos esse motor. Por favor, respondam se estiverem interessados". As 30 mil entusiasmadas respostas detonaram o segundo estágio da campanha, e a réplica da Honda foi nestes termos: "Estamos satisfeitos em saber de seu interesse e, a título de experiência, distribuiremos uma máquinc por loja. O preço de revenda será de 25 mil ienes, e o preço de custo, de 19 mil ienes. O pagamento pode ser feito por transferência postal ou depósito na sucursal Kyobashi do Banco Mitsubishi". Os endereços nas cerca de 50 mil cartas de retorno (Fujisawa as enviou para todas as revendas, havendo ou não resposta) foram escritos a mão por empregados da Honda, do banco e por escreventes especialmente contratados. Entre excitados e apreensivos, todos torciam para que o plano, inédito sob vários aspectos, funcionasse.

Reunião da diretoria da Honda do lado de fora da fábrica, sem mesas ou cadeiras: inovar é progredir

As encomendas começaram a chegar imediatamente. Fujisawa aumentou a pressão ao contratar o grupo de dançarinas Nichigeki, então no auge da fama, para desfilar pela avenida principal do bairro de Ginza, em Tóquio, pilotando bicicletas equipadas com o motor Cub F. O desfile foi notícia em todo o país, e a Cub F ficou conhecida como a bicicleta motorizada perfeita para homens e mulheres. Fujisawa não dava tréguas aos revendedores que relutavam em pagar antecipadamente pelo motor. Ele alugou aviões e jogou panfletos promocionais do céu, com os nomes das lojas locais em que, teoricamente, o Cub F poderia ser adquirido. Sobre esse assunto, ele afirmava: "Para montar uma rede de vendas, você tem de estimular o desejo de comprar e o desejo de vender, de maneira que ambos aconteçam no mesmo momento. É instrutivo observar como isso cria um efeito multiplicador muito especial". Takeo Fujisawa e Soichiro Honda conversavam muito, um completando as lacunas do outro, numa integração assombrosa de corações e mentes. Soichiro costumava dizer que a base do sucesso nos negócios não é o capital, mas as ideias. Fujisawa rebatia: "Bom, quando não se tem capital, há que se ter ideias". Esse duelo amistoso entre os dois grandes homens fez a Honda evoluir como nunca. No curso das vendas do Cub F, Fujisawa criou um sistema de financiamento em que o comprador assinava promissórias que eram endossadas pelo revendedor e repassadas ao fabricante. O sistema foi um sucesso, e, no mês de dezembro de 1952, 9 mil motores foram comercializados dessa forma.

Takeo Fujisawa e Soichiro Honda: debatedores, colegas e amigos por toda a vida

Com os modelos Dream E e Cub F na liderança do mercado japonês, a Honda aumentou o capital, adquiriu novas instalações (uma antiga fábrica de peças para aviões na província de Shirako), importou novas matrizes e começou a pensar no mercado externo. Para Soichiro Honda, ser o número um do Japão era somente um estágio para ser o número um do mundo. Indo além, e demonstrando orgulho pela pátria, ele passou para um segundo estágio, nestes termos: "Se você não é o número um do mundo, não pode ser o número um do Japão". O "'Velho" estava obcecado com a ideia de expansão internacional e falava sobre esse assunto sempre que podia. Ele reunia os empregados, subia num caixote e discursava. O entusiasmo era tamanho que o rosto ficava vermelho, os olhos se arregalavam e a saliva voava de sua boca, mas nada causava tanta impressão quanto o conteúdo das palavras. Talvez ele pensasse que o método "ao vivo" não estava dando resultado, pois passou a gravar os discursos num gravador que levava para as fábricas,

Honda, de uniforme, e Fujisawa, de terno. Estilos diferentes com o mesmo objetivo: fazer da Honda uma empresa exemplar

depois reunia os empregados e colocava a fita em andamento, permanecendo ao lado, em silêncio, olhando em volta. Ninguém entendia muito aquela filosofia, mas passagens dos discursos são lembradas até hoje por empregados da empresa. Fosse lá o que fosse, o método de pensamento global estava sendo absorvido.

Naqueles tempos da Guerra da Coreia, os americanos faziam grandes encomendas ao Japão, mas a Honda ainda não participava desse mercado. No final do ano, Soichiro Honda viajou para os Estados Unidos, onde visitou fábricas, adquiriu equipamentos e se inteirou das novas tecnologias na fabricação de motos. As compras excederam o planejamento da companhia, mas acabaram se revelando um bom negócio. O número de empregados também cresceu, de 214 em fevereiro de 1952 para 1.337 no fim daquele ano. As instalações melhoraram, com a cor branca dominando o ambiente; todos os empregados passaram a usar o mesmo uniforme, inclusive o senhor Honda.

Anúncios da Honda nos Estados Unidos: testes grátis

Em 1953, o lema da Honda foi "120% de qualidade". Para Soichiro Honda, quando se busca 100% de qualidade, a margem de erro é de 1%, o que significa 100% de defeito para o cliente. Assim, os empregados da Honda deveriam mirar em 120% de qualidade, de maneira a suprimir definitivamente os defeitos. Na prática, o "Velho" fazia visitas de surpresa a todas as fábricas, inspecionando pessoalmente os trabalhos. Quando notava algo errado, olhava para o operário com expressão colérica e gritava: "Idiota! Burro! Palhaço! Seu pagamento vem da companhia, e ela recebe o dinheiro do cliente. Você quer matar o cliente?". A mensagem era dura, mas, no dia seguinte, ele cumprimentava a todos como se nada houvesse acontecido.

Lutadores de sumô cercam uma pequena motocicleta Honda

Com os "120% de qualidade", a Cub F evoluiu para 60 cc, e, no segundo semestre, foi lançado o Benly Type J. O nome derivava da expressão japonesa *benri*, que significa "conveniente". O modelo tinha um motor de quatro tempos integrado a um novo chassi moldado em duas partes que eram soldadas como um sanduíche, seguindo um sistema de fabricação desenvolvido na Alemanha pela NSU. A suspensão traseira era acoplada ao motor, e isso causou alguns problemas, pois as vibrações geravam bolhas no combustível dentro do carburador, o que levava o motor a falhar. Igualmente, o acúmulo de peso no bagageiro fazia o para-lama encostar na roda. Em suma, os 120% de qualidade da primeira versão do Benly ficaram reduzidos a bem menos de 100%.

Pôster de propaganda do Honda Juno, de 1954

Em janeiro de 1954, surgiu o Juno, primeiro *scooter* da Honda. O mercado desse tipo de veículo no Japão era liderado pela Fuji, que fabricava o Rabbit (coelho), e pela Mitsubishi, com o Silver Pigeon (pombo cinza). O modelo da Honda trouxe novidades, como partida elétrica (inédita no mundo das duas-rodas-e-um-motor), para-brisa e sinais indicadores, os populares pisca-piscas, outra inovação de Soichiro Honda e seus colaboradores. O veículo tinha as laterais em FRP *(fiberglass reinforced plastics)*, material composto de plástico reforçado com poliéster e fibra de vidro que equipou o Chevrolet Corvette em 1953, mas que ainda não havia sido produzido em massa. O produto foi um tormento, mas Soichiro insistia em utilizá-lo, dizendo: "Entre ver, escutar e tentar, o mais importante é tentar". A Guerra da Coreia havia

O futuro campeão mundial de Fórmula 1, Emerson Fittipaldi, competindo de motocicleta no Autódromo de Interlagos, em 1963

terminado, e o mercado japonês entrava novamente em recessão. Mesmo assim, e com alguns problemas de projeto, os produtos Honda vendiam bem e, na busca de mais investimentos, a empresa abriu seu capital no mercado de ações de Tóquio.

O autor, competindo de motocicleta na pista de *motocross* do Autódromo de Interlagos, em 1978

Foi em 1954 que a expansão internacional chegou ao Brasil. Em 13 de janeiro, vestindo impecáveis ternos, três jovens japoneses desembarcaram no aeroporto de Congonhas, em São Paulo. Eles eram Mikio Omura (1933-?), piloto de testes, Toshiji Baba (1931-?), engenheiro, ambos da Honda, e Katsushiro Tashiro, piloto da Meguro, marca que seria posteriormente comprada pela Kawasaki. Foi a primeira vez em que motos e pilotos japoneses competiram no estrangeiro, representando a Federação Japonesa de Pequenos Veículos Motorizados, convidada pela Federação Paulista de Motociclismo para participar de uma prova comemorativa dos 400 anos da cidade de São Paulo. Aos 21 anos de idade, Omura estava radiante em competir do outro lado do mundo, e lembra a forma como isso aconteceu. Chojiro Kuriyama, então presidente da Federação Japonesa, em uma visita ao Ministério da Indústria e do Comércio, descobriu a carta-convite no escaninho da Divisão de Automóveis do ministério. O convite dizia que todas as despesas de transporte seriam pagas pelos brasileiros, mas a carta ainda estava no protocolo da divisão, e a data-limite para resposta se aproximava. Kuriyama se apressou em contatar as fábricas, e cinco delas toparam participar. Quando a federação entrou em contato com os anfitriões, descobriu que os dez pilotos e dois mecânicos não poderiam participar, pois o prazo para resposta havia vencido. Entretanto, eles estavam dispostos a pagar as despesas de um piloto. Avisadas do ocorrido, as empresas Honda e Meguro decidiram ir assim mesmo, dividindo as despesas de viagem, que, por causa da distância, eram consideráveis. O "Velho" escolheu Omura, porque ele competia com razoável sucesso em provas de *dirt track*, em que os japoneses apostavam durante os fins de semana. Baba, o mecânico, tinha 23 anos e apenas dois anos de formado, mas era considerado um brilhante preparador de motores.

A Honda Dream F Type modificada, que competiu em São Paulo, no Grande Prêmio do IV Centenário, de 1954

A companhia transformou uma Dream Type E de 150 cc em 125 cc, mas a moto parecia mais uma fora-de-estrada, não muito adequada para as oito voltas em um circuito de quase oito quilômetros de extensão. A nova versão de três marchas não era muito resistente, e a saída foi voltar ao câmbio de duas marchas do modelo anterior. Na véspera da viagem, os dois foram à casa de Soichiro para agradecer, e ele lhes disse: "Não esperem vencer, mas terminem a corrida de qualquer maneira. É tudo o que eu peço". Não havia tempo de enviar as motos de navio, e o frete aéreo era muito alto. A solução foi desmontar as duas motos e levar as peças como bagagem. Naquele tempo, não existiam aviões a jato, e a viagem de Tóquio a São Paulo demorou seis dias. Na chegada, a imprensa local entrevistou o trio, e os nisseis os convidaram para festas, mas o que Omura mais gostou foi do empréstimo de uma AJS 250 cc para poder treinar. "Eu não queria usar a Dream, porque, se ela quebrasse, seria o fim de tudo. Dei umas voltas com nossa moto, e o chassi não era muito rígido. Eu pensava comigo: 'termine a corrida, termine a corrida'. À noite, fui estudar o mapa da pista, para gravar os principais pontos. A prova foi no circuito de Interlagos, hoje conhecido pelas provas de Fórmula 1. Olhando as equipes que chegavam da Europa para a corrida, eu pensava que o resultado da prova era óbvio; eles eram de outra classe. Pensei também no 'Velho' e fiz o melhor que pude. A largada era no estilo Le Mans, com as motos de um lado da pista e os pilotos do outro. Ao sinal da organização, corri mais rápido que os outros e larguei na frente", conta ele, rindo, antes de prosseguir. "Eu queria de qualquer forma causar uma boa impressão. Não havia como conter os adversários na reta, mas curvas fechadas eram a minha especialidade. Eu era o mais rápido ali também, mesmo colocando um pé no chão, à moda do *dirt track*. Os italianos competiam entre si pelo primeiro lugar, que acabou com Nello Pagani (campeão mundial em 1949, já mencionado anteriormente neste livro) e sua Mondial."

Imagem histórica de Mikio Omura e a Honda E Type no autódromo de Interlagos, São Paulo, em 1954

Omura completou a corrida em 13° entre os 25 competidores, com uma velocidade média de 115 km/h. "Minha moto tinha uns 6 hp, metade do que a Mondial tinha. O calor foi terrível, e fiquei muito feliz por completar a prova, como havia prometido. Enfim, podia relaxar e encarar o 'Velho'; pensei que ele ficaria feliz com o resultado." Mas eles continuavam do outro lado do mundo, e a aventura paulista ainda não havia terminado. Tashiro, o piloto da Meguro, estava inscrito na classe 250 cc, mas caiu nos treinos e machucou seriamente o braço esquerdo. Como ele não correu, não recebeu o prêmio de largada de 75 mil ienes. Omura lembra: "Naquela época, a circulação de moeda era restrita, e sem os 75 mil de Tashiro ficamos sem dinheiro. Os nisseis, descendentes de japoneses, nos ajudaram com jantares e estadia. Telefonamos para as fábricas, contamos as notícias e pedimos mais dinheiro. Porém os 40 mil ienes que eles mandaram não eram suficientes, o que nos levou a vender nossas motos para pagar as despesas de retorno". A viagem de volta demorou cinco dias. "Assim que chegamos, fomos para o escritório central em Tóquio, falar com o senhor Honda. Ele estava sentado em um sofá, lendo jornal. Eu o vi e disse: 'Estamos de volta, senhor'. Ele respondeu: 'Ah, chegaram, não é? Vocês devem ter enfrentado tempos difíceis'. E acabou. Ele nem levantou os olhos do jornal. Fiquei desapontado, mas, quando voltei a Hamamatsu, soube que ele havia andado por toda a fábrica contando que 'Omura terminou a corrida internacional no Brasil!' Mas frente a frente, ele ficou embaraçado demais para me cumprimentar."

Apesar das confusões da corrida, a prova de São Paulo animou Soichiro Honda a montar uma equipe para competir fora do Japão

A corrida de São Paulo causou muita confusão, e a Confederação Brasileira de Motociclismo foi proibida de realizar novas provas internacionais por longo tempo. Apesar de todos os problemas, o resultado brasileiro animou o "Velho" a tentar voos mais altos e, em 20 de março de 1954, ele divulgou a inscrição de uma motocicleta Honda no Tourist Trophy da ilha de Man. A declaração de inscrição, em linguagem intensa, foi composta por Fujisawa após o regresso de Omura e Baba. Nela, Honda declarava: "Desde menino, um dos meus sonhos tem sido competir em corridas de veículos a motor com um veículo fabricado por mim, e vencer. Mas, antes disso, tive de assegurar a precisão do meu equipamento, a segurança do negócio. Nesse processo, não encontrei tempo livre para me dedicar às corridas de motocicletas. No entanto, a reportagem sobre a recente corrida internacional de motocicletas em São Paulo me deu informações detalhadas sobre a situação nos países da Europa e América... O mundo avança em grande velocidade. Eu sempre tive confiança que posso vencer. O espírito de luta é da minha natureza e não posso mais ficar à margem. Não há tempo a perder na competição para ultrapassar o mundo, e ela precisa de um local. Ainda é cedo para uma batalha pelo mercado. A Honda não tem produtos para exportar para países avançados, e as competições oferecem uma oportunidade para competir com o resto do mundo. Tomei a firme decisão de entrar nas corridas do Tourist Trophy do próximo ano. Nunca antes um japonês competiu nessa corrida com uma moto japonesa. O vencedor será conhecido no mundo inteiro, o que também é verdade para todos os veículos que completarem a corrida com segurança. É preciso dizer também que a fama de uma conquista dessas assegurará certo volume de exportações, e é por isso que os maiores fabricantes da Alemanha, Inglaterra, Itália e França estão concentrados em preparações para a competição. Eu vou fabricar uma moto de 250 cc para representar a Honda Motor Company nessa corrida, e vou colocá-la sob os holofotes do mundo. Estou confiante de que esse veículo pode atingir velocidades que excedem 180 km/h. E como a motocicleta, a estrela da nossa indústria pesada, é um negócio coletivo, o maior nível de engenharia será necessário, não só no motor, como também em pneus, correntes e outras peças. Eu vi que a Alemanha, como nós, derrotada na guerra, está revivendo suas indústrias, e sinto que mais do que nunca nossa Honda Motor Company deve, acima de tudo, entrar nessa corrida e completá-la. Nossa missão é iluminar a indústria japonesa. Com isso, anuncio minha determinação e prometo a vocês que vou colocar meu coração e minha alma, minha criatividade e minha perícia na tarefa de entrar nas corridas do Tourist Trophy na ilha de Man para vencer".

Soichiro sobre uma de suas máquinas de competição. O começo, como sempre, foi difícil

Além da declaração interna, assinada e selada pelo próprio Soichiro Honda, houve um anúncio público, distribuído aos agentes, revendedores, empresas subsidiárias e imprensa. Por trás do gesto, notou-se que a empresa buscava ir além do mercado interno, e usaria as corridas como prova da qualidade de seus produtos, visando exportar para novos mercados – um primor de estratégia teórica.

Uma Honda 220 cc protótipo de 1954. A moto era fraca e muito frágil, mas foi o ponto de partida para muitas vitórias nas pistas de motovelocidade

Na prática, 1954 foi um ano de frustrações. O Juno, com 170 quilos, era pesado; o motor, envolto em plástico FRP, superaquecia e fervia com frequência. Houve problemas também com o Cub F, que enfrentava forte concorrência, além de ter ficado fora de moda, pois, com a melhoria no poder aquisitivo japonês, as bicicletas motorizadas estavam sendo superadas pelas motocicletas. Para completar o quadro ruim, a Dream de 220 cc e o Benly apresentavam falhas constantes, comprometendo a credibilidade da empresa. Nessa situação, os revendedores se negavam a pagar antecipadamente suas remessas, o que reduziu

A Honda Juno de 1954, tão avançada quanto problemática

o capital de giro. As novas máquinas chegaram, mas havia problemas mais urgentes para resolver. Para culminar, o sindicato dos empregados exigia um aumento significativo, já concedido por outras empresas do setor. Sem alternativa, Fujisawa recorreu ao banco Mitsubishi pela primeira vez na história da empresa. Ele não escondeu nada, e os banqueiros concordaram em dar-lhe crédito. Com a entrada de capital, o sindicato foi acalmado, e a injeção de ânimo levou Soichiro e seus auxiliares a finalmente resolverem os problemas da Dream E e do Benly, cujas vendas voltaram a subir. O Cub F foi descontinuado, assim como a primeira geração do Juno.

Em junho, o senhor Honda embarcou para a Europa, com o objetivo de observar as corridas na ilha de Man. Lá chegando, inspecionou os 60,7 quilômetros de estradas que compunham o circuito, que considerou muito mais difícil do que havia imaginado. No dia seguinte, Honda examinou detidamente as motos de Grande Prêmio que competiriam. Conforme contaria anos depois, ele ficou impressionado ao verificar que elas tinham três vezes mais potência do que havia calculado. "Da Inglaterra, Alemanha ou Itália, eu as via passar como flechas. Isso foi um terrível choque, e me deixou desapontado. Mas, depois de uma noite de sono, voltei para a pista e pensei: 'Essas pessoas têm uma história, e é por isso que conseguem construir máquinas como essas. Nós não temos essa história, mas estamos vendo essas máquinas, e isso nos servirá como história'". Os jornalistas o cercaram, querendo saber o que faria contra as potentíssimas NSU 250 cc que teria de enfrentar no ano seguinte. Honda desconversou, assistiu às corridas e seguiu viagem pela Europa, visitando fábricas e comprando componentes de alto rendimento que não eram encontrados no Japão. Na Inglaterra, ele adquiriu pneus e aros da Avon, correntes de transmissão da Reynolds, e velas da KLG. Na Itália, França e Alemanha, operações similares foram realizadas, e ele retornou ao Japão com um vasto estoque de peças na bagagem.

Um grupo de trabalho foi imediatamente formado, com a missão de preparar a presença da Honda na ilha de Man em 1955. Kiyoshi Kawashima foi incumbido de projetar o motor de corrida. Ele recorda que o "Velho" o chamou à sua sala e disse: "Você sabe que os tempos são difíceis. Esse é o tipo de ocasião em que as pessoas precisam sonhar. Para colher as flores amanhã, nós temos de plantar as sementes hoje. Não importa o que aconteça; nós vamos entrar na corrida de qualquer jeito". Mesmo sem ter uma ideia geral da configuração necessária, Kawashima começou a desenhar o motor imediatamente, fazendo as alterações ao longo do projeto. Apesar de todo o empenho e das promessas públicas, o sonho de voar como uma flecha na ilha inglesa teve de ser adiado. A prioridade naqueles tempos era a sobrevivência. Em abril de 1955, uma nova linha de produtos foi lançada, com destaque para a Dream 350 cc SB, com 14,5 hp, e a 250 cc Dream AS, que gerava 10,5 hp, modelos que venceram corridas importantes, como a Subida do Monte Fuji, na qual a Honda nunca havia triunfado anteriormente. O outro evento famoso do calendário esportivo japonês eram as Asama Races, disputadas em uma pista de 20 quilômetros de extensão e piso de cinza vulcânica, aos pés do vulcão Asama, 200 quilômetros ao norte de Tóquio. Em novembro, motos evoluídas da nova linha Dream venceram em Asama nas classes 350 e 500 cc; na prestigiada classe 125 cc, porém, a "recém-nascida" Yamaha ocupou as quatro primeiras colocações com o modelo YA1, de dois tempos. Soichiro Honda esteve presente e não gostou da derrota nas 125 e 250 cc. Nas 250 cc, a Dream foi derrotada pela Lilac, modelo da Marusho Motor, cujo presidente, Tadashi Ito, havia trabalhado para ele nos tempos da Art Shokai, em Hamamatsu. A derrota fulminante para a Yamaha, que havia começado a fabricar motos naquele ano, o deixou ainda mais furioso. Omura venceu nas 350 cc. "O 'Velho' estava possesso, com o rosto vermelho, então senti o perigo e fui silenciosamente para o alojamento. Não sei o que aconteceu com os outros membros da equipe que ficaram para trás", lembra ele, com um sorriso. Kawashima acrescenta que as motos de então não tinham nenhum componente que não estivesse na linha de produção em massa, e, naquele primeiro momento, as corridas eram utilizadas como laboratório, para aferir a durabilidade do produto.

Kiyoshi Kawashima, mostrando seus dotes motociclísticos numa conservadíssima Honda E Type

Anúncio publicitário da Honda Super Cub de 1956

Em 1956, o mercado mundial continuava sendo o sonho de Soichiro Honda. Contudo, seus engenheiros, especialmente os mais novos, estavam preocupados com a sucessão de problemas sérios que a empresa vinha vivendo. A teoria dos "produtos do amanhã" era arriscada, os consumidores preferiam ter um produto não tão arrojado, porém mais confiável. Mas eles reconheciam que, sem as iniciativas inovadoras do "Velho", a Honda jamais teria alcançado a liderança no combativo mercado japonês. Fujisawa e Honda viajaram uma vez mais para a Europa, que vivia a febre dos *mopeds*, pequenas motonetas com motores de 50 cc e pedais de bicicleta. A NSU, a Zündapp e a Puch serviram de exemplo para a substituta da Cub F. Mas o "Velho" continuava resistindo aos motores de dois tempos. O desenvolvimento do motor de quatro tempos de 50 cc começou sob sua excêntrica supervisão pessoal, e, depois de 20 meses de noites em claro, gritos e idas e vindas, o produto final foi um sucesso. A Super Cub revolucionou o mercado, com embreagem automática, aros de 17 polegadas e materiais nobres como polietileno, que a fizeram extremamente leve: 70 quilos. E mais, a aparência era amistosa, era o tipo de moto que a esposa incentiva o marido a comprar, uma das exigências do senhor Honda. Antes do lançamento oficial, em outubro de 1958, Soichiro Honda testou sua criação, escolhendo os piores caminhos e as maiores poças, ficando satisfeito com o teste, para alívio de seus empregados. A estratégia de vendas foi, por meio de 3.500 revendedores, aproximar-se dos profissionais que utilizavam bicicletas e motocicletas, como mascates, donos de restaurantes e pequenos negociantes em geral, visando vender 30 mil unidades por mês. Com os lançamentos de 1957, a Dream C 70 e a 250 cc bicilíndrica de quatro tempos, a companhia se solidificou como a mais criativa das marcas asiáticas e a maior fabricante de motocicletas do Japão. Com o terreno firme na linha de produção, o "Velho" estava livre para, uma vez mais, sonhar com seu nome fazendo história nas curvas loucas da ilha de Man.

Kiyoshi Kawashima foi nomeado chefe do projeto, que contou com vários engenheiros, entre eles Toshiji Baba, com sua "vasta" experiência paulista. O grupo se reunia no "Departamento de Pesquisas número 2", ligado diretamente a Soichiro Honda. Em setembro de 1958, o departamento comprou uma moto italiana de competição Mondial FB 125 cc, ano 1956. A partir dessa amostra, Kawashima e seus colegas desenvolveram uma 125 cc bicilíndrica com motor quatro tempos, batizada de RC 141. A moto gerava 15,3 hp, pouco, perto dos 16,5 hp da Mondial. O segundo protótipo, RC 142, ficou mais potente, com 17,4 hp. Depois de passarem muito tempo na pista de testes em Arakawa River, as duas versões foram inscritas na prova das 125 cc da TT Races em 1959. A equipe chegou à ilha de Man um mês antes, mas teve de usar um artifício para poder viajar. Como a Honda não exportava, eles não estavam autorizados a deixar o país. Usando o nome da Okura Trading Co., que ajudou a despachar as motos, os vistos foram obtidos e a operação aconteceu. Um dos pilotos era o americano Bill Hunt, que também serviu de intérprete do grupo.

A equipe oficial Honda para o GP da Inglaterra de 1959. Da esquerda para a direita: G. Suzuki, J. Suzuki, N. Taniguchi e T. Tanaka

Bill Hunt, o primeiro norte-americano a competir no mundial de motovelocidade com uma moto Honda. Na ilha de Man, ele não pontuou

Kawashima lembra que o "Velho" recomendou que eles se portassem com compostura e estudassem as regras ocidentais de conduta à mesa. "Então, nós comemos comida ruim com boas maneiras..." Naquele ano, as 125 cc deram dez voltas no circuito menor, com 17,36 quilômetros de extensão. Os corredores locais não acreditavam quando eles diziam que as motos eram fabricadas no Japão. Os pneus das Benly 250 cc de treinos não aguentavam, correntes esticavam até sair, velas perdiam os eletrodos, buracos se abriam nos pistões, a tecnologia japonesa não era páreo para os rigores da prova de estrada mais difícil do mundo. Os capacetes trazidos do Japão também não passaram na inspeção da Auto Cycle Union, a federação inglesa, e eles tiveram de usar modelos da Cromwell, *"made in England"*. Kawashima conta que nem sequer sabia da existência de um campeonato mundial; para ele, as provas da ilha de Man eram o campeonato completo. Os cabeçotes com quatro válvulas chegaram poucos dias antes da prova e foram montados em três das máquinas da Honda. Os japoneses trabalhavam sem parar, mas os tempos não vinham. O mais rápido foi Naomi Taniguchi, 12° no *grid*. Na corrida, vitória de Tarquinio Provini, com uma MV Agusta, seguido de Lugi Taveri, com uma MZ, e Mike Hailwood, com uma Ducati. Taniguchi fez uma prova heroica com a RC 142 e chegou em sexto, com Glichi Suzuki em sétimo, Teisuke Tanaka em oitavo (com uma RC 141) e Juzo Suzuki em décimo. Bill Hunt, o americano falastrão, caiu e abandonou a prova. Com quatro motos entre os dez primeiros colocados, a equipe Honda ganhou o troféu de construtores. No dia seguinte, a equipe estava em todas as páginas dos jornais, com boas referências, pelo que Kawashima conseguiu ler. Assim como na partida, o senhor Honda estava no aeroporto para recebê-los. A imprensa japonesa deu pouco destaque ao ocorrido, assim como o Ministério Internacional do Comércio e da Indústria, mas o resultado estimulou fabricantes de outros produtos a buscarem o mercado externo. De qualquer forma, no ano seguinte, quando competiu nas classes 125 e 250 cc, a equipe Honda obteve a permissão de viagem sem problemas e, no desembarque em Londres, deixou de ser um grupo suspeito que carregava peças de motocicletas em malas. Pelo contrário, eles foram reconhecidos pelos funcionários, que liberaram as bagagens rapidamente. A meta de terminar a corrida entre os cinco primeiros colocados foi atingida não só nas 125 cc, nas quais as motos Honda chegaram em segundo, terceiro e sexto lugares, mas também nas 250 cc, nas quais o protótipo de quatro cilindros obteve a quarta colocação. Animada, a equipe participou de mais seis Grandes Prêmios do campeonato mundial em 1960, ficando muito próxima da vitória.

A equipe trabalhava em conjunto nos ajustes das motos Da esquerda para direita: J. Suzuki, G. Suzuki, K. Kawashima, Y. Iida, S. Hirota, T. Tanaka, H. Sekiguchi e N. Taniguchi

Em 1961, a equipe oficial Honda conquistaria o sucesso em grande estilo, ocupando os três lugares no pódio nas 125 cc, nas quais venceu, e nas 250 cc. Com a voz embargada, Soichiro Honda fez um discurso emocionado no aeroporto de Tóquio: "Vocês me perguntam por que estou tão feliz. É porque meus sonhos se tornaram realidade". O peculiar processo de transformação de sonhos em atividade concreta havia começado em junho de 1959. Enquanto o sorridente Kiyoshi Kawashima desembarcava da primeira batalha na ilha de Man, um outro Kawashima, Kihashiro, embarcava para a "Terra do Automóvel", a fim de estabelecer a primeira filial da empresa no exterior, a American Honda Motor Corporation. Los Angeles, a capital da Califórnia, foi a cidade escolhida para o novo empreendimento, pois, além do clima favorável, era o lar de muitos descendentes de japoneses. O primeiro endereço foi num antigo estúdio fotográfico no centro da cidade. Na época, a indústria de motocicletas americana vendia cerca de 60 mil unidades por mês, meros 10% do mercado japonês. A maioria das motos era de grande porte, acima de 500 cc, e os consumidores, além de poucos, eram malvistos pela população. Em setembro de 1959, com somente oito empregados, a American Honda começou a funcionar. A linha de produtos também era reduzida, composta pela Dream Sport 300 (305 cc), pelo Benly CB92 (125 cc) e pela Super Cub, que nos Estados Unidos foi denominada Honda 50. Com a meta inicial de mil unidades por mês, a campanha de vendas começou com anúncios em jornais e visitas às lojas de motos. Os proprietários, acostumados com as possantes Harley-Davidson, Norton, Triumph e BMW, ficaram desconfiados com as pequenas motos Honda, mas, depois de um *test drive*, essa impressão foi substituída pela admiração, o que gerava bons negócios. Foram vendidas 170 unidades nos três meses finais da década de 1950, muito abaixo do que se esperava, mas era um começo. A Dream e o Benly apresentaram problemas mecânicos sob o inclemente sol da Califórnia, mas a Honda 50, versão norte-americana da Super Cub, foi um sucesso desde o início. O custo era barato, 250 dólares, o consumo era irrisório, acima de 50 quilômetros por litro, e a resistência, comprovada em qualquer condição de tempo. A aparência amistosa do veículo, que, graças ao amplo painel frontal, podia ser conduzido por mulheres, foi reforçada em anúncios nas revistas de interesse geral,

Naomi Taniguchi no *grid* de largada do Troféu Turista de 1959, com a Honda RC 142

A primeira sede da American Honda, em Los Angeles, Califórnia

como a *Life*, o que deixou para trás a imagem marginal dos motociclistas da época.

A retaguarda da operação foi reforçada com a inauguração da revolucionária fábrica de Suzuka, em abril de 1960. A nova planta, sem precedentes no Japão e no mundo, tinha 36 mil metros quadrados e nenhum muro – apenas árvores e vegetação a separavam do meio ambiente. Inicialmente planejada para produzir 60 mil motonetas Super Cub por mês, a linha de montagem era flexível, podendo ser utilizada para produzir automóveis, outro sonho antigo do "Velho" Honda.

Enquanto Soichiro Honda realizava mais e mais sonhos, ampliando os horizontes do motociclismo em todo o mundo, o mercado japonês crescia. O filtro da produção em massa eliminou os aventureiros; só estava qualificado para sobreviver quem oferecesse um produto sem falhas, por um preço justo e com assistência técnica confiável. Os mais de cem fabricantes de motocicleta japoneses encolheram, e os remanescentes, fortalecidos, estavam aptos a brigar pela liderança nas vendas em qualquer lugar do mundo.

Soichiro Honda no Brasil com os campeões da Fórmula 1 Ayrton Senna e Alain Prost

Em 2008, a Honda, maior fabricante de motocicletas do mundo, vendeu 15,12 milhões de motos e faturou 119,8 bilhões de dólares

Mesmo após a morte do seu criador, em 5 de agosto de 1991, a empresa manteve a liderança do mercado internacional, com 134 fábricas e presença em 28 países. As vendas em 2008 foram da ordem de 15,126 milhões de motos. Em setembro de 2008, a Honda alcançou a colossal marca de 200 milhões de motocicletas produzidas em 60 anos de existência.

CAPÍTULO 11

YAMAHA, O FILHO DO SAMURAI

É curioso verificar que, apesar de todos os modelos do segundo maior fabricante de motocicletas do mundo levarem seu nome, Torakusu Yamaha (1851-1916) jamais se interessou por motores e veículos em geral. Ele nasceu em 20 de abril de 1851 e foi o terceiro filho de Konosuke Yamaha, um samurai da província de Wakayama, Japão. Os samurais eram especialistas na arte da guerra e tiveram grande importância na história do país. Apesar da tradição milenar, Torakusu foi educado de forma moderna, tendo formação aprofundada em astronomia, medicina e engenharia. Depois de adquirir experiência em uma oficina de relógios dirigida por um inglês, ele usou sua habilidade para consertar instrumentos médicos e outros aparelhos, na região de Hamamatsu, onde passou a morar. Um desses reparos foi em um grande órgão importado dos Estados Unidos, instalado em uma escola local. Ao terminar com êxito o trabalho, Torakusu Yamaha decidiu construir seus próprios órgãos. Seu primeiro modelo, um miniórgão, o levou a percorrer a pé os 214 quilômetros de distância até Tóquio, para submeter o instrumento aos músicos da capital. A avaliação foi negativa, mas Torakusu aproveitou a viagem para fazer um estágio de um mês na Faculdade de Música. Seu segundo órgão, que ficou pronto no ano seguinte, 1888, foi aclamado como um produto de qualidade internacional. No mesmo ano, na cidade de Hamamatsu, província de Shizuoka, ele fundou a Yamaha Organ Manufactoring Company, que, após a saída do sócio Kisaburo Kawai, passou a chamar-se Yamaha Musical Instrument Factory. A empresa progrediu rapidamente e, em

O fundador da Yamaha era filho de samurai e não gostava de motos, mas de música

1892, com mais de cem empregados, fechou seu primeiro contrato de exportação: oitenta órgãos para a Inglaterra. Em 1898, depois de vários cursos sobre fabricação de instrumentos musicais na Europa e nos Estados Unidos, Torakusu Yamaha incorporou a companhia, com o nome de Nipon Gakki Company (Companhia de Instrumentos do Japão).

Um dos primeiros logotipos da empresa

De início, a empresa se dedicou à fabricação de órgãos e pianos de cauda de excelente qualidade. No ano de 1914, com o início da Primeira Guerra Mundial, as importações de gaitas alemãs diminuíram, e a Nipon Gakki lançou sua versão do instrumento, que custava menos e tinha qualidade superior. As exportações dos produtos Yamaha cresciam acentuadamente, quando, em 8 de agosto de 1916, aos 64 anos de idade, Torakusu morreu. A empresa passou a ser dirigida por Chiyomaru Amano, que imprimiu uma política agressiva de investimentos, com aumentos de capital e a inauguração de duas novas fábricas. Mas, a partir de 1923, uma série de problemas colocou em risco o futuro da Nipon Gakki. Pressionado pelos investidores, Amano renunciou, e, em 1927, a presidência passou a ser exercida por Kaichi

Em busca de novos horizontes, o genial Genichi Kawakami aproximou a Yamaha das motocicletas

Kawakami (1883-?). Kaichi recuperou a empresa e expandiu com sucesso a linha de produtos.

Durante a Segunda Guerra Mundial, a Nipon Gakki voltou-se para a fabricação de hélices para aviões de combate, adquirindo tecnologia na manufatura de metais. Essa experiência permitiu que, no pós-guerra, a empresa fabricasse pianos com componentes metálicos. O negócio dos pianos prosperou a partir de 1948, quando o Ministério da Educação do Japão tornou obrigatório o ensino de música em todas as escolas do país. A Nipon Gakki era um império consolidado quando Kaichi Kawakami morreu, em 1950. Seu filho Genichi Kawakami (1912-2002), que estava na empresa desde 1937, sucedeu-se na presidência. O maior compromisso de Genichi era reverenciar a memória do pai por meio de uma administração cada vez melhor da companhia. O primeiro objetivo dele foi tornar novamente produtivas as máquinas de fabricação de hélices, utilizando para isso o conhecimento de metalurgia dos tempos militares. Nesse caminho, ele pesquisou sobre máquinas de costura, peças de automóvel, triciclos utilitários, *scooters* e motocicletas. Depois de comparar os estudos por muitos meses, Genichi se decidiu pelas motocicletas. A partir daí, fez uma série de viagens e visitas a fabricantes e criou uma rede de contatos e potenciais negócios. Os engenheiros da Nipon Gakki fizeram estágios nos Estados Unidos e na Europa, aprendendo a construir motocicletas. Na Alemanha, esse estágio criou uma relação muito próxima com a DKW, gerando grande impulso no desenvolvimento de motores de dois tempos. O primeiro protótipo da Nipon Gakki foi uma moto monocilíndrica 125 cc de dois tempos refrigerada a ar, com 94 quilos, 5,6 hp a 5.000 rpm, torque de 0,96 kgfm a 3.300 rpm e velocidade máxima de 80 km/h. A moto era baseada na DKW RT 125 cc de 1943, um dos modelos mais bem-sucedidos e copiados do mundo; dele descendem, entre outras, a BSA Bantam, a Harley-Davidson Hummer e a soviética Moska. Em homenagem ao criador da Nipon Gakki, a moto foi batizada de Yamaha 125 YA1, mantendo o emblema original: três diapasões (afinadores de instrumentos), que musicalmente significam os elementos essenciais – melodia, harmonia e ritmo. No ambiente industrial, eles simbolizam os três pilares da empresa – tecnologia, produção e vendas. O protótipo foi exaustivamente testado; o próprio Genichi Kawakami pilotou-a entre Hamamatsu e Tóquio, sem nenhum problema.

A Yamaha YA1 de 1955, também conhecida como "Akatombo" ou "libélula vermelha"

O lema de Genichi e de seus comandados era marcante: "Se você for fazer alguma coisa, faça o melhor". A produção começou em janeiro de 1955, e um mês depois a YA1 chegou ao disputado mercado japonês. Apesar de ser um tanto mais cara que a concorrência (138 mil ienes, quando o salário médio era de 10 mil), o sucesso foi imediato. A moto era bonita, a cor vermelha chamava a atenção a ponto de criar um apelido: "Akatombo" (libélula vermelha). Em 1° de julho de 1955, à frente de 274 novos empregados, um confiante Genichi Kawakami cortou a faixa inaugural da Yamaha Motor Corporation Limited. A produção de 200 unidades por mês se revelou insuficiente para a demanda, especialmente depois dos resultados conquistados nas duas maiores competições do calendário motociclístico japonês: a Subida do Monte Fuji, na qual a YA1 estreou com uma terceira posição, e as Asama Races, nas quais o pódio inteiro foi ocupado pelas motos Yamaha. Em 1956, a Yamaha repetiu a vitória de Asama e ocupou os oito primeiros lugares na classe Ultralight 125 cc e os quatro primeiros na classe 250 cc, com seu novo modelo, a YC1. A moto era inspirada na DKW 175 cc, com motor dois tempos de 175 cc que gerava 10,8 hp a 5.500 rpm e torque de 1,6 kgfm a 3.400 rpm. Com apenas 118 quilos, a YC1 era muito veloz e tinha, entre outros atrativos, o acabamento de luxo, as cores marrom e cinza, inspiradas nas ruas de Paris, e o primeiro carburador monobloco fabricado no Japão. Em 1957, a linha aumentou, com a inclusão da bicilíndrica YD1, uma 250 cc esportiva que pesava 140 quilos, com motor dois tempos, potência de 14,7 hp a 6.000 rpm, 1,9 kgfm de torque a 4.000 rpm e velocidade máxima em torno de 115 km/h. Os novos modelos voltaram a vencer em Asama, colocando a Yamaha na vice-liderança do acirrado mercado japonês, atrás apenas da Honda.

Um lote de motos de competição da Yamaha

Em 1958, a companhia inaugurou uma filial no México e participou de sua primeira competição internacional, o Catalina Grand Prix, na Califórnia. A prova era um tanto amadora, em piso de cascalho com lombadas, e a YD1 pilotada por Fumio Ito teve de ser adaptada, com escapamentos e guidãos mais altos. Apesar de alguns tombos e paradas nos boxes, a Yamaha completou a corrida em sexto lugar. No mesmo ano, a YA2, sucessora mais potente (6,8 hp a 6.000 rpm) da 125 cc YA1, tornou-se a primeira motocicleta a ganhar o troféu de "Bom Desenho do Ano", uma das premiações mais prestigiadas do Japão. Em 1959, foi lançada a YDS1, bicilíndrica esportiva com motor dois tempos que desenvolvia 18 hp a 7.500 rpm. A aquisição da Showa, que trabalhava no motor dois tempos com admissão por disco rotativo, aumentou o envolvimento da Yamaha nas competições; ela vinha se preparando para disputar o mundial de motovelocidade, o que se concretizaria a partir de 1960. A boa fase levou a empresa a desembarcar em solo americano, por meio da Cooper Motors, importadora dos modelos YDS1 e MF1, uma "cinquentinha" com motor dois tempos de 3,5 hp, três marchas e partida elétrica. Os resultados expressivos animaram os investidores japoneses da Nipon Gakki, que em 1960 fundaram a Yamaha International Corporation, com sede em Los Angeles, Califórnia. O objetivo da

Uma "árvore genealógica" das Yamaha que usavam motores dois tempos nas ruas e nas pistas de corrida

subsidiária era atacar o mercado americano com uma gama variada de produtos. Além das motocicletas, estavam na pauta de exportações motores de popa, geradores, barcos, instrumentos musicais de toda espécie e até arcos e flechas de precisão, que garantiriam à marca medalhas de ouro em cinco Olimpíadas diferentes.

O progresso da empresa foi contínuo e, no encerramento do exercício de 2008, a Yamaha Motor Corporation contava com uma força de trabalho de 46.850 pessoas e 111 subsidiárias, 79 delas fora do Japão. Além das motocicletas, ela fabrica produtos variados como robôs industriais, carros para golfistas, bicicletas e cadeiras de rodas elétricas, lanchas, jet skis, snowmobiles, removedores de neve, karts, piscinas, recifes artificiais, suplementos alimentares, purificadores de água, separadores de água e óleo e helicópteros radiocontrolados. No setor das motocicletas, as vendas foram da ordem de 4,997 milhões de unidades (números de 2007). A crise financeira internacional se acentuou no final de 2008, o que levou a Yamaha a tomar uma série de medidas drásticas, como a redução de remuneração dos executivos e a suspensão temporária da atividade das suas fábricas no Japão e

Valentino Rossi, 30 anos de idade e oito títulos mundiais, três deles com Yamaha

no exterior. O investimento no motociclismo esportivo foi mantido, especialmente no segmento mais caro, o Mundial de Motovelocidade, no qual a marca iniciou 2009 como campeã mundial da categoria principal, a MotoGP, e com o melhor piloto em atividade, o italiano Valentino Rossi, com oito títulos mundiais, seis na categoria principal, sendo três deles com motos Yamaha.

CAPÍTULO 12

SUZUKI: DOS TEARES PARA AS MOTOS

Filho de um fazendeiro de algodão, Michio Suzuki (1887-1982) nasceu em Hamamatsu, a pequena cidade que é o berço do motociclismo japonês. Hábil no manejo de ferramentas, em 1909 Michio, então com 22 anos, construiu um tear movido a pedais para transformar em tecido o algodão que seu pai produzia na fazenda. Deu certo, e Michio criou a Suzuki Loom Works (Trabalhos de Tear Suzuki). Com máquinas mais sofisticadas, os negócios prosperaram e, em 1920, com novos investidores, a empresa passou a chamar-se Suzuki Jidosha Kogyo (Manufatura de Teares Suzuki). Capitalizada, a Suzuki começou a exportar, de início apenas tecidos e roupas; a seguir, teares inteiros para o sudeste da Ásia e para a Índia.

Michio Suzuki, craque dos teares, não queria saber de motos

Os teares da Suzuki Loom Works são reconhecidos mundialmente por sua qualidade e robustez

Após as primeiras remessas, o mercado se estabilizou, pois os teares de alta qualidade fabricados pela Suzuki, mesmo com pouca ou nenhuma manutenção, duravam uma eternidade. Sintonizado com a necessidade de expansão contínua, e notando que o mercado japonês importava cerca de 20 mil carros por ano, Michio considerou a hipótese de também fabricar automóveis. Em 1938, ele comprou um Austin Seven, minicarro inglês com 737 cc e cerca de 20 hp. Baseado nele, em sete meses Michio construiu uma réplica, mas a guerra inviabilizou o projeto. A ideia, porém, era tão boa que foi concretizada no próprio Japão (Nissan), e ainda na Alemanha (BMW), França (Rosengart) e Estados Unidos (Bantam).

Anúncio que divulga a vitória da Colleda na Subida do Monte Fuji em 1954

Após o término da Segunda Guerra Mundial, o Japão viveu um período de incertezas e instabilidade econômica que afetaram sobremodo a indústria. A Suzuki viveu dias sombrios até que, voltando de bicicleta (cansado) de uma pescaria, Shunzo Suzuki, filho de Michio, apresentou a ideia de construir uma bicicleta motorizada. Da mesma maneira descompromissada que Bill Harley e Arthur Davidson haviam feito no século anterior, os Suzuki estavam entrando para a história do motociclismo. Na primeira metade dos anos 1950, a competição pelo mercado japonês de bicicletas motorizadas, liderado pela Honda, era selvagem, com mais de cem empresas brigando pela sobrevivência. O primeiro protótipo de Shunzo Suzuki foi o Atom, um motor dois tempos de 30 cc que poderia ser montado logo acima dos pedais de um chassi de bicicleta. A evolução do Atom resultou no Power Free, lançado em junho de 1952. O principal atrativo do motor era um inédito duplo sistema de transmissão que permitia ao condutor pedalar com ou sem o auxílio do motor (de 1 hp), e ainda desconectar os pedais, para o motor gerar, sozinho, o movimento. Essa engenhosa combinação foi patenteada e rendeu suporte financeiro para o desenvolvimento de novos projetos. No ano seguinte, o Power Free ganhou um "irmão mais forte", o Diamond Free, com câmbio de duas velocidades e motor de 60 cc. O Diamond venceu a Subida do Monte Fuji na sua categoria, o que fez as vendas aumentarem.

O sorridente vencedor, com bandeira e troféu alusivos à conquista do topo do Monte Fuji, em 1954

Em 1954, com o propósito de incentivar a indústria nacional, o novo governo democrático do Japão criou uma lei que autorizava a condução de motos com motores dois tempos de até 60 cc e quatro tempos de até 90 cc sem necessidade de habilitação. Aproveitando o momento, a Suzuki colocou no mercado a sua primeira motocicleta verdadeira, a Colleda CO, com motor quatro tempos de 90 cc, três marchas e potência de 4 hp. O nome Colleda expressa algo como "é isso aí", significando uma atitude positiva, muito especial. A moto tinha um velocímetro integrado ao farol e um bagageiro para pequenos objetos. Após a CO estrear com vitória na Subida do Monte Fuji daquele ano, e com o lançamento do MiniFree, ciclomotor de 50 cc e transmissão por correia, as vendas atingiram 6 mil unidades por mês. No mesmo ano, a Suzuki alterou sua denominação para Suzuki Motor Corporation Limited, qualificando-se para disputar também o mercado de automóveis.

Em 1955, a linha Colleda foi ampliada, com a COX, uma 125 cc de quatro tempos e três marchas, e a ST, versão sofisticada da Colleda CO do ano anterior. Mas o governo agora exigia habilitação para pilotar motos de 90 cc, o que afetou negativamente as vendas. As motos com motores quatro tempos apresentavam problemas de manutenção e foram descontinuadas,

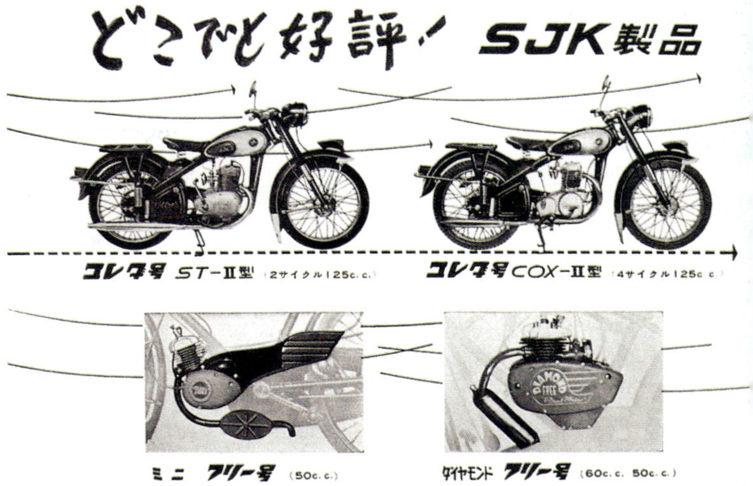

Folheto de propaganda das Colleda RT e da Cox de 1956

incluindo a recém-lançada COX. A opção pelas dois tempos gerou a Porter Free, com 102 cc, duas marchas e 4,2 hp, e a Colleda ST, com 123 cc, quatro marchas e 5,5 hp. No ano seguinte, as inovações continuaram, especialmente com a Colleda TT, uma precursora das linhas T e GT, que consagrariam a Suzuki como uma das melhores do mundo. A Colleda TT tinha um motor bicilíndrico com 250 cc e 16 hp, capaz de levá-la a mais de 130 km/h. A Colleda COX II reacendeu o desenvolvimento dos motores quatro tempos, e a STII teve o mérito de aumentar a potência da ST para 7 hp.

A Colleda TT de 1957 era uma bicilíndrica de dois tempos de 250 cc, com potência de 16 hp

Mais uma 250 cc bicilíndrica da Suzuki chegou ao mercado em 1957. A Colleda TP era uma "versão econômica" da TT, com um motor ligeiramente mais potente, com 18 hp a 6.000 rpm, e duas opções de formato: piloto e bagageiro ou piloto e garupa. Na ST, a terceira geração trouxe melhorias na iluminação e um visual mais esportivo. O ano de 1958 trouxe pequenos aperfeiçoamentos na linha de montagem e foi marcado pelo novo emblema da corporação, um "S" estilizado que desde então está presente em todos os modelos da empresa.

O ano de 1959 começou com um lançamento de peso, a Colleda SB Setwin, uma 125 cc com motor bicilíndrico de dois tempos que gerava 10 hp a 6.000 rpm e tinha como principal atrativo a partida elétrica, que equipava pela primeira vez uma motocicleta japonesa dessa categoria. No final de setembro, um tufão afetou a produção, mas ainda assim, no ano seguinte, a Suzuki produziu 150 mil motocicletas por ano e 6 mil veículos de quatro rodas.

O logotipo da Suzuki surgiu em 1958 e, com poucas alterações, continua identificando motos e carros da marca

Hugh Andersson, tetracampeão do mundo nos anos 1960, sempre com Suzuki

Pilotos de teste da Colleda Suzuki nos anos 1950

A década de 1960 começou com o interesse da Suzuki em medir forças com os fabricantes tradicionais no mundial de motovelocidade, seguindo mais uma vez os passos da Honda. Em junho, uma equipe oficial da marca desembarcou na ilha de Man para competir no Tourist Trophy, na categoria 125 cc. A Colleda RT, apesar de anêmica em potência (13 hp a 11.000 rpm) em baixas rotações, era uma moto confiável, e seus três pilotos completaram a corrida, vencida pelo bicampeão mundial Carlo Ubbiali (1929-), da MV Agusta, com Naomi Taniguchi, da Honda, na sexta posição. A equipe Colleda Suzuki conheceu no Fernleigh Hotel, em Douglas, capital da ilha, o piloto e engenheiro alemão Ernst Degner (1931-1983), então competindo pela MZ (Motorradwerk Zschopau, fundada em 1956). Degner gostava de *jazz*, e Jimmy Matsumiya, um dos mecânicos japoneses, havia levado uma vitrola, o que os tornou grandes amigos. Essa afinidade permitiu que os japoneses lançassem olhares de relance na tecnologia MZ, baseada na DKW, sua antecessora e uma das mestras em motores dois tempos de alto rendimento.

No ano seguinte, a Suzuki inscreveu suas motos bicilíndricas com válvula rotativa nas classes 125 (RT 61, com 15 hp a 10.000 rpm) e 250 cc (RV 61, com 28 hp a 9.000 rpm). Dotados de câmbio de seis marchas, os novos modelos apresentavam problemas de superaquecimento. Entre as 125 cc, os pilotos Michio Ichino (1934-), Mitsuo Ito (1937-) e Toshio Matsumoto, que haviam estado na ilha no ano anterior, ficaram pelo caminho e não cruzaram a linha de chegada. O neozelandês Hugh Anderson (1936-), contratado para competir nas 250 cc, completou a prova numa razoável décima posição, com Ichino em 12°. A rival Honda ocupou as cinco primeiras posições nas duas categorias, sempre com Mike "The Bike" Hailwood (1940-1981) no topo do pódio. A equipe permaneceu na Europa até o final de junho e se alinhou no GP da Holanda, no qual obteve o 14°, 16° e 17° lugares nas 125 cc e não completou a corrida nas 250 cc. Se a temporada foi opaca dentro da pista, fora dela a Suzuki foi destaque pelo mundo afora, ao se envolver em um dos episódios mais escandalosos da história do campeonato mundial de motovelocidade.

Naquele ano de 1961, a temporada das 125 cc havia começado na Espanha, com vitória do australiano Tom Phillis (1934-1962), da Honda, mas a corrida seguinte, na Alemanha Ocidental, foi vencida por Ernst Degner, da Alemanha Oriental, com uma MZ. A partir daí, o australiano e o alemão duelaram sem tréguas pelo título mundial. No Grande Prêmio da Alemanha Oriental, disputado em Sachsenring em 30 de julho de 1961, ocorreu um triunfo sem precedentes para Degner, que pilotava uma moto nacional à frente de 350 mil torcedores fanáticos. A equipe MZ tinha apoio do governo soviético e um chefe de equipe muito capaz, Walter Kaaden (1919-1966), que havia trabalhado com o famoso cientista espacial Werner von Braun (1912-1977) durante a Segunda Guerra Mundial. Kaaden foi um dos maiores especialistas em motores dois tempos, e o primeiro que aproveitou as ondas de pressão do escapamento para aperfeiçoar o rendimento e a durabilidade desse tipo de motor. Apesar da habilidade do chefe, o orçamento da "equipe comunista" era tão restrito que Wilhelm Herz (1912-1998), piloto da DKW nos tempos de pré-guerra, comprou um capacete nos anos 1930 e o usou por muitas temporadas. Quando se retirou das pistas, Herz deu o capacete para Kaaden, que o utilizou em testes na fábrica MZ. Quando Degner entrou para a equipe, no final da década de 1950, recebeu o mesmíssimo capacete para proteger a cabeça.

Ernst Degner no *grid* de largada com sua MZ e um capacete com quase 30 anos de uso

O fato é que Kaaden e Degner estavam no auge em 1961. Com três vitórias (Hockenheim, Sachsenring e Monza) e três segundos lugares (Montjuich, Clermont-Ferrand e Belfast), um sexto lugar no GP da Suécia, em Kristianstad, daria o título à Alemanha Oriental. Naquela época, o Muro de Berlim, que havia começado como uma simples cerca de arame farpado, estava sendo construído em ritmo acelerado, e a fronteira com a Alemanha Ocidental estava fechada desde o dia 13 de agosto. Em um momento político muito delicado, ter um campeão mundial de motovelocidade seria uma propaganda sem precedentes para os países da "cortina de ferro". Mas, em um ato surpreendente, em 17 de setembro, dia da corrida, Degner destruiu (intencionalmente, segundo a imprensa internacional) o motor de sua MZ no treino de aquecimento e deixou a pista discretamente, no bagageiro do automóvel de um amigo. O quase-campeão mundial fugiu para a Alemanha Ocidental pela Dinamarca, levando com ele vários segredos da equipe de Kaaden. Ernst Degner ainda teria uma chance de vencer o campeonato no GP da Argentina, etapa final da tumultuada temporada de 1961. No exílio, ele conseguiu por empréstimo uma EMC inglesa, mas a moto ficou presa na alfândega. A última opção era uma Bultaco antiga, que ele considerou muito lenta. Assim, assistiu de fora da pista à vitória consagradora de Tom Phillis, que por apenas dois pontos se tornou campeão do mundo e garantiu o título de construtores para a Honda.

Contratado pela Suzuki imediatamente após o término do campeonato, Degner, além de excelente piloto, era um engenheiro brilhante. Ele foi o líder do projeto RM 62, uma 50 cc com oito marchas e 10 hp, que deu ao alemão o campeonato de 1962, primeiro título mundial da Suzuki Motor Corporation. Degner venceu quatro (Inglaterra, Holanda, Bélgica e Alemanha Ocidental) de dez etapas, mas, por motivos óbvios, não disputou o GP da Alemanha Oriental. Nas 125 cc, os resultados foram menos brilhantes, ofuscados pelo título mundial de Luigi Taveri, com a Honda. Mas Hugh Anderson terminou o ano no topo do pódio, vencendo o GP da Argentina, uma prévia do que seria a temporada vencedora de 1962. Apesar da decepção e das reclamações de seus superiores, Walter Kaaden continuou chefiando a equipe MZ, que voltaria a vencer corridas, sem, entretanto, obter o sonhado campeonato mundial. Kaaden morreu em 1996, de câncer, sem jamais perdoar a traição de seu piloto. Anos mais tarde, Ernst Degner sofreu um acidente grave em Suzuka, precipitando a sua aposentadoria. A curva em que ele caiu passou a ser chamada de Curva Degner. Depois disso, ele passou a morar na Alemanha Ocidental, onde se suicidou, em 1983, segundo consta, esganando o próprio pescoço. Degner sempre negou ter levado peças da MZ na bagagem, mas três empregados da Suzuki confirmaram a história. O fato é que, em 1963, uma Suzuki com jeitão de MZ deu a Anderson o título mundial das 125 cc com sobras, vencendo os Grandes Prêmios da Inglaterra, França, Holanda, Irlanda, Alemanha Oriental e Finlândia. Com a conclusão da pista de testes em Ryuyo e a abertura da United States Suzuki Motor Corporation, em Los Angeles, Califórnia, a empresa se colocou no mesmo patamar das rivais Honda e Yamaha, maiores fabricantes de motocicletas do Japão, a caminho da liderança no mercado mundial.

Osamu Suzuki, há 50 anos na empresa: novos rumos para a companhia

Sobre a Suzuki, há que se mencionar a liderança de Osamu Suzuki (1930-), que se aproximou da empresa ao aceitar um casamento arranjado com Shoko Suzuki, uma das filhas de Shunzo Suzuki e neta de Michio, fundador da empresa. Como Shoko não tinha irmãos, seguindo um costume japonês, Osamu Suzuki, nascido Osamu Matsuda, assumiu o sobrenome da esposa. Ele começou a trabalhar na Suzuki em 1958, e, em 1978, assumiu o cargo de presidente. Na área dos automóveis, Osamu adotou a estratégia de não enfrentar os gigantes japoneses, preferindo desenvolver acordos em outros países, como Índia, China e Hungria, com foco nos veículos mais econômicos. Quando Osamu deixou a presidência, em 2000, a Suzuki Motor Corporation operava 60 fábricas em 31 países, exportando para outros 193. A empresa ocupa a décima posição entre os maiores fabricantes de automóveis do mundo, e é a terceira nas motocicletas.

Aos 79 anos, Osamu Suzuki continua na presidência do Conselho de Administração da Suzuki Motor Corporation e, em meio à crise mundial do final de 2008, foi ele quem deu a palavra final sobre a permanência da equipe no Mundial de Motovelocidade. "Vamos continuar. As competições estão no DNA da Suzuki, são importantes para a nossa imagem." Perguntado sobre sua possível aposentadoria, Suzuki cortou o assunto: "Sou japonês, quero morrer no campo de batalha".

O italiano Loris Capirossi e o australiano Chris Vermeulen competem pela Suzuki no mundial de motovelocidade

Michael Jordan, o astro do basquete, é motociclista e fã de corridas. Em 2004, patrocinou uma equipe com a Suzuki GSX-R 1000 preparada. A moto, superespecial, ultrapassa os 300 km/h

CAPÍTULO 13

KAWASAKI MOVE O MUNDO

Para a Kawasaki, as motos não são prioritárias, mas demonstrações do grau de excelência de um dos maiores grupos empresariais do mundo

Com um sobrenome que se tornaria lendário no mundo das motocicletas, Shozo Kawasaki (1837-1912), assim como seu conterrâneo Michio Suzuki, não tinha o menor interesse por elas. Filho de um negociante de quimonos, Kawasaki sempre foi apaixonado pelo mar, e decidiu seguir carreira no transporte marítimo. Entretanto, suas experiências com o oceano nem sempre foram favoráveis, pois o Pacífico era bravio e os barcos japoneses não estavam equipados para enfrentá-lo. Em 1878, com o apoio do governo japonês, Kawasaki criou sua própria empresa, a Kawasaki Tsukiji Shipyard, especializada na construção de navios de aço, à moda ocidental. O sucesso levou à expansão das atividades de Tóquio

Shozo Kawasaki: paixão pelo oceano

para Kobe, que passou a sediar a Kawasaki Dockyard Company, prestadora de serviços de manutenção e reparos em navios. A guerra com a China aumentou muito a demanda, e Kawasaki resolveu incorporar a companhia e preparar sua retirada. O escolhido foi Kojiro Matsukata (1865-1950), que tinha sólidas ligações políticas no Ministério das Finanças do Japão. A renovação aconteceu em 1896 e foi tremendamente benéfica para a empresa. Matsukata obteve novos contratos e, em apenas dez anos, construiu 80 navios.

Na virada do século, a marinha japonesa encomendou dois submarinos, os primeiros do país. Enquanto isso, nas docas de Kobe, turbinas a vapor eram desenvolvidas para futura colocação no mercado. O desafio seguinte foi sobre trilhos: a primeira locomotiva a vapor ficou pronta em 1911. Com o mar e a terra na linha de produção, faltava dominar o ar. E isso aconteceria a partir de 1918, com a criação do Departamento de Aviação. Em 1922, o modelo Type Otsu 1 foi testado e aprovado pelo exército japonês, que adquiriu cerca de 300 unidades para missões de reconhecimento. Depois do forte terremoto que abalou Tóquio em 1923, as grandes obras de reconstrução ganharam espaço na agenda de Matsukata. A Kawasaki refez nada menos que

O Type Otsu K1-100 servia tanto para missões de reconhecimento quanto para treinamento de novos pilotos

25 pontes nos arredores da cidade, algumas delas levadiças, utilizando cabos de aço de alta tensão, *design* criativo e tecnologia de ponta. Os veículos com rodas foram o passo seguinte da empresa: caminhões, ônibus e automóveis. No final dos anos 1930, por meio do conversível de luxo Rokkogo, a Kawasaki movia até a família imperial.

Em 1942, quando o Japão entrou na Segunda Guerra Mundial, o Departamento de Guerra determinou a suspensão da fabricação de veículos, para priorizar a construção do avião de combate Hien, que atingia 610 km/h e era capaz de manter a formação da esquadrilha a dez mil metros do chão. Com a derrota, a produção de aviões foi interrompida, e a Kawasaki passou a dedicar-se ao beneficiamento do aço, com a nova subsidiária Kawasaki Steel Corporation.

Em meio a esse enorme conglomerado de empresas e atividades industriais, era previsível que alguém de mente aberta levantasse a possibilidade de fabricar motocicletas. Isso aconteceu nos idos de 1949, em uma reunião da Kawasaki Aircraft Company, braço aéreo incorporado ao grupo em 1937 e sediado na cidade de Takatsuki. O primeiro projeto, um motor quatro tempos de 148 cc, com meros 4 hp a 4.000 rpm, chamado KE 1 (Kawasaki Engine # 1), com suporte técnico da BMW, foi lançado em 1952. Na época, as quase cem empresas artesanais de motocicletas compravam componentes no mercado e os acoplavam em uma linha de montagem, sob marca própria. Foi para esses compradores que surgiu o segundo motor, o KB 5, um dois tempos de 125 cc com bom rendimento em baixas rotações e manutenção barata. Esse motor foi a base da primeira motocicleta fabricada pela Kawasaki na planta principal da cidade de Kobe, a Meihatsu 125-500, que surgiu em 1955. No ano seguinte, melhorias no acabamento originaram uma nova versão da mesma moto, batizada de Meihatsu Deluxe. Em 1957, mais uma Meihatsu 125 cc, a KB 5-A, com motor mais potente cujas tampas laterais eram estampadas, pela primeira vez, com o nome Kawasaki.

Como era de se esperar, porém, o grupo Kawasaki queria mais, mirava nas grandes máquinas, e não pretendia esperar muito para fabricá-las. Quando não se tem tempo para aprender, havendo recursos, compra-se a tecnologia. E foi assim que o grupo agiu. Uma enquete foi elaborada, incluindo empresas esquisitas como a Sankyo, que, após adquirir a malsucedida subsidiária da Harley-Davidson no Japão, passou a fabricar a Rikuo, um clone nipônico dos modelos de 750 e 1200 cc. Depois de aprofundados estudos de mercado, os executivos da Kawasaki consideraram que o caminho mais curto para o sucesso era se associar à Meguro Motorcycles, que se intitulava "a rainha das quatro tempos". Essa marca estava no mercado japonês desde 1937, fornecendo para o exército imperial o modelo Z 97, com motor monocilindro 500 cc de quatro tempos inspirado na Motosacoche fabricada na Suíça. Além disso, eles tinham uma linha completa de motos 125, 250, 350 e 650 cc, que, além de possuírem forte sotaque britânico (especialmente da BSA), destacavam-se nas famosas Osama Races. Apesar das vitórias em competições, a década de 1950 foi ingrata com a Meguro, e uma associação com a poderosa Kawasaki parecia ser a melhor opção para a sobrevivência. O acordo foi assinado em 1960; a partir daí, a marca Meihatsu deixou de ser utilizada, e as Meguro passaram a se chamar Motocicletas Kawasaki. Três anos depois, não havia mais vestígios da Meguro, e seus empregados passaram a trabalhar para a recém-formada Kawasaki Motor Sales Corporation. O primeiro produto da nova fase foi a Kawasaki 125 New Ace, seguida pelos *scooters* Pet e B7, na linha da Honda Super Cub, e pela 125 B8, com acabamento mais refinado.

Em 1963, com a tecnologia trazida pelos engenheiros da Meguro, a Kawasaki inovou, lançando um modelo específico para competições de *motocross*, a 125 B8M, também conhecida como "furor do tanque vermelho", vencedora de todas as etapas do campeonato japonês de 1963. Baseada na B8 de rua, a moto tinha um motor dois tempos de 125 cc com cerca de 10 hp de potência e câmbio de quatro

A Meihatsu Deluxe de 1956 marcou o início da evolução do motor KB 5, que viria a se concretizar com a versão KB 5-A, de 1957

A Kawasaki B8M de *motocross* ano 1963 apelidada de "furor do tanque vermelho"

marchas. Em 1964, a B8M foi aperfeiçoada com novo guidão, escapamento elevado, maior potência do motor (que passou para 12 hp) e uso de materiais nobres, que a deixaram 25% mais leve que a versão de rua. As inovações tinham duplo propósito: ganhar a liderança do mercado interno e atacar com força um nicho ainda não explorado do mercado americano, o motociclismo fora-de-estrada. Em pouco tempo, a Kawasaki disponibilizou uma linha completa de motos de competição para *motocross*, de 85, 90, 125, 175 e 250 cc. Com esse movimento, o quarteto de gigantes da indústria japonesa de motocicleta estava consolidado, pronto para brigar de igual para igual com as marcas mais tradicionais em qualquer setor, piso ou modalidade esportiva. Além da tradicional motovelocidade, o enduro, o *trial* e o *motocross* estavam em pauta, e a disputa sem tréguas entre Oriente e Ocidente mudaria a face do motociclismo mundial.

A Kawasaki possui um perfil diferente das demais fabricantes de motocicletas japonesas. O grupo conta com mais de cem empresas diferentes, atuando nos ramos aeroespacial (aviões, helicópteros, mísseis), fretes (por terra, mar e ar), construção de navios (transatlânticos, superpetroleiros, submarinos), veículos automotores (locomotivas, carros elétricos, vagões de metrô), usinas de força, robôs industriais, produtos hidráulicos, estruturas metálicas (plataformas de petróleo, aeroportos), maquinário para construção, plantas industriais, reciclagem ambiental (sistemas de tratamento de água e reciclagem de lixo) e administração financeira, com grau de excelência comprovada. Entre as dezenas de atividades desenvolvidas pela Kawasaki, a fabricação de motocicletas está subordinada aos chamados "produtos de lazer", junto com jet skis (invenção da empresa, que durante décadas deteve a patente exclusiva do veículo), geradores e miniutilitários, ou seja, não é prioritária na estratégia do conglomerado Kawasaki. Em dezembro de 2008, as vendas do grupo somaram mais de 10 bilhões de dólares, o que não impediu a retirada da equipe oficial Kawasaki do mundial de MotoGP, anunciada oficialmente em 9 de janeiro de 2009.

Pragmatismo: o faturamento de mais de 10 bilhões de dólares em 2008 não impediu a decisão de abandonar o mundial de motovelocidade

A Kawasaki 500 H1 RA de 1972 usava um motor tricilíndrico de dois tempos com 80 hp de potência. Apesar dos enormes freios (a tambor com quatro sapatas), a moto era difícil de parar

CAPÍTULO 14

AS MOTOS NA ERA DA ABUNDÂNCIA

Anos 1960: Forza Italia!

A italianíssima Vespa, precursora dos *scooters* modernos, foi o *scooter* mais vendido no mundo durante os anos 1960

A Ducati Cucciolo de 1947 era mais um ciclomotor do que uma motocicleta. Com motor de quatro tempos de 48 cc, potência de 1,5 hp e marcha única, ela moveu a Itália no pós-guerra e o Brasil nos anos 1950

Enquanto a indústria japonesa esteve concentrada nos modelos de pequena cilindrada, ela não foi vista como adversária de peso dos fabricantes tradicionais. No início da década de 1960, o mundo atravessava uma era de abundância; na Europa e nos Estados Unidos, havia empregos em profusão, aumentando o poder aquisitivo da população. A confiança estava em alta, e a perspectiva de lucro fácil embotou o surgimento de novas tecnologias. Reconhecidas produtoras de novidades no mundo motociclístico como a França e a Alemanha estacionaram no tempo, vivendo do passado. A soma dessa estagnação com a imagem problemática irradiada pelos americanos resultou em uma queda acentuada nas vendas de motocicletas. Os automóveis voltavam a ser o meio de transporte privado mais desejado no mundo inteiro. As guerras ficaram para trás, a vida era boa e não havia nada com que se preocupar.

A Itália, derrotada na Segunda Guerra Mundial, era uma exceção, com projetistas de peso e uma população apaixonada pelas motocicletas. Após a recuperação da economia, a primeira empresa a se destacar foi a Ducati, que teve sua fábrica de rádios e câmeras fotográficas destruída pelos bombardeios aliados em 1944. A recuperação da empresa se concretizou com os Cucciolo (que significa filhotinho ou cachorrinho), motores auxiliares de quatro tempos de 48 cc e 1,5 hp, que moveram a Itália a partir de 1946. Na segunda metade dos anos 1950, o foco mudou para as 125 cc de motovelocidade, sob a batuta do lendário Fabio Taglioni (1920-2001). Ex-engenheiro da Mondial, marca campeã do Mundial de Motovelocidade nas 125 cc, Taglioni foi o inventor do sistema de válvulas desmodrômico, que dispensa o emprego de molas para controlar os ciclos de admissão de combustível e exaustão dos gases do cilindro. Esse sistema se mostrou vencedor desde a estreia nas pistas, em 1958, e é utilizado ainda hoje na Ducati MotoGP de 800 cc.

O mago da engenharia Fabio Taglioni, inventor do comando de válvulas desmodrômico

Outra marca italiana que prosperou no mercado europeu foi a MV Agusta, que havia migrado dos aviões para as motocicletas. A mudança deu certo, e desde o primeiro título mundial, nas 125 cc em 1952, com Cecil Sandford (1928-), o lema da empresa passou a ser "Experiência nas pistas a serviço da produção em massa". Outro passo importante do conde Domenico foi adquirir as patentes da empresa americana Bell Helicopters, o que lhe deu vantagem tecnológica extensiva às motocicletas. São dessa época experiências como o motor de quatro tempos 500 cc de seis cilindros, os motores de dois tempos com injeção de combustível e o câmbio hidráulico. No Mundial de Motovelocidade, a supremacia da MV Agusta na segunda metade da década de 1950 chegava a ser aborrecida, com John Surtees (1934-) vencendo quatro campeonatos (e três nas 350 cc) antes de mudar-se para a Fórmula 1, na qual conquistou o título mundial de 1964, competindo pela Ferrari. Surtees é o único piloto com títulos mundiais na motovelocidade e na Fórmula 1. Em 1959, um novo sistema de lubrificação desenvolvido para as competições permitiu que a MV Agusta garantisse seus motores por cem mil quilômetros, um recorde na época. Caminhando na direção contrária, em 1957, a Guzzi, a Mondial e a Gilera decidiram de comum acordo retirar-se das competições de motovelocidade, o que precipitou uma crise sem precedentes nas três representantes mais tradicionais da indústria italiana de motocicletas esportivas.

A MV Agusta campeã do mundo com John Surtees, que por suas conquistas no mundo dos motores recebeu da rainha da Inglaterra o título de Sir

Entre tantos lançamentos esportivos, a representante tricolor mais espetacular do pós-guerra nada tinha a ver com as corridas, e em pouco tempo se tornaria um símbolo do estilo de vida italiano. A Piaggio Sociedade Anônima existe desde 1884, fabricando locomotivas, barcos, automóveis e, a partir da Primeira Guerra Mundial, aviões. Em 1938, com a morte do patriarca Rinaldo Piaggio (1864-1938), a empresa passou para os filhos Enrico (1905-1965) e Armando (1901-1978). Durante a Segunda Guerra, a Piaggio fabricou aviões de combate para as forças do Eixo. Bombardeada pelos aliados, a sede na Toscana ficou em ruínas. Impedidos de fabricar aviões, os dez mil empregados ficaram sem trabalho. Eram tempos difíceis, e, a exemplo do que ocorreu no Japão, as bicicletas passaram a ser o principal meio de transporte. Enrico Piaggio examinou as pequenas motos lançadas de paraquedas nos deslocamentos do exército italiano durante a guerra, chamadas de Aeromoto. Inspirado nelas, em 1945, ele criou a Paparino, cujo nome correspondia à versão italiana do personagem Pato Donald, dos desenhos animados. Essa primeira tentativa não deu certo. "Mesmo desligada, a moto era horrível", descreve Enrico. Mas a intenção de produzir uma moto simples e diferente continuou firme.

Em 1945, o engenheiro Corradino D'Ascanio (1891-1981), inventor do helicóptero moderno, passou a dirigir o projeto. D'Ascanio não gostava de motocicletas e defendia com veemência seu ponto de vista. Para ele, entre outros defeitos, as motos eram perigosas, desconfortáveis, expostas ao clima e havia problemas para reparar pneus furados. Com base na própria opinião, D'Ascanio trabalhou com determinação e, três meses depois, apresentou o primeiro protótipo do veículo. Diferentemente das antecessoras ortodoxas das motocicletas, baseadas na bicicleta, a ideia de Piaggio, sensacionalmente desenvolvida por D'Ascanio, era fabricar um automóvel sobre duas rodas. O resultado foi simplesmente assombroso. O veículo tinha motor horizontal dois tempos de 98 cc (de 3,3 hp a 4.600 rpm) na roda traseira, câmbio de três marchas acoplado ao motor e controlado no guidão, fuselagem em chapa, com piso e escudo na parte frontal, aros de roda aparafusados, à moda dos trens de pouso, e estepe. Maravilhado, Enrico Piaggio rodeou a

A Vespa 125 cc modelo 1949 trazia o farol sobre o para-lama dianteiro

Vespa

pequena moto e, quando ouviu o ruído do motorzinho, falou: "Parece uma vespa". A criação de D'Ascanio, uma mistura curvilínea de motocicleta, automóvel e avião, foi lançada no final do ano de 1946, em um coquetel para ricos e famosos no Golfe Clube de Roma. Um acordo com a fábrica de automóveis Lancia colocou os *scooters* nas lojas da marca em uma semana, e a produção se esgotou rapidamente. Entre os jornalistas, as opiniões se dividiram. A maioria gostou da praticidade e do ineditismo do veículo, porém alguns chamaram a atenção para o barulho, o baixo rendimento e a instabilidade causada pela distribuição de peso desigual, agravada pelas rodas pequenas, de oito polegadas. Considerados os prós e os contras, prevaleceram as vantagens – 2.181 Vespa foram vendidas em 1946, 10.535 em 1947 e quase 20 mil em 1948.

Cartão de Natal da empresa em 1956: propaganda tão eficiente quanto o produto em si

Nos anos 1950, vários aperfeiçoamentos foram feitos. A suspensão foi redesenhada, a motorização aumentou, os faróis deixaram o para-lama dianteiro para se integrar à carenagem frontal, as rodas foram reforçadas. No início dos anos 1960, a Piaggio passou a dar garantia eterna para o sistema de transmissão. Ao mesmo tempo, surgiu uma rival no segmento *scooter*, a Lambretta, que, entretanto, não teve o mesmo resultado e acabou fechando as portas no início da década de 1970.

Por intermédio da rede de lojas Sears, a Vespa desembarcou nos Estados Unidos, com o nome de Allstate. A "versão Sears" tinha motor 125 cc, era despojada de acessórios e disponível somente na cor verde. Segundo consta, a Piaggio havia adquirido um enorme lote de tinta verde-oliva do exército italiano e a utilizava com frequência na linha de montagem da Vespa. A Sears vendia também o *scooter* Cushman, equivalente americano do Aeromoto italiano, fabricado em Lincoln, Nebraska, entre 1936 e 1965. Os executivos da Sears exercitavam o patriotismo favorecendo as vendas do Cushman, pois os catálogos da loja eram um tanto confusos, levando o cliente a

Um Allstate Cushman: imitação de Vespa made in USA

pensar que comprava uma Allstate (Vespa), quando na realidade estava adquirindo um Allstate (Cushman).

Audrey Hepburn feliz e Gregory Peck apavorado enfrentam o trânsito romano de Vespa

Apesar de pequenos problemas e do protecionismo estatal, as vendas continuavam crescendo, a ponto de surgir na Itália um "Dia mundial da Vespa", no último domingo de abril, comemorado até hoje com festivais de música e um desfile pelas principais ruas de Roma. Ficou famoso o filme *A princesa e o plebeu*, de 1953, com Gregory Peck e Audrey Hepburn cruzando a capital italiana em uma charmosa Vespa. Na década de 1960, a Vespa era fabricada sob licença em vários países,

A Ducati 200 Supersport 1960 tinha válvulas no cabeçote e motor quatro tempos de alto rendimento, 18 hp a 7.800 rpm. O desenho do tanque a tornou conhecida na Europa como "gelatina"

incluindo Brasil, França, Alemanha e Inglaterra. Na terra das consagradas Triumph, BSA e Norton, celebridades como Rod Stewart e o grupo The Who driblavam o tráfego londrino pilotando simpáticas Vespa.

Reação tardia

Dos dois lados do Atlântico, a invasão das pequenas motos se fez notar. Nos Estados Unidos, a Harley-Davidson contra-atacou com o Topper, seu primeiro e único *scooter*, com motor de dois tempos de 160 cc, transmissão automática e 9 hp de potência. O veículo era avançado, mas não a ponto de disputar mercado com a Honda Super Cub ou a Allstate Vespa, e foi descontinuado em 1964. O Topper foi o primeiro produto da junção de forças entre a Harley-Davidson e a Aeronautica Macchi Spa – Aermacchi. A Aermacchi era uma fabricante de aviões de caça para a Força Aérea italiana durante a Segunda Guerra Mundial. Com a derrota, veio a diversificação compulsória da linha de produtos entre navios e motocicletas. No final da década de 1950, um acordo com a empresa americana Lockheed reativou a produção de produtos aeronáuticos, mas obrigou o desmembramento do seu ramo motociclístico. Interessada em adquirir tecnologia nas motocicletas de pequeno porte, a Harley-Davidson entrou como sócia da Aermacchi e passou a produzir a Ala Verde 250 cc para o mercado americano, com o nome de Sprint C 250 cc. A moto tinha motor quatro tempos monocilindro, que rendia 18 hp e disputava

O Harley-Davidson Tooper: apesar da alegria da moça, não decolou nas vendas

Uma Aermacchi Quimera 250, com motor de quatro tempos, potência de 16 hp e câmbio de quatro marchas. A moto era vendida nos EUA como Harley-Davidson Sprint. Com ambos os nomes, foi um fracasso de vendas

diretamente o mercado com as Honda 250 cc Hawk (CB-72) e 305 cc Super Hawk (CB-77), bem mais velozes. Para encarar de forma mais esportiva a concorrente, foi lançada a versão fora-de-estrada Sprint H, que, conforme consta no folheto de propaganda, "vai torná-lo um VIP". Deu certo. Os para-lamas arredondados e o escapamento alto deram um visual agressivo, que fez da Sprint H um sucesso de vendas.

Em 1965, com o nome de Scrambler (modalidade precursora do *motocross*), a moto foi reformulada, e o motor passou a fornecer 35 hp. A linha de pequenas e médias aumentou com a motoneta Moped 50M e as 175 cc Pace (de rua), Ranger (fora-de-estrada, sem parte elétrica) e Cat (uso misto). Mas os revendedores não estavam interessados nas motos menores, e de qualidade duvidosa, pois as peças italianas não tinham muita resistência. Para acalmá-los, a Harley-Davidson lançou a linha Electra-Glide FL, a última da geração dos cabeçotes Panhead (cujo formato lembra uma panela de cozinha), que haviam substituído os Knucklehead (que, com os enormes parafusos externos, foram apelidados de "cabeças retardadas", como o Frankenstein dos filmes de terror) e seriam sucedidos pelos Shovelhead (assim chamados pela semelhança com pás de mover carvão), mais potentes. A FL de 1965 foi também a primeira com partida elétrica e sistema de 12 volts, o que a tornou um pouco mais lenta que o padrão H-D. Entre os acessórios, um espaçoso *sidecar* construído de fibra de vidro. Apesar dos esforços, a companhia estava sufocada por despesas e, em meados da década de 1960, decidiu abrir seu capital. As exportações, antes um pilar da empresa, estavam praticamente extintas. Ingleses, alemães, italianos e japoneses ampliaram o mercado americano, mas fizeram a H-D encolher a ponto de estar próxima da falência. Quando isso parecia inevitável, em 7 de janeiro de 1969, a American Foundry & Machine Corporation (AMF) assumiu o controle acionário da Harley-Davidson.

Nada será como antes, amanhã

Painel de motos de competição da Honda na década de 1960: os chamados "anos gloriosos das Hondas multigritantes", referência aos muitos cilindros que cada máquina carregava

Quando Soichiro Honda e seus comandados desembarcaram na Europa, o que mais se viu foram cumprimentos educados e sorrisos irônicos. Ninguém os levava a sério. As aventuras no Mundial de Motovelocidade foram o prenúncio de uma nova era, muito mais dinâmica e predadora que os americanos haviam feito no início do século. Depois da estreia na ilha de Man, em 1959, a Honda passou a ser a força dominante do campeonato desde 1961, não poupando esforços para isso. Especiarias como "cinquentinhas" bicilíndricas, 125 cc com dois, quatro e cinco cilindros, 250 cc de seis cilindros e motos de 300, 350 e 500 cc saíam do departamento de competições a cada semana, e dali para a pista de testes. A competição começava dentro do Japão, com a Yamaha e a Suzuki utilizando câmbios de dez marchas para aproveitar ao máximo a agilidade dos motores de dois tempos. Fustigada, a Honda respondia com motores de quatro tempos que passavam de 20 mil rpm. Quando a corrida maluca das três megaequipes japonesas acabou, em 1969, a cronologia da década apontava nada menos que 26 títulos mundiais nas categorias de base da motovelocidade: dez para a Honda, nove para a Suzuki, seis para a Yamaha e um para a Kawasaki – este último em 1969 nas 125 cc, com o corajoso Dave Simmonds (1939-1972), morto em 1972 ao combater um incêndio no *trailer* do amigo Jack Findlay (1935-2007). Graças à engenhosidade do conde Domenico Agusta e seus comandados, a MV Agusta foi a única que conseguiu se manter na vanguarda do Mundial de Motovelocidade durante a década de 1960, mantendo uma invencibilidade que se prolongou por 17 temporadas, até ser derrotada pela Yamaha, em 1975.

A dor de cabeça vinda do Japão não se restringiu às pistas. A situação se agravou em 1969, quando os recém-lançados modelos de rua de alto desempenho chegaram às lojas, ganhando, de imediato, lugar cativo

Folheto de propaganda da Honda CB 750 Four, considerada "A moto do século"

nos corações e mentes dos motociclistas do mundo inteiro. A Honda lançou a CB 750 cc Four, com motor transversal quatro tempos e quatro cilindros, com 67 hp, e um inédito freio dianteiro a disco, considerada por muitos como "A moto do século". A Kawasaki respondeu com a tricilíndrica 500 cc Mach III H1, com motor dois tempos de três cilindros em linha, com 54 hp, capaz de atingir 180 km/h, um mito entre os fãs da marca. A Suzuki aperfeiçoou a Titan 500 cc, com a T 500 II, com motor dois tempos bicilíndrico em linha e potência de 47 hp, acabamento luxuoso e guidão alto, à moda das 650 cc inglesas. E a Yamaha atacava no vazio da faixa das 350 cc, com a YR3, bicilíndrica com motor dois tempos de 36 hp. Os lançamentos japoneses eram supermáquinas vibrantes, atraentes e desafiadoras.

Enquanto isso, no Velho Mundo, as mudanças, quando aconteciam, eram muito mais lentas. A busca por potência, para enfrentar as motos japonesas, seguiu o caminho do aumento da cilindrada, e os velhos motores bicilíndricos verticais foram ficando cada vez mais desequilibrados, com excesso de vibração e perda de durabilidade. A venerável Norton, de tantas conquistas nas pistas, subiu de 500 para 850 cc. A Triumph lançou a tricilíndrica Trident 750 cc, uma "velha escola" com inegáveis avanços técnicos. Já a centenária BSA pensou pequeno e lançou uma tricilíndrica 750 cc usando peças reaproveitadas de safras anteriores, e nem as vitórias de Jeff Smith no mundial de *motocross* garantiram boas vendas. A decadência da empresa se prolongou até a fusão com a Norton e o fechamento definitivo, em 1973. Durante a década de 1960, marcas conhecidas como Ariel, Terrot, Excelsior, Matchless, Panther, AJS, Royal Enfield, Bianchi, FN, NSU e Parilla encerraram as atividades.

Na Alemanha, a BMW conseguiu sobreviver, amparada na solidez dos seus produtos de turismo, de comprovada resistência sem qualquer manutenção além da simples troca de óleo. O lançamento da BMW série 5 com motor Boxer totalmente revisado, suspensão dianteira telescópica e partida elétrica, a meio caminho entre as Gran Turismo de estrada e as esportivas de alto rendimento, revelava o conceito da empresa. As motocicletas BMW são consideradas uma variante em duas rodas do automóvel, ou seja, bens de consumo essencialmente duráveis.

Uma BMW R50 da série 5, modelo 1970: turismo de luxo e durabilidade infinita

A Honda CB 350 Four usava motor quatro tempos de 325 cc. Sua principal característica era a suavidade na entrega da potência máxima de 36 hp a 10.500 rpm

No final dos anos 1960, o homem pisava na Lua e os Beatles revolucionavam os costumes do planeta. Cercada por automóveis e equivalentes orientais mais avançados e baratos, a indústria de motocicletas da Europa e dos Estados Unidos, para continuar vendendo, precisava ser mais abrangente. Meio de transporte ou lazer, civilidade ou competição, não bastava optar por um desses nichos do mercado – era preciso ocupar todos. Quem se saísse melhor nessa missão conseguiria chegar ao século XXI. Não havia mais cliente cativo, de elite ou desinformado. De maneira geral, a nova ordem era clara: eficiência ou morte.

A Yamaha TZ 350 de 1971 com refrigeração líquida, seis marchas e potência de mais de 60 hp. Essa moto foi do ex-campeão das 250 cc (1972) Jarno Saarinen, que morreu num acidente na pista de Monza (1974)

CAPÍTULO 15

O NOME DO PLANETA É TERRA

As provas de subida de montanha estão entre as mais tradicionais do motociclismo esportivo. Note o equipamento precário do piloto da Excelsior

Desde o início, como evolução motorizada da bicicleta, a motocicleta foi utilizada em testes e desafios de todo tipo, sobre os mais variados pisos. Estradas em boas condições sempre foram minoria no planeta, cujo piso natural é de terra. Assim, a motocicleta começou a ser utilizada como transporte individual. Era preciso atravessar estradas em péssimas condições, fazendo o que fosse necessário para chegar ao destino. O propósito das competições é mostrar a capacidade e a resistência da moto em todas as condições de uso, ou seja, quanto mais precária a situação, mais importante se torna o resultado. Daí as subidas de montanha, as provas de longa duração, sobre o gelo, areia ou outra superfície considerada difícil. Esse tipo de prova começou em 1906, quando a Auto Cycle Union, da Grã-Bretanha, passou a incluir motocicletas nos seus testes de resistência, denominados *trials*, realizados nos subúrbios de Londres. As provas da ACU foram o embrião das corridas de estrada da ilha de Man, dos Six Days Trials/Enduro, e do Motorcycle *Trials*, também chamado de Observed Trials e Mototrials, considerado a mais refinada competição do motociclismo esportivo.

O japonês Takahisa Fujinami, piloto oficial Montesa HRC, escala um paredão com muito equilíbrio e precisão absoluta

No *trial*, não é a velocidade que importa, mas a habilidade e a agilidade do piloto ao transpor certo número de seções, com obstáculos muito difíceis, sem tocar os pés no chão. As provas podem ser realizadas ao ar livre, com obstáculos naturais, ou em estádios *(indoor trials)*, com obstáculos artificiais. O formato da prova é simples. As seções, em número máximo de 15, são demarcadas com bandeiras, fitas ou marcas, e possuem um juiz que observa a passagem dos pilotos, que se apresentam individualmente. O objetivo é atravessar a seção sem colocar os pés no chão. Cada toque do pé é penalizado com um ponto, até um máximo de três. Se o piloto continuar pisando no chão, desistir da seção ou sofrer uma queda, sofrerá a penalização máxima de cinco pontos. Se ele conseguir superar a seção sem toques, receberá zero penalidade. Vence a competição o piloto que tiver o menor número de penalizações no final da prova. Os pilotos não podem treinar no circuito, sendo permitida a avaliação de cada seção em uma caminhada. Cada piloto possui um técnico (*minder*), que o orienta verbalmente na rota a percorrer, mas não pode ajudá-lo diretamente. As motocicletas de *trial* são extremamente leves, pequenas e ágeis, e não possuem banco, pois a pilotagem correta exige que o piloto fique em pé sobre as pedaleiras.

Laia Sanz, da Espanha, campeã mundial feminina, demonstra a técnica do *trial*. Segundo ela, a autoconfiança é o principal fundamento da modalidade

Apesar de as origens remontarem ao início do século XX, o *trial* como competição internacional (campeonato europeu) começou em 1967-1968 e foi incorporado ao calendário da Federação Internacional de Motociclismo em 1975. O *Trial Indoor* começou a ser disputado em 1993 e antecede o campeonato do *trial* tradicional. Uma categoria feminina foi incluída no calendário do mundial de *trial* a partir de 2000. A exemplo do que acontece em outras modalidades de motociclismo, o *trial* realiza anualmente (desde 1984) uma competição por equipes, o *Trial* das Nações. As motocicletas fabricadas na Espanha, como Bultaco, Gas Gas e Montesa (adquirida pela Honda em 1982) são as maiores vencedoras do mundial, assim como os pilotos espanhóis, que ganharam 12 dos 33 campeonatos disputados até 2009.

Modelos para fora-da-estrada das marcas Hodaka (japonesa) e Alouette (canadense)

Motocross

A primeira curva de uma corrida de *motocross*: risco para pilotos e fotógrafos

Apesar do inegável progresso do *trial* e do enduro como modalidades do motociclismo fora-de-estrada, o esporte em piso de terra que tem melhor estrutura e que mais atrai o público é o *motocross*. Em linhas gerais, as origens do esporte são as descritas anteriormente. O *motocross* é uma competição em pistas de terra cuja extensão varia entre um quilômetro e meio e cinco quilômetros, e largura em torno de dez metros, aproveitando a topografia natural do terreno. Os saltos, subidas e descidas podem ser naturais ou artificiais, e os pilotos competem em corridas por tempo ou por determinado número de voltas. A média de velocidade é baixa, em torno de 50 km/h, mas uma moto especial de *motocross* possui uma aceleração brutal e, dependendo do ajuste, pode atingir velocidades em torno de 150 km/h.

São intermináveis as discussões sobre quem sediou a primeira corrida desse esporte, batizado de *motocross* pelos franceses, significando "*cross-country* motorcycling", algo como "atravessar o campo de motocicleta". A França reivindica a criação do esporte, na década de 1920, por carteiros que não devolviam suas motocicletas depois do trabalho, mas não há comprovação desse curioso fato. Como era de se esperar, os americanos têm sua própria versão da criação do *motocross*, por pilotos banidos das pistas de madeira. Os russos também se consideram os inventores das corridas fora-de-estrada ("corta-mato", em português lusitano). Dizem eles que a primeira corrida aconteceu em 8 de novembro de 1898, em um percurso de ida e volta entre as estações de trem de Alexandrovskaya e Strelna. Em 1899, foi disputado um desafio entre carros e motos, de Moscou, a capital, até a cidade de São Petersburgo. O vencedor foi um motociclista, que cobriu a distância de cerca de 700 quilômetros em 26 horas, contra 42 horas do automobilista que chegou na segunda posição. As corridas se tornaram eventos frequentes na Rússia pré-revolução, e em 1917 existiam 20 clubes motorizados (incluindo carros e motos) em funcionamento. Entre os inscritos havia muitas mulheres.

Ingleses, franceses e russos disputam a paternidade das corridas de *motocross*

O esquadrão russo de *motocross* era patrocinado pelo governo soviético e ganhou dois títulos mundiais das 250 cc, em 1977 e 1978, com Guennadi Moiseev

É fato que os camaradas russos apreciavam o motociclismo esportivo e que, a partir de 1928, um campeonato nacional passou a atrair as atenções da população jovem e teria o total apoio do governo soviético. Mas isso aconteceu quatro anos depois do dia 29 de março de 1924, data daquela que é considerada a primeira corrida de *motocross* de todos os tempos. A ideia era fazer uma versão atenuada do International Six Days Trials. Os competidores estavam autorizados a colocar os pés no chão e fazer o que quisessem para chegar na primeira posição, em um evento de velocidade pura que duraria no máximo duas horas e meia. Como não havia precedente para o tipo de competição pretendido, o Camberley Club, organizador da prova, teve dificuldades para obter a aprovação da austera Auto Cycle Union. Não havia nome para a modalidade, e, quando isso se tornou necessário, foi sugerido Scramble, que quer dizer "avanço sobre terreno difícil". Bem apropriado!

Capa de revista automotiva dos anos 1930: na garupa ou no *sidecar*, passageiro de motocicleta sempre sofre

Aquele remoto sábado no sonolento subúrbio londrino de Camberley seria bem diferente. A pista foi montada no Camberley Heath, um brejo eventualmente utilizado para exercícios da cavalaria real ou manobras de tanques. Não se sabe exatamente todos os nomes de motos e pilotos que competiram ou o público presente, mas o favorito era George Dance, com sua Sunbeam 500 cc de 3,5 hp. Tímido, *boa pinta* e especialista em piso de terra, Dance enfrentaria Gus Kuhn (1898-1966), destemido craque da Velocette, e Frank Dean, da Rudge, que levou para Camberley um protótipo 350 cc de quatro marchas. Menos cotado, havia também o piloto local Arthur Sparks, que tinha lutado na Primeira Guerra Mundial com uma Scott 450 cc dois tempos bicilíndrica com metralhadora no *sidecar*. Essa afinidade com as dois tempos, somada ao conhecimento do terreno, dariam uma grande vantagem para Sparks e sua Scott. Os equipamentos de segurança eram mínimos: capacetes de couro e roupas comuns. A corrida foi disputada em duas voltas de cerca de 40 quilômetros, e o circuito continha obstáculos como subidas, descidas, passagens pelo brejo e em poças de água. Os pilotos largavam de minuto em minuto, obedecendo a uma ordem preestabelecida. Dos 89 inscritos, nove não se alinharam para a largada. O primeiro morro já derrotou dezenas, mas, segundo o jornal *The Motor Cycle*, George Dance o escalou em grande estilo – com a roda dianteira levantada algumas polegadas no ar. Os outros ases da corrida se livraram do primeiro morro e encararam os seguintes, com os sugestivos nomes de Kilimanjaro e Devil's Drop (Descida do Diabo). Mesmo com muitos acidentes, ninguém se machucou gravemente, e metade dos 80 competidores completou a corrida. Sparks venceu, com o tempo total de duas horas, um minuto e 51 segundos, nove minutos à frente de George Dance e 11 de Frank Dean, o terceiro colocado. Arthur Sparks recebeu o troféu das mãos da senhora Spencer, esposa do organizador, que se tornou assim a primeira trophy girl (garota que entrega o troféu) da história. Entre os premiados, o piloto W. Julian, que ganhou uma garrafa de cola pelo maior número de tombos, e Gus Kuhn, que, não se sabe bem por quê, ganhou o troféu de "Melhor Espírito". A corrida foi um sucesso e serviu de exemplo para muitas outras. Os circuitos diminuíram, os obstáculos aumentaram, com a inclusão dos saltos, e, numa concessão aos franceses, o nome mudou para *motocross*. As corridas eram pouco mais que uma diversão sem compromisso quando, na década de 1940, os belgas adotaram o esporte como paixão nacional, e desde então esse pequeno reino (monarquia constitucional) do noroeste da Europa é considerado o "país do *motocross*".

A Subida do Castelo na pista da Cidadela de Namur, uma antiga fortificação dos tempos de Império Romano. Esse circuito é considerado o "Mônaco do *Motocross*"

Depois da Segunda Guerra Mundial, com a volta das competições, o *motocross* retomou sua trajetória ascendente. Em 26 de julho de 1947, a Holanda sediou a primeira competição internacional, chamada de *Motocross* das Nações, com pilotos da Inglaterra e da Bélgica. A vitória foi inglesa, com o trio Nicholson, Ray e Rist. Na época, os concorrentes eram obrigados a usar motos nacionais, daí a vantagem dos ingleses, que dominaram os primeiros anos do *Motocross* das

Uma belíssima BSA Clipper de 1954, com motor 500 cc de quatro tempos e potência de 28 hp. A moto tinha várias peças em alumínio e amortecedor de direção

A equipe oficial de *motocross* da American Honda em 1984 era um verdadeiro "*dream team*": Danny "Magoo" Chandler (18), David Bailey (1), Bob "Hurricane" Hannah (6), Johnny "O'Show" O'Mara (1) e Ron Lechien (7)

Nações, com as potentes Norton, BSA, AJS e Matchless se impondo sobre as fracas FN belgas, CZ tchecas e Husqvarna e Monark suecas. Em 1952, a Federação Internacional sancionou um campeonato europeu na categoria 500 cc que se tornaria mundial em 1957. A categoria 250 cc ganharia status de mundial em 1962, e a 125 cc em 1977.

Em 1970, a Associação Americana de Motociclistas (AMA), fundada em 1924, finalmente se filiou à Federação Internacional, abrindo as portas do país para as competições mundiais de maneira geral. A adesão da AMA às competições de padrão internacional deu um impulso ímpar ao fora-de-estrada, e os fabricantes japoneses apresentaram suas armas na briga pela supremacia do segmento.

A batalha fora da estrada

Pilotos de várias nacionalidades enfrentavam-se no campeonato mundial de *motocross* dos anos 1950

Durante os anos 1960, incontáveis motociclistas norte-americanos encontravam no deserto um lugar para explorar e se divertir

O *motocross*, o enduro e o *trial* já existiam havia décadas, mas, salvo os pequenos fabricantes europeus, como Greeves, Montesa, Bultaco e Husqvarna, não existia um mercado organizado para essas modalidades esportivas. Ou as motos eram específicas para competições, caras e sem condições de trafegar pelas ruas, ou eram adaptações de motos de passeio, que levavam o nome de Scrambler ou *Trail*. Essas versões tinham motores de dois tempos, para-lamas e escapes altos e pneus com cravos, chamados biscoito, mas, apesar do visual esportivo, tinham pouca efetividade em condições extremas. Faltava uma moto que fosse versátil o suficiente para servir de meio de transporte durante a semana e sair da estrada nos momentos de folga. Os executivos americanos da Yamaha identificaram esse vazio e consideraram o fato de que a empresa era especialista em motocicletas leves com motores dois tempos, a nova tendência no mundo do motociclismo. Sucessoras aperfeiçoadas das lentas e beberronas motos europeias, as 250 cc japonesas, com algum preparo técnico, estariam capacitadas para encarar a mania americana dos anos 1960, as corridas no deserto (*desert races*).

Nos Estados Unidos, as corridas pelos desertos da Califórnia eram a aventura do momento: homem e máquina atravessando lugares inóspitos, imensidões de areia e cactos, com nomes sugestivos como Vale da Morte. Cada prova reunia centenas de motociclistas, a maioria competindo com motos inglesas, especialmente BSA e Triumph. Corridas tipo maratona, como a Baja 1.000 (1.600 quilômetros) e a de Barstow, Califórnia, até Las Vegas, Nevada (400 quilômetros), exigiam concentração, preparo físico e um equipamento resistente.

A ideia agradou a matriz, e no segundo semestre de 1966 o primeiro protótipo desembarcou em solo americano, onde participou de exaustivos testes no deserto de Mojave, que ocupa parte da Califórnia, Utah, Nevada e Arizona. Se a Yamaha 250 cc DT1 funcionasse a contento naquele ambiente, poderia ir a qualquer lugar. Um ano mais tarde, a versão definitiva da DT1 entrou em produção e foi apresentada ao mundo durante o Tóquio Motor Show, em outubro de 1967. Projetada segundo as diretrizes da subsidiária nos Estados Unidos, ela se tornou a moto mais marcante da história da empresa, rivalizando em importância com a Honda Super Cub do início da década.

O ator John Wayne, devidamente vestido de *cowboy*, coloca em funcionamento uma Honda SL 350 modelo 1971

A oportunidade do lançamento do novo produto não poderia ter sido melhor. Como as corridas no deserto haviam indicado, na virada dos anos 1970, os americanos estavam interessados em atividades ao ar livre, em conhecer as belezas do país. *Trailers*, barracas de *camping* e varas de pescar eram vendidos aos milhares. E a Yamaha 250 DT1 passou a ser um símbolo de liberdade, um produto perfeito para "abrir seu próprio caminho". Ao contrário do que ocorria nas conterrâneas japonesas, o compromisso maior era com o fora-de-estrada. Sobre o piso de asfalto, ela se comportava razoavelmente bem, mas não era páreo para as bicilíndricas com partida elétrica, muito mais confortáveis. As importadas de competição continuavam sendo mais adequadas aos rigores do fora-de-estrada sério, organizado. Mas com a DT1 você podia ir às corridas todos os domingos, remover rapidamente a parte elétrica, passar o dia competindo, recolocar tudo no lugar, pilotá-la de volta para casa e trabalhar no dia seguinte. Além disso, a lubrificação do motor era feita de forma separada do tanque de combustível, por meio de uma bomba que variava a mistura de óleo e combustível de acordo com as rotações do motor (sistema autolube, patenteado pela Yamaha). Essa novidade eliminou um dos maiores problemas dos motores dois tempos, pois até então a mistura óleo/combustível era feita manualmente pelo proprietário, e um erro poderia travar o motor.

É certo que muitos motociclistas adquiriram a DT1 por uma questão de modismo e quase nunca se aventuravam em piso de terra. Esse comportamento impulsionou ainda mais as vendas e deu origem a uma linha completa de produtos em 1969, começando pela 125 cc AT1, também chamada de Single Enduro, passando pela 175 cc CT1 e pela segunda versão da DT1, a DT1B. Dentro ou fora da estrada, a Yamaha havia mudado a face do motociclismo para sempre.

A Yamaha 250 DT1 inaugurou um novo segmento de motociclismo e foi a moto mais importante da história da empresa

John Penton e Edison Dye

Edison Dye posa em frente a um pelotão de motos Husqvarna, sua parceira comercial nos EUA

Os avanços tecnológicos e a boa conjuntura econômica do final do século XX abriram os caminhos do fora-de-estrada nos Estados Unidos, maior mercado do mundo para as motocicletas como instrumentos de lazer. Entre os entusiastas americanos que ajudaram o segmento a se fortalecer, dois nomes se sobressaem: Edison Dye (1918-2007) e John Penton (1925-).

Capa do livro *John Penton and the Off-Road Motorcycle Revolution*, que conta a história do grande piloto norte-americano

Mario Edison Dye nasceu em Oskaloosa, Iowa, em 10 de maio de 1918, filho de um professor e de uma telefonista. Especializado em engenharia aeronáutica, durante a Segunda Guerra Mundial, Dye inventou peças para tanques e aviões. Quando o conflito terminou, ele montou uma empresa de turismo motociclístico na Europa, com roteiros para a ilha de Man e outros pontos de interesse para motociclistas americanos na Europa. Durante as viagens, ele acompanhou provas de *motocross* e decidiu importar motos de competição para os Estados Unidos. Com esse objetivo, no final do ano de 1963, ele negociou um acordo com a Husqvarna, que lhe forneceria quantas motos ele colocasse no mercado americano. A primeira remessa foi de nove motocicletas. De volta ao seu país, Dye entrou em contato com Malcolm Smith, um jovem piloto de grande talento, e pediu para que ele testasse as motos. Smith competia com uma Greeves, mas se encantou com a Husqvarna e assinou contrato para pilotar as

Trio marcante no motociclismo esportivo mundial: Malcolm Smith, Torsten Hallman e Edison Dye

motos suecas de Dye. Com as vitórias de Smith, o negócio progrediu rapidamente. No primeiro ano, cem vendas, no segundo 500, e mil no terceiro.

Vivendo constantemente na Europa, Dye ficou amigo de Torsten Hallman (1940-), o tricampeão mundial das 500 cc. Depois do encerramento da temporada 1966, Hallman desembarcou nos Estados Unidos para uma série de apresentações. Contra os pilotos locais, Hallman venceu com folga as oito corridas. No ano seguinte, ele voltou, dessa vez acompanhado de outros craques do *motocross*, como os belgas Roger de Coster (1944-) e Joel Robert (1943-), o sueco Ake Johnson e o inglês Dave Bickers. O sucesso do grupo levou Dye a criar um campeonato à parte, o Inter-Am *Motocross* Series, que mais tarde ganhou o nome de Trans-AMA. O sucesso foi imediato. Além de vender dez mil motos por ano, Dye passou a faturar também com a estrutura e a bilheteria das corridas. No final dos anos 1960, Dye começou a importar equipamentos de proteção, aumentando os lucros. Em pouco tempo, o crescimento do esporte levou os fabricantes japoneses a ampliarem sua área de atuação para o *motocross* americano, com motocicletas marcantes como a linha CR Elsinore (Honda), TM/RM (Suzuki), MX/YZ (Yamaha) e KX (Kawasaki), derivadas diretamente dos protótipos que competiam no campeonato mundial. A própria Husqvarna apostou no cross americano,

A rara, leve e cara Husqvarna 400 Titanium de 1971

com a exótica (e caríssima) 400 cc com chassi, mesas, guidão e eixos de titânio, uma moto que pesava apenas 85 quilos e, pilotada pelo sueco Lars Larsson (1941-), venceu todas as etapas da Inter-Am, em 1971, antes de ser banida das competições para conter o aumento dos custos.

A Associação Americana de Motociclistas (AMA), notando a prosperidade gerada pelo crescimento do *motocross*, pressionou Dye para assumir o controle das competições, dividindo as receitas. As coisas foram razoavelmente bem até a etapa de Saint Louis, Missouri, em 1974. Edison Dye gostava de ir às pistas em impecáveis ternos, cercado por mulheres bonitas. Como o domingo amanhecera chuvoso, Dye, com medo de perder dinheiro, sujar o terno ou os dois, cancelou a corrida, não pagou o prêmio de largada dos pilotos nacionais e estrangeiros envolvidos, não devolveu o dinheiro dos ingressos e foi para casa. Era o pretexto que a AMA esperava para excluí-lo do comando do *motocross* americano. Dye foi suspenso pela associação, que dali por diante assumiu definitivamente o controle das corridas de *motocross*. Só para se ter uma ideia do avanço do *motocross*, em 1965 a AMA organizou 156 provas de *dirt track* e apenas 15 de *motocross*. Dez anos mais tarde, em 1975, as provas de *dirt track* aumentaram para 660, e as corridas de *motocross* foram mais de 1.500, ou seja, graças a Edison Dye e seus pilotos, o esporte cresceu cem vezes mais que o tradicional *dirt track*.

Torsten posa, no estilo paz e amor, com sua Yamaha YZ 250 cc de 1971, moto que marcou os primeiros pontos da Yamaha no mundial de *motocross*

Depois de se aposentar, com quatro títulos mundiais na categoria 250 cc (1962, 1963, 1966 e 1967), sempre de Husqvarna, Torsten Hallman abriu uma escola de pilotagem na Califórnia, junto com Malcolm Smith, ajudou a Yamaha a desenvolver a linha YZ *motocross* e fundou a Thor (Torsten Hallman Off Road), uma das maiores empresas de equipamentos para *motocross* do mundo.

Se Edison Dye enxergou o *motocross* como um negócio a ser empresariado, o segundo personagem decisivo para o motociclismo fora-de-estrada era piloto, e dos bons. John Penton foi criado na fazenda da família, em Amherst, Ohio. Ele e os irmãos dividiam uma velha Harley-Davidson 1914 em disputas contra o relógio nas terras da fazenda. As disputas foram interrompidas pela guerra, em que John serviu na marinha americana. O desejo de ter a própria motocicleta foi satisfeito em 1947, quando ele comprou uma Harley-Davidson 1000 Knuckle Head. Com essa moto, John se inscreveu para competir no Jack Pine Enduro de 1948, uma prova famosa pelo grau de dificuldade e pelas 500 milhas (800 quilômetros) de percurso. A moto era pesada demais e John não teve chances, abandonando a competição, vencida por Aub LeBard, com uma BSA. Impressionado, Penton comprou uma BSA 500 cc modelo B-33 e voltou a competir no Jack Pine no ano seguinte, 1949, quando terminou a prova em segundo lugar, derrotado pelo vencedor, o piloto local Bert Cummings, por apenas um ponto. Desde aquele dia, John resolveu desenvolver uma moto de enduro cada vez melhor. Em 1950, aproveitando um local que havia sido um galinheiro, os irmãos Penton abriram uma revenda multimarcas em Amherst. O lugar virou o centro das atenções dos motociclistas locais e os negócios prosperaram. Em 1958, aos 33 anos, John Penton perdeu a esposa e ficou muito abalado. Ele resolveu pegar a estrada para superar a depressão; deixou os três filhos com os irmãos e realizou uma aventura espetacular. John Penton viajou quase mil quilômetros com uma NSU 175 cc, desde Amherst até Atlanta, Geórgia, onde venceu o Stone Mountain Enduro. Seguiu dali para a Flórida (700 quilômetros), venceu o Alligator Enduro com a mesma moto, com a qual venceria ainda o Jack Pine Enduro. Não satisfeito, no final do ano, ele montou na sua BMW e seguiu viagem por mais de 19 mil quilômetros pelos Estados Unidos, até o México. Ao chegar ao México, John resolveu voltar para Ohio sem escalas, e gostou da sensação de pilotar horas a fio por estradas desertas. Além das vitórias nos enduros pelo país afora, em 8 de junho de 1959, Penton escreveu seu nome na história, ao completar, numa BMW R69S, uma maratona de 52 horas e 11 minutos de Nova York até Los Angeles, recorde de travessia transcontinental que duraria dez anos. Em 1960, John Penton recebeu o troféu de piloto mais popular do país.

John Penton com a BMW R 69S recordista da travessia de Nova York a Los Angeles

No final da década, depois de muitos títulos conquistados, a carreira do talentoso piloto de Ohio estava no fim. No final de 1967, John Penton estava na Polônia, competindo nos Six Days Enduro, e foi convidado pela Husqvarna para ser distribuidor das motos suecas na costa leste dos Estados Unidos (a costa oeste era exclusiva de Edison Dye). Antes de decidir, ele resolveu visitar a fábrica da KTM, na cidade de Mattighofen, na Áustria. A empresa de Hans Trunkenpolz (?-1989), o "T" da KTM, começou a produzir em 1953 e, em 1955, após a admissão de Ernst Kronreif como sócio, passou a chamar-se KTM (Kronreif, Trunkenpolz, Mattighofen). John conhecia a marca pela participação nos Six Days Enduro e, apesar de a linha de produtos se resumir a pequenas motos e bicicletas, ele resolveu apostar na KTM como parceira de negócios nos Estados Unidos. John queria produzir uma moto de enduro pequena, leve e ágil, que levaria seu nome. Da mesma forma que os engenheiros da Husqvarna, Hans Trunkenpolz havia recebido a proposta com ceticismo, mas os 6 mil dólares de adiantamento fizeram a diferença e ele aceitou construir os protótipos segundo as especificações solicitadas. Diz a lenda que John partiu de chassis de ciclomotores, acrescentando rodas, suspensão e controles de alta qualidade. No primeiro semestre de 1968, John recebeu seis motocicletas Penton, de 100 cc e 125 cc, que imediatamente colocou na pista e cedeu a outros pilotos de destaque. A moto era versátil, resistente e, sobretudo, barata. Os primeiros modelos de 100 cc (chamados Berkshire) e 125 cc (chamados Six Days) tinham motor alemão da Sachs e um enorme cabeçote cheio de aletas para refrigeração, que logo se tornou conhecido como "porco-espinho". Mais de 400 unidades foram vendidas no primeiro ano. John e os três filhos competiam todos os fins de semana. Eles compraram furgões usados dos correios e os pintaram de verde-musgo e branco, cores oficiais da "equipe de fábrica". Em setembro de 1968, John patrocinou uma equipe na 43ª edição dos Six Days, em San Pellegrino, Itália. Os bons resultados divulgavam a marca, e novos lançamentos apareceram, como a 175 cc Jackpiner (com chassi de cromo-molibdênio), a 250 cc Hare Scrambler e a 400 cc Mint. O jornal especializado Cycle News chamou as motocicletas Penton de "motos conversíveis", pois podiam ser facilmente adaptadas para pilotagem em enduro, *motocross* ou fora-de-estrada descompromissado.

O empresário Hans Trukenpolz não abria mão do terno nem para andar de moto...

As vendas iam bem, mas as relações de John Penton com Hans Trunkenpolz estavam estremecidas. Não havia contrato, e o austríaco não parecia disposto a aceitar como definitivos os apertos de mão de 1968. Em 1972, as Penton que desembarcaram na América tinham o logotipo da KTM estampado nas carcaças do motor, contrariando o acordo original, o que irritou profundamente John Penton. A KTM era uma empresa em progressão, e, quando o governo russo adotou a marca como equipamento oficial da sua equipe de *motocross*, capitaneada pelo tricampeão mundial das 250 cc Guenady Moiseev (1958-), os executivos austríacos decidiram que era hora de atuar diretamente também nos Estados Unidos.

Em 1974, a primeira crise do petróleo afetou as vendas, e três anos depois a KTM comprou a distribuidora Penton, passando a negociar seus produtos nos Estados Unidos em nome próprio. Durante dez anos de atividade no país, John havia vendido nada menos que 30 mil unidades da motocicleta Penton, elevando o nível das competições fora-de-estrada. Nos Six Days, concorrentes americanos com motos Penton ganharam 44 medalhas

Penton Six Days modelo 1970 zero-quilômetro: uma moto que vale dezenas de milhares de dólares

de ouro, 17 de prata e 18 de bronze. As inovações de John Penton incluem os equipamentos Hi Point, desenvolvidos junto com a Alpinestars, que na época fabricava botas para esqui na neve. O principal piloto de testes da Hi Point era o americano Bob Hannah (1956-), multicampeão nacional de *motocross*.

Com mais de 80 anos de idade, John Penton continua ativo e andando de motocicleta, apesar dos tombos do passado. Ele tem peças de titânio nos dois joelhos e uma vértebra artificial. Para os inúmeros amigos e admiradores, ele é um exemplo de motociclista completo. "Eu nunca quis uma vida comum, mais ou menos. Parece que consegui." Em 7 de março de 2008, durante a festa do 40° aniversário de fundação da Penton, os três primeiros modelos da 125 cc Six Days (numeração de chassi V001, V002 e V003) foram expostos, em perfeitas condições de uso. Por seu valor histórico, cada moto está avaliada em cerca de 50 mil dólares.

Joseph "Joe" Montgomery criou a Cannondale 450 em 2002, inspirada em Penton e Dye. Assim como os projetos anteriores, a experiência não deu certo, mas aumentou o interesse dos norte-americanos no fora-da-estrada

A Harley-Davidson reage

O norte-americano Evel Knievel, com visual meio Elvis Presley, meio capitão América, foi o precursor dos pilotos de *motocross* estilo livre (*freestyle motocross*)

Edison Dye e John Penton representaram a indústria europeia no combate à invasão japonesa no mercado motociclístico mundial, tendo como campo de batalha o precioso solo dos Estados Unidos. As (poucas) fabricantes genuinamente americanas tentaram entrar nessa batalha, mas apenas a Harley-Davidson possuía estrutura para fabricar uma moto versátil que fosse minimamente competitiva contra a Honda, Yamaha, Suzuki e Kawasaki. Com o investimento da AMF e a parceria técnica da Aermacchi, em 1970 a Harley-Davidson lançou a Baja SR 100, que permaneceu praticamente inalterada por cinco anos na linha de produção, o mesmo acontecendo com os demais modelos com motores dois tempos: TX (*trail*) e SS (estradeira) 125 cc, SX (*trail*) e SST (estradeira) 250 cc, SX (*trail*) e Sprint (estradeira) 350 cc. A aliança com os italianos rendeu bons resultados nas pistas. A RR 250 cc ganhou três campeonatos mundiais (1974 e 1976, nas 250 cc, e 1977, nas 350 cc), os únicos de uma fabricante americana em qualquer categoria da motovelocidade, pelas mãos do competente Walter Villa (1943-2002). Após encerrar a carreira, Walter, conhecido como "Reverendo", fundou a fábrica de motocicletas esportivas Moto Villa, em sociedade com Francesco Villa, seu irmão.

Mas, sem dúvida, a moto *"made in USA"* mais significativa da década de 1970 foi a Harley-Davidson XR 750 cc. Ela foi planejada após a criação da categoria 750 cc Força Livre, que passou a ser a categoria principal do tradicional campeonato americano, também chamado de AMA Grand National Championship, disputado em cinco categorias, sobre piso de asfalto (*road racing*) e terra (*flat track, dirt track, TT steeplechase* – corrida com obstáculos – e *speedway*). Como a AMF não encarava as corridas como prioridade, a moto foi desenvolvida por Dick O'Brien (1921-), veterano gerente de competições, e projetada pelo engenheiro holandês Peter Zylstra (1939-), ex-piloto da Norton. O primeiro protótipo surgiu no final de 1969, baseado na Harley Sporster 750 cc. O motor bicilíndrico em V com válvulas no cabeçote produzia cerca de 60 hp, pouco para encarar as tricilíndricas inglesas, a Ducati Desmo e especialmente a Honda CB 750F. No ano de estreia, decepções semanais em qualquer piso: a moto esquentava muito e o motor não aguentava. Com

Um protótipo de motovelocidade dos anos 1970 desenvolvido pelos irmãos Walter e Francesco Villa

os problemas, Mert Lawwill (1940-), campeão em 1969 (com a velha Harley-Davidson KR 750 cc, com motor de válvulas laterais e 48 hp), acabou o ano em sexto lugar, com apenas sete vitórias em 25 provas. Em 1971, os problemas diminuíram, mas o foco da AMF/Harley-Davidson estava em diversificar, e o principal produto foi o Y398 X3, um *snowmobile*, trenó motorizado para piso de neve.

Snowmobile Harley-Davidson modelo 1971

A Harley-Davidson XR 750 foi a redenção da marca no motociclismo esportivo. Conhecida como Alloy XR, por conta do motor em alumínio fundido, a moto tem mais de 90 hp de potência. O modelo da foto é de 1980

Assim como o carrinho de golfe de 1967, as vendas do *snowmobile* não entusiasmaram, o que fez os engenheiros retornarem ao projeto XR 750 cc. Em outubro, começaram os testes da Alloy XR, com motor (cilindro e cabeçote) de alumínio (com 1% de prata), peso aproximado de 132 quilos e 90 hp. A versão de motovelocidade, com carenagem e tanque maior, pesava 145 quilos e era capaz de atingir mais de 250 km/h. Depois do sofrimento dos primeiros tempos, 1972 foi o ano da redenção, com o novato Mark Brelsford (1949-) vencendo o Grand National Championship, com três vitórias e oito pódios. A XR recuperava nas pistas de terra o que havia perdido nas corridas no asfalto. Em 1973 e 1974, a Yamaha XS 650 cc Vertical Twin deu dois campeonatos nacionais para Kenny Roberts, mas, quando ele foi para a Europa disputar o Mundial de Motovelocidade, o título voltou para a H-D, primeiramente com Gary Scott (1952-), e a seguir com o lendário Jay Springsteen (1957-), que, depois de vencer três campeonatos seguidos, perdeu o título de 1979 por problemas estomacais. Depois de um longo tratamento para superar o excesso de preocupação antes das corridas, responsável pela diarreia crônica, ele voltou a competir na década de 1990, tornando-se o terceiro maior vencedor de todos os tempos, com 43 vitórias em 25 anos de carreira, todas com motocicletas Harley-Davidson.

No geral, em 27 temporadas no circuito Grand National, as Alloy XR venceram 20 vezes, tornando-se o equivalente americano do que foi a MV Agusta no

Mundial de Motovelocidade durante os anos 1960. Além do sucesso nas pistas, a XR 750 cc se tornou famosa como meio de transporte e lazer de Evel Knievel (1938-2007), piloto especializado em saltos acrobáticos sobre carros, ônibus e outros obstáculos. Mistura de Elvis Presley e Capitão América, Evel se tornou uma celebridade, e o seu salto (fracassado) sobre o Snake River Canyon, transmitido ao vivo para o mundo inteiro, inclusive o Brasil, foi um dos 20 programas mais assistidos da rede de televisão americana ABC em todos os tempos. Apenas para esse evento, o cachê de Knievel girou entre 8 e 9 milhões de dólares. Apesar dos inúmeros tombos (433 ossos quebrados ao longo da carreira, um recorde mundial), bebedeiras e confusões, as lojas de departamento vendiam miniaturas da moto e do piloto, com filas de consumidores, especialmente crianças. O binômio Evel-Harley faturou milhões de dólares e, entre outros produtos, rendeu dois filmes (Viva Knievel! e Evel Knievel), uma montanha-russa (inaugurada em 2008 no Six Flags Magic Mountain, em Saint Louis, Missouri), estátuas de cera (no Museu Madame Tussauds, em Las Vegas, Nevada, e no Harley-Davidson Museum, em Milwaukee, Wisconsin), histórias em quadrinhos, fliperamas.

Solidez e diversificação

Lançada em 1974, a Honda GL 1000 Gold Wing foi a pioneira a usar um motor quatro tempos com cilindros horizontais opostos e refrigeração líquida

Na linha de baixa cilindrada, a Honda focava nas exportações para países em desenvolvimento, especialmente no sudeste da Ásia. Tailândia, Filipinas, Malásia, Irã e Paquistão eram o destino das pequenas quatro tempos de 90, 100 e 125 cc. Como os consumidores locais eram pouco esclarecidos e possuíam poder aquisitivo restrito, esses países serviram de laboratório para a construção de uma motocicleta que aguentasse duras condições de trabalho, com pouca ou nenhuma manutenção. O resultado foi uma motocicleta em versões de 110 e 125 cc, ambas com motor quatro tempos OHV, com válvulas no cabeçote e comando no bloco, acionado por varetas e balancins. O projeto foi apresentado no final de 1974, e, em março de 1975, começaram as vendas. A empresa contava agora com um "modelo mundial", pronto para desembarcar em qualquer país a um custo acessível e apto a superar as mais variadas condições de uso sem apresentar falhas. Em suma, era a hora de conquistar o mundo.

Ao longo da década de 1970, a briga entre Estados Unidos, Europa e Japão abrangeu todos os segmentos do motociclismo, e o maior beneficiado foi o consumidor. Ao som da então na moda *disco music*, motos revolucionárias foram lançadas nessa época. Para enfrentar as potentíssimas Kawasaki 900 Z1, a Honda refinou a CB 750F, oferecendo versões menores do motor de quatro cilindros, com 550, 500, 450, 400 e 350 cc, além da estradeira GL 1000 Gold Wing, lançada no Salão de Colônia (Alemanha), no final de 1974. Com 292 quilos, a moto era pesada, e os 80 hp a 7.000 rpm eram insuficientes para fazê-la andar na frente da concorrência. Mas como o iene estava barato, a moto custava 2.800 dólares. As 5 mil unidades vendidas

A Honda V 65 Sabre tinha motor quatro tempos 1100 cc com refrigeração líquida, potência de 102 hp, suspensão dianteira regulável e monochoque na traseira. A moto alcançava 232 km/h

no primeiro ano subiram para 20 mil em 1976, e as vendas foram progredindo geometricamente. A Gold Wing era o equivalente em duas rodas dos carrões americanos e, com um preço acessível, encontrou público certo.

Depois de ingressar no segmento nobre dos motores quatro tempos com a XS1 650 cc, a Yamaha aproveitou sua ampla experiência com os motores dois tempos nas pistas do Mundial de Motovelocidade e, para compensar o avanço de Suzuki e da Kawasaki nesse setor, lançou a linha RD (de *race developed*, algo como "desenvolvida em corridas"), sucessora das DS (250 cc) e YR (350 cc). Os modelos de 125, 200, 250 e 350 cc tinham, entre outras novidades, o sistema de admissão por válvula de palhetas, patenteado como Torque Induction, que melhorava o fluxo da mistura ar/combustível do carburador para o cárter, aumentando a potência nas baixas rotações. O sucesso foi imediato, e diversos aperfeiçoamentos foram introduzidos entre 1972 e 1977. A carreira das motocicletas de rua com motores dois tempos nos Estados Unidos, porém, encerrou-se pouco depois, quando uma nova legislação ambiental foi aprovada pelos congressistas em Washington. Mesmo sem considerar a fumaça e o barulho, as motos de rua com motores dois tempos eram brutais e perigosas nos anos 1970. Além disso, os modelos menores eram a diversão preferida dos

A Honda GL 1800 Gold Wing 2009 vem com GPS e, entre outros acessórios, um radiotransmissor com 170 canais de música, esportes, comédias e outros, sem comerciais (só para os EUA)

adolescentes americanos, que, a partir de 16 anos, podiam pilotar motos, motonetas e ciclomotores com até 250 cc. Previsíveis abusos, somados ao alto rendimento das motocicletas, causaram muitos acidentes e mortes, e a legislação foi revogada em 1982. A partir dos 17 anos, os jovens poderiam pilotar motos de 125 cc, com placas de aprendizado. Com isso, a Yamaha se viu obrigada a buscar novas soluções, novos mercados ou os dois.

Dilema idêntico enfrentava a Suzuki, que não poderia

O cerco aos motores dois tempos: restrições na lei ambiental e para jovens motociclistas sinalizaram a necessidade de uma mudança de rumo

mais voar baixo nas *freeways* com as GT 380, 500 e 750 cc. No afã de reconquistar clientes, a empresa enfrentou uma malograda experiência, a Suzuki RE 5, com motor rotativo de 497 cc refrigerado a água, potência de 62 hp a 6.500 rpm e torque de 7,6 kgfm a 3.500 rpm. Esse tipo de motor, baseado no conceito do engenheiro Felix Wankel (1902-1988), cuja patente foi registrada pela NSU alemã, foge aos padrões técnicos tradicionais, pois não possui virabrequim, válvulas ou peças se movendo para cima e para baixo, como no tradicional motor a combustão. Um triângulo giratório realiza as funções de admissão, compressão, explosão e exaustão. A Suzuki foi o único fabricante de motocicletas a lançar um modelo com esse tipo de motor para produção em massa, mas o resultado não foi o esperado: a moto bebia muito combustível, e o motor esquentava demais. Em suma, milhões de dólares jogados fora.

A Suzuki RE 5 foi uma tentativa ousada que não deu certo. O desenvolvimento dessa moto consumiu consideráveis quantidades de tempo e dinheiro

Mais precavida, a Kawasaki vinha trabalhando em motores quatro tempos de rua desde o início dos anos 1970, com a linha Z, com duplo comando de válvulas no cabeçote, gerando 82 hp a 8.500 rpm na versão 900 cc (Z1) e 69 hp a 9.000 rpm na versão 750 cc (Z2). A Kawasaki Z1 900 cc era chamada de "The King" e custava 1.900 dólares, uma pechincha, se comparada à Honda CB 750 cc, cujo preço original de 1.450 dólares era inflado pelas revendedoras para

A Kawasaki KZ 900 Z 1: 230 quilos, 82 hp e mais de 200 km/h!

cerca de 1.800. Os modelos da linha Z, embora não muito afinados em termos de freios e chassis, fizeram grande sucesso e permaneceram em evidência até o final da década, apesar da evolução das motocicletas europeias.

A BMW R 90 S, considerada "a *superbike* mais *sexy* da Alemanha". Cada moto tinha uma tonalidade diferente, pintada à mão

Do outro lado do Atlântico, o esforço para se manter na briga pelos corações e mentes dos consumidores americanos foi notável. A cinquentona BMW aperfeiçoou seus modelos das séries 6 e 7 e deu um gigantesco passo com a R 90 S, mistura elegante de moto esportiva e estradeira. Com uma pintura customizada, cada unidade era pintada à mão. O modelo tinha motor Boxer de 898 cc, com 67 hp a 7.000 rpm, capaz de atingir 201 km/h. A imprensa referia-se à moto como "a *superbike* mais *sexy* da Alemanha". Na verdade, a R 90 S não era a mais potente, porém tinha um visual marcante das *Cafe Racers* (estilo criado pelos ingleses, que disputavam quem chegava primeiro nos percursos urbanos, de bar em bar) e podia enfrentar a Kawasaki Z1 nas retomadas de velocidade. A suspensão era excelente, e a moto era muito confortável, mas o que espantava era o preço, 3.400 dólares, quase o dobro das motos japonesas da mesma faixa de cilindrada.

Na Itália, os modelos esportivos proliferavam. Em 1974, a Ducati lançou a SS 750 cc, com motor bicilíndrico em V de 65 hp a 8.800 rpm, mais uma motocicleta com o sistema de comando de válvulas desmodrômico do renomado engenheiro Taglioni. A MV Agusta apresentou a 750 cc Sport America, que na realidade era uma 790 cc com quatro cilindros em linha, gerando 76 hp a 8.500 rpm, com o apelo da marca 37 vezes campeã mundial de motovelocidade. Também digno de nota é o surgimento da Bimota (cujo

Folheto de propaganda da Laverda 750 SF, uma bicilíndrica com potência de 30 hp e velocidade máxima de 195 km/h

nome é uma junção de sílabas do trio de fundadores: Signor Blanchi, Giuseppe Morri e Massimo Tamburini), especializada em fabricar chassis de alta tecnologia para motos europeias e japonesas. A Laverda e a Moto Guzzi também desenvolveram modelos de rua baseados em motos de corrida, no estilo *Cafe Racer*, mas os preços eram muito acima dos praticados pelos fabricantes japoneses. Além disso, como a escala de produção era muito menor, quase artesanal, a manutenção periódica e a substituição de peças em caso de acidente eram demoradas e caras.

Os mesmos problemas se estendiam aos modelos ingleses, franceses, espanhóis... Resumindo, para manter a cadeia produtiva em alta, era fundamental exportar para os Estados Unidos, em larga escala, com preços competitivos e contínuo avanço tecnológico. A missão era quase impossível, com poucas alternativas. A mais visível era praticada pela Honda: conquistar novos mercados, se possível com fábricas descentralizadas e motocicletas adequadas às necessidades de um perfil de cliente abandonado havia muito pelo mundo civilizado: o humilde, ignorante e desconhecido ser humano pedestre.

Parte IV

O DESCOBRIMENTO DO BRASIL

CAPÍTULO 16

O BRASIL DESCOBRE A MOTOCICLETA

Tudo que é sólido desmancha no ar

Uma Moto-Rêve 1908, possivelmente o mesmo modelo que desembarcou no porto de Santos, em 1909. No ano seguinte, a empresa suíça passou a fornecer motores para a sueca Husqvarna

As grandes dimensões do país, o clima favorável e a precariedade dos meios de transporte foram fatores determinantes para que, desde sempre, o Brasil fosse um imenso mercado potencial para o motociclismo. As primeiras motocicletas desembarcaram no país no início do século XX, importadas de forma independente e individual por brasileiros bem-nascidos. Diz a lenda que a primeira motocicleta que rodou em solo brasileiro desembarcou no porto de Santos no domingo de Páscoa de 1909, importada por Miguel Latorre, italiano de Treviso que morava em São Paulo. Era uma Moto-Rêve bicilíndrica de 275 cc e 2,5 hp, fabricada na Suíça. Miguel era pai de Luiz Latorre (1921-1981), campeão paulista e brasileiro de motovelocidade, dono da famosa loja do mesmo nome, na esquina da rua General Osório com a alameda Barão de Limeira, chamada "esquina do veneno". Inaugurada em 1937, a loja existe até hoje, e é dirigida por um sobrinho de Luiz.

A "esquina do veneno" revisitada em 2003: jeitão parisiense e motociclismo pela porta da frente

Nos anos 1920, alguns empresários da capital paulista começaram a importar e comercializar motocicletas. Carlo Caloi trazia as Indian, João Gual (tio de Felipe Carmona, o "rei das motocicletas", habitante da "esquina do veneno" desde 1932) era o representante da Harley-Davidson, a Casa Foster distribuía as inglesas Triumph e Norton, e Antunes dos Santos cuidava das também britânicas Rudge e BSA.

Vista da Rodovia Washington Luís, a primeira rodovia asfaltada do país

As primeiras competições, supervisionadas pela Federação Paulista de Motociclismo, criada em 1925, surgiram logo depois, em piso de terra e paralelepípedo. O asfalto era um luxo para poucos. A primeira rodovia asfaltada do país foi a estrada

Rio-Petrópolis, inaugurada em 25 de agosto de 1928 pelo presidente Washington Luís (1869-1957). No dia 11 de junho de 1930, foi fundado o Moto Clube do Brasil, primeira associação brasileira de motociclistas de que se tem notícia. O clube possuía sede própria, na rua Ceará, 154, no Rio de Janeiro. No início de sua carreira esportiva, o autor deste livro teve a honra de competir como piloto filiado a essa histórica agremiação.

Durante décadas, as BSA inglesas eram vendidas nas lojas Mesbla, com financiamento próprio. Bons tempos!

As duas guerras mundiais afetaram o mercado exportador e atrasaram a difusão das motocicletas também por aqui, pois as importações foram suspensas. Após o término de cada conflito, a economia se reorganizava, mas o progresso era demorado, pois envolvia a recuperação do poder aquisitivo da população. De toda forma, no final da década de 1940, estimuladas por programas governamentais de incentivo à exportação, as marcas europeias começaram a chegar. As BSA de 250 e 500 cc eram distribuídas pela rede de lojas Mesbla, que no início dos anos 1970 também representava a Harley-Davidson. Triumph, Norton, Jawa, NSU,

Folheto de propaganda da Harley-Davidson, distribuído no Brasil com exclusividade pelas lojas Mesbla

Folheto de propaganda do revendedor da Gulivette

BMW, Ducati, Guzzi e outras desfilavam pelas ruas com imponência e muito barulho. Do porto de Santos elas se espalhavam pelo país, conduzidas pelos orgulhosos proprietários.

Os anos 1950 assistiram a uma escalada no mercado nacional de motocicletas. As importações aumentaram vertiginosamente, sinalizando a iminente chegada da indústria. A pioneira foi a Gulliver, que passou das bicicletas para os ciclomotores em 1950, com a Gullivette I, que usava motores dois tempos franceses da marca Lavalette, com 49,6 cc, que geravam 1,8 hp. A Gullivette marcou a adolescência de muitos brasileiros e é lembrada com carinho até hoje. O modelito inspirou declarações de amor e poesias, como esta, de autoria do mineiro Victor Ângelo de Pinto Ferreira (1937-):

Quando meu pai me disse para buscar a
Gullivette não acreditei
Era o que eu mais queria, uma motoneta!
Fui na "Bemoreira" buscar!
Era vermelhinha, tinha pouca gasolina, fui no
posto colocar!

Enchi o tanque até a boca...
Lustrei com paninho
Fui tocando lá pra casa
Pros amigos mostrar...

Levei pra dentro de casa
Mais limpeza e brilho nela dei!
Um sujinho aqui e ali, tirei
Agradeci meu pai, falando da alegria que me
fez sentir

Pro meu quarto fui com ela dormir!

A Gulivette de 1960 rodava 55 quilômetros com um litro de combustível e alcançava 55 km/h

A sueca Monark, presente no Brasil desde 1948 no segmento de bicicletas, lançou, em 1953, uma moto de 125 cc baseada na BSA Bantam. O produto agradou, ensejando modelos maiores de 175 cc, com motores Jawa e ILO, e a Monareta, um ciclomotor com propulsor NSU de 49 cc (e 1,7 hp a 4.500 rpm) que se tornou o maior sucesso da empresa. A Caloi, rival da Monark nas bicicletas, reagiu tempos depois, com a Mobylette, um ciclomotor movido por motor dois tempos de 49,9 cc, com potência de 2 hp a 5.500 rpm, velocidade máxima de 75 km/h e consumo aproximado de 80 quilômetros por litro de combustível.

As italianas Vespa e Lambretta vieram a seguir, sendo que esta última criou uma subsidiária em São Paulo, a Lambretta do Brasil S.A. Indústrias Mecânicas, inaugurada em 1955 e considerada a primeira fábrica de veículos do Brasil. A produção entre 1958 e 1960 girou em torno de 50 mil unidades por ano, um feito impressionante para o período. Em 1960, foi lançado o modelo LI, com transmissão por corrente e câmbio de quatro velocidades. Em 1964, com o novo nome de Companhia Industrial Pasco Lambretta, a empresa lança o modelo X, de 175 cc. Na década de 1970, sob o controle dos empresários Oliveiro Brumana e Felipe Pugliese (ex-donos da Motosport, importadora da Suzuki), a marca se expandiu, desenvolveu protótipos de motocicletas e inaugurou uma nova fábrica, com 12 mil metros quadrados de área construída e maquinário completo para fabricar motocicletas de 125 cc. Em 1971, foi lançada a Xispa, mistura de moto e motoneta com motores de 150 e 175 cc. Nessa época, porém, as japonesas já haviam abocanhado grande fatia do mercado de motos pequenas, e a Xispa nunca decolou nas vendas, apesar de ter participado do mercado até 1979. A linha completa da Brumana-Pugliese incluiu o ciclomotor Ponei, a Cyntia (versão nacional da Lambretta) e o triciclo comercial BP. A fábrica encerrou as atividades em 1982.

Já a Vespa se associou à empresa carioca Panauto e fabricou, a partir de 1958, os modelos M3 e M4, com motor dois tempos de 150 cc (5,5 hp a 5.000 rpm). Em 1960, lançou o utilitário Vespacar, que tinha capacidade de carga de 360 quilos. Esses triciclos com uma pequena cabine eram comuns nas ruas do Rio de Janeiro dos anos 1960, comercializando os sanduíches Geneal. Naquela época, quiosques eram proibidos na orla marítima carioca, e os Vespacar, estacionados em pontos estratégicos, driblavam essa proibição, vendendo excelentes cachorros-quentes e o Sustincau, achocolatado muito saboroso que deixou saudades entre os fãs da marca Geneal. Apesar das boas vendas, a Panauto fechou as portas em 1964, nos anos 1970 a Vespa passou a ser montada em Manaus pela Barra Forte Indústria e Comércio Ltda.

Em 1962, surgiu outra marca pioneira entre as motocicletas brasileiras, a Leonette, fabricada no Rio de Janeiro pela L. Herzog Indústria e Comércio. O

Folheto de propaganda da Lambretta. "Ela é rápida! Você sabe como é, isso de trânsito impedido não é problema, ela está sempre na frente"

A Ducati Cucciolo de 1947 era mais um ciclomotor que uma motocicleta. Com motor quatro tempos de 48 cc, potência de 1,5 hp e marcha única, ela moveu a Itália no pós-guerra e o Brasil nos anos 1950

A Leonette modelo 1960 tinha motor de 2 hp, pesava 48 quilos e alcançava 51 km/h

modelo era um ciclomotor com motor dois tempos de 50 cc marca Jawa, que fornecia 2 hp a 4.500 rpm, posteriormente evoluído para 4 hp a 6.000 rpm. O enquadramento legal como ciclomotor facilitou as vendas da Leonette (e de outras empresas que atuavam no segmento), pois menores de idade entre 15 e 18 anos podiam pilotá-la sem infringir a lei. Junto com as motocicletas de pequeno porte, os ciclomotores eram destaque nas grandes lojas de departamento e povoaram os sonhos da garotada brasileira.

O artigo 81 do antigo Código Nacional de Trânsito (lei nº 5.108 de 21/09/1966) dizia: "Os menores

Entre motociclistas, o ciclo de mobilidade é engatinhar, ficar em pé, andar, andar de moto. Na foto, o paulista Rafael Ramos, futuro campeão sul-americano de *motocross* (1994) e representante do Brasil no *Motocross* das Nações (1999)

de 18 anos de idade e os maiores de 15 anos de idade poderão dirigir triciclos e biciclos, inclusive os ciclomotores providos de motor auxiliar térmico, de até 50 cm^3 de cilindrada, sem caixa de marchas, e cuja velocidade máxima não exceda a 50 km/h, desde que autorizados pelos pais, responsáveis e, na falta deles, pelo juiz de menores da jurisdição". É como diz o ditado: não há mal que sempre dure e bem que nunca se acabe. Em 16 de maio de 1969, por meio do decreto-lei 584, o governo federal impôs novas regras, proibindo menores de conduzir motonetas e exigindo licenciamento completo para esses veículos. Para se ter uma noção da queda nas vendas, 13.677 motos foram licenciadas na cidade de São Paulo em 1967, contra apenas 3.170 em 1970.

Anos 1970: criando raízes

É correto afirmar que as primeiras motocicletas "*made in Brazil*" eram cópias de produtos estrangeiros e enfrentaram um período de crédito fácil e gasolina barata, fatores que privilegiaram a venda de automóveis. No final da década de 1960, com as importações liberadas, qualquer motocicleta poderia trafegar no Brasil, mas a um custo elevado (105% de imposto, somado ao frete) e sem garantia confiável de manutenção.

Os quatro grandes fabricantes japoneses descobriram o Brasil nos anos 1970. A Suzuki desembarcou por aqui em ritmo de piquenique

A partir de 1967, as motos japonesas começaram a chegar, importadas por comerciantes de São Paulo. A primeira a desembarcar oficialmente no país foi a Yamaha, em 1970, com a criação da Yamaha Motor do Brasil. De início, a pauta era montar uma estrutura local para ampliar o mercado dos produtos "*made in Japan*", como as 50 cc F5, FS1 e Mini Enduro, as 100 cc LS (esportiva), AG (fazendeira) e LT (*trail*), as 125 cc AS (esportiva), AT (*trail*), e MX (*motocross*), a 180 cc CS (esportiva), as 250 cc DS (esportiva), DT (*trail*) e MX (*motocross*), a 350 cc R5 (esportiva) e a 650 cc quatro tempos XS (estradeira). As concessionárias se multiplicaram na razão direta das (boas) vendas, e a estratégia da empresa passou a ser a construção de uma fábrica no Brasil.

Folheto de propaganda da esportiva Yamaha 350 R5, inspirada nos protótipos do mundial de motovelocidade

Sob esse aspecto, a rival Honda parecia estar um passo à frente, mas foi imobilizada pelas circunstâncias. Até a segunda metade da década de 1960, as motocicletas Honda eram importadas individualmente ou, a partir de 1968, pela empresa paulista Cobri, que trouxe modelos de pequeno porte, entre 50 e 125 cc. A marca da asa passou a atuar diretamente no Brasil em 26 de outubro de 1971, com o surgimento da Honda Motor do Brasil, situada na rua Ministro Ferreira Alves,

A Honda CB 500 Four, um dos maiores sucessos da marca no Brasil. Precisão, suavidade e harmonia

65, na Vila Pompeia, São Paulo. Presidida por Osamu Iida, e com capital inicial de 1,5 milhão de dólares (50% mais do que a Honda Canadá, inaugurada dois anos antes), tinha como atividade principal, no início, a importação e venda de toda a linha de produtos CB (que significa citzen band – faixa do cidadão –, uma referência ao uso indiscriminado por qualquer pessoa), incluindo a CB 250K, CB 350K, CB 450 DOHC (com duplo comando de válvulas no cabeçote) e CB 750K. As primeiras concessionárias foram em São Paulo, Rio de Janeiro e Belo Horizonte. As vendas decolaram imediatamente. Em Recife, a quarta concessionária começou mal, vendendo somente quatro motos por mês. A solução foi criar um moto clube que, com o apoio da Honda, realizava passeios e competições. As vendas reagiram e a concessionária pernambucana se equiparou às lojas do sul do país.

À esquerda, empregados a caminho do trabalho na fábrica da Honda, a maior da Zona Franca de Manaus. Eram dez mil pessoas, em três turnos de oito horas de trabalho. À direita, visual aéreo da fábrica da Honda em Sumaré, região metropolitana da cidade de São Paulo

O mercado de motocicletas aumentou de 5 mil unidades em 1972 para 24 mil em 1974, e as Honda eram as mais vendidas. Osamu Iida e seus comandados ficaram evidentemente muito satisfeitos, mas andavam preocupados com a (real) possibilidade de o governo suspender novamente as importações. Com o propósito de contornar esse problema, ele viajou para o Japão, relatou a situação para a diretoria e conseguiu a aprovação da compra de um terreno de 1,5 milhão de metros quadrados, em Sumaré, na região metropolitana de Campinas, São Paulo.

A construção da fábrica começou em abril de 1974 e foi considerada prioritária, uma vez que o panorama econômico do país era instável. A crise mundial do petróleo tornou o governo brasileiro mais rígido, e as alíquotas de importação subiram para inimagináveis 205% do valor do bem. As negociações na fábrica também enfrentavam dificuldades. A área de Sumaré foi declarada distrito industrial, o que aumentou o investimento no imóvel. Além disso, os índices de nacionalização exigidos para homologar a motocicleta também subiram, fazendo a Honda repensar o projeto original.

Uma Yamaha FS1 50 de 1973, modificada para fora-da-estrada

Depois de sucessivas reuniões em Tóquio e São Paulo, com a liderança do próprio Soichiro Honda, os executivos da empresa encontraram a alternativa. A obra de Sumaré foi abandonada e uma nova fábrica seria instalada na Amazônia, aproveitando os benefícios fiscais da Zona Franca de Manaus, criada em 1967 pelo governo do presidente Castelo Branco (1897-1967). A capital do Amazonas, que havia sido um importante centro econômico na época do ciclo da borracha, estava estagnada. O objetivo da criação da Zona Franca foi estimular o desenvolvimento da região, por meio da concessão de benefícios para a indústria e o comércio. Para isso, foi criada uma série de isenções fiscais e tarifas alfandegárias diferenciadas, que despertaram o interesse da Honda. Uma das exigências da legislação era a adoção de índices de nacionalização crescentes, para que, em cinco anos, os produtos tivessem 85% em valor e 95% em peso compostos por peças e equipamentos brasileiros. Com confiança no cumprimento das metas governamentais, no dia 9 de julho de 1975, começou a construção da fábrica, que marcou o surgimento de uma nova empresa, a Moto Honda da Amazônia, parceria entre a Honda Motor do Brasil e a Moto Importadora, representante multimarcas tradicional na Zona Franca de Manaus. As dificuldades de produzir uma motocicleta com peças nacionais em Manaus não eram pequenas. A enorme distância dos Estados do sul, especialmente São Paulo, onde estava situado o maior parque industrial do país, obrigou a Honda a fabricar muitos componentes lá mesmo, na Zona Franca. O escoamento da produção também era problemático e dependia da navegação fluvial para chegar aos grandes centros de consumo.

Yamaha RD 50, a primeira moto fabricada no Brasil

Os contratempos da Honda não afetaram o planejamento da Yamaha, que em 19 de setembro de 1975 inaugurou aquela que é considerada a primeira fábrica de motocicletas do Brasil, na cidade de Guarulhos, São Paulo, à margem da rodovia Presidente Dutra, que liga as metrópoles de São Paulo e Rio de Janeiro. A escolha do local foi estratégica, uma forma de escoar rapidamente a produção da Yamaha RD 50 cc, a popular "cinquentinha". A moto era uma evolução do modelo japonês FS1 e possuía motor dois tempos de 49 cc, potência de 6,3 hp a 9.500 rpm, torque de 0,5 kgfm a 8.500 rpm, câmbio de cinco marchas e tanque de oito litros, o que lhe dava uma autonomia de quase 400 quilômetros. Com sistema de lubrificação autolube, admissão por palhetas Torque Induction e chassi tubular duplo, a RD 50 era bastante avançada para a época. O preço girava em torno de 14,6 mil cruzeiros. Logo na sequência, surgiu a RD Útil, cuja maior diferença era um baú para pequenas entregas. Acrescente-se que a decisão da Yamaha de criar raízes no Brasil não poderia ter vindo em ocasião melhor, pois no ano seguinte, por meio do decreto-lei 1.427, de 2 de dezembro de 1975 (e portaria Cacex 574), as importações de veículos foram suspensas por prazo indeterminado. Segundo o governo, chegara o momento de a indústria automotiva brasileira aprender a caminhar com as próprias pernas.

A Kawasaki tinha bons produtos, como o *scooter* 125 cc B7 de 1961, mas não os trouxe para o Brasil

Em um gesto, o presidente Ernesto Geisel mudou o cenário do motociclismo brasileiro em meados dos anos 1970

A decisão do presidente Ernesto Geisel (1907-1996) acabou com a festa das motocicletas importadas, afetando sobremodo as europeias e a parceria da Suzuki com a Hatsuta Industrial Ltda., fabricante de equipamentos agrícolas no interior de São Paulo e responsável pela importação de uma variada gama de modelos de rua (linhas A, T e GT) e fora-de-estrada (linha TS e RV). A Kawasaki possuía um escritório em São Paulo desde 1973, com o nome de Kawasaki Indústria e Comércio Ltda., voltado para atividades siderúrgicas. Sua presença no mercado de motocicletas era restrita a eventuais importações independentes dos modelos Z, Z1 e KZ 900 cc. De maneira geral, a suspensão das importações, além de significar um abissal retrocesso tecnológico, concentrou o mercado nacional entre as fabricantes Yamaha e Honda.

Apesar da distância de mais de 4 mil quilômetros entre Manaus e São Paulo, o duelo entre os dois maiores fabricantes de motocicletas do mundo era

A Honda CG 125 de 1976 foi, desde o início, a motocicleta mais vendida no Brasil

diário, contínuo e sem tréguas. Inaugurada em 4 de novembro de 1976, a Moto Honda da Amazônia foi a primeira fábrica da marca no Brasil e o segundo maior investimento de Soichiro Honda fora do Japão, perdendo apenas para a American Honda. A fábrica brasileira (situada em Manaus) ocupou uma área total de 564 mil metros quadrados, sendo 135 mil de área construída, a maior indústria da Zona Franca de Manaus. O primeiro lançamento foi a CG 125 cc, baseada no modelo mundial da marca para países em desenvolvimento, lançado na Tailândia dois anos antes. A CG modelo 1976 tinha motor quatro tempos monocilindro do tipo OHV, com válvulas no cabeçote acionadas por varetas e comando no bloco do motor, potência de 11 hp a 9.000 rpm, torque de 0,94 kgfm a 7.500 rpm, chassi tipo diamond, tanque de 9,5 litros e câmbio de quatro marchas. O índice de nacionalização no primeiro ano foi de 31% em peso e 28% em valor, e o preço de lançamento foi de 19 mil cruzeiros. Segundo a Honda, em condições favoráveis (50 km/h em aceleração constante), a CG fazia até 54 quilômetros com um litro de combustível.

No folheto de propaganda da Honda CG 125 de 1976, era Pelé quem fazia o convite: "Entre para o admirável mundo da Honda"

A motocicleta teve um garoto-propaganda muito especial, Edson Arantes do Nascimento, o Pelé (1940-), tricampeão mundial, tratado internacionalmente como o "rei do futebol". Com mecânica simples, grande economia (média de consumo de mais de 40 quilômetros por litro) e versatilidade, a Honda CG 125 cc foi um previsível sucesso e, já no ano seguinte, se instalava como líder de mercado, com ampla supremacia sobre a concorrência, respondendo por 79% das vendas de motocicletas no Brasil. A Yamaha respondeu com timidez, pois sua RD 75 cc era praticamente a "cinquentinha" original com um motor mais bravo (7,3 hp a 8.500 rpm e torque de 0,75 kgfm a 8.500 rpm).

A criatividade nacional foi representada pela Honda FS, desenvolvida pela revenda paulista Moto Jumbo, em parceria com o Grupo Pão de Açúcar e o piloto Eduardo "Dudu" Machado. Pneus, suspensão, escapamento, para-lamas e relação de marchas foram alterados para encarar estradas de terra e trilhas leves. A moto era uma adaptação artesanal da CG 125 cc e, se não chegou a se firmar comercialmente, teve o mérito de despertar em muitos motociclistas os prazeres do fora-de-estrada.

A exótica Rokon tinha pneus tão largos que a impediam de afundar. O lema das motocicletas Rokon era bem direto: *Goes anywhere*, (vai a qualquer lugar)

Até o final de 1976, as motos importadas que já estivessem em solo brasileiro poderiam ser comercializadas normalmente. Em dezembro de 1976, último mês de convivência com as importadas, o mercado brasileiro era composto de 44 modelos zero-quilômetro de 11 marcas diferentes, entre elas a exótica Rokon, um misto de motocicleta e trator que usava um motor Chrysler monocilindro dois tempos de 134 cc, com potência de 10 hp, três marchas e tração nas duas rodas.

O dia a dia da construção da fábrica da Honda: movido à moto

Durante o ano de 1977, ficou clara a bifurcação entre os fabricantes brasileiros. Em Manaus, aproveitando as isenções de impostos, fixaram-se Honda, Motovi, Barra Forte, Caloi e Hatsuta. Já Yamaha, Brumana-Pugliese, Alpina e Garelli preferiram instalar-se no sul do Brasil, mais próximas dos grandes centros, o que, na visão de seus dirigentes, compensava a taxação maior. Os índices de nacionalização também eram diferenciados, mas seriam unificados no final da década.

Folheto de propaganda da Yamaha TT 125

Em 1978, foi lançada a Honda ML (modelo luxo), versão mais sofisticada da CG, com freio a disco dianteiro. A Yamaha contra-atacou com a RS 125 cc, monocilíndrica com motor dois tempos (Torque Induction e autolube) que rendia 12,5 hp a 8.000 rpm e torque de 1,15 kgfm a 7.000 rpm, chassi tubular duplo e câmbio de cinco marchas. Esses números são superiores aos da CG 125 cc, mas a moto era quase toda importada, e montada em São Paulo, e portanto não gozava dos benefícios na importação das peças, o que a tornava bem mais cara que a concorrente. O maior mérito da RS 125 cc foi abrir caminho para a RX 125 cc, lançada em 1979, com um índice maior de nacionalização. Além de custar menos, a RX tinha um motor que rendia melhor em baixas rotações (12,5 hp a 7.500 rpm e torque de 1,65 kgfm a 6.500 rpm) e era consideravelmente mais veloz do que o da CG (112 km/h contra 107 km/h). No mesmo ano, a Yamaha tirou de linha a RD 75, substituída (quase imperceptivelmente) pela RX 80, que tinha potência superior em 0,7 hp. No final do ano, a empresa diversificou, colocando no mercado a TT 125 cc, primeira *trail* fabricada no Brasil. A moto trazia o mesmo motor da RX 125 e um visual mais esportivo, porém limitado pelo curso das suspensões e, principalmente, pelo escapamento que saía por baixo do motor, muito próximo ao solo.

Folheto de propaganda do ciclomotor austríaco Maxi Puch, representado no Brasil pela Motovi

Digna de nota, no final da década de 1970, foi a presença da Motovi, que montava os ciclomotores Puch e, com apoio do governo, fez um acordo com a Harley-Davidson (então controlada pela AMF) e passou a representá-la no Brasil, com os modelos FL 1.200 (Electra Glide), SS 125 cc e SS 175 cc, com tecnologia italiana da Aermacchi. Enquanto as grandes Harley-Davidson eram adquiridas pelo governo, as SS eram vendidas nas lojas de departamento das capitais. Por conta do porte maior em relação às "motos nisseis" (japonesas feitas no Brasil), elas se tornaram o sonho da juventude daquele tempo. No final do ano, a Motovi recebeu um aporte de capital da Indústria Corona (Grupo Caloi), que adquiriu 40% do controle acionário da empresa, que também representava no Brasil a marca austríaca Puch. No segmento de pequeno porte, a Fapinha Miniveículos e Motores, que desde 1970 produzia minicarros, passou a se dedicar também às motos.

Data de 1978 uma empresa que, se não foi bem-sucedida comercialmente, marcou época no mercado brasileiro: a Amazonas Motocicletas Especiais (AME),

A Amazonas 16 fez sucesso nas Forças Armadas. Na foto, o esquadrão Anhanguera, de Ouro Preto, Minas Gerais. Note que a moto é quase do tamanho do tanque

do empresário Guilherme Hannud Filho. A empresa partiu do projeto dos mecânicos Luiz Antônio Gomide e José Carlos Biston, criadores do Motovolks, um protótipo de motocicleta que misturava um motor Volkswagen 1.500 cc com pedaços de chassi de Harley-Davidson e Indian, peças artesanais e componentes de Ford Corcel (discos de freio), VW Variant (pinças de freio), VW Fusca (amortecedores, cilindro mestre), Simca Esplanada (painel). Com mais investimento e novas adaptações, Hannud passou a produzir a Amazonas 1.6, então considerada a maior motocicleta do mundo. Em seu formato original, a moto tinha câmbio de VW Brasília, peso que variava entre 370 e 512 quilos, comprimento variável de até 2,55 metros, potência em torno de 54 hp e tanque entre 26 e 40 litros. Os modelos Turismo Luxo, Esporte Luxo e Militar Luxo eram robustos e exigiam pouca manutenção, mas o que mais chamava a atenção era o enorme tamanho do veículo, que despertava admiração em todos os lugares, especialmente numa época de importações suspensas. Aliás, a moto (com e sem *sidecar*) foi exportada para 14 países, entre eles o Japão e os Estados Unidos. No Brasil, ela era muito cara (155 mil cruzeiros em setembro de 1978), mas fez sucesso com esquadrões policiais e empresários que queriam uma moto com alto grau de exclusividade. Só para se ter uma ideia, o biliardário Malcolm Forbes (1919-1990) e o ex-presidente da Argentina Carlos Menem (1930-) eram felizes proprietários de motocicletas Amazonas.

Adversárias no ciclismo, a Monark e a Caloi se associaram para formar a Termo – Terminal de Motores Ltda. O objetivo seria desenvolver um produto que substituísse a Monareta (Monark) e a Mobylette (Caloi), cujas vendas entraram em declínio no final dos anos 1970.

Em cima, modelos Mobylette da Caloi podem ser encontrados nas páginas de classificados da internet.
Embaixo, a Honda Turuna tinha como maiores atrativos um motor mais preparado (14 hp contra 11 da CG 125) e o freio dianteiro a disco

Enquanto algumas empresas tentavam deixar a produção artesanal, a Honda, líder do mercado, continuava evoluindo. No início do ano, a compra do parque industrial da Motovi (que enfrentava problemas no índice de nacionalização) em Manaus, com 8 mil metros de área construída, ampliou o espaço disponível para diversificar a linha de produção. A Honda CG 125 cc modelo 1979 apresentou uma nova suspensão dianteira, tipo Ceriani, com molas internas. Além disso, a marca decidiu apoiar uma categoria monomarca na motovelocidade, a Fórmula Honda, disputada exclusivamente por motos CG 125 cc com preparação restrita a alguns itens, como carburação e escapamentos. A empresa colocou à disposição dos pilotos um kit de competição, com carenagem, rabeta, para-lama, pedaleiras recuadas, pedal de freio e revestimento do tanque de combustível.

Adu Celso Santos, o primeiro piloto brasileiro a vencer uma corrida do Campeonato Mundial de Motovelocidade

Pelotão de cilindros recém-fundidos aguardam o ingresso na linha de produção

Apesar da heroica vitória do paulista Eduardo "Adu" Celso Santos (1945-2005) na classe 350 cc do GP da Espanha de 1973, a primeira de um piloto brasileiro no Mundial de Motovelocidade, nosso motociclismo esportivo passava por uma fase de decadência. O fim das importações impediu a renovação, e as categorias 250 cc, 350 cc e Força Livre, as principais da motovelocidade, estavam enfraquecidas e sem patrocinadores. A Fórmula Honda reativou o interesse pela modalidade, pois, se a velocidade era baixa, as disputas eram de tirar o fôlego, com grid cheio e manobras que muitas vezes ultrapassavam os limites da esportividade. E como a esportividade estava em alta, foi em 1979 que surgiu a Turuna 125 cc, versão esportiva da CG, com motor quatro tempos diferenciado, comando de válvulas no cabeçote (OHC), potência de 14 hp a 10.000 rpm e torque de 1,0 kgfm a 9.000 rpm. O câmbio passou para cinco marchas, o desenho do tanque de combustível foi aperfeiçoado e o para-lama dianteiro foi pintado da cor da moto, dando-lhe um aspecto mais jovial.

Conforme informações da Abraciclo – Associação Brasileira dos Fabricantes de Motocicletas, Ciclomotores, Motonetas, Bicicletas e Similares, 155.939 motocicletas foram produzidas durante a segunda metade da década de 1970, sendo 5.220 unidades em 1975, 12.800 em 1976, 32.791 em 1977, 41.492 em 1978 e 63.636 em 1979, ano em que os consórcios de motocicletas receberam autorização para funcionar (portaria 61 do MF, de 9 de fevereiro de 1979). Esses números demonstram um contínuo crescimento do mercado nacional, mesmo se forem levados em conta somente os dados de Honda e Yamaha, associadas desde a fundação da Abraciclo, em 1976.

CAPÍTULO 17

A CHARRETE QUE PERDEU O CONDUTOR

A Honda CB 400 cc de 1980 promoveu uma revolução no motociclismo urbano brasileiro, e foi um dos modelos mais bem-sucedidos da história da empresa

Chegamos a 1980. No quartel-general de São Paulo, a Yamaha começava a sentir dificuldades para manter ao mesmo tempo altos índices de nacionalização e preços competitivos. Bem mais a noroeste, aproveitando as vantagens da Zona Franca de Manaus, a Honda lançou a CB 400 cc, motocicleta que elevou a autoestima dos motociclistas brasileiros. Em sua primeira versão, a moto tinha índice de nacionalização de apenas 20%, ou seja, seria impossível homologá-la caso fosse construída fora da Zona Franca. A "CBzona" apresentava um motor quatro tempos de 395 cc com dois cilindros paralelos, comando simples no cabeçote (OHC) com três válvulas por cilindro, dois carburadores Keihin de 32 mm, tanque de combustível de 17 litros, peso de 177 quilos, potência de 40 hp a 9.500 rpm, torque de 3,2 kgfm a 8.000 rpm, câmbio de seis marchas e partida elétrica, mantendo o pedal de partida. A Yamaha sentiu o golpe, mas, ainda assim, os lançamentos continuaram. A RD 75 deixou definitivamente a linha de produção, sucedida pela RX 80, com potência superior – 8 hp a 8.500 e torque de 0,74 kgfm a 8.000 rpm. No final do ano, a novidade de peso foi a RX 180, planejada para preencher o espaço entre as 125 cc e a nova 400 cc da Honda. A moto tinha motor dois tempos monocilindro de 176,4 cc, potência de 17,6 hp a 7.500 rpm, torque de 1,6 kgfm a 6.500 rpm, peso de 120 quilos e tanque de 12 litros, que lhe davam uma autonomia próxima de 300 quilômetros. O novo modelo teve duas versões, lançadas simultaneamente: a Avant, básica, com freio dianteiro a tambor e menor curso de suspensão, e a Custom, mais sofisticada, com freio dianteiro a disco e acabamento superior. Os números da Abraciclo apontam uma produção total de 125 mil motocicletas brasileiras em 1980.

A FBM usava um robusto motor argentino Zanella, mas apresentava muitos problemas de acabamento

No Rio Grande do Sul, a Fábrica Brasileira de Motos (FBM), presente no mercado regional desde 1973, aumentou sua parceria com a tradicional marca argentina Zanella (a mais antiga indústria de motocicletas da América Latina, fundada em 1948, que continua em plena atividade) e ingressou no mercado nacional com dois modelos: a FBM 125 cc, de rua, e a FBM Rallye 125 cc, para fora-de-estrada. Os motores Zanella dois tempos eram produzidos na Argentina sob licença da Minarelli italiana, com tecnologia ultrapassada, mas robusta. O adotado pela FBM era um monocilindro dois tempos com 123,4 cc, que gerava 14,4 hp a 6 800 rpm, com câmbio de cinco marchas. A moto tinha muitos componentes de fibra de vidro, que se deterioravam com facilidade. Além disso, a mistura de combustível e óleo tinha que ser feita manualmente, o que, além do desconforto, aumentava o risco de causar problemas de lubrificação. Ainda assim, provavelmente em função da imponência visual dos seus modelos, a FBM permaneceria em atividade no mercado nacional até 1983.

Uma rara Montesa Cappra 415 cc de *motocross*, cujo motor era bem mais eficiente que o sistema de frenagem

Também do sul procedia a empresa paranaense Ibramoto – Indústria Brasileira de Motos S.A., que desde 1975 representava a marca Garelli no Brasil (sucedendo a conterrânea Agratti-Garelli), com os modelos Eureka, Ciclone, T 50, Katia e Garelli III. A motoneta Garelli III tinha propulsor monocilíndrico dois tempos de 49,9 cc, com potência de 3,6 hp a 6.250 rpm, câmbio de três velocidades, tanque de combustível de 9,5 litros e consumo estimado em mais de 50 quilômetros por litro, o que lhe dava enorme autonomia. A produção era restrita e as vendas seguiam o mesmo caminho. Em 1980, numa manobra ousada, a empresa passou a nacionalizar a marca espanhola Montesa. No final de 1980, desembarcaram por aqui a linha H6 (250 e 360 cc), de enduro, Cota (249 e 348 cc), para *trial*, e Cappra (250 e 415 cc), de *motocross*. Segundo a Ibramoto, as Montesa tinham índice de nacionalização da ordem de 28%. Salvo para-lamas, banco, guidão, cabos, parte elétrica e lanterna traseira, todos os componentes eram importados.

Como se esperava, a associação entre Monark e Caloi não deu certo, e as duas empresas continuaram

A associação entre a Puch e a Volkswagen para fabricar ciclomotores de luxo deu o que falar, mas infelizmente, o projeto não deu certo

em campos opostos, com a Monark MSL 50 e a Mobylette II. Quem esperava entrar no segmento dos ciclomotores era a Volkswagen, em associação com a Puch, mas a parceria nunca chegou a sair do papel.

No *motocross* brasileiro em 1980, todas as motos no *grid* de largada eram obrigadas a consumir álcool

O governo brasileiro continuava intervindo no mercado, e na época a solução para todos os problemas do país era o Programa Nacional do Álcool – Proálcool, criado em 14 de novembro de 1975 para evitar a dependência externa de petróleo. O segundo choque do petróleo, entre 1979 e 1980, triplicou o preço do barril, e as compras de combustível passaram a responder por 46% das importações brasileiras em 1980. Depois de um período de suspensão, a exemplo do que havia acontecido com as corridas de automóveis, em 1976, o álcool anidro se tornou o combustível obrigatório em qualquer competição de motocicletas no país. A nova regra causou muita polêmica, pois os motores tiveram que ser adaptados ao uso do álcool, que exigia uma maior taxa de compressão e corroía os componentes com incrível

A Honda CG 125 a álcool, modelo pioneiro nessa tecnologia. A moto possuía um pequeno tanque de combustível embaixo do banco, para partida a frio

HONDA

rapidez. Feitos os ajustes, o rendimento era superior, mas não compensava o desgaste das peças e a constante manutenção.

Solidárias compulsoriamente à nova ordem dos fatos, Yamaha e Honda lançaram versões de seus modelos de 125 cc movidos a álcool no início de 1981. Porém, ao contrário do que ocorreu com os carros, as motos movidas a álcool foram um fiasco comercial, e a produção seria diminuída até desaparecer, em meados da década de 1980. Outra modificação importante foi imposta pelo governo, por meio da resolução Contran nº 564, de 2 de janeiro de 1981. Com a finalidade de melhorar a segurança no trânsito, a habilitação para conduzir motocicletas passou a ser concedida em três categorias: A1, para ciclomotores; A2, para motos e motonetas de até 125 cc; e A3, para motocicletas acima de 125 cc. Os (muitos) motociclistas menores de idade continuavam ignorados pela lei. Pelas informações da Abraciclo, a produção de motocicletas nacionais em 1981 foi de 155.572 unidades.

Um pelotão de motos Yamaha RD 350 LC, campeã de vendas da década de 1980

A Yamaha DT 180 foi o grande lançamento do ano de 1982. A moto é lembrada até hoje como o "Fusca do fora-de-estrada"

Em 1982, o "duelo nissei" em solo brasileiro foi nada menos que espetacular. O início do ano foi todo da Yamaha, que havia lançado, em outubro de 1981, a motocicleta de maior sucesso da marca no Brasil em todos os (dois) tempos: a DT 180 cc, modelo lembrado até hoje como o "fusca do fora-de-estrada". A moto tinha motor monocilíndrico de dois tempos com 173 cc, com os sistemas Torque Induction e autolube. A potência declarada era de 16,6 hp a 7.000 rpm e torque de 1,74 kgfm a 6.500 rpm. As suspensões eram modernas, a dianteira era do tipo Ceriani, com eixo de roda descentralizado e curso de 180 mm, e a traseira era monochoque do tipo cantilever, com amortecedor central único com reservatório de óleo/nitrogênio, curso de 150 mm e cinco regulagens. A DT era ágil, com 102 quilos (seca) – apenas oito quilos mais que a Honda CG 125. Mesmo em condições originais, ela era capaz de passar por caminhos até então intransponíveis no Brasil, ao menos para as motos nacionais. Ressabiada com a unanimidade da DT 180, a Honda acusou o golpe, mas não perdeu tempo para revidar, anunciando em todo o país que logo superaria a Yamaha, pois produziria no Brasil uma *trail* revolucionária, a XL 250 R. A repercussão foi enorme, pois os simpatizantes do fora-de-estrada tinham a lembrança fresca das famosas XL 250 Motosport que, em 1974, em bela jogada de marketing, haviam atravessado a rodovia Rio-Santos antes da colocação do asfalto. Para concentrar forças no novo produto, a marca manteve praticamente inalteradas a CG, a ML e a Turuna, que tiveram como maior avanço um novo carburador, com o sistema Ecco de injeção de combustível (otimizado para retomar melhor e consumir menos combustível em velocidade constante), que trouxe uma economia adicional de 11%, segundo o fabricante. A CB 400 cc recebeu guidão mais alto, novas rodas e duplo disco na roda dianteira, passando a se chamar CB II.

Precedida por uma grande campanha publicitária, a XL 250 R chegou às lojas em julho de 1982. Recém-lançada na Europa e nos Estados Unidos, a moto tinha motor quatro tempos monocilindro, comando único no cabeçote (SOHC), com quatro válvulas no cilindro, duas de admissão e duas de exaustão. A potência era de 22 hp a 7.500 rpm, e torque de 2,1 kgfm a 7.000 rpm. A XL 250 R possuía câmbio de seis marchas, suspensão dianteira tipo Ceriani com eixo de roda descentralizado (curso de 215 mm), suspensão traseira monochoque com sistema ProLink (curso de 190 mm) e peso de 128 quilos. Apesar de mais cara (e mais pesada) que a DT 180, a XL teve excelente aceitação, tornando-se símbolo de status, sem perder o ar aventureiro das motos *trail*. Nas vias urbanas, especialmente em grandes cidades, o predomínio

A XL 250 R foi a resposta (espacial) da Honda ao ataque da Yamaha DT 180 Nesse duelo, o consumidor brasileiro foi o grande vencedor

da XL 250 R era visível, mas nas trilhas a DT 180 geralmente se dava melhor, pois as respostas rápidas do motor dois tempos, somadas à leveza do conjunto, a faziam alcançar lugares aos quais a XL 250 R dificilmente chegaria. Ainda naquele movimentado ano de 1982, a Yamaha lançou a RD-Z 125 cc, versão mais esportiva da RX 125 cc. O motor de 123 cc foi preparado e, em conjunto com o novo escapamento, passou a render 16,6 hp a 8.500 rpm (contra 12,5 da RX). O desenho do conjunto foi modernizado, e a moto incorporou freio dianteiro a disco e tanque de 16 litros. Essa alteração significou notável vantagem em autonomia (de quase 400 quilômetros), pois naquela época o horário dos postos de combustível era controlado pelo

Em meio a reclamações, a Ibramoto e a Montesa bifurcaram caminhos. A moto deixou saudades entre os praticantes do fora-da-estrada

governo, e nenhum deles funcionava aos domingos. Os novos modelos elevaram a produção total do mercado brasileiro em 1982 para 215.767 motocicletas.

No final do ano, pressionada a cumprir as metas de nacionalização, a Ibramoto encerrou as atividades, deixando saudades (e reclamações) entre os consumidores. Os produtos Montesa eram de tecnologia conservadora, mas muito resistentes. Antes de abandonar o mercado, a empresa trouxe uma dezena de unidades do modelo 360 H7, disputadas a tapa pelos pilotos de enduro. Na época, a matriz espanhola também enfrentava dificuldades financeiras e acabou sendo adquirida pela Honda, que manteve o nome Montesa e a tradição da marca no *trial*, com nada menos que 11 títulos mundiais (dados de 2008). Enquanto isso, a Termo, parceria de Caloi e Monark na Zona Franca de Manaus, lançou enfim seu primeiro produto, um motor dois tempos de 49 cc, potência de 3 hp a 6.000 rpm, consumo de 44,5 quilômetros por litro de combustível e velocidade máxima de 55 km/h, com tecnologia da Motobécane francesa, a mesma utilizada pela Caloi na Mobylette. A Monark, que utilizava tecnologia Sachs, estava mais atrasada em relação à integração do motor Termo ao seu chassi, mas esperava superar o problema em pouco tempo.

A segunda geração da Honda CG 125 apresentou muitas alterações visuais e mecânicas

Para os dois maiores fabricantes do país, 1983 foi o ano de consolidação do avanço, com aperfeiçoamentos em quase toda a linha de produtos. A Honda apresentou a segunda geração da sua campeã de vendas, a CG 125 cc. A moto recebeu um tanque de 12 litros (da ML), balança traseira mais comprida, sistema elétrico de 12 volts, tambor do freio dianteiro maior, guidão maior, pneu dianteiro maior, novo banco e novos comandos. A perda notável foi do conta-giros, vítima da contenção de custos. No geral, o índice de nacionalização subiu para 95%. A ML também foi aperfeiçoada, ganhando o câmbio de cinco marchas e a suspensão da Turuna, além de novos acessórios, como o marcador de combustível. A Turuna recebeu um sistema elétrico de 12 volts e ignição eletrônica. A CB 400 II foi sucedida pela CB 450 Esporte (que incorporou carenagem e freio a disco traseiro) e pela CB 450 Custom, ambas com motor quatro tempos monocilindro de 447 cc, potência de 43,3 hp a 8.500 rpm, torque de 4,3 kgfm a 6.500 rpm, radiador de óleo, barra estabilizadora na suspensão dianteira e pisca-alerta. O visual foi

A Honda CB 400 Tucunaré homenageava o peixe da bacia amazônica. O modelo acabou não fisgando o consumidor e, com vendas abaixo da superfície, submergiu para sempre

modernizado, com farol, painel e lanterna traseira em formato retangular, novo banco e nova rabeta. A CB II, com as mesmas modificações, foi mantida na linha de produção, com o nome de Tucunaré, mas poucos se interessaram em pescar a moto antiga com nome de peixe amazônico, e ela desapareceu (submergiu) pouco depois.

Na Yamaha, a novidade ficou por conta do lançamento da MX 180, a primeira moto brasileira destinada especificamente às competições. Ela saía da fábrica sem parte elétrica e autolube – a mistura tinha de ser feita no tanque. Com preparação e escapamento diferenciados, a potência do motor aumentou para 18 hp a 7.500 rpm e torque de 1,75 kgfm a 7.000 rpm. A moto era movida a álcool anidro. Além de lançar a MX, a Yamaha melhorou seu carro-chefe, a DT 180, que ganhou câmbio de seis marchas e balança traseira em seção quadrada, passando a ser chamada DT S, Super ou "Six Speed".

E foi no fora-de-estrada que a batalha se acirrou, com a criação do Enduro da Independência, promoção conjunta da TV Globo, Trail Clube de Minas Gerais e Honda Motor do Brasil. A ideia era refazer o "caminho novo" do Rio de Janeiro a Minas Gerais, aberto pelo bandeirante Garcia Rodrigues Pais (?-1738) no século XVII e percorrido por Dom Pedro I (1798-1834) em 1822, poucos meses antes da proclamação da independência do Brasil. Depois da jornada de Dom Pedro, o percurso passou a se chamar "caminho do imperador" ou "estrada real". Em uma versão moderna da viagem, as motos iam refazer o percurso de 800 quilômetros em apenas três dias, contra 15 da comitiva imperial. No dia 4 de setembro, com grande cobertura jornalística, as 220 duplas de pilotos desfilaram pelas ruas da cidade do Rio de Janeiro, e a largada simbólica foi na Quinta da Boa Vista, residência da família imperial, ao lado da estátua de Dom Pedro I. Das 440 motos que partiram, menos de 300 chegaram a Belo Horizonte, em dia de feriado nacional, com a cidade em festa esperando os aventureiros. Os pilotos mineiros, grandes conhecedores da topografia das "Gerais", destacaram-se, ocupando sete das dez primeiras colocações. O empenho da Yamaha foi notável durante os três dias de competição, com muitos mecânicos ajudando na manutenção das motos e fornecendo peças de reposição, o que gerou protestos das outras equipes. A vitória ficou com a dupla Helder Rabelo e Beto Motorauto, com a Yamaha DT 180. Os irmãos Paulo e Áureo Stradiotto terminaram em segundo, também com Yamaha, e Patrício Calderon e Rogério Eurides fecharam o pódio, com a Honda XL 250 R. No geral, sete Hondas entre os dez primeiros colocados.

As dificuldades do caminho no enduro fazem parte da diversão

No mesmo ano, outra competição fundamental no calendário esportivo brasileiro foi disputada pela primeira vez, o Festival Hollywood *Motocross*. O campeonato, patrocinado pela marca de cigarros campeã de vendas no país, era exclusivamente para motocicletas nacionais adaptadas para o *motocross*. As corridas eram separadas em três categorias: A, para pilotos estreantes e motos de até 180 cc; B, para pilotos estreantes com motos de 180 a 250 cc; e C, para pilotos de competição com motos de até 250 cc e preparação livre. A Yamaha MX 180 foi a campeã da categoria A, com Marleu Cruz, mas a Honda XL 250 R venceu na B, com Luis Huyer, e na C, a principal, com Pedro "Moronguinho" Raimundo (1959-), um dos maiores nomes do *motocross* brasileiro, com 14 títulos nacionais. A competição foi um marco no *motocross* do país, e o sucesso do primeiro ano ensejou, além da renovação do contrato do Festival, a criação de equipes oficiais, como a Marlboro Yamaha e a Hollywood Honda, que muito contribuíram para o *motocross* nacional. No geral, nada menos que 219 mil motocicletas zero-quilômetro foram fabricadas em 1983, conforme apontam os registros da Abraciclo.

Largada do Hollywood *Motocross* na pista "Sobre as nuvens", em Campos do Jordão, São Paulo

No mercado de ciclomotores, a Monark lançava sua versão do motor Termo, a AV-X. Nesse segmento, a concorrência aumentou com a chegada da Agrale, fábrica gaúcha que desde 1965 produzia tratores e motores estacionários. O primeiro produto da Agrale foi o ciclomotor Agrale Sport, com potência de 2,2 hp a 5.000 rpm. O ano também marcou o esforço final da FBM, que participou do Independência com os novos modelos Kappra 200 TRS, com motor dois tempos de 198,4 cc, potência de 21 hp e sistema elétrico de 12 volts. A moto era valente, mas, afetada pelos problemas crônicos de acabamento e manutenção, não vendeu bem, levando a fábrica a rever sua postura no mercado. Em negociações com a marca MZ, da Alemanha Oriental, a FBM trouxe para o Brasil a rústica MZ 250 RS, com motor

Calendário de propaganda da MZ 250 RS

monocilindro dois tempos de 243 cc, que gerava 21 hp a 5.500 rpm, torque de 2,8 kgfm a 5.200 rpm, chassi tipo diamond com motor integrado, cobre-corrente integral e freio dianteiro a disco. O peso declarado era de 152 quilos, tanque de 23,5 litros, velocidade máxima de 140 km/h e consumo em torno de 23 quilômetros por litro. A moto, produzida na Alemanha Oriental com tecnologia DKW, era muito resistente, mas ultrapassada. Os pontos mais criticados foram a ausência de partida elétrica e o pedal de partida do lado esquerdo do motor. A falta de peças de reposição e a fraca credibilidade da FBM prejudicaram as vendas da MZ, que não conseguiu se impor no mercado nacional. A Vespa, que havia voltado ao Brasil em 1974, representada pela Barra Forte Indústria e Comércio, desistiu novamente, deixando órfãos seus quatro modelos que rodavam por aqui: o ciclomotor Ciao, a 125 Primavera, a 150 Super e a Rally 200. A congênere Lambretta havia fechado em 1982, depois que a linha BR Tork (Torkita e Tork 125 C), derivada da Minarelli italiana, não teve o sucesso esperado.

Essa série de insucessos se explica por uma simples razão: ao se instalarem definitivamente no Brasil, as fábricas japonesas trouxeram avanços de engenharia que as demais empresas não podiam acompanhar. A maioria delas atuava como montadora de produtos estrangeiros, e as despesas de importação e frete estavam muito altas, situação que provocou o encerramento das atividades de muitas empresas tradicionais do setor motociclístico.

A Honda XL 125 S aumentou a família XL. A moto usava o mesmo motor da Honda ML 125

Em 1984, a Honda lançou a XLX 250 R, com dois carburadores de quatro válvulas colocadas radialmente em relação à câmara de combustão (RFVC), melhorando a queima da mistura ar/combustível. Com essas modificações, o motor passou a render 25 hp, com 2,2 kgfm de torque. A linha *trail* da marca aumentou com o surgimento da XL 125 S, que recebeu o motor da ML, com 14 hp a 9.500 rpm. A moto era fora-de-estrada no visual, mas a configuração do motor e as suspensões bichoque restringiam uma pilotagem agressiva em piso de terra. A redução de custos determinou ainda o surgimento da CB 450 S (Standard), sem freio a disco na roda traseira, substituindo as versões Custom e Esporte, mais caras.

Uma Yamaha MXL de *motocross*. A moto pertenceu ao falecido campeão carioca Marcus "Quinho" Pereira

Na Yamaha, a MX 180 continuava vendendo muito bem, e surgiu em nova versão, a MXL, que tinha um motor mais preparado, com 21 hp a 8.500 rpm e torque de 1,85 kgfm a 8.000 rpm. Além disso, a MXL trouxe escapamento redimensionado, novos rolamentos na caixa de direção, carburador maior e raiação reforçada nas duas rodas. A DT 180 teve como único aprimoramento o sistema elétrico de 12 volts. Em fevereiro, ocorreu a grande novidade no calendário esportivo, o Enduro das Praias (inspirado no famoso Enduro Le Touquet, na França), disputado na praia de Guaratuba, na cidade de Bertioga, litoral do Estado de São Paulo. O circuito tinha 12 quilômetros de extensão, com uma reta de 3,5 quilômetros à beira mar, e os pilotos dariam 16 voltas, o que significava mais de três horas de corrida. Com ampla divulgação pela imprensa, e aproveitando o período de férias de verão, mais de 160 mil pessoas foram assistir à prova. As equipes Honda e Yamaha estiveram presentes; na hora da largada, 411 concorrentes se alinharam para a corrida mais louca de que se teve notícia até então. O local de partida foi invadido pelo público, o que atrasou a corrida até que a polícia militar estabelecesse um mínimo de ordem. Uma monumental largada deixou os presentes temporariamente surdos, mas a competição foi não menos que sensacional, com muitas ultrapassagens e tombos.

A pista tinha trechos de areia, trilhas, rios e passava por dentro de um condomínio em construção. "Moronguinho", o favorito, com sua XL 250 R, naufragou em uma passagem de rio e, com grande determinação, prosseguiu avariado até cruzar a linha de chegada, num longínquo 249° lugar. Depois de muitas confusões, a prova terminou com vitória de Álvaro Cândido Filho, o "Paraguaio" (1958-), nome consagrado no *motocross* nacional. O campeão paulista Carlos "Scateninha" Ourique foi o segundo colocado, à frente do saudoso campeão paraibano (e posteriormente brasileiro, em título póstumo), Ylton Velloso Cavalcanti (?-1988). Mais tarde, Ylton seria reclassificado na quarta colocação, superado por João Augusto Toledo, que viria a ser o presidente da J. Toledo Suzuki, distribuidora da marca no Brasil. No geral, o Enduro das Praias foi uma festa para a Honda do Brasil: nada menos que 18 XL 250 R entre os 20 primeiros colocados. Também em 1985, duas motocicletas modelo XL 125 S foram embarcadas no navio oceanográfico brasileiro Barão de Tefé, e fizeram história na Antártida, pilotadas por pesquisadores brasileiros durante um mês, no trabalho de coleta de amostras do continente.

Ylton Velloso Cavalcanti Filho, o saudoso "Paraibinha", campeão paulista e brasileiro de *motocross* nos anos 1980

Mas a grande notícia no mercado brasileiro de motocicletas surgiu no final do ano. Em novembro de 1984, a Agrale anunciou que, por um acordo operacional com a empresa italiana Cagiva, passaria a fabricar uma nova linha de ciclomotores e começaria a produzir motocicletas. Fundada em 1950, a Cagiva havia progredido notavelmente no final da década de 1970, ao adquirir de uma só vez a fábrica da Harley-Davidson (AMF) e a tecnologia da Aermacchi. Os primeiros lançamentos foram a Agrale SXT 16.5 e a Agrale Elefant 16.5, motos de uso misto com motor dois tempos monocilindro de 124,63 cc, refrigeração líquida, potência de 16,5 hp a 7.500 rpm e 1,44 kgfm de torque a 7.500 rpm, freio dianteiro a disco e dois tamanhos de tanque, de 10,8 litros na SXT e 18 litros na Elefant. As motos eram visualmente bonitas e de bom porte, mas algumas falhas de manutenção comprometeram as vendas. Ainda assim, a Agrale continuou investindo e lançou três novos modelos em 1985: a Agrale SXT 27.5, a Elefant 27.5 e a Dakar 30.0, todas com motor dois tempos de 190 cc, refrigeração líquida, potência de 27,5 hp na SXT e na Elefant e 30 hp na Dakar, inspirada no maior rally do mundo. As motos tinham suspensões de longo curso, pedaleiras dentadas retráteis e indicador digital de marcha. O principal problema das Agrale era a temperatura do motor, sempre muito alta, pois a capacidade do radiador era insuficiente para impedir a fervura do líquido de arrefecimento. As juntas de vedação do radiador tinham pouca durabilidade, e volta e meia o líquido invadia as partes móveis do motor, causando grandes estragos. A maioria dos clientes descontentes estava localizada nos Estados mais quentes do país, enquanto nos Estados do sul, ajudadas pelo clima ameno, as motos Agrale se comportavam de forma mais confiável.

A linha Agrale era avançada para a época, e mesmo com alguns problemas de pós-venda, ajudou a fortalecer o motociclismo esportivo brasileiro

De acordo com os registros da Abraciclo, cerca de 180 mil motocicletas nacionais chegaram ao mercado em 1984, 17,5% a menos que no ano anterior, revertendo a tendência de alta que prevalecia até então.

A partir de 1985, a Yamaha apresentou a RD 125, substituta da RX e irmã menos abastada da RD-Z, pois não possuía freio a disco, o tanque era menor (11,5 litros, contra 16 da RD-Z) e o motor menos potente. Já a DT 180 foi modernizada, ganhando novo tanque de 13 litros, no formato de vulcão, e um banco mais anatômico, que avançava sobre o tanque, permitindo um posicionamento mais agressivo do piloto. Novos para-lamas, laterais, farol, carenagem dianteira, trava do guidão, pisca-piscas, espelhos e pedaleiras estavam

A DTN de 1985 foi bastante modernizada, e ganhou uma sobrevida que duraria mais uma década. Na foto, um modelo de 1996

no pacote da DT 180 N. Foram modificadas ainda a suspensão dianteira, que incorporou válvulas de ar, com o curso passando de 180 para 200 mm, a caixa de filtro de ar, a ponteira de escapamento e a carburação. A DT 180 N teve excelente aceitação e permaneceu no mercado por mais dez anos, com poucas alterações. A MX L virou MX N, com a mesma base mecânica e um motor mais potente, passando para 23,3 hp a 8.750 rpm. O chassi foi reforçado, recebendo ainda aros de alumínio, ignição importada e punho de acelerador de curso rápido.

Motociclista e garupa ilustres: Edson Arantes do Nascimento, o "Pelé", e Soichiro Honda

Na Honda, a CG recebeu o câmbio de cinco marchas, nova pintura e farol retangular. A ML ganhou motor com comando de válvulas no cabeçote (OHC), aproximando-se da configuração técnica da Turuna, que teve a autonomia ampliada com o novo tanque de 12 litros. No mais, novos grafismos foram a alteração mais notada na linha de motocicletas da safra 1985. É como diz o ditado, não se mexe em time que está vencendo.

A Agrale WXT era um foguete sobre duas rodas, e dominou as corridas de *motocross* na categoria nacional por muitas temporadas

A Agrale mirou no *motocross* e acertou em cheio, mixando componentes importados e nacionais para montar a WXT 125 de competição. O modelo tinha motor monocilindro dois tempos de 123,63 cc, refrigeração líquida, com potência não divulgada, câmbio de seis velocidades, suspensões de longo curso da Marzocchi (italiana) na dianteira (300 mm de curso) e da Öhlins (sueca) na traseira (325 mm de curso) e peso de 94 quilos. Mesmo com alguns problemas de acabamento e manutenção, a WXT causou furor e foi um dos destaques da marca em 1985.

No geral, o quadro era menos auspicioso: um total de 161.378 motocicletas foram fabricadas no território brasileiro em 1985, segundo ano consecutivo de queda na produção nacional.

Honda CBX 750 F de 1986 provocou uma corrida às lojas. A procura maior que a oferta levou a um desmedido ágio

O ano de 1986 começou com um megalançamento: a Honda CBX 750 F, a primeira 750 cc "made in Brazil". Aliás, de fabricada no Brasil a moto não tinha quase nada, pois era a própria original japonesa, montada na (bendita) Zona Franca de Manaus. A moto tinha motor quatro tempos de quatro cilindros em linha e 747 cc, refrigerado a ar, com duplo comando de válvulas no cabeçote (DOHC) e quatro válvulas por cilindro, potência de 82 hp a 9.500 rpm e torque de 6,5 kgfm a 8.000 rpm. O câmbio era de seis marchas, o peso de 229 kg e a capacidade do tanque de 22 litros. Sem nenhum preparo, a CBX 750 F era capaz de superar os 210 km/h, mais veloz que qualquer automóvel da época. A produção em 1985 foi de apenas 700 unidades, o que estimulou a prática de um descomunal ágio, que elevou o preço de 130 mil cruzados (cerca de dez mil dólares) para 400 mil cruzados. A razão da correria era clara: a Honda teria de cumprir os prazos de nacionalização estipulados pelo governo, o que certamente implicaria a queda da qualidade de alguns componentes, fato que efetivamente acabou acontecendo.

A moto topo de linha da marca da asa reinou absoluta até o final do ano, quando sobreveio um devastador contra-ataque da Yamaha. Em 1986, a marca dos três diapasões havia inaugurado mais um endereço no Brasil: a Estrada do Paredão, nº 2.100, em Manaus. E veio de lá a sua maior novidade no mercado brasileiro em 1986: a Yamaha RD 350 LC. Resposta da Yamaha à Honda CBX 750 F, a RD tinha motor bicilíndrico dois tempos de 347 cc refrigerado a água (daí o LC, que quer dizer *liquid cooled*), com cilindros paralelos, e os sistemas Torque Induction e YPVS – Yamaha Power Valve System (que estabiliza a curva de aceleração do motor, presente, de forma menos sofisticada, em outros modelos Yamaha), potência de 55 hp a 9.000 rpm, torque de 4,74 kgfm a 9.000 rpm, chassi de duplo berço tubular, câmbio de seis velocidades, freio dianteiro de duplo disco com acionamento hidráulico, freio traseiro a disco, peso de 176 quilos e capacidade do tanque de 18 litros. A moto tinha excelentes antecedentes, os modelos R5 e RD, importados nos anos 1970, que disputaram históricos "rachas" com as CB 750 da mesma época. Com partida a pedal e com a aspereza do motor dois tempos, a moto era menos confortável (e menos veloz) do que a rival, mas ganhava em termos de esportividade e era mais ágil nos trechos sinuosos. No preço, vitória da Yamaha: 75 mil cruzados (cerca de 5,5 mil dólares), quase a metade do que custava a Honda CBX 750 F.

A famosa Honda CB 450 F série Nelson Piquet

Por falar em Honda, naquele ano ela prestou uma homenagem ao piloto Nelson Piquet, com uma série limitada da CB 450 S Piquet, celebrando o bicampeão mundial de Fórmula 1 (1981 e 1983). Ela era pintada com as cores da Williams, que o havia contratado e lhe daria o terceiro título mundial no ano seguinte. A Série Piquet ficou poucos meses "em cartaz", sucedida pela espartana CB 450 TR, um retrocesso em tecnologia. A versão unificada da média cilindrada da Honda perdeu a carenagem e o freio traseiro a disco, tornando-se presa fácil das Yamaha RD 350 LC. No mesmo ano, em parceria com a Marlboro, a Yamaha instituiu a Copa Marlboro Yamaha RD 350, com corridas em vários estados e uma final internacional na França. O torneio foi um grande sucesso e revelou ases como o paulista Adilson Magalhães, o "Cajuru" (1962-), dez vezes campeão nacional de motovelocidade.

De volta ao país, a Vespa foi um dos destaques do ano de 1986

Entre os fabricantes ditos "periféricos", vale registrar o segundo retorno da Vespa, agora como Motovespa, parceria entre a Piaggio italiana (45%) e as brasileiras Caloi (45%) e Barra Forte (10%), que já havia representado a marca no Brasil nos anos 1970. Os modelos escolhidos para o "terceiro voo" da Vespa pelo Brasil foram a PX 200 E, mais simples, a GT, classe média, e a Elestart, com vários opcionais. Aproveitando os tempos prósperos do Plano Cruzado, a Motovespa conseguiu produzir mais de mil unidades por mês na fábrica da Zona Franca de Manaus, superando a Agrale e encostando na Yamaha em número de vendas. Mas não conseguiu manter a boa fase no ano seguinte, depois que a Caloi abandonou a sociedade.

Linha de montagem da fábrica da Vespa, na cidade de Pontadera, na Itália

Em 1986, pela primeira vez a Abraciclo divulgou o quadro individualizado de produção e vendas de cada modelo, e a CG 125 foi o destaque absoluto, com 54.169 unidades produzidas, representando sozinha 32,4% do mercado. A Vespa PX 200 chegou em segundo, com 15.256 motonetas, pouco à frente da DT 180, com 14.895 unidades produzidas. No geral, a Honda liderava, com 62,1% do mercado, contra 18,1% da Yamaha, 11,4% da Vespa e 8,4% da Agrale. O total de motos produzidas foi de 166.694, com 166.160 vendas (praticamente todo o estoque anual), revertendo a tendência de queda dos anos anteriores, o que sinalizava dias melhores para o mercado brasileiro de motocicletas. Boa notícia, mas os números se tornam minúsculos em relação ao estonteante total de 5.271.365 motocicletas que o Japão produziu no mesmo período.

A Yamaha RD 350 R tinha padrão internacional e foi exportada para vários países europeus

Em 1987, a Yamaha refinou a RD 350, que ganhou nova carenagem integral, freios a disco perfurados e frente importada Showa. Com o nome de RD 350 R, a moto foi exportada para a Europa, substituindo a LC original japonesa, que deixou de ser fabricada. Aquele ano marcou também o ingresso no mercado da Yamaha RD 135 cc, substituta da RD 125 Z. A moto tinha motor monocilindro de dois tempos com potência de 13,7 hp a 8.000 rpm e torque de 1,27 kgfm a 8.000 rpm. Mesmo sofrendo com a política agressiva da Yamaha, a Honda comemorou um milhão de motocicletas produzidas no Brasil e lançou dois novos modelos. O primeiro foi a XL 125 Duty (que significa pesado, uma referência a heavy duty, serviço pesado), uma adaptação rural da CG, com dois bagageiros (um deles no lugar que normalmente seria destinado à garupa), protetor de manetes, para-barros e apoios laterais diferenciados. A moto era uma versão nacional das "fazendeiras" AG 100 (Yamaha) e CT 90 (Honda), importadas nos anos 1970. O segundo lançamento teve, literalmente, peso maior: a XLX 350 R chegou para combater o Yamaha DT 180 N e a Agrale Dakar 30.0, modelos cada vez mais comuns em provas de enduro e trilhas descompromissadas nos fins de semana. A XLX 350 R era inspirada na XR 600 cc japonesa, com motor quatro tempos monocilindro de 339 cc, potência de 30 hp a 7.500 rpm, torque de 3 kgfm a 5.500 rpm, câmbio de seis velocidades e peso de 135 quilos. A moto atingia 138 km/h e, para parar, contava com freio dianteiro a disco, inexistente na XLX 250 R. Esta, por sinal, atendendo às reclamações dos praticantes de enduro, retornou ao sistema de carburador único. No final do ano, mais uma maquiagem na CB 450, com a CB 450 DX, que retomou o freio traseiro a disco.

A Honda CBX 750 F de 1987 não repetiu o sucesso da versão anterior

Como se esperava, a CBX 750 F nacionalizada (índice de 40% em peso) perdeu muito em acessórios. Foram-se o sistema de ajuste de suspensão, o sistema antimergulho, as rodas anodizadas de 16 polegadas, os pneus sem câmara, os encaixes perfeitos nas carenagens... Até a cor preta cedeu espaço para um branco e vermelho superchamativo que, a pedidos, foi modificado no final do ano para branco e azul – safra que ficaria conhecida como Rothmans, marca de cigarros que apoiava a equipe Honda na motovelocidade. Com 2.624 unidades produzidas (montadas), a CBX 750 F representou 1,4% dos 65,1% da marca Honda no Brasil, à frente da Yamaha, que avançou para 20,2%, da Vespa, que encolheu para 8,9%, e da Agrale, com 5,8% do mercado nacional. A produção geral de 1987 alcançou 181.500 unidades, 8,9% mais que no ano anterior. O número de 175.613 motos vendidas até o final de 1987 indica que, no início do ano seguinte, os fabricantes recorreram às promoções de verão para escoar o estoque. O destaque negativo do ano foi a autofalência requerida pela MZ Simson do Brasil, sucessora da FBM. As duas empresas haviam colocado no mercado nada menos que 11.840 motocicletas MZ, na maioria do modelo 250 RS, cujos donos ficaram a ver navios em termos de manutenção e peças.

Entre os grandes, enquanto a Honda aumentava sua linha de produtos brasileiros, mantendo a base dos motores quatro tempos, a Yamaha adentrava esse campo de batalha, com a XT 600 Z Ténéré, a primeira quatro tempos da marca no Brasil. Seu lançamento, em março de 1988, abria caminho para um segmento em

AXT 600 Z Ténéré foi a primeira moto com motor quatro tempos da Yamaha no Brasil

A CBX 150 Aero foi a primeira Honda nacional na faixa das motocicletas de 150 cc

franca expansão na década de 1980, o das *big trail*. A moto era a sucessora do modelo XT 500, lançado em 1976 e famoso em todo o mundo por inspirar o francês Thierry Sabine (1949-1986) a criar o rally Paris-Dakar. Sabine, criador do Enduro Le Touquet, perdeu-se no deserto da Líbia em 1977 e, em um lance de sorte, foi resgatado três dias depois, em péssimas condições de saúde. A aventura solitária de Sabine ensejou a criação do maior e mais perigoso rally do mundo, no qual o próprio organizador acabaria morrendo, ao bater em uma duna com seu helicóptero, em 1986. A Yamaha XT 600 Ténéré foi uma espécie de tributo a Sabine, e desde o lançamento na Europa, em 1985, conquistou uma legião de fãs. O modelo produzido no Brasil tinha motor monocilindro quatro tempos de 595 cc refrigerado ar, comando de válvulas no cabeçote (OHC), potência máxima de 4 hp a 6.500 rpm, torque de 5,1 kgfm a 5.500 rpm, câmbio de cinco velocidades e peso de 155 quilos. O enorme tanque de combustível tinha capacidade de 24 litros, e a moto alcançava velocidade máxima em torno de 160 km/h. Além disso, a XT 600 Ténéré possuía partida elétrica, sem abrir mão do pedal de partida, uma boa opção para o fora-de-estrada. Apesar do visual desafiador, poucas foram parar nas trilhas, mas a concepção resistente foi uma grande aliada para enfrentar a irregular (literalmente) malha viária brasileira.

Surpreendentemente, a Honda não revidou o ataque da Ténéré com sua própria *big trail*, disponível na versão de um cilindro (XL 600 LM, cujo visual inspirou a XLX 350 nacional) e dois cilindros (XL 600 V Transalp). A empresa preferiu concentrar esforços nas motos menores, colocando no mercado a CBX 150 Aero e a CG 125 Cargo. A Cargo era uma versão da CG 125 para uso comercial, com banco individual (similar ao da XL 125 Duty), chassi, amortecedores e roda traseira mais resistentes, maior distância entre eixos e bagageiro preparado para receber um baú. Já a CBX 150 Aero veio substituir a ML 125. O novo modelo tinha motor monocilindro de quatro tempos com 151,8 cc, potência de 15,9 hp a 9.500 rpm, torque de 1,27 kgfm a 8.500 rpm e partida elétrica. O nome CBX Aero evocava os modelos maiores da Honda. Além das setas traseiras incorporadas à lanterna, a moto possuía comandos de guidão idênticos aos das CB 450 e 750 cc. Por falar na CBX 750 F, a cor preta voltou em 1988, com uma versão chamada extraoficialmente de "magia negra".

A Yamaha DT 180 de 1988 finalmente incorporou o freio dianteiro a disco

Com o investimento anual focado na XT 600 Ténéré, moto utilizada pelos pilotos Klever Kolberg (1962-) e André Azevedo (1960-) na estreia brasileira no rally Paris–Dakar, aconteceram poucas mudanças no restante da linha Yamaha. A RD 350 LC, além do novo grafismo, ganhou carenagem integral, válvula Torque Induction revisada e pneus sem câmara. Entre as motos menores, a Yamaha DT 180 recebeu, além de protetores de mão, o sonhado freio dianteiro a disco e passou a se chamar DT 180 Z.

As Agrale Série 2 fizeram sucesso em 1998

A Agrale apresentou uma linha nova, chamada de Série 2, com motores revisados para eliminar as falhas da geração anterior. Entre as novidades, a 27.5 E (Explorer), preparada para enfrentar um fora-de-estrada mais a sério. Apesar disso, a Agrale voltou a andar para trás, com 5.686 unidades produzidas, o equivalente a 3,4% do mercado. A liderança da Honda aumentou, com 122.196 motos produzidas, ou 73,2% do mercado. A Yamaha era uma longínqua segunda colocada, com 19,9%. No geral, o mercado encolheu ligeiramente, fechando 1988 com 166.961 motocicletas novas produzidas e 158.671 vendidas.

Entre os ciclomotores, duas novidades. A primeira foi o ingresso da Brandy Motor do Brasil, do empresário e motociclista Hugo Brandani (1939-2008). A fábrica de Ribeirão Preto, São Paulo, produziu o modelo NS1, com tecnologia Minarelli e características semelhantes às da concorrência. E, no final do ano, surgiu a Walk Machine, criação da Hatsuta que fez sucesso entre a garotada. Bem rudimentar, o engenho era uma espécie de patinete com motor dois tempos de 37 cc que rendia 1 hp a 5.500 rpm.

No início de 1989, a Honda apostou em mais uma renovação da CG 125, que sofreu alterações estéticas e passou a se chamar CG 125 Today. O motor da CBX 150 Aero foi recalibrado, passando para 15,9 hp, e equipou o novo produto da marca, a NX 150. O modelo veio substituir a anêmica XL 125 S e era baseado na linha NX japonesa, que tinha como estrela maior a NX 650 Dominator. A NX 150 tinha uma proposta de uso misto: as suspensões, escapamento, para-lamas, guidão, banco e protetores de mão intuíam uma pilotagem fora-de-estrada, mas a carenagem fixa, laterais, bagageiro, altura do solo e a pequena capacidade do tanque (8,5 litros) eram mais apropriados para o uso urbano. O motor

Em 1989, surgiu a terceira geração da Honda CG 125, conhecida como CG 125 Today

monocilíndrico de quatro tempos de 151,8 cc gerava 15 hp a 9.000 rpm e torque de 1,28 kgfm a 7.500 rpm. Entre as especificações da moto, estavam o câmbio de cinco velocidades, o peso de 120 quilos e a partida elétrica. Considerada "moderninha", a NX 150 fez sucesso e assumiu a vice-liderança do mercado nacional, precedida apenas pela eterna líder CG 125.

A Honda CB 450 SR apresentava uma ciclística privilegiada e o confiável motor da família CB

Na faixa das médias, a Honda decidiu diminuir o estrago nas vendas causado pela RD 350 e apresentou a CBR 450 SR, primeira esportiva brasileira com motor quatro tempos. O motor original da CB 450 DX foi preparado de maneira a dar um vigor extra ao novo modelo e, atuando em conjunto com o escapamento esportivo (sistema dois em um), fez a potência subir para 46,5 hp a 8.500 rpm (contra 43,3 hp da DX). Com a nova carenagem integral, a moto alcançava 175 km/h, quase 15 km/h mais que a versão "careta" da CB 450. O chassi perimetral de aço, tipo Deltabox, foi uma grande melhoria na parte ciclística da moto, que também se destacava pela suspensão traseira monochoque (ProLink), com sete regulagens na mola, e pelos competentes freios a disco. Em suma, se a CBR não tinha a mesma "pegada" da RD 350, era muito mais avançada no conjunto e confiável na pilotagem. No segmento *trail*, depois de inúmeras reclamações, a XLX 350 R recebeu descompressor manual, uma vez que o automático dos modelos anteriores era uma fonte de tormentos. A insistentemente solicitada partida elétrica, porém, não apareceu.

Em 1989, a Yamaha remodelou a RD 135, que, com o nome de RD 135 Z, ganhou novo escapamento e ajustes no motor, que aumentaram a potência para 18 hp, contra 16 hp da RD 135. A RD 350 R e a Ténéré 600 receberam discos de freio perfurados. O maior investimento da Yamaha naquele ano foi na TDR 180, com a base mecânica da DT e uma proposta mais urbana, semelhante à da NX 150. Entre as principais diferenças, a roda dianteira de 18 polegadas (contra 21 da DT), pinhão de 17 dentes (16 na DT), carenagem semi-integral e para-lama dianteiro baixo (igual ao da RD 350 R). Atualmente, essa moto é considerada precursora das Fun Bikes e das Supermotards, motos de fora-de-estrada adaptadas

Propaganda da Yamaha TDR 180: "A nova TDR é uma categoria inteiramente inédita de motos. Feita para tornar mais suave, segura e bonita, a dificuldade do anda e para, sobe e desce, desvia e arranca"

para uso em piso de asfalto. Mas curiosamente, ao contrário do que aconteceu com a NX 150, a TDR 180 não agradou, e acabou extinta em 1992. Talvez o modelo fosse avançado demais para a época, ou foi prejudicado pelos constantes problemas de acabamento (parte elétrica ruim, excesso de vibração na carenagem) ou então os fãs da DT original tenham visto como um sacrilégio a mudança de rumos apresentada na TDR.

A partir de março de 1989, a Agrale, que havia inaugurado uma nova fábrica em Manaus (Avenida Costa e Silva, 1.100, CEP 69075-700), atualizou sua linha de produtos, lançando a Elefantré, com o mesmo motor dois tempos de 190 cc e refrigeração líquida, porém com suspensão e freios aperfeiçoados, além de novo painel e uma bem-vinda partida elétrica. O outro lançamento da empresa foi mais modesto. Substituta da SXT e da Elefant que, por utilizarem motor 125 cc, não estavam autorizadas a ter os preços reajustados, a SST 13.5 era uma antiquada 125 cc movida por um motor dois tempos refrigerado a ar, com 13,5 hp de potência e 1,32 kgfm de torque. Na visão do fabricante, tudo era válido para reduzir os custos, e dessa forma a moto não possuía suspensão monochoque, conta-giros, bagageiro, espelho direito... A nova Elefantré foi o destaque da linha Agrale, mas com números modestos: 1.727 unidades produzidas em 1989, ou 1% dos mesmos 3,4% que a marca manteve no mercado nacional, cada vez mais liderado pela Honda, com 75,6% das 167.431 motocicletas brasileiras naquele ano. No Brasil dos anos 1980, três em cada quatro motocicletas nacionais eram fabricadas pela Honda. Nos tempos confusos de 1989, enquanto a população brasileira tentava dormir, do outro lado do mundo, Soichiro Honda acordava feliz.

A reabertura dos portos brasileiros às nações amigas

No Brasil, a década de 1980 terminava com um cenário difícil. A economia estava à deriva e experimentava o gosto amargo da hiperinflação. Por outro lado, o país estava politicamente agitado, com a primeira eleição direta para presidente nos últimos 30 anos. No cenário internacional, a queda do Muro de Berlim sinalizou o fim do comunismo e favoreceu a onda neoliberal, a economia de mercado e o capitalismo. No Brasil, embalado pela fama de "caçador de marajás", Fernando Collor de Mello (1949-) foi eleito presidente da república. O chamado Plano Collor foi desaprovado pela população, mas a redução de tarifas de importação por ele implantada no início do governo obrigou os fabricantes brasileiros a se modernizarem, para não perder espaço no confronto com a indústria internacional. Depois de afirmar que os carros brasileiros pareciam carroças, Collor revogou a enorme lista de produtos com importação proibida (em que estavam incluídas as motocicletas) e reduziu tarifas alfandegárias, medidas que inseriram o Brasil no mundo globalizado. No exercício da presidência, Fernando Collor causou polêmica ao acelerar uma Kawasaki Ninja ZX11 de 1.100 cc (que pertencia ao deputado Cleto Falcão) a 200 km/h nas cercanias da Casa da Dinda, sua residência oficial em Brasília, o que lhe valeu um puxão de orelhas público da sua mãe, dona Leda (1911-1995). Quando deixou o Distrito Federal, após o *impeachment* em 1992, Collor levou entre seus pertences uma singela Honda NX 150 cc...

O *supercross* é uma invenção norte-americana que faz sucesso no mundo inteiro

Se no Brasil isolado dos anos 1980 a batalha pelo mercado motociclístico foi uma constante, o índice de ferocidade internacional era ainda maior. Com diversos modelos e finalidades, o motociclismo esportivo se fortalecia. E as motos japonesas, baratas e fáceis de pilotar, eram cada vez mais populares. Vem dessa época o fortalecimento do *supercross*, invenção americana que levou as emoções do *motocross* para os estádios urbanos nos sábados à noite. Com a novidade, o público podia acompanhar as corridas próximo de casa, confortavelmente instalado. Um grande avanço em termos comerciais. Como meio de transporte, as motocicletas avançaram na razão direta das sucessivas crises do petróleo, que elevaram o preço da gasolina, aumentando o interesse pelas motos. Os frequentes congestionamentos no trânsito e a falta de locais para estacionar contribuíram involuntariamente para o aumento das vendas.

A Honda XRV 750 Africa Twin era baseada nos protótipos que venceram o Rally Paris Dakar duas vezes, em 1986 e 1987, com o francês Cyril Neveau

A variedade de modelos acompanhou as mutações do mercado. Freios a disco, câmbio de seis marchas, refrigeração líquida e transmissão por cardã eram novidades comuns, dentro e fora da estrada. As *superbikes* dos anos 1970 ficaram mais moderadas em volume cúbico de motor, e a busca por mais rendimento com consumo menor resultou em muitos modelos com avançada aerodinâmica. As configurações de motor ganharam formatos que variavam entre seis cilindros em linha (na Honda CBX 1050 e Kawasaki KZ 1300), quatro cilindros em V (Yamaha Vmax e Honda Magna), quatro cilindros em linha (Suzuki Katana e Kawasaki Ninja), três cilindros (Laverda Triple), dois cilindros (Kawasaki Z 750, Yamaha Super Ténéré), dois cilindros em V (Yamaha Virago e Honda Africa Twin), dois cilindros opostos (BMW) e um cilindro (Suzuki DR 750).

O presidente norte-americano Ronald Reagan em visita à fábrica da Harley-Davidson: entre 1983 e 1988, protecionismo declarado

Nos Estados Unidos, a Harley-Davidson (controlada pela AMF) enfrentava o avanço das motos japonesas de grande porte com manobras extracampo. Acuada, a empresa peticionou ao governo federal a imposição de uma sobretaxa de importação para motocicletas japonesas com mais de 700 cc. Segundo a Harley-Davidson, os japoneses, que tinham um grande estoque de modelos 1981 e 1982, estariam praticando *dumping*, pois vendiam seus produtos por preços abaixo do custo, com a intenção de eliminar a concorrência. A argumentação foi considerada procedente, e em 1983, por determinação do presidente Ronald Reagan (1911-2004), a taxa de importação original de 5% foi majorada para assustadores 45%. A sobretaxa, que vigoraria por cinco anos, foi retirada a pedido da própria Harley-Davidson, em 1988. Na ocasião, Reagan discursou dizendo: "Os trabalhadores americanos não precisam se esconder de ninguém".

William "Willie G" Davidson, o grande estrategista da recuperação da empresa a partir do final da década de 1980

Além de exercitar seu poder de convencimento no campo político, a Harley-Davidson adotou o conceito da "new nostalgia", criado pelo vice-presidente William "Willie G." Davidson, filho de William H. e neto de William A. Davidson, um dos fundadores da empresa. Em 1984, os engenheiros apresentaram, no modelo FXST 1340 cc, a suspensão traseira "*softail*" (rabo macio), com o amortecedor tipo monochoque escondido no chassi, junto à caixa de marchas, e seção traseira aparentando ser rígida, evocando o estilo "*hardtail*" (rabo duro), que vigorou até os anos 1940. O Harley Owners Group (HOG), fundado em 1983, encampou a ideia e, em meados dos anos 1980, a "nova nostálgica" FXST Softail se tornou a campeã de vendas da marca. Em 1987, a empresa voltou a abrir o capital e conseguiu se revitalizar. O apelo patriótico e as celebridades americanas que sempre se associaram à marca garantiram sua sobrevivência. Também na década de 1980, a Harley-Davidson ganharia uma versão independente, a Buell, projetada por Erik Buell (1950-), ex-piloto e engenheiro da H-D. Mais esportivos e arrojados, os modelos Buell encontraram espaço comercial e ajudaram a rejuvenescer a imagem das motocicletas fabricadas nos Estados Unidos.

A BMW GS de 1980 abriu novos horizontes para os motociclistas e aventureiros em geral

Do outro lado do Atlântico, o mercado europeu atravessou uma década de ascensões e quedas vertiginosas. Exemplo do lado positivo foi a BMW, que, antenada com o mundo das competições, a partir de 1980, introduziu a linha GS (de Gelande/Strasse, que significa fora-de-estrada/estrada), desenvolvida em colaboração com a marca italiana Laverda. As motos GS tinham várias inovações, como os cilindros de alumínio, a balança traseira monobraço, contendo o eixo cardã, e amortecedor único, no sistema Monolever. A GS 800 causou sensação desde o início, e versões reforçadas dessa moto venceram o Rally Paris-Dakar em 1981, 1983, 1984 e 1985, aumentando a sua reputação aventureira. A GS serviu de base para a linha estradeira, chamada de RT, e pontificou também na faixa das 1.000 cc, com os modelos K1, RS e GS. No outro lado da balança ficou a MV Agusta, de tantas vitórias e títulos mundiais na motovelocidade. A fábrica fechou as portas em 1980 e, em 1986, colocou à venda todo o lendário acervo da divisão de competições. Foi um final melancólico para uma empresa de passado glorioso. Ao longo de quatro décadas nas pistas, craques como Giacomo Agostini (15 títulos), Carlo Ubbiali (nove títulos), Mike Hailwood (nove títulos), John Surtees (sete títulos), Phil Read (sete títulos) e muitos outros campeões mundiais defenderam as cores da equipe, que venceu 37 campeonatos mundiais de motovelocidade, incluindo 16 títulos consecutivos na categoria principal, para motos de 500 cc.

Giovanna Agusta e Germano: amor sem fronteiras

Uma curiosidade: Giovanna Agusta (1946-), filha do conde Domenico e neta de Giovanni Agusta, fundador da fábrica de aviões, viveu uma tormentosa história de amor com o brasileiro José Germano de Sales (1942-1998), ponta esquerda do Flamengo e da seleção brasileira. Germano era irmão do também jogador João Batista de Sales (1945-), apelidado "Fio Maravilha" (eternizado em canção do compositor Jorge Ben) e de Valdemir Germano Filho (1948-), o "Michila", todos com passagem pelo Flamengo. Aos 20 anos, Germano foi contratado pelo Milan, clube pelo qual foi campeão da European Champions Club Cup (futura Copa da UEFA) em 1963. Em Milão, ele conheceu Giovanna, então com 17 anos. Contra a vontade da família dela, os dois se apaixonaram. Nobre, milionário e influente, o conde Domenico Agusta conseguiu que o Milan emprestasse Germano para o Palmeiras, no qual ele jogou de 1965 a 1967. No final do contrato, ao retornar a Milão, o jogador foi de imediato negociado com o Standard Liège, da Bélgica. Mesmo distante, o casal continuava apaixonado e, depois de muitas discussões, em 17 de junho de 1967, Giovanna e Germano se casaram. Germano foi bem no Liège, ganhou dois títulos nacionais, mas o casamento acabou em 1970. O jogador voltou ao Brasil, encerrou sua carreira, casou-se novamente e foi ser fazendeiro na cidade de Conselheiro Pena, interior de Minas Gerais, onde morreu de enfarto aos 56 anos, em 1998. O casal teve uma filha, Giovanna Clara, que mora em Los Angeles com a mãe. A morte do conde Domenico Agusta, causada por ataque cardíaco, em 1971, paralisou por muito tempo a produção de motocicletas MV Agusta, sinalizando o começo da decadência da terceira maior vencedora da história da motovelocidade mundial, com 274 vitórias, atrás apenas das gigantes japonesas Honda e Yamaha.

A MV Agusta 250 B (de bicilíndrica) tem motor quatro tempos e potência de 19 hp. A moto foi lançada em 1971, ano da morte do conde Agusta, dono da marca e sogro do jogador brasileiro Germano

CAPÍTULO 18

A DÉCADA DA GLOBALIZAÇÃO

No Brasil, a abertura das importações significou a libertação do mercado em relação às políticas governamentais. Por outro lado, não havia mais proteção, reserva ou barreira legal que contivesse o avanço das marcas transnacionais, muito mais avançadas e econômicas, inclusive no preço. É como dizia a velha música de Elvis Presley: "*Only the strong survive*" (somente os fortes sobrevivem).

A Honda NX 350 Sahara dividiu opiniões. Sua principal vantagem era a partida elétrica

A Honda mudou a pintura da CBX 750 F, pretendendo trazer de volta a mística do modelo "magia negra", mas a moto praticamente não havia mudado desde o lançamento, quatro anos antes, e, ante os avanços do mercado globalizado, estava ficando "velha". Para renová-la, a fábrica lançou o modelo 750 F Indy, mais esportiva, com carenagem integral, novo painel, porta-luvas duplo e chassi reforçado. Ainda assim, a resposta do consumidor foi pálida, pois, na mesma faixa de preço, os importadores independentes ofereciam opções interessantes como a Kawasaki Ninja e a Yamaha FZ. No segmento de uso misto, surgiu a NX 350 Sahara, com a base mecânica da XLX 350 R e foi, a exemplo da XT 600 Ténéré, inspirada no Rally Paris-Dakar. A moto teve mudanças no motor, cuja potência aumentou de 30 para 31,5 hp a 7.500 rpm, e no torque, ampliado de 3 para 3,1 kgfm a 5.500 rpm. Pensada para pilotagem predominante sobre piso de asfalto, a suspensão ficou mais macia, os freios maiores, o banco 2,5 cm mais baixo e as pedaleiras, dentadas na linha XLX, foram encapadas com borracha. Com os novos equipamentos, a moto passou a pesar 144 quilos, nove mais que a XLX 350 R. A principal vantagem da Sahara em comparação com a XLX era a sonhada partida elétrica, mas o visual, a meio caminho entre moto de rua e *trail*, foi bastante criticado. Uma das lacunas mais discutidas foi o tamanho do tanque, aparentemente enorme, como na XRV 750 Africa Twin, peso-pesado da marca (tanque de 24 litros), mas que na realidade tinha a mesma capacidade do componente da XLX 350 R, 14 litros. A NX 150, vice-líder em vendas, recebeu redução na primeira e na segunda marcha, para melhorar o rendimento em arrancadas e trechos de baixa velocidade. A mesma modificação foi feita na CBX 150 Aero, que, por contenção de custos, perdeu todo o sistema do pedal de partida. O restante da linha Honda 1990 sofreu apenas alterações de pintura e gráficos.

Entre os fabricantes de menor porte, a Barra Forte deixou o mercado, sucedida pela Indústria de Duas

Uma Agrale Tchau depois de muitos quilômetros rodados

Rodas da Amazônia Ltda., voltada para a fabricação de bicicletas. A Brandy lançou três novos produtos, os ciclomotores NS 2 e Due, e a minimoto BX 50, todos com tecnologia da argentina Zanella. Já a Agrale mudou apenas cores e grafismos na linha de motos fora-de-estrada e lançou um ciclomotor, o Tchau, com motor dois tempos de 49 cc e tecnologia italiana Moto Morini, que rend a 3,4 hp a 6.500 rpm. Pelos dados da Abraciclo, a Agrale produziu 6.885 motocicletas, ou 4,7% do mercado.

Uma Kahena LJ 16, modelo que apresentava soluções criativas e inéditas. Ainda hoje, a marca possui uma legião de fãs

No final de 1990, surgiu mais um fabricante genuinamente nacional, a Kahena, que seguia a linha da Motovolks e da Amazonas (extinta em 1990 e reativada em 2007), ou seja, usava como propulsor o motor Volkswagen 1.600 cc, com algumas alterações exclusivas. Seis protótipos do modelo LJ 16 foram expostos no Salão do Automóvel daquele ano e causaram grande impacto. O projeto tinha características diferenciadas, como o chassi perimetral de aço, denominado Tecbox, sistema monobraço traseiro, chamado de Uniarm, e velocímetro ativado por pulso magnético, inédito no mundo. A moto se situava no segmento Sport-Touring e ainda passaria por diversos testes até entrar em produção, em 1992.

Já a Yamaha do Brasil começou a década de 1990 modernizando a XT 600 Ténéré. Inspirada na "prima rica" Super Ténéré 750 cc, a "versão brasileira" recebeu carenagem fixa com dois faróis, tanque de 24 litros (contra 22 litros do modelo anterior), para-lama dianteiro próximo à roda e novo painel, sem, contudo, incorporar o freio traseiro a disco introduzido na versão internacional de 1988. Também por questões de custo, o pedal de partida foi eliminado. No geral, com relação de marchas mais longa e peso aumentado para 170 quilos, a moto ficou mais adequada ao uso urbano e continuou reinando absoluta em sua faixa de preço. No restante da linha, apenas pequenas

A Yamaha XT 600 de 1990 "preferia" mais andar na estrada que fora dela

alterações, além das tradicionais mudanças em gráficos e cores. A DT 180 Z teve uma versão de exportação, a RT 180, sem parte elétrica, com pneus *cross*, sistema de lubrificação automático *autolube* e catalisador no escapamento, para atender às exigências ambientais internacionais. As motos foram exportadas para a América do Sul, Estados Unidos e Canadá entre 1990 e 1998. As 6.834 unidades de RT 180 ajudaram a marca a produzir 32.779 motos, ou 22,3% do mercado nacional, sempre liderado pela Honda, com 73%. Impulsionada pelos bons resultados da SXT 27.5, a Agrale subiu para 4,7% do mercado.

A Honda VFR importada custava uma fração do preço da versão brasileira

Como era de se esperar, a chegada das importadas abalou o mercado nacional de motocicletas. Das 146.735 motos produzidas no ano (contra 167.431 do ano anterior), apenas 123.169 unidades foram comercializadas, o que resultou em um encalhe considerável: 23.566 motocicletas zero-quilômetro. Para explicar melhor esse problema, basta fazer um cálculo comparativo. O preço de tabela da NX 350 Sahara, 794.991,32 cruzeiros, equivalia a quase 11 mil dólares, um absurdo, mas menos que a Yamaha XT 600 Ténéré, cujo preço de tabela era de astronômicos 955.211 cruzeiros, ou 13,2 mil dólares. Sem falar na espalhafatosa CBX 750 F, que custava 1,882 milhão de cruzeiros, ou 26.138 dólares, quatro vezes mais cara do que a VFR 750F, disponível no mercado americano por cerca de 7 mil dólares. Para escoar o estoque, exportar era a melhor saída, desde que o produto fosse competitivo em preço e tecnologia.

Em 1991, a notícia mais importante para o motociclismo mundial foi muito triste. No dia 5 de agosto, no hospital Juntendo, em Tóquio, aos 84 anos e oito meses, o genial Soichiro Honda havia morrido. Ele estava afastado do dia a dia da maior fabricante de motocicletas do mundo desde 1973. Soichiro e a mulher, Sachi, eram, além de excelentes motociclistas, pilotos privados de aviões, paraquedistas, balonistas e esquiadores. Entre as muitas frases interessantes que o "Velho" disse, destaco uma, que exemplifica bem seu estilo de vida: "Se você contratar somente pessoas que você entende, a companhia jamais conseguirá pessoas melhores que você. Lembre-se sempre de que muitas vezes você encontra gente notável entre aqueles de quem você particularmente não gosta" (*"If you hire only those people you understand, the company will never get people better than you are. Always remember that you often find outstanding people among those you don't particularly like"*).

Aqui no Brasil, em 1991, o governo do presidente Collor acertou mais uma vez, ao diminuir a alíquota do imposto de importação de 85% para 60%. A medida gerou uma redução no preço das motocicletas importadas da ordem de 16%, esquentando a briga com a indústria nacional.

Aproveitando a redução, a Honda diversificou suas atividades, passando a importar geradores, motobombas e motores estacionários para uso comercial. A linha de motocicletas teve apenas mudanças em cores e gráficos. O visual ficou mais moderno, mas muitos não gostaram das cores vivas da marca da asa em 1991. Em outra decisão bastante criticada, depois de 40.436 unidades vendidas em quatro anos, a XLX 350 R saiu definitivamente de linha, sucedida pela NX 350 Sahara, que não tinha a mesma proposta. Dali em diante, quem quisesse enfrentar as trilhas com uma Honda, teria que recorrer à defasada XL 250 R.

A importação de uma linha completa de geradores expandiu a presença da Honda no Brasil

As Yamaha DT 180 da safra 1991 não primavam pela discrição: as opções de cores eram rosa choque ou azul piscina

A Yamaha também aderiu às importações oficiais, trazendo um primeiro lote do modelo Yamaha XTZ 750 Super Ténéré, uma *maxitrail* com tecnologia de ponta (motor bicilíndrico quatro tempos de 749 cc com refrigeração líquida e potência de 70 hp a 7.500 rpm) e preço astronômico: 20 mil dólares. Passando da terra para a água, a empresa começou a importar *jet skis*. Entre as motos nacionais, a Yamaha criou polêmica ao apresentar a DT 180 Z, sua campeã de vendas no Brasil, nas chamativas cores azul-piscina e rosa-choque (usadas na linha internacional de *motocross* e enduro em 1991). Pequenas modificações técnicas (disco dianteiro perfurado, carburador recalibrado e novo filtro) prepararam a veterana DT 180 para enfrentar o "fogo amigo" da DT 200. O esforço para salvar a TDR 180 continuou: a moto recebeu aro traseiro de 17 polegadas, relação mais longa e novos pneus. Na dianteira, foi adotado o guidão original da DT 180 Z, e o ângulo de *caster* foi alongado, visando a uma maior estabilidade. A RD 350 R ganhou em equilíbrio com uma suspensão dianteira importada (Showa, fabricada no Japão), novos pneus e mais regulagens no amortecedor traseiro. A parte estética também evoluiu, com nova carenagem, dois faróis, novos retrovisores e semiguidons. Como de hábito nos modelos Yamaha que usavam motores dois tempos, ficou faltando a partida elétrica.

Entre os produtores artesanais, a empresa paulista Aldee também optou pela tecnologia argentina da

As minimotocicletas da Aldee utilizam tecnologia argentina da Zanella

Zanella nas minimotos Ninja e SW 50R, modelitos que tinham como principal distinção o freio a disco nas duas rodas, vantagem que muita moto grande não oferecia.

Logotipo da Associação Brasileira dos Fabricantes de Motocicletas, Ciclomotores, Motonetas, Bicicletas e Similares - Abraciclo

No geral, 116.321 motos produzidas e 109.168 vendidas em 1991, recuo de quase 12% em relação ao ano anterior, acentuando a tendência de declínio do mercado nacional. As exportações também diminuíram, de 15.460 para 13.191 unidades, uma queda de 14,7%. Os números da Abraciclo não levavam em conta as motos importadas, mas bastava olhar em volta para notar a presença cada vez maior dos modelos estrangeiros.

A Honda 1000 F de 1992 chegou ao Brasil de navio, importada do Japão pela Honda Motor do Brasil

Em 1992 a Honda comemorou a marca de 1,5 milhão de motos fabricadas no Brasil e, ao mesmo tempo, engajou-se entre as importadoras de produtos manufaturados com duas rodas e um motor. Desde o início do ano ela importou, além de geradores e quadriciclos, a CBR 600 F (a um preço aproximado de 18 mil dólares) e a CBR 1000 F (21 mil dólares). Na linha de motocicletas nacionais, a CG 125 Today completou 15 anos de Brasil, ganhando, como "baile de debutante", nada menos que 69 modificações no motor e 74 no chassi. O principal aperfeiçoamento foi a ignição eletrônica (ignição por descarga capacitiva, a popular CDI), aposentando o velho sistema de platinado. Com o motor mais trabalhado e novo pistão, a moto passou a oferecer 12,5 hp a 7.000 rpm, um ganho de 1,5 hp em relação ao modelo anterior. A velocidade máxima aumentou consideravelmente, de 104 para 115 km/h, com a proeza de reduzir o consumo: 38 quilômetros por litro contra 36 do modelo 1991. Por falar em consumo, ele é um dos maiores atributos da Honda C 100 Dream, que em 1992 foi importada da Tailândia e montada na fábrica de Manaus. A moto era uma evolução da linha Cub, campeã mundial de vendas e criadora de um segmento próprio, o *cub*. A exemplo da maioria das *cub*, na Dream o condutor apenas se senta na moto, evitando o movimento de passar a perna sobre o conjunto para assumir a posição de pilotagem. O motor monocilindro quatro tempos de 97,1 cc alcançava a potência máxima de 8,5 hp a 7.500 rpm e torque de 0,78 kgfm a 6.000 rpm. Entre os destaques, o câmbio de quatro marchas com embreagem automática, o baixo peso (86 quilos) e a economia de combustível, mais de 40 quilômetros por litro, em uso normal.

Propaganda da Honda NX 150 Nature: cores da floresta

Outra novidade da linha Honda 1992 foi o "renascimento" da XL 125, com motor OHC de 14 hp a 9.500 rpm. Na verdade, a moto só estava descontinuada (em 1989) para o mercado interno, e a versão que retornou era a mesma que até então havia sido inteiramente destinada às exportações. Já a NX 150 teve uma série especial, a Nature, para os amantes da natureza. A principal diferença era a pintura especial – chassi verde-abacate e detalhes nas cores amarela e violeta... A Honda marcou pontos com os amantes da motovelocidade ao criar a Fórmula Honda CBR 450 SR, dando oportunidade ao surgimento de novos valores em uma modalidade que passava por tempos difíceis. A preparação técnica era restrita e o formato da prova diferenciado. A mesma moto era dividida entre dois pilotos, um da categoria Júnior e outro da categoria Sênior, que reúne os mais experientes. A dupla competia em três corridas no mesmo dia (o chefe de equipe escolhia o piloto que faria a corrida final), dividindo custos e aumentando as alternativas de ocupação do pódio.

A Yamaha acelerou as vendas com a DT 200, uma *trail* moderna, com motor monocilindro dois tempos de 195 cc refrigerado a água, com o sistema YPVS, que controlava a queima de gases colhendo informações de um *chip*, sistema similar ao adotado na RD 350 R. Um novo injetor no carburador (Power Jet) ajudava no rendimento da moto, gerando a potência de 25 hp a 8.500 rpm e torque de 2,15 kgm a 8.000 rpm.

A Yamaha DT 200 de 1992: profusão de cores e refrigeração líquida

A DT 200 aproveitou componentes da XT 600 Z e da RD 350 R, resultando num visual esquisito, ressaltado pela cor branca/violeta/rosa-choque (a outra opção também era tricolor e anormal: preta/azul/violeta) e pelo radiador de corpo único, montado do lado direito da moto, deixando um buraco do lado oposto. Também causaram estranheza o bocal do tanque sem chave e o protetor de cárter de plástico, duas falhas graves de projeto. De toda forma, em termos gerais, motor, suspensão e chassi eram mais modernos quando comparados aos da DT 180 Z, que permaneceu em produção, como opção mais econômica para o fora-de-estrada. As RD 135 e 135 Z receberam painel importado e novas cores.

Em busca da redução de custos, a Agrale SST 125 cc de 1992 significou um retrocesso tecnológico

A Agrale, que teve a potência dos seus produtos rebaixada por um novo formato de medição (a Elefantré 30.0 passou a ter 26.5 hp, mas não mudou de nome), apresentou novidades para a temporada 1992. A Explorer 27.5 ganhou freio a disco traseiro, amortecedor com reservatório de gás, radiador maior, banco mais curto e ponteira de alumínio, além de se juntar aos muitos modelos com detalhes em rosa-choque. No resto da linha de produção, cada modelo incorporou algum tipo de novidade. A Elefantré 16.5 ganhou partida elétrica, e a 30.0 recebeu o mesmo amortecedor traseiro da Explorer. A SXT 27.5 E, campeã de vendas da marca, recebeu um radiador maior e graxeiras para lubrificação da suspensão traseira. A SST ficou sete centímetros mais baixa, e o ciclomotor Tchau teve suspensão e carenagem revisadas.

O Suzuki Adress 100 foi um dos produtos que fizeram parte do acordo entre a empresa japonesa e a brasileira Caloi

No modelo *scooter*, uma associação da Caloi com a Suzuki resultou na montagem e comercialização do AE 50 e do Adress 100. O universo dos pequenos produtores trouxe uma novidade: o piloto de automóveis Zeca Giaffone tentou a sorte no mercado das minimotos, com o Big Foot, que utilizava componentes de *kart* e um motor de motosserra Stihl, com 55 cc e 3,5 hp de potência.

Somados os números de produção e vendas de 1992, sem a participação da Agrale, que havia deixado a Abraciclo, o resultado foi, por assim dizer, péssimo: 86.194 motocicletas produzidas e 53.450 vendidas, queda de quase 50% em relação ao ano anterior. Quanto às exportações, um crescimento notável: a Honda exportou 26.577 motos, 162% mais que em 1991, e a Yamaha foi ainda mais eficiente, com 11.498 motos exportadas, um incrível aumento de 281%. Todavia, no mercado interno, em que os próprios fabricantes importavam motos, a briga pelo consumidor estava sendo perdida para os produtos estrangeiros. Além disso, as novas regras reduziram de 40% para 5% o imposto de importação dos produtos montados na Zona Franca de Manaus (sistema CKD – Completely Knocked Down ou "completamente desmontado"). Com esse panorama, para as motos nacionalizadas, só havia um caminho a seguir: modernização ampla, total e irrestrita, mantendo os preços estáveis. Em suma, uma missão quase impossível.

A Yamaha foi a primeira a reagir, e optou por uma espécie de "seleção natural". Nessa visão darwiniana do mercado de motocicletas, as mais fracas perderam a vez. Em uma só decisão, foram extintas a RD 135 Z, a TDR 180 e a RD 350 R. Permaneceram em atividade, com pequenas modificações, os modelos DT 180, DT 200, XT 600 Z e RD 135, de mais fácil comercialização. A "nova geração" Yamaha teve como ponta de lança a Vmax 1200, uma motocicleta construída com o propósito de impressionar. A moto havia mudado pouco desde o lançamento, em 1985, e criou a moda *"power cruiser"*, deslocando-se com estilo e muita potência. O visual agressivo do

A Yamaha Vmax 1200 de 1993 recebeu melhorias no garfo dianteiro, discos de freio, bateria e pneus Metzeler, substituindo os Dunlop de até então

conjunto, com duas tomadas de ar ao lado do falso tanque, o banco tipo sela de vaqueiro, as cores escuras e, sobretudo, o som do motor, chamavam a atenção de qualquer ser vivo. A Vmax era equipada com um poderoso motor quatro tempos de quatro cilindros em V, com 1.198 cc, potência de 145 hp a 9.000 rpm, torque de 11,7 kgfm a 7.500 rpm, transmissão por eixo cardã e câmbio de cinco marchas. A moto pesava 258 quilos e levava 15 litros no tanque verdadeiro, situado embaixo do banco. Já a TDM 850 era uma versão mais turismo/*trail* (bem mais turismo do que *trail*) da célebre XT-Z 750 Super Ténéré. O novo modelo utilizava motor bicilíndrico quatro tempos de 849 cc, com potência de 77 hp a 7.500 rpm e torque de 8,1 kgfm a 6.000 rpm. Mais uma estrangeira no catálogo da Yamaha, a FZR 600, veio para combater a Honda CBR e a Kawasaki Ninja. A moto é movida por um motor quatro tempos de quatro cilindros em linha, refrigeração líquida, com potência de 91 hp a 10.500 rpm. A marca passou a oferecer também o CY 50 Jog, *scooter* com motor dois tempos de 49 cc, potência de 4,9 hp a 6.500 rpm, torque de 0,52 kgfm a 6.500 rpm, transmissão automática e partida elétrica. Outra novidade da Yamaha em 1993 foi a XT 600 E, versão mais leve (155 quilos contra 170) da XT 6000 Z Ténéré (extinta no Brasil em maio de 1993), com motor monocilíndrico quatro tempos de 595 cc, 45 hp de potência a 6.500 rpm e torque de 5,1 kgfm a 5.600 rpm. A moto trouxe o desejado freio a disco na roda traseira, para-lamas altos e tanque de combustível menor (13 litros, contra 24 da XT-Z). Com muitos aperfeiçoamentos e consumo menor (18 km/l contra 15 da XT-Z), a XT 600 E foi uma evolução urbana, mas o espírito aventureiro da sua antecessora permaneceria para sempre intocado e inigualável.

A Honda CBR 900 RR Fireblade pesava 184 quilos e tinha 124 hp de potência, uma proporção de 0,6 hp por quilo. A linha Fireblade foi desenvolvida por Tadao Baba, brilhante engenheiro da Honda

Na Honda, a opção da importação oficial ganhou vulto, com a chegada da CBR 900 RR Fireblade (em inglês, "lâmina de fogo"), recém-lançada na

Europa. Na linha nacional, não mudou um parafuso, só os esfuziantes gráficos e cores, nem sempre com bons resultados. No início do ano, uma queda de braço com a Assohonda – Associação Brasileira de Concessionários Honda levou a empresa a reduzir a oferta como forma de manutenção de preços. A estratégia serviu para alimentar as vendas da rival Yamaha. A resposta da Honda veio com uma inédita e bem-vinda redução de preços nos modelos campeões de venda: a CG 125 Today (desconto de 23%) e a recém-chegada Honda Dream (desconto de 9,6%). A NX 350 Sahara ganhou um visual mais colorido, em tons de azul e vermelho, e o preço com desconto ficou mais competitivo, em torno de 7 mil dólares.

Joaquim "Juca Bala" atravessou chuva e sol, poeira e carvão andando pelos sertões. Venceu a primeira edição da prova em 1993

Em junho de 1993, um acordo político entre governo, fabricantes, montadoras e concessionários diminuiu o ICMS – Imposto de Circulação de Mercadorias e Serviços, unificado em 12% (contra até 25% do sistema anterior), o que resultou em uma redução padrão de 12% no preço das motocicletas. Sem dúvida, uma ótima notícia para o consumidor. O mês de julho trouxe a primeira edição de um evento que entraria para a história do motociclismo esportivo brasileiro, o Rally dos Sertões. A cidade serrana de Campos do Jordão, no interior de São Paulo, foi o ponto de partida para uma jornada de 3,5 mil quilômetros até Natal, no Rio Grande do Norte. O primeiro vencedor foi o paulista Joaquim "Juca Bala" Rodrigues (1967-), pilotando uma Yamaha.

No segundo semestre, a Honda resolveu "promover" a CBX e a NX de 150 para 200 cc, com o lançamento simultâneo da CBX 200 Strada e da NX 200. Ambas tiveram o motor original ampliado para 196,9 cc, gerando 19 hp a 8.500 rpm na Strada e 18 hp a 8.000 rpm na NX. Em torque, a NX era um pouco superior: 1,8 kgfm a 6.500 rpm contra 1,7 kgfm a 7.000 rpm da Strada, confirmando a diferença nas propostas. A Strada, como o nome informa, era destinada ao uso urbano e pequenas viagens. Os pneus sem câmara deram estabilidade à moto, que

ACBX 200 Strada voltou a elevar a centimetragem do motociclismo popular brasileiro. A moto tinha boa aparência e um motor mais potente que sua antecessora, a CBX 150 Aero

atingia 132 km/h. A NX também recebeu novos pneus, e o para-lama dianteiro voltou a ficar próximo da roda, uma sinalização de que (em princípio) ela não seria a sucessora da XL 250 R. Em agosto, depois de muitos e bons serviços prestados, a XL 125 Duty foi aposentada.

Em setembro de 1993, na cidade de Serra Negra, São Paulo, aconteceu o primeiro Megacycle, encontro nacional de motocicletas inspirado na famosa Daytona Bike Week, a "Semana da Motocicleta", realizada desde 1937 no Estado da Flórida, Estados Unidos. O Megacycle foi um marco entre os encontros estradeiros, que se multiplicaram desde então na razão direta do (enorme) crescimento dos moto clubes no Brasil.

A Suzuki DR 650 SE de 1993 marcou o início das atividades da J. Toledo Suzuki Motos do Brasil

Em termos de mercado, a grande notícia do ano foi a fundação da J. Toledo Suzuki Motos do Brasil, uma associação entre a tradicional fabricante japonesa e o ex-piloto João Toledo. A fábrica na Zona Franca de Manaus e o centro administrativo em Jundiaí, São Paulo, foram as escalas de desembarque de motocicletas avançadas como a *big trail* DR 650 RE (46 hp a 6.800 rpm), que custava 9 mil dólares, menos que as rivais XT 600 E e Kawasaki KLX 650. A nova empresa não afetou a parceria da Suzuki com a Caloi, que continuou produzindo *scooters* pelo sistema CKD.

Por falar em grandes negócios, há que se mencionar o Grupo Izzo, do empresário paulista Paulo Izzo Neto (1964-), que passou a representar com exclusividade a marca Harley-Davidson no

Brasil. Outra notícia positiva foi o início da produção em série das megamotos Kahena, com os modelos SS e ST, ambos movidos por um motor baseado no consagrado Volkswagen 1.600. As exportações começaram de imediato, para o Japão (nove unidades, com *sidecar*) e para a Alemanha (15 unidades), países com tradição no mercado mundial de motocicletas.

Paulo Izzo, presidente do Grupo Izzo, distribuidor da Harley-Davidson no Brasil

Alexandre Barros, o melhor piloto brasileiro de motocicletas de todos os tempos

A Xing Fu XF 125 A podia não andar muito, mas era imponente, e seus três faróis garantiam uma boa visão noturna

Enquanto isso, a Agrale fraquejava, perdendo mercado a cada dia, para desespero de revendedores e clientes. A indústria chinesa surgia timidamente, com escala na Zona Franca de Manaus, em parceria com a Wemoto Indústria e Comércio Ltda. Os dois modelos sino-amazonenses foram a Xing-Fu XF 125 A, um clone da Honda CG dos anos 1970, e o *Scooter* QM 50, mistura de Vespa, Lambretta e Honda Cub. Como fabricantes e importadores não fizeram parte da Abraciclo, não havia como aferir os números comerciais desses produtos. No final do ano, somadas as informações de Honda e Yamaha, o quadro geral era confuso: 83.458 motocicletas produzidas (menos que as 86.194 de 1992) e 67.997 vendidas (aumento médio de 27% em relação às 53.450 motos comercializadas em 1992). As exportações caíram para menos da metade, 15.805 motos (contra as 38.075 unidades do ano anterior). O país atravessava um período igualmente complicado. Fernando Collor havia sido excluído da presidência, e o vice, Itamar Franco (1930-), cuja principal obra de governo foi ressuscitar o velho Volkswagen Fusca, fazia uma transição morosa para as eleições do ano seguinte. Não havia tempo para lamentações; voltar a crescer era vital para continuar existindo.

No motociclismo esportivo, o paulista Alexandre Barros (1970-) chegou ao topo do pódio das 500 cc, categoria principal do Mundial de Motovelocidade. O triunfo aconteceu em Jarama, mesma pista em que Adu Celso havia vencido 20 anos antes. Alexandre voltaria a vencer outros seis Grandes Prêmios, tornando-se o melhor piloto brasileiro de todos os tempos.

A Cagiva Elefant 900 tinha ligação direta com a equipe da fábrica que se destacou no Rally Paris Dakar em 1989

O ano de 1994 começou bem, com uma inesperada e vibrante reação da Agrale. A empresa rendeu-se aos encantos do sistema CKD e passou a montar os produtos Cagiva, aproveitando o contrato de parceria ainda em vigor. A Cagiva italiana tinha como principal estratégia comprar fábricas de motocicletas que enfrentavam dificuldades, como a Ducati, a Moto Morini, a MV Agusta e a Husqvarna. Com essa decisão, desembarcaram no Brasil as arrojadas Cagiva Super City 125, Husqvarna WR 250 e Cagiva Elefant 900. Entre as Agrale nacionais, permaneceram em produção a SST 13.5, a 27.5 EX e a Elefantré.

A Yamaha ampliou a faixa de importações oficiais, trazendo pequenas quantidades da linha Virago, motos que seguiam o espírito da Harley-Davidson, voltadas para passeios e viagens em piso de asfalto. O sistema CKD também permitiu a chegada da WR 200 R, uma enduro profissional, ao preço de 7 mil dólares. No segmento nacional propriamente dito, a marca remodelou a DT 200, com a versão DT 200 R. Entre as alterações, tanque e radiador maiores, aros de

Com o propósito de evitar o superaquecimento do motor, a Yamaha DT 200 R de 1994 recebeu um radiador maior

A Suzuki GSX 750 de 1994 pesava 198 quilos e tinha potência de 118 hp. A moto era o ponto de equilíbrio entre a maneabilidade das 600 cc e o desempenho das 1000 cc

alumínio, novos pisca-piscas e aba de radiador falsa compondo o lado esquerdo da moto. O motor teve sutis alterações para evitar o superaquecimento, falha crônica das versões anteriores. Na RD 135, praticamente inalterada desde 1987, a principal novidade foi a redução de 14% no preço, uma estratégia sem dúvida atraente. No cenário esportivo, a Yamaha voltou a patrocinar uma categoria monomarca para promover seus produtos. Em 1994, a modalidade escolhida foi o *motocross*, com a criação da Copa DT Yamaha, nas categorias Estreante, Júnior e Sênior.

A Honda XR 200 R era indicada para encarar ruas e trilhas de forma descompromissada

No exército da Honda, a nova arma foi a XR 200 R, com a base mecânica da NX 200, boas suspensões, freios e pneus, além do conforto da partida elétrica, inexistente na Yamaha DT 200 R. A maior crítica era que o visual agressivo não combinava com o motor anêmico; sem uma grande preparação (o que implicava maior custo e menor durabilidade), não havia como enfrentar a linha DT e a concorrência interna da XL 250 R, extinta no final do ano, depois de expressivas 126.770 motos vendidas ao longo de 12 anos de carreira. A CB 450 DX, outra veterana do mercado nacional, cambaleava no Brasil, mas fazia sucesso na Europa, onde custava módicos 4 mil dólares, menos da metade do preço praticado aqui.

A J.Toledo Suzuki diversificou, trazendo via Manaus as linhas DR (enduro) e RM (*motocross*), além das devoradoras de asfalto GS 500 E, RF 600 R, GSX-R 750 e GSX-R 1100, todas com preço fixado em dólar comercial.

Uma Kawasaki Ninja ZX-9R de 1994. O verde-limão é a marca registrada das motos esportivas da linha Ninja

Essa estratégia foi adotada pela Ava Industrial S.A., do empresário Antônio Velasquez, que passou a distribuir a Kawasaki no Brasil, com porto de chegada na Zona Franca de Manaus, pelo esquema CKD. Com esse ajuste, a Ava passou a ser a única empresa que montava e comercializava produtos Kawasaki no exterior sem subordinação direta à matriz no Japão.

Uma Suzuki Yes 125 cc a serviço dos Correios: mandou, chegou sobre duas-rodas-e-um-motor

No segmento das pequenas, a Brandy investiu e apresentou seis modelos: os *scooters* Elegant 50 e Speedy 90 e as motonetas Sport 65, Turbo Plus 65, Ankur 50 e Pacer 50, com tecnologia indiana da Hero Motors. Digna de nota foi a presença das motocicletas nos selos dos correios (em que elas se destacaram como veículo ideal, para alegria dos carteiros de plantão) e em latas de cerveja (Skol, que desde 1992 patrocinava provas de *supercross* em nível regional e nacional).

Os números finais de 1994 apontaram uma enorme reviravolta no mercado, aquecido por quantidades cada vez maiores de motos importadas. Com o presidente Fernando Henrique Cardoso (1931-) e o Plano Real, a economia brasileira se livrava das mazelas da inflação e arrancava para um futuro melhor, integrando-se de vez ao mundo globalizado. A produção de motocicletas saltou de 83.458 para 141.140 unidades, e a aceleração das vendas foi ainda mais vertiginosa, de 67.997 para 127.395, quase o dobro, sem considerar as importadas oficiais Honda e Yamaha e as importações independentes.

Em meio à grande afluência de motos estrangeiras no país, cabe dizer que o sistema CKD estava (e continua) vinculado ao PPB – Processo Produtivo Básico da Zona Franca, que prevê índices de nacionalização crescentes, os quais devem ser obrigatoriamente cumpridos para que os benefícios fiscais sejam mantidos. A comprovação desses índices é feita pela própria empresa, por meio da inclusão de componentes feitos no Brasil às motocicletas produzidas e/ou montadas em Manaus via CKD. Já os importadores independentes não estavam comprometidos com a nacionalização, porém tinham um custo fiscal quase 30% acima do praticado em Manaus, além da falta de mão de obra especializada e peças de reposição. No final do ano, ocorreu mais uma redução do imposto de importação, que caiu para 20%, com a antecipação da tarifa externa unificada, adotada pelo Mercosul. Essa política aumentou a rentabilidade das importações independentes, pondo em risco o investimento dos que optaram por estabelecer-se na Amazônia.

O ano de 1995 começou com mais uma modernização na motocicleta mais vendida da história do Brasil, a Honda CG 125. A quarta geração da CG, que recebeu o nome de CG 125 Titan, destacava-se pelas formas arredondadas do tanque, laterais e rabeta, o que lhe valeu o apelido de "CG Bolinha". O motor permaneceu o mesmo, um quatro tempos monocilindro de 124 cc, com válvulas no cabeçote

A quarta geração da Honda CG 125 cc recebeu o nome de CG 125 Titan e o apelido de "CG Bolinha"

(OHV) e comando lateral, potência de 12,5 hp a 9.000 rpm e torque de 1 kgfm a 7.500 rpm. O restante da moto incorporou uma série de pequenas modificações, mas o freio a disco e a partida elétrica continuaram fora do rol de equipamentos. Em 1995, a Honda CG 125 ultrapassou o número de 900 mil unidades vendidas desde o lançamento, em 1976, representando sozinha 65% do mercado nacional. No segmento luxo, mais uma supermoto desembarcou no Brasil com importação oficial da Honda: a CBR 1000 F (potência de 135 hp a 9.000 rpm e preço de 16,2 mil dólares), páreo duro para as congêneres Yamaha FZR 1000 (145 hp a 10.000 rpm, preço de 17,5 mil dólares), Suzuki RF 900 (125 hp a 10.000 rpm, preço de 16,5 mil dólares) e Kawasaki Ninja ZX11 (151 hp a 10.500 rpm, preço aproximado de 19 mil dólares). Em termos gerais, assim como outras empresas do setor automotivo, a Honda aproveitou as alíquotas baixas e deu prioridade aos modelos importados, o que significou o fim da produção da CBR 450 SR e da CBX 750 F.

A Yamaha Virago XV 535 S foi um dos sucessos na linha de motocicletas importadas da marca em 1994

A Yamaha rebateu, aumentando as importações da linha Virago XV, de 250, 535, 750 e 1.100 cc, com motores bicilíndricos quatro tempos em V e vocação estradeira. No campo dos *scooters*, o Jog 50 ganhou um irmão todo-terreno, o BW's (Big Wheels, ou "rodas grandes"). Na verdade, o tamanho das rodas continuou o mesmo, dez polegadas, mas os pneus mudaram, assim como a altura livre do solo, o que permitiu uma pilotagem, por assim dizer, mais esportiva, apesar das limitações naturais de qualquer *scooter* no fora-de-estrada. Partida elétrica, porta-luvas e marcador de gasolina são pontos positivos do BW's, além da grande economia de combustível – cerca de 30 quilômetros percorridos com um litro.

Na J.Toledo Suzuki, que tinha uma grade de produtos bastante ampla, o foco no fora-de-estrada continuou em alta. A DR 350, líder em vendas na categoria, teve duas versões trazidas para o Brasil:

A DR 350 SE era a versão mais urbana da Suzuki DR 350 no ano de 1995. O modelo de enduro também vendeu bem no mercado nacional

a DR 350 SE, *trail* de uso misto, com sistema elétrico completo, espelhos e pneus cidade/campo, e a DR 350, mais adequada ao piso de terra. Ambas tinham motor quatro tempos monocilindro de 349 cc, potência de 34 hp a 7.600 rpm e torque de 3 kgfm a 6.200 rpm. Com a parafernália urbana, a SE pesava 130 quilos, contra 118 da DR 350. Além das linhas de enduro e *motocross*, a marca trouxe para o Brasil a *big trail* DR 800 S e as "criaturas do asfalto" GS 500 E, Bandit N 600, RF 600 R, RF 900 R, GSX-R 750 e GSX-R 1100, todas cotadas em dólar.

Em 1995, a Agrale importou da Suécia a Husqvarna WR 360, uma moto extremamente potente e difícil de manter sob controle, indicada apenas para pilotos experientes

Na linha de frente da Agrale, o destaque foi a chegada da Ducati, adquirida pelo grupo Cagiva em 1983. O modelo de entrada foi a Monster 900, com chassi de cromo-molibdênio tipo treliça, suspensão dianteira invertida, motor bicilíndrico quatro tempos em V, refrigeração mista ar/óleo, comando desmodrômico, potência de 80 hp a 7.200 rpm e preço de 15 mil dólares. Outra máquina italiana com passaporte brasileiro em 1995 foi a Cagiva Elefant 750 cc, com o mesmo visual "dakariano" da Elefant 900. A empresa também passou a importar a Husqvarna WR 360 cc, uma enduro para pilotos experientes, e a WRE 125,

A Kawasaki KDX 200 foi desenvolvida pelos engenheiros japoneses em conjunto com o piloto norte-americano de enduro Jeff Fredette

uma moto cidade/campo tremendamente agressiva, ao preço de 6,7 mil dólares.

A Ava-Kawasaki seguiu ampliando sua linha de produtos na razão direta do fortalecimento da rede de revendedores. As linhas Ninja e Vulcan disputavam espaço com a KDX 200 e a KLX 250, motos de enduro, a *big trail* KLX 650 e o quadriciclo Mojave. À exceção da KDX 200 (que tinha motor monocilindro dois tempos com refrigeração líquida), todos os modelos tinham motor quatro tempos, tecnologia de ponta e cotação em dólar

Uma Jialing JH 50 ano 1995, que até recentemente estava na cidade de Angra dos Reis, Rio de Janeiro

Entre as importações independentes, começam a ganhar vulto as da chinesa Jialing, com cinco modelos disponíveis no Brasil (JH 125L, JH 125, JH 70, JH 50 F e JH 50), por meio da Independência Importadora e Locadora Ltda., e as da coreana Hyosung (Cruise 125, TN 125 e Super Cub 50), trazidas pela Tradeimport, de São Paulo, que também representava as austríacas KTM e contava com uma rede de 42 concessionários. Para brigar na mesma faixa, a coreana Daelim, mais uma recém-chegada, apresentou a Advance Custom 125 e a VF-125D, modelos desenvolvidos em parceria técnica com a Honda.

O campeão de vendas da Brandy era o ciclomotor Hero Puch, que "ia a qualquer lugar"

A Brandy seguiu atacando o mercado de *scooters*, dessa vez com o modelo Pista 70, que usava tecnologia coreana Her Chee. O Pista seguia a linha do BW's, com rodas mais largas que as dos *scooters* comuns. O motor dois tempos monocilíndrico de 65,6 cc fornecia ativos 6,2 hp a 6.500 rpm, mantendo uma excelente média de consumo – mais de 30 quilômetros por litro. Com a novidade, a empresa de Ribeirão Preto contava com sete produtos diferentes, todos na linha de *scooters* e ciclomotores.

A Triumph Trophy 1200 era inspirada nas provas do Troféu Turismo da Ilha de Man

Subindo de categoria, a inglesa Triumph, trazida para o Brasil pela Interport Comércio Internacional Ltda., ganhou uma rede de concessionárias para colocar no mercado os modelos Daytona e Trophy 1.200, Tiger, Thunderbird, Sprint e Speed Triple 900, com dois anos de garantia sem limite de quilometragem. *God save the Queen!*

Veio da Espanha mais uma novidade no mercado brasileiro de motocicletas esportivas. A Gas Gas,

A linha Gas Gas de motocicletas esportivas chegou ao Brasil pelas mãos equilibradas do campeão nacional de *trial* Fredy Tejada

A empresa coreana PGO é reconhecida internacionalmente como uma das mais avançadas em tecnologia para *scooters*

campeã do mundo de *trial*, chegou ao Brasil importada pela Trialsports, do piloto paulista Fredy Tejada.

No trepidante ano de 1995, até ressurreição aconteceu. A Ibramoto, ex-Garelli e ex-Montesa, casou-se novamente com um estrangeiro. A eleita da vez foi a PGO Taiwan Corporation Limited, da ilha de Taiwan (Formosa). A nova união rendeu a linha de *scooters* Twist, com os modelos Fifty, Super Fifty e Super Ninety, todos com motor monocilíndrico dois tempos, câmbio automático, partida elétrica, freio dianteiro a disco e bagageiro para pequenos objetos.

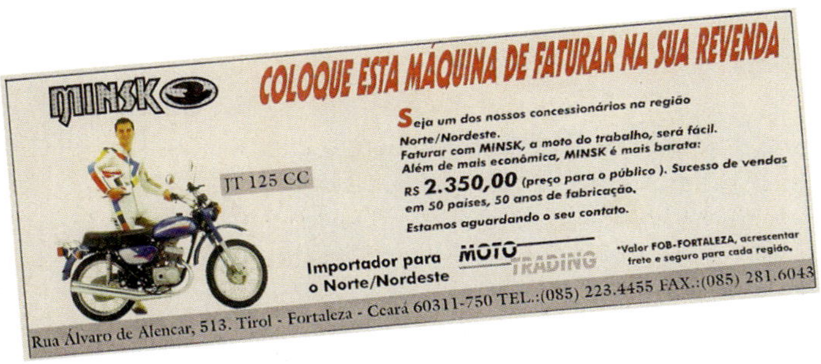

Propaganda da Minsk: "Sucesso de vendas em 50 países, 50 anos de fabricação"

Uma Minsk JT 125 em estado terminal. Repare que o pedal de marchas e o pedal de partida (do lado direito) utilizam o mesmo eixo, da mesma forma que na DKW 125 RT

O mercado estava tão maluco que teve até moto da Bielo-Rússia desembarcando no Brasil, a Minsk JT 125, importada pela conexão entre Nacar, de São Paulo, e Mototrading, de Fortaleza, Ceará. A moto era um túnel do tempo direto para os anos 1950, ou melhor, 1940, pois derivava da famosa DKW 125 RT produzida pelos alemães durante a Segunda Guerra Mundial, considerada a moto mais copiada do mundo (ver capítulo 8). A Minsk JT 125 tinha motor monocilindro dois tempos de 125 cc, que rendia 10 hp a 6.000 rpm e torque de 1,2 kgfm a 5.000 rpm. O nome Minsk era uma homenagem à capital da Bielo-Rússia, de onde a moto era exportada para países díspares como Irã, Vietnã, Turquia, México, Polônia, Noruega, Inglaterra, França, Alemanha e Estados Unidos. O preço? Módicos 1.800 dólares – nada mal para quem veio de tão longe.

Esta é a exótica Voskhod Coba, também com a combinação câmbio/pedal de partida no mesmo eixo e um cabeçote sem aletas de refrigeração na parte de cima

A coisa ficou *russa* de vez quando chegou por aqui a Voskhod ("nascer do sol") Coba ("coruja") 175, produzida pela V. A. Degtiarev, conhecida mundialmente por fabricar as metralhadoras Kalashnikov. A exemplo da sua parente Minsk, o projeto era antigo (1957), inspirado na Jawa, com motor monocilíndrico dois tempos de 175 cc, potência de 14 hp e velocidade máxima em torno de 105 km/h. Essas motos desembarcaram em São Paulo exportadas da Argentina e do Uruguai, aproveitando os benefícios fiscais do Mercosul.

No Brasil dos anos 1990, propagandas estáticas, como essa de 20 anos antes, perderam a vez. A nova ordem, além da criatividade, era dinamismo

Pressionada pelo aumento do dólar, a Kahena mudou de estratégia e passou a apostar no mercado interno

Por falar em exportações, quem sofreu com a política de dólar baixo e importações em alta foi a Kahena, que perdeu mercado no exterior e teve que repensar sua estratégia de vendas. O apelo comercial da marca no Brasil passou a ser a facilidade na reposição de peças e o baixo custo de manutenção.

No final do ano, a Agrale voltou a fazer parte da Abraciclo, que passou a ter mais uma associada, a Brandy. Apesar do famigerado decreto 1.427, que elevou a alíquota do imposto de importação para 70%, prejudicando as vendas do segundo semestre, os números de 1995 foram formidáveis: 217.327 motocicletas produzidas e 200.592 vendidas, recorde histórico na existência da Abraciclo. A Honda, que continuou mantendo sigilo sobre sua cota de importadas, avançou para 85,8% do mercado, rebaixando a Yamaha para 9,8%, com a Brandy atingindo 3,5% e a Agrale fechando o *ranking* com 0,9% do mercado. A Honda CG 125 Titan foi a campeã de vendas, com 125.995 unidades (62,8% do total). A moto mais vendida da Yamaha foi a RD 135, com 5.927 vendas (3% do mercado). O Sport 65 foi o campeão de vendas da Brandy, com 2.941 unidades (1,4% do mercado). Os números da Agrale foram bastante modestos: a SXT 27.5 EX foi a "*best-seller*", com 459 motos vendidas (0,2% do mercado). Os demais fabricantes e montadoras preferiram não divulgar seus registros, mas comemoraram a fase próspera com animadas festas de fim de ano.

Apesar de alíquotas e fretes elevados, a "farra das importadas" continuou a pleno vapor em 1996, especialmente a partir de abril, com a redução do imposto de importação de 70% para 35%. Em meio a tantas opções, a propaganda era uma arma poderosa de convencimento, estimulando a criatividade dos publicitários de plantão.

A BMW, que ganhava visibilidade no mercado, apesar dos estratosféricos preços em dólar (a K 1100 LT custava 41.550 dólares), fazia troça com as marcas japonesas, ao afirmar em seus anúncios que "estas motos foram feitas por engenheiros de olhos abertos". Já a Jialing apregoava o óbvio de forma bem-humorada, divulgando que seus modelos "já vêm com teto solar".

A belíssima Jawa 350 cc Chopper: poucas unidades no Brasil

A veterana Jawa voltou ao Brasil, amparada na fama adquirida em sua primeira passagem pelo país, nos anos 1950. Representada pelo grupo carioca Yuromoto Importação e Exportação Ltda., a moto tcheca manteve as características de robustez e durabilidade dos produtos do leste europeu. A ponta de lança da empresa era a Jawa 350 Chopper, uma estradeira com motor bicilíndrico dois tempos de 350 cc, potência de 23 hp a 5.250 rpm, torque de 3,2 kgfm a 4.750 rpm, freio dianteiro a disco e velocidade máxima de 140 km/h.

Imagem clássica de propaganda da CZ. A moto era um tanto lenta, mas de resistência comprovada

Também da República Tcheca veio a CZ (Ceska Zbrojowka, algo como "arma da fábrica tcheca"), fundada em 1919 – marca versátil que serviu na guarda pessoal do papa nos anos 1930 e foi multicampeã mundial de *motocross* nos anos 1960. Em 1991, a CZ foi vendida para a Cagiva, que relançou os modelos Apo 125 e 180 (175 cc), com novo visual, mas mantendo o estilo bruto (e lento) de 30 anos antes.

A diversidade mecânica de 1996 incluiu um novo convidado ao banquete verde-amarelo: a SYM

A taiwanesa Sym começou a fabricar *scooters* em 1962, e produz atualmente mais de 800 mil unidades por ano

(Sanyang), empresa taiwanesa representada pela Latina Motors, de São Paulo, que trouxe para o Brasil a estradeira Husky 150 e os *scooters* Passing 110 SR e Enjoy 50.

O modelo MS 50 da Mondial é inspirado nas diabruras do supercampeão da motovelocidade Valentino Ross

Exemplo de como se faz negócios no mundo globalizado, a Mondial, ex-campeã do mundo de motovelocidade, encontrou abrigo no Brasil para seu ciclomotor M1, com tecnologia italiana, montado em Cuba. Ele entrava no país por meio da empresa argentina Juki S.A., importado pelo grupo paulista Aldee.

O Brandy Jaguar 50 tinha como principais vantagens a facilidade na condução e a economia de combustível

Por falar em negócios, a Brandy comemorou a progressão nas vendas de dois novos modelos, os *scooters* Jaguar de 50 e 100 cc, que vieram se juntar ao Hero Puch 65, campeão de vendas da marca.

A Fireblade de 1996 ganhou um guidão mais confortável e o tamanho do motor subiu de 893 cc para 918 cc

Entre as grandes, a Honda continuava à frente, diversificando suas importações oficiais, com a chegada da CBR 900 RR Fireblade, uma superesportiva que já andava (rápido) por aqui por meio de importações independentes.

Na Yamaha, antecedida por uma promoção nas vendas do modelo importado, a Virago 250 passou a ser nacionalizada, e logo foi apelidada de "Viraguinho". Entre as grandes estradeiras, o destaque foi a chegada da Royal Star 1300, com motorização derivada da Vmax. No segmento *"made in Brazil"*, a DT 200 R ganhou freio traseiro a disco, novos pneus e uma relação mais longa, com melhoria de rendimento sobre piso de asfalto. No segundo semestre, a boa notícia foi a evolução da XT 600 E. Lançada como antecipação da linha 1997, a moto incorporou novidades que a deixaram mais versátil que a versão anterior, que priorizava o uso urbano e estradeiro. O motor permaneceu inalterado, até porque, com boa potência (45 hp a 6.500 rpm) e grande durabilidade, era um dos pontos fortes da linha XT. Já a ciclística melhorou muito com a redução do ângulo de *caster*, diminuindo a distância entre eixos, o que tornou a

Uma DT 180 Z de 1996, último ano de fabricação do "Fusca do fora-da-estrada"

À exceção do motor, a Yamaha XT 600 E de 1997 foi completamente remodelada

moto mais ágil nas mudanças de direção. O chassi foi aperfeiçoado, e o visual renovado, com tanque maior (15 litros), conta-giros e novos comandos de guidão. O único senão foi a perda do bagageiro, item bastante útil na maioria das situações.

A Suzuki GSX-R 750 F de 1996 foi uma moto projetada para superar a Honda CBR 900 Fireblade. Nos trechos sinuosos, dependendo do piloto, isso realmente acontecia

A Suzuki trouxe a estradeira Intruder VS 800 GL (60 hp a 7.500 rpm) e as *superbikes* GSX-R 750 F (130,2 hp a 11.500 rpm) e 1100 W (156 hp a 9.250 rpm).

A Cagiva Roadster 200 tinha estilo estradeiro e um bom visual, mas o motor era meio preguiçoso

A Agrale, às voltas com entraves financeiros para voltar a produzir a plena capacidade na Zona Franca de Manaus, anunciou a chegada da *maxi trail* W16 600 (34 hp a 6.000 rpm) e da Roadster 200, uma estradeira de médio porte para brigar com a CBX 200 Strada. No final do ano, a empresa confirmou a importação da Cagiva Canyon 600, mas, por causa de mudanças no modelo italiano, quem desembarcou no Brasil foi a Canyon 500 (34 hp a 6.400 rpm). Os modelos Cagiva eram interessantes, mas um tanto anêmicos em termos de potência e com problemas crônicos de pós-venda.

As Kawasaki continuaram representadas pelo Grupo Ava, que ensaiou um apoio às competições de motovelocidade e *motocross*, o que acabou não acontecendo.

As motos verdes da Kawasaki têm grande tradição no *motocross* mundial

Por intermédio do Grupo Izzo, a lendária Harley-Davidson estreitou relações com o Brasil

Os *scooters* Hyosung da linha Cab marcaram o início das atividades da empresa na Zona Franca de Manaus

A Izzo Harley-Davidson passou a financiar sua linha de produtos em 24 parcelas pela variação do dólar comercial, mais juros de 2% ao mês. Faltava ainda uma rede de concessionários, prioridade da empresa em 1996.

A Hyosung passou a montar os modelos Cruise 125 e Cab 100 em Manaus, pelo esquema CKD, apostando na fixação da marca no Brasil. A rede de concessionários chegou a 55, acertando o passo para uma manutenção mais eficiente.

A BMW passou a contar com estrutura própria, estudando opções para se estabelecer diretamente no país.

A BMW não estava apenas de passagem. No Brasil de 1996, a tradicional fabricante alemã havia chegado para ficar

Com tanta movimentação, o panorama parcial do mercado brasileiro no ano de 1996 apontou um aumento na curva de crescimento de mais de 50%, com a produção total de 288.073 motocicletas, sendo 89% de origem Honda. Nas vendas, 275.668 operações aconteceram durante o ano, sendo 244.399 da Honda (88,7%), não computada a linha de importadas. A Agrale desembarcou novamente da Abraciclo, que levou em conta os registros de Honda, Yamaha e Brandy. Os demais produtores, importadoras e montadoras resolveram criar uma entidade alternativa, a Abramoto – Associação Brasileira das Empresas Industriais e Montadoras de Motocicletas, Motonetas, Ciclomotores, Bicicletas, Triciclos e Quadriciclos, presidida por João Toledo, tendo como associados no ramo das motocicletas e similares a Hyosung e a Sundown. As demais empresas do setor preferiram permanecer como estavam, ou seja, divulgando seus números apenas em caso de necessidade.

A Suzuki Intruder 250 tinha visual estradeiro e um motor que, se não voava baixo como as esportivas, era econômico no consumo e confiável na resistência

A Suzuki apresentou novos modelos nacionalizados: a Katana 125 e a Intruder 250. Em comum, o motor monocilíndrico quatro tempos com comando de válvulas no cabeçote (OHC), freio a disco na roda dianteira, conta-giros e partida elétrica. O rol das importadas aumentou com a chegada da TL 1000 S (19,8 mil dólares), uma esportiva inspirada nas motos italianas. Tinha motorização quatro tempos com dois cilindros em V, refrigeração líquida, potência de 125 hp a 8.500 rpm e torque de 10,5 kgfm a 8.000 rpm. Mais conservadora, a Bandit N 1200 (15,6 mil dólares) usava um motor quatro tempos de quatro cilindros em linha refrigerado a ar e óleo, com potência de 98 hp a 8.500 rpm e torque de 8,3 kgfm a 4.500 rpm. A "Big Bandit" era uma moto planejada para devorar estradas e combustível, numa média de dez quilômetros por litro. No final do ano, a Marauder VZ 800 veio disputar mercado dentro da própria marca com a Intruder 800, que custava os mesmos 14.250 dólares. A linha de revendedores aumentou para 110, sinalizando que, em meio a tantas opções, o produto Suzuki continuava sendo um bom negócio.

A Yamaha XT 225 determinou a aposentadoria definitiva da DT 180, campeã de vendas (e de competições) da marca no fora-de-estrada

A Yamaha apresentou mais um modelo nacionalizado com motor quatro tempos, a XT 225, concorrendo na faixa da Honda XR 200. A "XTzinha" tinha motor monocilíndrico quatro tempos de 223 cc, refrigerado a ar, com comando de válvulas no cabeçote (OHC), potência de 19 hp a 8.000 rpm, torque de 1,8 kgfm a 7.000 rpm, partida elétrica e visual inspirado na XT 600 E. Infelizmente, esse modelo determinou a aposentadoria da lendária DT 180, responsável pela expansão do enduro no Brasil. Buscando um nicho inexplorado do mercado, a Yamaha trouxe para o Brasil o *big scooter* Majesty YP 250 (7.750 dólares), com motor monocilindro quatro tempos com comando único no cabeçote (SOHC) refrigerado a água, potência de 20 hp a 6.500 rpm e torque de 2,35 kgfm a 5.500 rpm, e câmbio automático. A Super Ténéré, campeã de vendas entre as importadas, passou a ser nacionalizada em Manaus – sem dúvida uma grande notícia para os aventureiros brasileiros.

Propaganda da Honda XLR 125, moto muito apreciada nas regiões brasileiras que não possuem estradas em boas condições: vale dizer, quase todas

Na Honda, o lançamento nacional foi a XLR 125, sucessora da simpática XL 125 S, popular "Xiselinha". A moto tinha o mesmo motor da CG Titan (OHV com 12 hp de potência a 9.000 rpm), suspensão traseira monochoque (sem regulagens) e visual da XR 200 (porém, sem o freio a disco e a partida elétrica). As mudanças anuais de cores e gráficos deram ênfase ao roxo e amarelo, não muito elogiado em termos de visibilidade e gosto. No final do ano, um lançamento de peso agitou o mercado de "nacionalizadas": a VT 600 C Shadow ("sombra"), uma estradeira estilo *custom* que tinha como pontos altos o conforto e a tecnologia. Ela era equipada com um motor bicilíndrico em V de 583 cc com refrigeração líquida, potência de 46 hp a 6.500 rpm, torque de 5,1 kgfm a 3.500 rpm, velocidade máxima de 150 km/h e consumo médio de 20 quilômetros por litro. A Shadow vinha sendo importada de forma independente havia algum tempo, com boa penetração no mercado. Com assistência técnica oficial e peças de reposição, a tendência era melhorar a relação custo/benefício e liderar o mercado, disputado também pela Suzuki (Marauder) e Yamaha (Drag Star).

A Hartford Legion 125, uma motocicleta bastante interessante, era distribuída no Brasil pela Agrale

A Agrale incorporou à sua grade de produtos três modelos Ducati: a Monster, a 916 e a ST2 944. Na linha popular, a opção veio de Taiwan, com a Legion 125, que usava tecnologia da Hartford Motors. Por conta dos acordos internacionais, essa miniestradeira tinha visual de Suzuki e motor Honda, combinação curiosa e interessante. O anúncio da Legion dizia: "A 125 que tem tudo, menos cara de 125".

As motocicletas Aprília possuem grande tradição esportiva e títulos mundiais na motovelocidade e no supermotard

O Grupo Izzo divulgou que passava a representar também a Aprilia, marca italiana de grande vocação esportiva. A notícia veio da Itália, anunciada por Ivano Beggio (1944-), presidente da empresa. A Aprilia foi fundada em 1946 pelo nobre Alberto Beggio (?-1965), pai de Ivano, e ganhou fama nos campeonatos internacionais de *motocross* e motovelocidade. Na linha Harley-Davidson, a meta era dobrar o número de vendas de 1996, que atingira 290 unidades.

A Vulcan 1500 era uma estradeira devoradora de quilômetros e de combustível

Já a Ava-Kawasaki aumentou o investimento na divulgação das virtudes da Vulcan 1500 Classic, uma estradeira (*custom*) de grande porte, com motor bicilíndrico em V de 1470 cc, potência de 64 hp a 4.700 rpm, torque de 11,4 kgfm a 3.000 rpm e consumo em torno de 15 quilômetros por litro. A marca se desvinculou da Disnauto, tradicional representante Kawasaki em São Paulo, e abriu rede própria de concessionários. A grade de produtos subiu para 15, além dos avançados *scooters* Kymco (Kwang Yang, de Taiwan) DJW 50 e Manboy 90. O lado fraco era a assistência técnica, que continuou problemática, prejudicando o volume de vendas.

No segmento de ciclomotores, a recém-criada Sundown, que até então negociava somente bicicletas, inovou com o Club, exportado da Argentina. A maquininha tinha motor dois tempos de 49,3 cc, potência de 3 hp a 6.200 rpm, suspensão traseira tipo monochoque, rodas esportivas, visual agressivo e consumo de cerca de 70 quilômetros por litro. Na linha de *scooters*, chegaram o Ergon e o Palio 50, o Speed 90 e os Akros 50 e 90, vendidos nos revendedores Peugeot. O número de revendedores era o ponto forte da Peugeot, que, depois do acordo comercial com a Sundown, passou a utilizar suas lojas de automóveis como pontos de venda de seus próprios *scooters*: o Zenith (urbano) e o Buxy (misto). Os *scooters* franceses tinham em comum o motor dois tempos de 49,1 cc, potência de 5,5 hp a 6.500 rpm, câmbio automático e partida elétrica.

Folheto de propaganda da Brandy Fosti FT 125

Com vistas a entrar no mercado de motocicletas médias, a Brandy seguiu ampliando sua rede de concessionários, que atingiu a excelente marca de 205 em todo o Brasil. Na grade de produtos, a novidade foi a FT 125 Fosti, que usava a mesma base mecânica da Agrale Legion 125.

A Hyosung lançou a GF 125 Speed e a Cruise II, ambas montadas em Manaus pelo sistema CKD.

A Sundown, representada atualmente pela Brasil e Movimento, continua focada nos *scooters* urbanos com preços competitivos

Propaganda da Hyosung Cruise, que posteriormente passou a levar o nome da Kasinski

Os *scooters* Malaguti homenageiam pilotos famosos. Na foto, um modelo "réplica" da Ducati, campeã norte-americana com Ben Bostrom

A BMW R 1200 C, sucesso na loja e nas telas em 1997, com o filme *Tomorrow never dies*, (O amanhã nunca morre), da série James Bond

A Caloi apresentou o Mondo, sucessor da veterana Mobylette, com tecnologia da Malaguti italiana. O *scooter* Caloi utilizava um motor dois tempos de 74 cc que rendia 4,5 hp a 5.500 rpm, e tinha nas rodas de 14 polegadas uma sensível vantagem sobre os concorrentes, pois as costumeiras rodas de dez polegadas sofriam nas crateras urbanas (e rurais) brasileiras.

De Pindamonhangaba surgiu a Emme Lotus, com o Mirage 50, utilizando motor italiano da Morini de 49 cc, que rendia 6 hp a 7.000 rpm. O *scooter* Mirage tinha rodas de 12 polegadas, painel completo, partida elétrica e freio dianteiro a disco.

A LEM Motor faz grande sucesso entre a garotada que quer começar no fora-de-estrada

Para a garotada, a novidade foi a LEM Motor, minimoto para *motocross* importada da Itália pela Arfama – Indústria Motonáutica da Amazônia.

No segmento luxo, a BMW apresentou a R1200 C, uma estradeira elegante e exclusiva, ao preço de 25,2 mil dólares. Com esse lançamento, a linha BMW no Brasil subiu para oito modelos diferentes, da RF 650 (15,9 mil dólares) à R 1200 RS (28,9 mil dólares).

Já a Triumph apostou no fortalecimento da rede de concessionários, abrindo frentes da marca inglesa em oito estados do país. Os preços dos nove modelos disponíveis no Brasil variavam de 15,5 mil dólares (Trident 750) a 21,9 mil dólares (Trophy 1200).

A Triumph Trophy 1200 tem estilo único e é recomendável para viagens em piso de asfalto

Com tanta atividade, o ano representou mais um avanço histórico no mercado de motocicletas. Pelos cálculos da Abraciclo, 423.752 motos produzidas e 404.635 vendidas, sendo 16.415 por meio de exportações. A Honda manteve o gigantismo, com 89,4% do mercado, contra 8,4% da Yamaha e 1,6 da Brandy. Registre-se ainda que a BMW anunciou separadamente seu total de vendas, 412 unidades, o que representou aumento de 106% em relação a 1996. No geral, mesmo com dados parciais, 1997 apontou um avanço expressivo das motocicletas como meio de transporte. Embaladas pela economia de combustível, agilidade, facilidade de estacionamento e baixo custo de manutenção, as motos ocupavam espaço em todos os lugares, criando uma nova geração de consumidores. Do lado menos saudável, a proliferação das importadas trouxe uma leva de aventureiros, no pior sentido da palavra. Tornou-se comum a chegada de produtos defasados, muitas vezes encalhes de anos anteriores, anunciados como último lançamento, desacompanhados de peças de reposição ou mão de obra especializada, o que deixava seus proprietários ao sabor de improvisações, sem ter a quem reclamar. O Código de Defesa do Consumidor, que vigorava desde 1992, foi um avanço, mas a lentidão judicial continuava beneficiando o infrator.

A Honda CB 500 foi o grande lançamento da marca em 1998

O ano de 1998 começou antes, com os lançamentos feitos na quarta edição do Salão das Duas Rodas, realizado em novembro do ano anterior no Pavilhão de Exposições do Anhembi, em São Paulo. A vedete do salão foi a Honda CB 500, enfim eleita como sucessora da CB 450 DX, que havia deixado a grade da Honda em 1995. A nova CB trazia motor bicilíndrico quatro tempos de 498,8 cc, com duplo comando de válvulas no cabeçote (DOHC), potência de 54 hp a 9.500 rpm e torque de 4,5 kgfm a 8.000 rpm. A moto era veloz e acelerava de 0 a 100 km/h em 4,7 segundos, com velocidade máxima em torno de 170 km/h. O conforto era bom, mas poderia ser melhor, pois a suspensão traseira bichoque já era ultrapassada na época. No segmento de motonetas estilo *cub*, a Honda C 100 Biz sucedeu a C 100 Dream. A maquininha trouxe linhas modernas, motor quatro tempos de 100 cc com potência de 7,6 hp a 8.000 rpm e torque de 0,8 kgfm a 6.000 rpm. O câmbio era semiautomático, com embreagem centrífuga banhada a óleo. Quando a moto parava de se movimentar, havia a opção de passar da quarta marcha engatada diretamente para neutro, o que evitava reduções de marcha em congestionamentos. O chassi era tipo monobloco, com espaço sob o banco para guardar um capacete. As rodas eram de 14 polegadas na traseira e 17 na dianteira, uma boa configuração para encarar os buracos brasileiros. O preço de lançamento foi de 2.190 reais.

O Centro Educacional de Trânsito Honda ajudou a formar e aperfeiçoar a pilotagem de milhares de motociclistas

Um marco importante da história da Honda no Brasil aconteceu em março, com a inauguração do Centro Educacional de Trânsito Honda, em Indaiatuba, interior de São Paulo. A iniciativa, inédita no país, exigiu investimentos da ordem de 3,5 milhões de dólares. O CETH ocupou uma área de 120 mil metros quadrados, em que havia um prédio administrativo com salas de aula, escritório, biblioteca e salas de reunião, pista de instrução com 20 mil metros quadrados e pista de *motocross* com 1.700 metros, homologada para competições internacionais. Com essa estrutura, a Honda iniciou uma nova fase na formação de motociclistas, prestando um serviço que se reverteu em maior segurança na pilotagem, com evidente vantagem para a segurança pública como um todo.

A Crypton R 100 surgiu para dar combate direto à Honda C 100 Biz. As duas motonetas tinham muitos pontos em comum

A Yamaha começou o ano com um grande lançamento no segmento das pequenas, a Crypton R 100, combatente direta da recém-lançada Honda C 100 Biz. A Crypton tinha motor monocilíndrico quatro tempos de 105 cc, potência de 8,3 hp a 8.000 rpm e torque de 0,85 kgfm a 5.500 rpm. O câmbio era similar ao da Biz, assim como o chassi. Os aros eram de 17 polegadas, e a capacidade do tanque de 4,5 litros, contra quatro litros da Biz. Com o motor um pouco mais potente e a relação de marchas mais curta, a Crypton ganhava da Biz em agilidade, porém a suspensão era muito macia, o que afetava o equilíbrio nas curvas. O preço de 2,4 mil reais era competitivo, o que fez a Crypton assumir a posição de

A Yamaha YZF R1 é o sonho de consumo dos aspirantes a piloto de motovelocidade em todo o mundo

mais vendida da Yamaha. Ao mesmo tempo, a marca insistiu no mercado das Fun Bikes (motos para diversão) com a TDM 225, variação mais urbana da XT 225 lançada no ano anterior. A moto seguia a proposta da TDR 180, com visual híbrido entre campo e cidade, estilo que seria retomado pouco depois com as motos *supermotard*. A base mecânica era da XT 225, o que incluía a relação de marchas curta, deixando a TDM mais arisca nas retomadas de velocidade. No setor de importados, a TDM 850 Twin desembarcou no Brasil pela segunda vez (a primeira foi em 1994), e novamente como substituta da Super Ténéré 750. O motor quatro tempos bicilíndrico em linha com duplo comando de válvulas no cabeçote (DOHC) e refrigeração líquida fornecia 77 hp a 7.400 rpm, e torque de 7,33 kgfm a 6.000 rpm. Apesar da rapidez e do conforto proporcionados pelo novo modelo, a versão mais uma vez não agradou. A Super Ténéré era menos potente (70 hp a 7.500 rpm), porém muito mais versátil, além de menos cara.

No segundo semestre, um símbolo de vida veloz sobre duas rodas e um motor chegou oficialmente ao Brasil: a Yamaha YZF R1. A moto tinha credenciais de sobra para abalar a concorrência. O motor era um quatro tempos de quatro cilindros em linha, com duplo comando no cabeçote (DOHC), cinco válvulas por cilindro, 998 cc e refrigeração líquida, gerando potência de 152 hp a 10.000 rpm e torque de 11,0 kgfm a 8.500 rpm. O chassi radial tipo Deltabox II abrigava, além do supermotor, uma estrutura repleta de tecnologia e materiais nobres, que influíram no preço final da R1 – 21 mil dólares, cerca de 3 mil dólares acima da CBR 1000 F Fireblade, sua principal oponente no mercado brasileiro. A J. Toledo Suzuki manteve a política de oferecer muitas opções para o consumidor, o que incluiu dois modelos na faixa das 750 cc esportivas: a GSX F (18,8 mil dólares), voltada para o turismo esportivo, e a GSX R (18,9 mil dólares), uma esportiva planejada para baixar os tempos em qualquer percurso.

A BMW R 1100 S de 1998 foi inspirada nas turismo esportivas italianas. A moto era mais voltada para o turismo, priorizando o conforto sobre a esportividade

Cumprindo a promessa de um lançamento mundial a cada ano, em 1998 a BMW trouxe para o Brasil a R 1100 S (22,9 mil dólares), digna representante da categoria turismo esportivo, uma releitura dos clássicos eventos da Ilha de Man. Nas propagandas da empresa, a moto era chamada de "Sport Boxer". O visual, parecido com o das esportivas italianas (que também inspiraram a Suzuki TL 1000 e a Honda VTR 1000), deixou a moto com um ar agressivo, sem perder a elegância característica dos modelos da marca.

A 1100 S usava um motor quatro tempos bicilíndrico estilo Boxer (ou Flat Twin) de 1.085 cc, com refrigeração mista ar/óleo, gerando 98 hp a 7.500 rpm e torque de 9,7 kgfm a 5.750 rpm.

Folheto de propaganda da Bajaj da série Pulsar, uma 125 repleta de acessórios. A empresa possui acordos de cooperação tecnológica com a Kawasaki Japão e a KTM Áustria

O Grupo Ava diversificou novamente, associando-se ao grupo indiano Bajaj Auto para representar a empresa no Brasil. A Bajaj possuía um acordo operacional com a Kawasaki, o que facilitou a operação. O primeiro produto a desembarcar por aqui foi a Bajaj Champion 4S, uma 100 cc com motor quatro tempos OHC similar à Honda CG 125.

A Daelim progrediu em conforto e qualidade, ampliando sua linha de produtos. Na foto, o modelo 125 Roadwin, com câmbio de cinco marchas, partida elétrica e 135 quilos de peso

Na mesma faixa, a Daelim lançou a Altino NF 100 (2,6 mil dólares), que tinha como vantagens, além da tecnologia Honda, partida elétrica, carenagem, rodas esportivas e freio dianteiro a disco. No final do ano, a empresa comemorou o sucesso do modelo, que, segundo seus dirigentes, havia ultrapassado a faixa das mil unidades por mês. Animada, a Daelim apresentou o *scooter* Message 50, importado da Coreia do Sul. A expansão no campo dos concessionários também progrediu, alcançando 84 pontos de venda.

Propaganda da linha de quadriciclos SMC

A Agrale voltou a produzir motos e *scooters* em Manaus, com tecnologia da Standard Motor Corporation (SMC), da ilha de Taiwan, cujo lema era: "o parceiro em que você pode confiar" ("the partner you can trust").

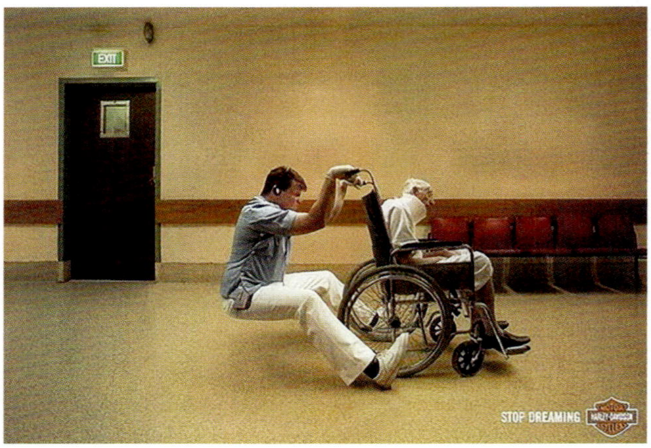

Inspirador anúncio de propaganda da Harley-Davidson

O Grupo Izzo anunciou ter alcançado um total de 600 motos Harley-Davidson vendidas no Brasil desde 1993. A empresa obteve a aprovação do projeto de construção de uma fábrica em Manaus, para produção da marca americana e também da italiana Aprilia. Entre os planos para 1998, a ampliação da rede de concessionários continuava sendo prioridade absoluta.

Folheto de propaganda da Vespa PX 150 Originale

A Brandy ampliou seu sistema de vendas com a criação do Consórcio Nacional Brandy, disponível nas suas 168 concessionárias. Coube ainda à Brandy trazer de volta (pela quarta vez) um ícone dos anos 1950, a Vespa, com o modelo PX 150 Originale, fabricado na Índia pela LML, Lohia Machines Limited, em associação com a Piaggio, criadora do modelo original de 1946.

Hyosung RX 125 cc, "a sensação que passa pelos cinco sentidos"

E a Hyosung também apresentou uma motoneta *cub*, a FX 110 Midas. Como diferenciais para justificar o preço, mais elevado que o da Biz e o da Crypton, o modelo coreano tinha duplo bagageiro, protetor integral de corrente, cavalete central e um motor ligeiramente mais potente, com 8,5 hp a 8.500 rpm.

No capítulo das curiosidades, vale comentar a associação sino-goiana entre a Jincheng Corporation, gigante chinesa dos ramos aeronáutico e motociclístico, e o vereador goiano Euler Ivo Vieira (1947-). Euler era líder estudantil na politizada Goiânia dos anos 1960. No início do governo militar, ele foi perseguido e fugiu para a China, onde morou por dez anos, conheceu Mao Tsé-tung (1893-1976) e o motociclismo. De volta ao Brasil, usou nomes falsos e se escondeu no sertão da Bahia, na Chapada Diamantina e no interior da Amazônia. Anistiado, Euler retomou a atividade política junto com a esposa, Maria Isaura Lemos (1954-), deputada estadual pelo PDT goiano. De volta

Uma Jincheng 100 cc de briga, com câmbio de quatro marchas, rodas de oito polegadas, *sidecar* e pintura militar. O modelo é fortemente inspirado na Honda Monkey

a Pequim, onde a filha cantou em um festival cultural, Euler Ivo teve a ideia de construir uma fábrica de motocicletas na cidade de Piracanjuba, base eleitoral dele no Estado de Goiás, que na época acenava com incentivos fiscais para empresas automotivas. A opção escolhida foi a Jincheng, que tinha acordos técnicos com a Honda e a Suzuki e era aprovada pelas normas internacionais de qualidade. Em 1998, apesar da chegada dos primeiros *scooters* de teste, infelizmente o projeto não saiu do papel, mas entrou para a lista de curiosidades do mercado brasileiro de motocicletas.

Contadas as favas do ano, a Abraciclo registrou 475.725 motos produzidas, um aumento de 11% em relação ao recorde do ano anterior. As exportações avançaram notáveis 24,1%, com 20.374 unidades (contra 16.415 de 1997). Nas vendas, a melhor marca da história da associação: 461.138 unidades, um aumento de 13,2% em relação a 1997. A Honda atingiu monumentais 90,1% do mercado interno, no qual a Brandy caiu 35% (de 1,6% para 1% das vendas), e a Yamaha desceu para 6,5%, uma fatia estreita do bolo motociclístico nacional. A Agrale permaneceu fora da Abraciclo, que recebeu o ingresso da Hyosung.

O último ano do milênio no Brasil começou com tempero italiano. O Grupo Izzo anunciou a importação de 15 modelos Aprilia. A grade partia dos modernos *scooters*, subia de giro com réplicas dos modelos dos pilotos de motovelocidade, passava pela versátil turismo/*trail* Pegaso 650 e chegava ao cume com a poderosa RSV Mille, topo de linha da marca em todo o mundo. Havia espaço até para a arte sobre duas rodas, com a Motó 6.5, derivada de uma moto-conceito muito louca criada pelo francês Philippe Starck (1949-) em 1995. A Motó era unanimemente considerada uma obra de arte sobre duas rodas e um motor. Em relação à marca Harley-Davidson, também representada pela Izzo, a notícia boa foi a criação de um sistema de compra por meio de consórcio, em até 60 meses. Além disso, oito modelos americanos

A Aprilia Motó 6.5 tem formato oval, motor Rotax de 650 cc, potência de 42 hp e pouco conforto. O Museu de Arte Moderna de São Francisco, Califórnia, colocou uma dessas motos no seu acervo permanente

passaram a ser montados em Manaus, o que significou uma redução média nos preços em torno de 25%. Como diriam os ianques, *thanks a lot!*

Pelotão de motos MV Agusta F4 em evento motociclístico em Tóquio, Japão: qualidade reconhecida no mundo inteiro

Exclusiva até o último parafuso, a lendária MV Agusta, ressurgida das cinzas em 1991 pelas mãos ambiciosas da Cagiva, passou a ser importada para o Brasil pela Agrale. O primeiro lançamento foi a F4 750 S, movida por um bravo motor quatro tempos de 749,4 cc, com quatro cilindros em linha e duplo comando de válvulas no cabeçote (DOHC), potência de 126 hp a 12.200 (!) rpm, torque de 7,3 kgfm a 9.000 rpm e velocidade máxima em torno de 275 km/h (!!). O preço da especiaria era salgado: 34 mil dólares. A marca do conde Agusta veio fazer companhia à Ducati e à Cagiva, formando a base (italiana) dos produtos Agrale em 1999.

No lado oriental, a Honda comemorou 3 milhões de motos produzidas na fábrica da Zona Franca de Manaus com um lançamento de peso, a NX 4 Falcon. À exceção do motor, que veio da XR 400 de enduro, a moto foi inteiramente projetada e produzida no Brasil. O estilo era um tanto futurista, o que criou polêmica. O motor, um monocilíndrico quatro tempos de 397 cc, com potência de 30,6 hp a 6.500 rpm e torque de 3,51 kgfm a 6.000 rpm. A Falcon era menos potente que sua antecessora, a NX 350 Sahara, o que aumentou a discussão sobre suas virtudes e defeitos. Entre os pontos positivos, freios a disco nas duas rodas, painel completo, alças na garupa e tanque de 15 litros. No lado negativo estavam a lentidão, a mecânica ultrapassada e o enorme apetite por combustível: média de 20,5 quilômetros por litro, mais do que a Yamaha XT 600 E do mesmo ano (21 km/l). Nos demais modelos, poucas mudanças além de cores e

A NX 4 Falcon foi a sucessora da NX 350 Sahara. Como de hábito, houve discussões intermináveis sobre virtudes e defeitos dos dois modelos

grafismos. O leque das importadas continuou aberto, com a CBR 600 F4, a CBR 900 RR Fireblade e a CBR 1100 XX Super Blackbird.

No esquadrão Yamaha, o destaque foi a nacionalização da Virago XV 535. O restante da linha

Apesar de não ter agradado os brasileiros, o *scooter* Majesty continua sendo fabricado e responde por 60 % das vendas de motos 250 cc no Japão

A Virago 535 seguiu os passos da "Viraguinho" e se naturalizou brasileira

teve apenas modificações de cores e gráficos, pois a empresa passou o ano às voltas com o lançamento da sua primeira 125 com motor quatro tempos em território brasileiro. A frase mais pronunciada pelos executivos da empresa no ano de 1999 foi: "Vocês não perdem por esperar". Na linha de importados, uma extinção: o *big scooter* Majesty 250 deixou de ser oferecido no mercado brasileiro. Apesar da modernidade da proposta, as vendas foram fracas e a importação não foi renovada.

O segmento das *trail/touring* ficou maior com a BMW 1150 GS (25,5 mil dólares), com motor Boxer

A BMW 1150 GS usava os cilindros da R 1200 C, com cabeçotes, válvulas e virabrequim da R 1100 S e radiador da R 1100 RT. A mistura funcionou perfeitamente

de 1.130 cc, 85 hp a 6.750 rpm, torque de 9,8 kgfm a 5.250 rpm, suspensões exclusivas *(telelever/paralever)*, faróis duplos e visual aventureiro. Para os amantes do conforto extremo, a melhor opção da marca em 1999 era a K 1200 LT, estradeira peso-pesado (378 quilos), movida por um motor quatro tempos de 1.171 cc com quatro cilindros em linha, duplo comando no cabeçote (DOHC), refrigeração líquida, potência de 98 hp a 6.750 rpm e torque de 11,5 kgfm a 4.750 rpm. O câmbio tinha cinco marchas para a frente e uma marcha a ré, para ajudar nas manobras de estacionamento. A gigantesca BMW causava certo temor, mas era dócil na pilotagem, especialmente na estrada, seu ambiente natural. O que espantava mesmo era o preço, 35 mil dólares, quase 70 mil reais em setembro de 1999. Vale lembrar que no mesmo ano a marca colocou à disposição dos interessados um plano de aquisição por *leasing*, extensivo aos automóveis BMW.

A J.Toledo Suzuki ampliou o alcance do seu consórcio, que passou a estar disponível nas 110 concessionárias em todo o país. Voando alto, a empresa anunciou a chegada ao Brasil do modelo GSX 1300 R Hayabusa (em japonês, "falcão peregrino"), a moto de série mais rápida do mundo (312 km/h e de 0 a 100 km/h em 2,6 segundos, conforme dados da revista americana *Cycle World*).

A Suzuki GSX 1300 R Hayabusa, inspirada no falcão peregrino japonês. A moto impôs limites à busca de velocidade pura

Além do bólido esportivo, adentrou o gramado verde-amarelo a Freewind 650, uma turismo/*trail* avançada e com ótimo motor.

Naquele fim de milênio, a Sundown bifurcou seu caminho no Brasil. O setor de *scooters* foi sucedido pela L'Aquila *Scooters*, que passou a representar a francesa Peugeot e a taiwanesa TGB. Enquanto a L'Aquila garantia sua rede de revendas, a marca Sundown estudava alternativas para continuar no mercado.

A Kawasaki ER 5 atuava na mesma faixa da Suzuki GS 500 e da Honda CB 500

O mercado de *scooters* crescia por todos os motivos, inclusive a rapidez nas entregas

O grupo Ava-Kawasaki enfim trouxe um modelo menos luxuoso e com bom potencial de vendas, a ER 5, que disputava mercado com a Honda CB 500 e a Suzuki GS 500. A ER 5 tinha motor quatro tempos bicilíndrico em linha de 498 cc com duplo comando no cabeçote (DOHC), refrigeração líquida, potência de 50 hp a 9.000 rpm e torque de 4,6 kgfm a 7.200 rpm. A moto era uma *naked* (sem carenagem), com suspensão bichoque e câmbio de seis marchas, capaz de atingir 178 km/h.

No exército inglês da Triumph, representada no Brasil pela Eurobike, a T 509 Speed Triple (19,2 mil dólares) não tinha nada de discreta. O modelo 1999 tinha motor quatro tempos de 955 cc, com três

A Triumph Speed Triple de 1999 foi a sucessora da mítica T 509. A moto ganhou 70 cc de cilindrada e é considerada, junto com o modelo 2005, a melhor versão da série Speed Triple

cilindros em linha (*triple*), duplo comando no cabeçote (DOHC), refrigeração líquida, potência de 108 hp a 9.200 rpm, torque de 9,7 kgfm a 5.800 rpm e velocidade máxima em torno de 235 km/h. O estilo era de *naked* com o espírito despojado das *street fighters*, motos que parecem ter perdido algumas peças em tombos pelo caminho.

A exemplo de outras motos do mesmo segmento, a Daelin VT 125 Magma aparentava ser maior do que realmente era

A Daelim apresentou a VS 125, sucessora da Advance Custom 125, lançada em 1995. A coreana com recheio Honda manteve o estilo estradeiro, com cromados em profusão e muitos itens de conforto. Essa opção sacrificou o rendimento, com 132 quilos de peso seco (sem os dez litros de combustível e um de óleo), a moto era lenta, bastante lenta. O motor era o mesmo da Advance, um monocilindro quatro tempos de 124 cc com comando único no cabeçote (SOHC), potência de 13,6 hp a 9.000 rpm, 1 hp mais do que o modelo anterior. A "irmã" VT 125 Magma (também chamada de VT 125 Evolution) seguiu a mesma receita: grande porte, motor pequeno e peças intercambiáveis com as Honda. Como a Daelim não divulgava seus números, fica difícil avaliar o desempenho comercial da linha. Já que os grandes fabricantes não atuavam nessa faixa no Brasil, o principal alvo da VS 125 era a Hyosung Cruise II, que vendeu 702 unidades em 1998 (dados da Abraciclo).

A Brandy incorporou à sua frota o Zip 50, *scooter* com tecnologia da Piaggio italiana. Mas a notícia mais quente do ano foi a associação da

O simpático *scooter* Zip 50, com tecnologia Piaggio e "liberado para maiores de 14 anos"

Hyosung (representada no Brasil pela Tradeimport, do empresário paulista Sérgio Bessa) com a Cofave – Companhia Fabricadora de Veículos, do empresário Abraham Kasinski (1917-), ex-presidente da fábrica de amortecedores Cofap, então com 82 anos. Com a nova parceria, as motos Hyosung, vindas da Coreia com tecnologia da Suzuki, passaram a se chamar Kasinski. No final do ano, surgiu o Consórcio Nacional Kasinski, uma maneira econômica de adquirir os quatro modelos da marca disponíveis no mercado: GF 125, Midas FX 110, Cruise II e Super Cab 50.

No primeiro semestre de 1999, duas situações conjunturais afetaram negativamente o mercado brasileiro de motocicletas. A primeira foi a maxidesvalorização do real (pós-reeleição do presidente Fernando Henrique Cardoso), que aumentou o dólar em 39% apenas no mês de janeiro. A outra circunstância foi a revogação de parte da resolução 50 do Contran. Pelo texto da resolução, a partir de 18 de novembro de 1998, menores podiam pilotar ciclomotores (com velocidade máxima de 50 km/h), desde que autorizados pelos pais. Meses depois, pressionado por hordas de pais, condomínios e associações de moradores, o Contran voltou atrás e impôs uma série de controles que, na prática, inviabilizaram a circulação de menores com ciclomotores no Brasil.

Esses dois flancos prejudicaram o resultado do ano, mas não tanto quanto se esperava. O total da produção alcançou 473.802 unidades, menos de 1% abaixo das 475.725 produzidas em 1998. A queda nas vendas foi um pouco maior, 4%: de 460.121 para 441.536 unidades. O dólar alto teve o mérito de fazer as exportações subirem 60%: 32.598 motos, contra 20.374 no ano anterior. Das brasileirinhas que foram tentar a sorte no exterior, 88,2% (17.973 unidades) foram fabricadas pela Honda, que reinou também no mercado interno, com 417.892 motos vendidas, colossais 90,8% do mercado. Para o bem do consumidor, já estava mais do que na hora de perturbar a boa vida da marca da asa no Brasil.

CAPÍTULO 19

MOTOS NO BRASIL DO TERCEIRO MILÊNIO

O Brasil do ano 2000 foi em tudo diferente do Brasil de 1990. O país estava sintonizado com o resto do mundo, a inflação era apenas uma lembrança amarga, e o poder aquisitivo da população crescia. Para comemorar a estabilização econômica, o Banco Central mandou imprimir uma série simbólica de 125 milhões de cédulas de dez reais feitas de plástico, com tecnologia australiana, a um preço 59% mais alto que o da nota tradicional de papel. Reflexos da globalização.

Randy Mamola, um dos fundadores do Riders For Health, em um evento de arrecadação de recursos para a organização

Exemplificando tudo o que aconteceu de positivo na comunidade internacional do motociclismo na última década, a menção obrigatória é a organização não governamental Riders for Health (condutores pela saúde), criada pelo piloto de motovelocidade americano Randy Mamola (1959-) e pelo casal inglês Andrea Coleman (1947-), piloto de motovelocidade, e Barry Coleman (1946-), jornalista esportivo. Quando o campeonato mundial passou pela África do Sul, em 1985, os três conheceram o trabalho da organização Save the Children, voltada para cuidar da saúde das crianças pobres da África. A partir daí, eles começaram a ajudar, leiloando equipamentos de competição, ingressos para corridas e passeios com os pilotos. De volta à África, Andrea e Randy notaram uma grande quantidade de motocicletas paradas nos hospitais e clínicas, por falta de manutenção e pessoal qualificado para pilotá-las. Apesar de abandonada, a ideia era interessante em qualquer situação, as motos são mais econômicas e versáteis que os automóveis. Por terem passado a vida inteira entre motocicletas, os três pensaram em renovar a frota de motos dos serviços de saúde locais e simultaneamente formar motociclistas com conhecimentos médicos e mecânicos. As motos alcançariam pontos isolados na vastidão do continente africano, levando vacinas, remédios e uma vida melhor para crianças e adultos.

Um motociclista do Riders For Health em visita de campo no interior da África: com medidas simples, saúde para milhares. Crianças mais saudáveis era a meta prioritária de Mamola e seus amigos

Com o apoio de pilotos e personalidades ligadas ao motociclismo, a organização Riders for Health, sediada na Inglaterra, começou a agir em 1991, em países carentes como Uganda, Zâmbia e Lesoto. A estratégia da organização era dupla: "educação e equipamento". O resultado foi imediato: os índices de infestação de malária caíram 20% depois que os motociclistas-enfermeiros passaram a entregar mosquiteiros que protegiam as camas e resistiam ao inseto que transmite a doença. Em 2009, são mais de mil motos, cada uma cuidando de cerca de 20 mil pacientes, na Nigéria, Tanzânia, Gana, Quênia, Zimbábue e Moçambique. Em 2008, o compositor Elton John (1948-) doou 120 motocicletas Honda

CTX 200 para o programa, por meio da sua fundação de combate à AIDS.

Em busca de mais eficiência, a frota do Riders for Health se diversificou, com caminhões frigoríficos, *minivans* e ambulâncias. A organização também conta com o precioso auxílio do Uhuru ("liberdade", no

O supercampeão de motovelocidade Valentino Rossi é um dos principais colaboradores do Riders For Health

dialeto africano suaíli), uma pequena moto com *sidecar* que pode funcionar como ambulância, bomba d'água (120 litros por minuto), cargueiro, gerador de energia e outros serviços. O versátil veículo foi planejado na Inglaterra, com financiamento do Banco Mundial, e construído na África, com base mecânica da Yamaha AG 100 (fazendeira), disponível no Brasil nos anos 1970 e ainda encontrada na Austrália. Em 2009, há 96 Uhuru em atividade, com mais de 16 milhões de quilômetros percorridos sem problemas mecânicos. A meta da organização é levar assistência médica a todos os países da África até 2015, o que significará uma melhoria de 500% no Índice de Desenvolvimento Humano (IDH) do continente africano. Em relação ao IDH internacional, o Brasil ocupa em 2009 a 70ª posição, classificação tida como média, mas muito superior à de todos os países da África.

Em termos de motocicletas, com as importações liberadas e as benesses da Zona Franca de Manaus, entramos no terceiro milênio em pé de igualdade com o resto do planeta.

No mercado de motos populares, a Honda preparou-se para os novos tempos apresentando a quinta geração da CG 125, nas versões KS (básica, com pedal de partida e freios a tambor, ao preço de 3.355 reais) e ES (com partida elétrica, freio a disco na roda dianteira e câmaras de ar especiais *tuff up*, ao preço de 3.795 reais). A CG Titan 2000 manteve a mecânica tradicional, com motor monocilíndrico quatro tempos de 124 cc e válvulas no cabeçote (OHV), potência de 12,5 hp a 9.000 rpm e torque de 1,0 kgfm a 7.500 rpm. Nessa nova versão, foram alterados o chassi (estampado por solda a ponto), o tanque de combustível (que passou de 12 para 13 litros), pneus, freios (com tambores maiores na roda traseira), farol (com refletores multifocais), painel (com indicador de

A Honda CG 125 cc modelo 2000 versão ES , com partida elétrica e freio dianteiro a disco: terceiro milênio, quinta geração

consumo de combustível), banco e bateria (do tipo selada). No final do ano, as mudanças se estenderam à XLR 125, que também passou a ter duas versões: a S, com partida a pedal (4.149 reais), e a ES, com partida elétrica (4.399 reais). A "Xiselinha" também recebeu novos para-lamas, novas laterais e carenagem, parte de um pacote de 75 itens estéticos e mecânicos aperfeiçoados. Faltou o freio dianteiro a disco, que, segundo a Honda, não foi considerado necessário pelos consumidores. Será?

Yamaha YBR 125 cc de 2000 concretizou o ingresso da marca no mundo dos motores quatro tempos para motos populares. A moto foi exportada para vários países

Depois de muito falatório, idas e vindas, e viagens ao Japão, a Yamaha assumiu o fim da era dos dois tempos e colocou no mercado a YBR (que significa Yamaha do Brasil), sua primeira 125 urbana com motor de quatro tempos. Apresentada no Salão das Duas Rodas de 1999, a moto chegou às lojas em meados de 2000, em três versões: K (3.822 reais), com freios a tambor e pedal de partida; E (4.238 reais), com partida elétrica; e ED (4.391 reais), com partida elétrica e freio a disco na roda dianteira. Visualmente, a YBR era agradável, com boa integração entre tanque, laterais e rabeta. Os pequenos coletores de ar abaixo do tanque a diferenciavam das demais populares, assim como os bem resolvidos escapamento e farol. O motor monocilíndrico quatro tempos de 124 cc com comando simples no cabeçote tinha potência de 12,5 hp a 8.000 rpm e torque de 1,19 kgfm a 6.500 rpm, números que, somados à menor distância entre eixos e ao menor peso (107 contra 109 quilos), a deixaram mais ágil do que a CG 125. Além disso, os engenheiros da empresa implantaram um sistema de contrapesos no eixo do virabrequim, reduzindo a vibração do motor. Na economia de combustível, mais uma vitória da YBR, que fez uma média de 34,4 quilômetros por litro (contra 27,4 da CG, conforme informações da revista *Duas Rodas Motociclismo*). Além disso, a YBR tinha suspensões de maior curso – 120 mm na dianteira (115 mm na CG) e 105 mm na traseira (82 mm na CG) –, apostando nesse diferencial em termos de estabilidade e conforto. No geral, a moto era muito bem-acabada, com detalhes sofisticados como a torneira do tanque e o suporte das pedaleiras da garupa. Com a vantagem adicional de ser menos visada pelos ladrões, a Yamaha YBR representou um avanço comercial e tecnológico comparável ao da DT 180 de 18 anos antes. O restante da grade nacionalizada recebeu novas cores e gráficos. Na linha importada, a marca contemplava as estradeiras Drag Star 650 e 1100 cc, a *touring/trail* TDM 850, a *power cruiser* Vmax, a superesportiva R1 e a turismo de luxo Royal Star 1300.

A Suzuki DR 400 chegou ao Brasil com a fama de ser uma "enduro profissional" dócil no trato, com assistência técnica e preço competitivo

A J.Toledo Suzuki, sintonizada com as preferências pessoais do seu presidente, sempre destinou espaço em seus contêineres para motos de *motocross* e enduro. Em 2000, o modelo mais procurado foi a DR 400 E (11 mil dólares), com motor quatro tempos, potência de 48 hp a 8.500 rpm, partida elétrica e peso seco de 119 quilos. A moto veio disputar o restrito mercado de enduro profissional, no qual se enfrentavam a KTM EXC 380 (12 mil dólares), a Husqvarna TE 410 E (12,5 mil dólares) e a artesanal Husaberg FE 400 (14 mil dólares).

A premiada BMW K 1200 LT de 2000

A BMW comemorava as conquistas da turismo/luxo K 1200 LT (34,9 mil dólares), vencedora do prêmio Good Design do Museu de Arquitetura e Design de Chicago, nos Estados Unidos, e escolhida a Moto do Ano pelas revistas especializadas *Rider, Robb Report, Motociclismo, Cycle World* e *Duas Rodas Motociclismo*. No fora-de-estrada, chegou a nova versão da F 650 GS (12.950 dólares), que havia vencido a edição 2000 do Rally Paris-Dakar. A BMW F 650 estava no mercado brasileiro desde 1993, e sofreu sua segunda modernização, ficando com visual parecido com o da R 1150 GS. A moto ganhou injeção eletrônica de combustível, suspensão traseira com 40 regulagens, novo painel e freios ABS. O motor era terceirizado, feito na Áustria (o mesmo que equipava a concorrente Aprilia Pegaso) pela conhecida fábrica Rotax, monocilíndrico quatro tempos de 651,8 cc com duplo comando no cabeçote (DOHC), potência de 48 hp a 6.500 rpm e torque de 6,11 kgfm a 5.000 rpm. Apesar do preço, o modelo era bastante procurado. Ficou famosa no Rio de Janeiro uma foto do jogador de futebol Romário (1966-) sentado numa BMW F 650 GS vestindo sandálias de borracha e capacete estilo "coquinho", não aprovado pela legislação. A frota de veículos do ex-jogador inclui uma Kawasaki Ninja ZX 9.

Discussões à parte, a Kawasaki Ninja ZX 12 R de 2000 é uma moto magnífica. Repare nas pequenas asas na carenagem lateral

Por falar em Kawasaki, o Grupo Ava trouxe a ZX 12 R (38,9 mil reais), fabricada para tirar a Suzuki GSX 1300 R Hayabusa do trono de moto de série mais rápida do mundo. A moto causou polêmica (mais uma), pois não passou de 187 milhas por hora (300,8 km/h), contra 194 mph (312 km/h) da Suzuki, nos testes da conceituada revista americana *Cycle World*. Curiosamente, nos testes com o modelo de pré-produção, a ZX 12 havia sido mais rápida em arrancada, o que foi divulgado pela Kawasaki nos Estados Unidos e resultou em 5.800 reservas em um único dia. Pelas informações da revista, uma reunião entre fabricantes japoneses e europeus ajustou um limite de 300 km/h para todas as superesportivas, por motivos de segurança. Ao que parece, a adesão da Kawasaki foi imediata. Apesar da confusão sobre a velocidade máxima, a moto era muito, muito veloz, capaz de ir de 0 a 100 km/h em 2,7 segundos (contra 2,6 da Hayabusa). O motor era um quatro tempos de quatro cilindros em linha com refrigeração líquida, gerando 155 hp a 10.000 rpm e torque de 12,4 kgfm a 7.500 rpm. A moto tinha até asas laterais (*winglets*) para estabilização em velocidade máxima. Os proprietários de Hayabusa diziam que, mesmo com as tais asas, as ZX 12 teriam que ocupar a faixa da direita... Aqui no Brasil, a Ava agiu corretamente ao divulgar em seus anúncios que a ZX 12 R era a "moto mais potente já desenvolvida pela Kawasaki".

Pôster de propaganda da Harley-Davidson

Com a alta contínua do valor do dólar, algumas importações começaram a enfraquecer, como foi o caso da Aprilia, representada no Brasil pelo grupo Izzo, que desistiu da fábrica na Zona Franca e passou a utilizar as instalações da Kasinski, na rua Jutaí, 445 B, lotes 2.27 e 2.25/2, CEP 69075-130. Curiosamente, o Grupo Izzo continuou na área, montando as motos Harley-Davidson pelo sistema CKD na própria fábrica, em Manaus, na rua São José, 169, galpões 6 e 7, no bairro Aleixo. Meandros do mundo dos negócios.

Mesmo cedendo parte do seu parque industrial para a Aprilia, houve espaço suficiente para a Kasinski ampliar a sua linha de produtos da safra 2000, começando pelo Midas 110 (2.990 reais), modelo *cub* que competia com a Honda Biz e a Yamaha Crypton. Como a maioria do mercado interno na época, a Kasinski concentrava seus esforços na faixa das 125 cc, com a *trail* RX 125 (4,7 mil reais) e a estradeira Cruise 125 (4.780 reais).

A Daelin Altino, nas versões 100 e 125 cc, é a campeã de vendas da marca no Brasil

A Daelim Motor do Brasil concluiu a construção da fábrica na Zona Franca de Manaus (avenida Autaz Mirim, 4.174, e passou a montar a Altino NF 100 pelo sistema CKD, com novas cores e o mesmo preço, 2.950 reais. Já a estradeira VS 125 custava 5,7 mil reais, e a topo de linha VT 125 Magma era cotada a exagerados 6,9 mil reais, mais cara do que a Suzuki Intruder 250 (5.995 reais).

A Guzzi California é uma estradeira de grande porte cheia de acessórios

Entre as novidades do milênio, estava a chegada da Moto Guzzi, importada pela empresa carioca Moto GB Industrial, tendo como ponta de lança o modelo California EV (17,8 mil dólares), uma vistosa estradeira com motor quatro tempos de 1.064 cc, dois cilindros em V a 90 graus, com válvulas no cabeçote (OHV), potência de 73,3 hp a 6.400 rpm e torque de 9,6 kgfm a 5.000 rpm. Esse mesmíssimo motor também equipava os modelos California Jackal (14,3 mil dólares), com visual retrô, e Quota (16,2 mil dólares), uma *touring/trail*. A Moto Guzzi V11 Sport (18,8 mil dólares) era uma *naked* esportiva que usava o mesmo motor, porém mais trabalhado, rendendo 91 hp a 7.800 rpm. No entra e sai dos contêineres, a GB passou a trazer também a exclusivíssima Bimota, com o modelo SB8R Special, que usava o motor da Suzuki TL 1000, um quatro tempos de 996 cc com dois cilindros em V inclinados a 90 graus e dois eixos de comando no cabeçote (DOHC), potência de 134,6 hp a 10.000 rpm e torque de 9,5 kgfm a 8.500 rpm. Repleta de componentes de marcas famosas, a Bimota SB8R Special tinha um preço que também era "*special*", 39 mil dólares.

A TM é uma moto artesanal de alto rendimento. Na foto, a 450 enduro de 2006, com motor quatro tempos, refrigeração líquida, partida elétrica e um visual matador

Belo Horizonte, capital mineira e reduto do fora-de-estrada nacional, foi a porta de entrada da italiana TM, de Thomas e Mirko, filhos dos fundadores, os ex-pilotos de *motocross* Claudio Flenghi e Francesco Battistelli. Ela era representada no Brasil pelo oftalmologista, piloto e empresário Giambattista Coscarelli. Os modelos artesanais de 250 e 300 cc tinham potência e preço elevados, cerca de 50 hp e 10 mil dólares, incluindo um *kit* de peças de reposição.

A Cagiva Planet chamava a atenção pela modernidade e pelo preço: 8 mil dólares por uma 125 cc

A Agrale deixou de representar a Ducati, pois a lendária marca havia sido vendida pela Cagiva para o grupo americano Texas Pacific em 1996. Na linha importada oficialmente pela Agrale, a Cagiva Planet 125 era uma *naked street fighter* futurista, que entortava pescoços em qualquer caminho. A Planet usava um motor monocilíndrico dois tempos de 124,6 cc com refrigeração líquida, potência de 15 hp a 8.550 rpm e torque de 1,3 kgfm a 7.750 rpm. Essa combinação, somada ao peso seco de 125 quilos, tornava a moto um tanto preguiçosa, com velocidade máxima de 110 km/h (menos que os 114 km/h da Honda CG 125 Titan), e beberrona, com média de 19,5 quilômetros por litro. Além disso, os 8 mil dólares pedidos pela moderninha Planet eram suficientes para comprar quatro Titan e uma C100 Biz. No final do ano, a Agrale fez uma promoção, oferecendo descontos de até 23% em toda a linha de produtos.

Conduzido pelas mãos da L'Áquila, o Peugeot Speedfighter fez sucesso no Brasil em 2000

Assim como outras empresas, a L'Aquila, sediada em Santa Catarina, acreditava que o governo reeditaria a resolução 50, que permitia que menores pilotassem ciclomotores (veículos de até 50 cc) com velocidade máxima de 50 km/h, quando autorizados pelos pais ou responsáveis. A perspectiva parecia tão concreta que o Senai, Serviço Nacional de Aprendizagem Industrial, criou um curso de pilotagem para menores a partir de 16 anos. Nessa linha de pensamento, a montadora instalou redutores de velocidade nos *scooters* L'Aquila e Peugeot. O resultado foi negativo, deixando os pequenos veículos à mercê de motoristas tão apressados quanto ignorantes, que não raro "empurravam" perigosamente os motociclistas para fora do caminho. E a legislação tão aguardada jamais voltaria a vigorar.

Demorou, mas a Caloi acabou lançando em 2000 uma nova versão da Mobylette, com rodas esportivas

Depois de muitas pesquisas, a Caloi recorreu à força do nome Mobylette ao lançar seu ciclomotor modelo 2000

de 16 polegadas, tambor de freio dianteiro maior, novos espelhos, banco, guidão, manoplas e cores. O preço promocional era de 1,6 mil reais.

A Beta, representada no Brasil pela Fapinha, é uma marca italiana com grande tradição no motociclismo esportivo, especialmente no fora-de-estrada

A Fapinha, tradicional fabricante de minimotos e *buggies* para crianças, importou dois modelos 50 cc da marca italiana Beta: a MX 50 R, para *motocross*, e a enduro MX 50.

A Triumph TT 600 usava suspensões japonesas Kayaba, obtendo um bom equilíbrio do conjunto, sem abrir mão do conforto

Na inglesa Triumph, então distribuída pela Triumph Motocicletas do Brasil, as provas do Tourist Trophy da ilha de Man foram a fonte de inspiração da TT 600 (16,5 mil dólares), uma esportiva com motor quatro tempos de 599 cc, quatro cilindros em linha, duplo comando no cabeçote (DOHC), refrigeração líquida, potência de 108 hp a 12.750 rpm e torque de 6,93 kgfm a 11.000 rpm. A marca dava dois anos de garantia em toda a grade de produtos.

Já a Sanyang desistiu de importar sua linha de produtos, anunciando ainda que tentaria manter um estoque suficiente de peças de reposição. Como diria o robô da clássica série *Perdidos no espaço*, "Perigo! Perigo!".

Pelotão de motos Jincheng. A marca esteve próxima do Brasil, mas acabou não desembarcando

A indefinição na legislação levou a Brandy Motor do Brasil a desativar a fábrica da Zona Franca, passando a atuar somente como importadora. A série de notícias ruins atingiu também a conexão sino-goiana da Jincheng, com o vereador Euler Ivo Vieira. Depois de algumas trapalhadas, como a falta de estradas e de energia elétrica no galpão da futura fábrica, na zona rural da pequena cidade goiana de Piracanjuba, confusões com empregados acabaram inviabilizando de vez a construção de mais uma indústria brasileira de motocicletas.

Com todos os incidentes de percurso, o ano 2000 representou um colossal avanço no mercado brasileiro de motocicletas. A produção saltou de 473.802 unidades em 1999 para 634.984 motos, incluindo 60.260 unidades exportadas, 84% mais que no ano anterior. Nas vendas, 574.149 unidades, um aumento de 30% em relação a 1999 (441.536). A Honda seguiu impávida, mas recuou 4% em 2000, fechando o ano com 88,5% do mercado. A Yamaha aproveitou bem o lançamento da YBR 125 e subiu de 6,1% para 8,9% do mercado, um crescimento de 90% no período. Quem apareceu no cenário com tudo foi a Cofave, do empresário octogenário Abraham Kasinski, que, depois de taxiar em 1999, com 0,9% das vendas (4.008 unidades), alçou voo para 2,4% do horizonte motociclístico do país (13.567 motos vendidas), uma progressão de astronômicos 238,5%.

O ano de 2001 começou com uma ótima notícia: o imposto de importação foi reduzido de 26% para 20%. Como disse o ministro Antônio Delfim Netto (1928-) na década de 1970, "senhoras e senhores, arregacem as mangas; vamos crescer".

A Honda XR 250 R Tornado tinha a mesma base mecânica da Honda CBX 250 Twister, com versatilidade para enfrentar qualquer destino na cidade ou no campo

A Honda iniciou o ano com dois lançamentos simultâneos e fulminantes: a CBX 250 Twister (6.280 reais) e a XR 250 Tornado (7.190 reais), sucessoras da CBX 200 Strada (5.217 reais) e da XR 200 (5.821 reais), respectivamente. A Twister (que em inglês quer dizer ciclone, tornado, ou ainda pessoa desonesta) era uma moto urbana e versátil, além de muito moderna. O motor quatro tempos de 249 cc com duplo comando no cabeçote (DOHC) gerava uma potência de 24 hp a 8.000 rpm e torque de 2,48 kgfm a 6.000 rpm. A Twister tinha suspensão monochoque na traseira, com 100 mm de curso e balança de alumínio, enquanto a suspensão dianteira possuía 130 mm de curso. A XR 250 Tornado era uma moto *trail* (cidade/campo) que tinha suspensões reforçadas, com curso de 240 mm na dianteira e 220 mm na traseira. A moto usava o mesmo motor da Twister, com alterações para render melhor em piso de terra. Com isso, a potência e o torque diminuíram ligeiramente, para 23,2 hp a 7.500 rpm e 2,41 kgfm a 6.000 rpm. Em ambos os modelos, apesar do inegável avanço tecnológico, ficou faltando o freio a disco na roda traseira, ausente por uma questão de custo.

O movimento da Honda, que em 2001 comemorou 4 milhões de motos produzidas em 30 anos no Brasil, teve o sentido histórico de ampliar novamente o modelo *top* das motos populares no Brasil, que começou como 125 cc, subiu para 200 cc e em 2001 aumentou para 250 cc. Essa medida trouxe grande avanço em eficiência e segurança para os motociclistas brasileiros. No resto da linha, como de hábito, mudanças restritas a cores e gráficos. Só para se ter uma ideia, a maior alteração foi na Biz, que recebeu câmara de ar com sistema *tuff up* na roda traseira. Na área dos importados, a Honda manteve a linha de produtos que a consagraram internacionalmente, como a CBR 600 FI, com injeção eletrônica (31.729 reais), a CBR 900 RR (34.298 reais) e a CBR 1100 XX Super Blackbird (34.297 reais), ex-moto de série mais rápida do mundo e mais uma vítima da Hayabusa, o "falcão peregrino" da Suzuki.

Yamaha XT 225 de 2001: mudanças ambientais

Além de cores e gráficos da safra 2001, a Yamaha promoveu mudanças na XT 225. O resultado deixou a moto mais... lenta! A explicação é que novos sistemas de carburação, filtro de ar e escapamento foram instalados para atender às normas ambientais, resultando na perda de 1 hp na potência, que passou para 18 hp a 8.000 rpm. A Crypton passou pelo mesmo processo, porém perdeu menos, ficando 0,2 hp mais fraca (8,3 hp a 8.000 rpm). Além de cores e gráficos diferentes, a YBR 125 2001 ganhou novo freio a disco dianteiro, com pistões duplos. E, depois de oito anos de serviços prestados, a Yamaha DT 200 R foi descontinuada. A moto deixou saudades, mas não tantas como a ancestral DT 180, extinta no final de 1996. No setor de importados, a Yamaha trouxe na safra de 2001 a Drag Star 650 (14.642 dólares), a Royal Star 1300 (21,4 mil dólares), a Vmax 1200 (15,8 mil dólares) e a YZF R1 (19,3 mil dólares), que tiveram poucas mudanças em relação ao ano anterior.

A J.Toledo Suzuki disponibilizou a linha de *scooters* Burgman, composta pelo EN 125 e pelo Burgman AN 400 (18.850 reais). O "Burgmão" se destinava ao transporte urbano de luxo, frase que resumia bem a proposta da Suzuki. O visual era de um veículo de turismo, com proporções generosas, compartimento para bagagens e para-brisa. O motor era um monocilindro quatro tempos de 385 cc, com comando único no cabeçote (SOHC), refrigeração líquida, potência de 32 hp a 7.000 rpm e torque de 3,05 kgfm a 6.000 rpm. Vale acrescentar que, até o final de

O Burgman 400 cc foi o primeiro *scooter* de luxo a fazer sucesso no Brasil. Na foto, o modelo 2008

1999, a licença para distribuição dos *scooters* Suzuki no Brasil era da Caloi. Depois de uma negociação, o modelo AE 50 (2.990 reais) passou a ser produzido pela J. Toledo, via esquema CKD na fábrica de Manaus. Quem deixou a linha de produtos em 2001 foi a *maxitrail* DR 800, importada regularmente desde 1993.

A BMW R 1150 RT é um apelo ambulante ao turismo de luxo

A BMW trouxe a estradeira de luxo 1200 C Independent (15,8 mil dólares), uma variação da conhecida 1200 C que veio com rodas de liga leve, faróis de neblina e para-brisa. A turismo de luxo R1150 RT safra 2001 (27,5 mil dólares) recebeu novas rodas, carenagem e para-lama dianteiro. Outra novidade foi a BMW R 1150 R (24,5 mil dólares, com freios ABS), substituta da R 1100 R, com motor Boxer de 1.130 cc, potência de 85 hp e torque de 9,8 kgfm.

Propaganda da linha Kasinski 2008: "Venha crescer como nunca. Venha acelerar com a gente"

Do quartel-general da Cofave/Kasinski, na Zona Franca de Manaus, surgiu a Mirage GV 250 (9,6 mil reais), uma estradeira (*custom*) de médio porte com visual de *big custom*. A Mirage apresentava um motor quatro tempos bicilíndrico em V de 249 cc com duplo comando no cabeçote (DOHC), fabricado pela coreana Hyosung com tecnologia Suzuki. A potência máxima era de 25,6 hp a 8.500 rpm e o torque de 1,6 kgfm a 7.500 rpm. Os alvos da Mirage GV 250 eram a Yamaha Virago 250 (8.670 reais) e a Suzuki Intruder 250 (6.270 reais), que tinham preços (e visual) menores.

Agrale, ciclomotores nacionais e motos importadas na temporada 2001

A Agrale abriu mão da linha de *trail* fabricada no Brasil e passou 2001 comercializando os ciclomotores Tchau (3.631 reais) e City (4.273 reais). Na linha de importadas, passaportes italianos para a urbana Planet 125 (10.983 reais), a esportiva Mito 125 (15.582 reais), a *street fighter* V Raptor 1000 (52.070 reais) e a *touring trail* Navigator 1000 (47.674 reais).

O grupo Ava-Kawasaki inovou, ao trazer para o Brasil a clássica KZ 1000 (29,9 mil reais), com

A Kawasaki KZ 1000 Police, para aspirantes a patrulheiros da série CHiPs, com prioridade no trânsito urbano

duas versões: Touring e Policial. A moto usava um motor quatro tempos de 998 cc, com quatro cilindros em linha, duplo comando no cabeçote (DOHC), refrigeração a ar, potência de 92 hp a 8.000 rpm e torque de 8,7 kgfm a 6.500 rpm. A instrumentação era um item que chamava a atenção, com controles de comando de sirene, pisca-alerta e luzes especiais de perseguição, apropriadas para a escolta de autoridades ou para "dar um jeitinho" nos engarrafamentos. A moto era de concepção ultrapassada e um tanto perigosa, mas fez sucesso por aqui, especialmente entre os fãs da série a CHiPs, exibida pela TV nos anos 1980. O acordo com a Kymco seguia firme e incorporou um novo modelo em 2001, a Zing 150 (7,4 mil reais), uma *custom* com motor quatro tempos monocilíndrico de 150 cc, potência de 12 hp a 8.000 rpm e torque de 1,1 kgfm a 6.500 rpm.

A Triumph TT 900 Legend: charme inglês, muita potência em baixos giros e um tanque (15 litros) que poderia ser maior, já que com a moto em movimento, a vontade de parar é nenhuma...

A Triumph Motocicletas do Brasil trouxe a TT 900 Legend (16,8 mil dólares), uma estradeira com estilo conservador e ótimo acabamento. O motor da Legend era um quatro tempos tricilíndrico de 885 cc, com duplo comando no cabeçote (DOHC), potência de 70 hp a 8.000 rpm e torque de 7,2 kgfm a 4.800 rpm.

A Moto Guzzi comemorou 80 anos de existência e mudou de dono na Europa, mas continuou chegando ao Brasil. Na foto, uma California Jackal

Na Moto GB Industrial, a novidade foi a série comemorativa dos 80 anos da Moto Guzzi, que na Europa havia passado para o controle da Aprilia (juntamente com a Laverda). Durante o ano de 2001,

Os *scooters* TGB usam motores dois tempos homologados pelas normas ambientais norte-americanas

uma promoção reduziu o preço da California Jackal (modelo 2000) de 14,3 mil dólares para 12 mil dólares.

Em conjunto com a taiwanesa TGB, a L'Aquila lançou o Alfa, *scooter* de 125 cc que tinha motor dois tempos de 124 cc, potência de 14 hp a 7.500 rpm, câmbio automático e aros de 12 polegadas.

E mais uma europeia chegou ao mercado nacional, a espanhola Derbi, multicampeã mundial de motovelocidade, associada à empresa carioca Euromotos Rio. Os modelos de estreia foram a esportiva GPR 50 R, a *trail* Senda R, a *supermotard* Senda SM e os *scooters* Atlantis, Red Bullet e Predator. As principais características dos modelitos espanhóis eram a esportividade e o bom acabamento.

Mais um recorde de produção e vendas marcou o final de 2001. Os dados da Abraciclo apontaram 753.159 motos produzidas e 692.096 vendidas, um aumento de mais de 20% em relação ao ano anterior. A Honda perdeu meio por cento, descendo para 88% do mercado. Embalada pelo bom desempenho da YBR 125, terceira motocicleta mais vendida no país (atrás da CG e da Biz), a Yamaha voltou aos dois dígitos, com 10,1%. Já a simpática Cofave/Kasinski recuou de 2,4% para 1,7% do mercado. Em decorrência da alta do dólar, as exportações não progrediram, e o número de 2001 (60.190 motos) foi ligeiramente inferior ao de 2000 (60.260). Pelas estimativas, os números da Abraciclo representavam cerca de 90% do mercado total de motocicletas no Brasil. A BMW não revelou seus números, mas anunciou que as vendas em 2001 foram 48% maiores que no ano anterior.

O ano de 2002 começou com a Honda seguindo o caminho da Yamaha YBR 125, ou seja, colocando no mercado uma variação "classe média" da campeã de vendas CG 125 Titan. Além da KS (3.707 reais), com freios a tambor e partida por pedal, e da ES (4.247 reais), com freio a disco na roda dianteira e partida elétrica, surgiu a KSE (3.950 reais), com freios a tambor e partida elétrica (as más línguas diziam que a moto era boa de partida e ruim de parada). Com a CG 125

A Derbi, multicampeã da motovelocidade, desembarcou no Brasil com uma linha de minimotos. Na foto, a Senda Supermotard SM 50

A Yamaha YBR 125 colocou a marca na briga direta pelo mercado de motos populares

Cargo (3.533 reais), totalizaram quatro os caminhos da CG, sem contar a *trail* XLR 125. A Biz ganhou um "modelo de luxo", a Biz + (3.890 reais), com partida elétrica, pintura metálica bicolor e rodas esportivas. Em 2002, com o propósito de adaptar suas motocicletas aos limites de emissão de poluentes estabelecidos pelo Conselho Nacional do Meio Ambiente (Conama), a Honda inaugurou o primeiro (e, até o momento, único) laboratório de medição e análise de gases da América do Sul.

A XTZ 125, versão *trail* da YBR, foi uma ótima opção para o piso irregular da malha viária nacional. Na foto, o modelo 2009

Como o mercado esperava, a Yamaha aproveitou a base mecânica da YBR 125 e, no segundo semestre de 2002, lançou um bem resolvido modelo *trail*, a XTZ 125. A moto foi apresentada em duas versões: XTZ 125 K (5.068 reais), com pedal de partida, e XTZ 125 E (5.425 reais), com partida elétrica. O projeto brasileiro teve a supervisão do engenheiro Shigeru Osemachi, que desenvolveu as linhas YZ, WR e TTR. Ao contrário da irmã urbana, a XT 125 nacional tinha suspensão monochoque na traseira com curso de 180 mm. Na dianteira, aro de 21 polegadas, freio a disco e garfo telescópico com 180 mm de curso. O filtro de ar e o carburador também eram diferentes, bem como toda a parte ciclística. A moto fez sucesso imediato, e merecido. No restante da linha, a Yamaha aperfeiçoou o sistema de embreagem da sua campeã de vendas, a YBR 125. No setor de importados, a marca descontinuou a importação das estradeiras Royal Star 1300 e Drag Star 1100. Permaneceram na grade as japonesas TDM 850 (13,4 mil dólares), Vmax 1200 (15,8 mil dólares) e YZF R 1 (19,3 mil dólares).

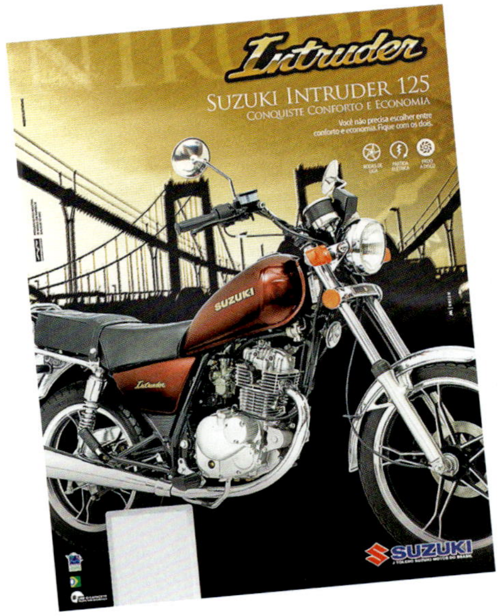

Propaganda da Suzuki Intruder 125, uma pequena estradeira com grande aceitação popular

A J.Toledo Suzuki apresentou a Intruder 125 (4.263 reais), uma *custom* com visual retrô. A Intruder tinha motor quatro tempos de 124 cc, com comando no cabeçote (OHC), potência de 11,3 hp a 9.500 rpm e torque de 0,82 kgfm a 8.500 rpm. A moto era uma opção estradeira à esportiva Katana 125, que custava exatamente o mesmo preço. Ao mesmo tempo, a Intruder 250 e a DR 650 RE deixaram a grade de produtos Suzuki no Brasil, o que causou muitas lamentações.

A BMW teve como destaque a R 1150 Adventure (55,5 mil reais), com motor Boxer de 1.130 cc, potência de 85 hp a 6.750 rpm e torque de 9,5 kgfm a 5.250 rpm. No segmento turismo de luxo, apesar do preço, a K 1200 LT (82,8 mil reais) reinava absoluta, com detalhes exclusivos como *CD player* com disqueteira, computador de bordo, piloto automático, aquecedor de manoplas, banco e encosto.

A Cofave/Kasinski atacou o mercado das 125 cc urbanas com a Magik 125 (4.650 reais). O modelo

O motor não mudou na BMW 11150 GS de 2002, mas câmbio, freios banco e compartimento de bagagens foram aperfeiçoados

tinha motor quatro tempos de 124 cc com válvulas no cabeçote (OHV) e comando no bloco, potência de 10,5 hp a 8.500 rpm e torque de 0,9 kgfm a 7.500 rpm. A Magik era bem resolvida esteticamente, mas faltava uma suspensão mais eficiente para encarar a concorrência na categoria principal do motociclismo nacional.

A Izzo Harley-Davidson trouxe a linha 2002, com a esperada V Rod VRSCA (79.950 reais). A moto significou uma revolução no conceito clássico da H-D, pois recebeu um inédito motor quatro tempos de 1.130 cc em V com duplo comando no cabeçote (DOHC), refrigeração líquida, potência de 115 hp a 8.500 rpm e torque de 10,2 kgfm a 6.500 rpm. Por causa de seu visual impactante, a V Rod era muito atraente, com o falso tanque revestido de alumínio

A Harley-Davidson V Rod, uma moto extraordinária

Lançada em 1997, a Triumph Daytona é a topo de linha da marca inglesa. O modelo 2002 recebeu novo chassi e motor com injeção eletrônica de combustível de segunda geração, mais refinado e silencioso

polido, que se estendia aos para-lamas, balança traseira, rodas e radiador. O único senão ficava por conta da ultrapassada suspensão traseira bichoque, que, somada a certo excesso de peso (270 quilos), dificultava a agilidade em curvas. A sigla VRSCA quer dizer: V do formato do motor, R de *racing*, S de *street*, C de *custom* (que nesse caso tem o sentido de "feito de acordo com o consumidor") e A de América. Fácil, hein!

A Triumph do Brasil radicalizou em 2002, ao importar a superesportiva Daytona 955I (19.950 dólares), com motor quatro tempos tricilíndrico de 955 cc, duplo comando de válvulas no cabeçote (DOHC), refrigeração líquida e potência de 149 hp.

A empresa carioca F3 Brazil passou a representar a marca italiana Ducati no país. Em 2002, foram ao todo 13 modelos, da *naked* Monster 620 (13,5 mil dólares) à superesportiva 998 R (48,5 mil dólares).

A Ducati 998 de 2002 tem 139 hp de potência a 10.000 rpm A entrega é linear e bem casada com as suspensões. Showa (japonesa) na dianteira e Ohlins (sueca) na traseira

A espanhola Gas Gas, distribuída no Brasil pela Trialsports, foi mais uma a se render aos encantos dos motores quatro tempos. A estrela da linha 2002 foi a Gas Gas EC 400 FSE

A Gas Gas passou dos motores de dois tempos para os de quatro tempos, mantendo a tecnologia de ponta característica da marca espanhola. Na foto, o modelo EC 450 de 2009

(10,6 mil dólares), uma enduro profissional que usava motor quatro tempos monocilíndrico de 399 cc e refrigeração líquida, com potência de 47 hp a 9.840 rpm e torque de 4,4 kgfm a 6.750 rpm. A EC 400 veio disputar mercado com a Suzuki DR 400 Z (20.313 reais) e a KTM EXC 520 (13 mil dólares). A moto tinha uma versão *supermotard*, ao preço de 11,6 mil dólares.

A Sundown voltou ao mercado (e à Abraciclo) por meio da Companhia Brasileira de Motos, associada à CBB, Companhia Brasileira de Bicicletas, sediada na Zona Franca de Manaus. Os modelos produzidos

Folheto de propaganda da NXR 150 Bros: meio termo entre asfalto e terra

Acima, a linha Sundown Hunter e Web 100. Abaixo, a Yamaha XTZ 125 teve poucas modificações desde o seu lançamento, em 2002. Na foto, o modelo 2009

foram o *scooter* Fifty 50 (3.570 reais) e a *cub* Web 100 (3.694 reais).

Os números finais do ano foram excelentes: 861.469 motos produzidas, incluindo as 68.050 unidades destinadas à exportação, o que significou aumentos de 16% e 13,1% respectivamente. Nas vendas, o avanço em relação a 2001 foi de 14,5%, com 792.424 motos vendidas. A Yamaha voltou a crescer, amparada pelos bons números da YBR 125 (73.536 unidades, representando 9,3% do mercado) e da XTZ 125, que, mesmo chegando tarde, somou 6.406 unidades vendidas, ou 0,8% do mercado. No geral, a marca dos três diapasões atingiu 12,5% do mercado, um crescimento de 40% em relação aos 10,1% do ano anterior. Essa fatia a mais saiu da Honda, que recuou 12% no período, para ainda majestosos 86,1% das vendas no país. Quem caiu feio foi a Cofave/Kasinski, de 1,7% para 1% do mercado, maré baixa da ordem de 33,4%. E a Sundown, com apenas dois modelos à venda, fechou o *ranking* da Abraciclo com 3.049 unidades vendidas, equivalentes a 0,4% do mercado. A BMW confirmou a venda de 362 unidades em 2002, o que representou um aumento de 17,1% em relação a 2001.

Numa reação à chegada da XTZ, a Honda atacou em três frentes, com a linha NXR Bros (variação de *brother*), versões 125 cc (sucessoras da XLR 125) e 150 cc. A 125 usava a consagrada base mecânica da Honda CG 125 e tinha duas versões, a NXR Bros 125 KS (5.157 reais), com partida a pedal, e a "eletrizante" NXR 125 ES (5.522 reais), com partida elétrica. As três motos eram bastante parecidas, porém a NXR 150 ESD (6.184 reais), além de partida elétrica e freio dianteiro a disco, utilizava motorização mais avançada, um monocilindro quatro tempos com 156 cc e comando único no cabeçote (SOHC), com potência de 13,5 hp a 7.500 rpm (12,5 hp a 8.250 rpm nas Bros 125) e torque de 1,26 kgfm a 6.000 rpm (contra 1,04 kgfm a 7.000 rpm nas Bros 125). O chassi era o mesmo nas duas motos, com berço semiduplo, também adotado na Tornado e na Falcon. Nessa configuração de chassi, havia o travão superior que se bifurca na parte de baixo para receber o motor. O visual da linha Bros foi inspirado na XR 200 R e na Tornado 250, mas as Bros não usavam aro de 21 polegadas na roda dianteira – a opção foi o aro 19 polegadas, mais ágil sobre piso de asfalto. As suspensões tinham curso de 180 mm na dianteira e 150 mm na traseira, respectivamente igual e menor do que o da Yamaha XTZ 125. Comemorando 6 milhões de motos produzidas no Brasil, a Honda ampliou a fábrica de Manaus e inaugurou uma nova pista de testes em Rio Preto da Eva, AM, onde passou a testar seus produtos, inclusive as fora-de-estrada CRF 150 e 230, destinadas exclusivamente à exportação.

A grade de produtos nacionalizados da Yamaha ganhou uma representante de peso (215 quilos): a estradeira XVS 650 Drag Star (21.985 reais). Incorporada à frota da Yamaha com a missão de enfrentar a Honda Shadow 600, a Drag tinha motor quatro tempos de 649 cc, com dois cilindros em V, comando único no cabeçote (SOHC), potência de 40 hp a 6.500 rpm e torque de 5,2 kgfm a 3.000 rpm.

A XVS 650 Drag Star tinha a missão quase impossível de bater a Honda VT 600 Shadow na preferência dos motociclistas brasileiros

Em meio a uma sucessão de altas na cotação do dólar, a Yamaha descontinuou a Virago XV 535. Foram mantidas a nova versão da TDM 850, a TDM 900 (13,4 mil dólares), a YZF R1 (17.314 dólares) e a Vmax 1200 (15,8 mil dólares).

Em cima, a Honda Shadow 750 (vinho), com motor maior e potência de 45 hp, substituiu a Shadow VT 600 (preta). Embaixo, no final de 2005, a Honda Shadow 750 cc sucedeu a VT 600 Shadow

A Suzuki DL 1000 V Strom tinha uma boa relação custo/benefício, e encantou de imediato os aventureiros de plantão

Na J.Toledo Suzuki, a novidade de 2003 foi a DL 1000 V Strom (44.162 reais), uma *touring trail* de luxo com estilo aventureiro. A moto tinha motor quatro tempos de 996 cc com dois cilindros em V, comando duplo no cabeçote (DOHC), injeção eletrônica de combustível, potência de 98 hp a 7.600 rpm e torque de 10,3 kgfm a 7.600 rpm.

A BMW F 650 GS de 2003 era uma proposta urbana, mas não alcançou o mesmo resultado comercial da "irmã rural" F 650 GS

A partir do final de 2003, a BMW trouxe a *touring trail* F 650 CS (38,9 mil reais), variação mais urbana da F 650 GS. O motor era o mesmo, um Rotax monocilíndrico quatro tempos de 652 cc, duplo comando no cabeçote (DOHC) e refrigeração líquida, com potência de 50 hp a 6.800 rpm e torque de 6,3 kgfm a 5.500 rpm. Detalhes como o monobraço traseiro, transmissão por correia, falso tanque de combustível (frequente nas BMW) e painel arrojado (mas analógico, o que facilita a leitura em movimento) chamavam a atenção. Outra novidade em 2003 foi a R 1200 Cruiser CL (96,9 mil reais), uma *big touring* repleta de recursos. Dos 15 modelos disponíveis, a K 1200 LT (109,9 mil reais) permaneceu como topo de linha da BMW no Brasil.

A Harley-Davidson Electra Glide Ultra Classic 100 Years Anniversary: um ano só para dizer o nome completo...

Seguindo pelo segmento das motocicletas de alto padrão, a Triumph passou a ser representada no Brasil pelo Grupo Izzo (substituindo a Aprilia, que, por problemas jurídicos, deixou de ser importada oficialmente para o país). O grupo, que também representa a marca Harley-Davidson, anunciou o preço da Electra Glide Ultra Classic 100 Years Anniversary, série que homenageava a empresa americana, fundada em 1903: 88.490 reais.

A Kawasaki ZZR 1200 de 2003 tem motor de quatro tempos de 1164 cc com quatro cilindros em linha, potência de 160 hp a 9500 rpm, e disposição de sobra para aceitar qualquer ritmo de viagem

O Grupo Ava-Kawasaki seguiu confiando no mercado *top*. O presidente Antônio Velasquez deu entrevista dizendo não estar interessado no segmento de baixa cilindrada. "Nosso foco são motos elitizadas de alta *performance*. Algo como uma Ferrari de duas rodas." Nessa linha, os preços das "motos verdes" variavam entre os 34.917 reais pedidos pela estradeira Vulcan 800 Classic até 59 mil reais, valor da *sport touring* ZZ R 1200.

O Brasil andava tão globalizado que, em 2003, a Fórmula F3 Brazil, representante Ducati, divulgou preços em euro para a *touring trail* Ducati

A Ducati Multistrada tinha a versatilidade como propósito, e estava apta a enfrentar diversos tipos de piso. A moto usa motor quatro tempos bicilíndrico em L de 992 cc, com comando de válvulas desmodrômico e potência de 82 hp a 8000 rpm

Multistrada (24 mil euros) e para a superesportiva 999 (33,5 mil euros).

Voltando à vida (em) real, 2003 foi o ano em que a Sundown lançou a Hunter 125 SE (3.990 reais), importada da China com tecnologia Honda. O motor era um quatro tempos monocilíndrico de 124 cc, com válvulas no cabeçote (OHV), potência de 10,5 hp a 8.500 rpm e torque de 0,87 kgfm a 7.000 rpm. A moto chegou para brigar no segmento mais disputado do país, e tinha como atrativo extra um seguro opcional contra roubo ou furto, a um preço entre 8% e 12% do valor da moto. Se algo acontecesse nos seis meses de validade, a Sundown restituía ao segurado uma moto zero-quilômetro. Sem dúvida, uma ótima medida.

Feitos os cálculos de 2003, a produção se aproximou de um milhão: 954.620 motos produzidas,

Mercado brasileiro de motocicletas em 2003: perto de um milhão de motos produzidas

um aumento de 11% em relação ao ano anterior, incluindo as 103.440 motos exportadas, com crescimento de 47,6% sobre 2002. Nas 848.377 vendas, uma progressão menor, mas igualmente histórica. A Yamaha voltou a crescer, chegando a 13,1% do mercado, e a Honda voltou a perder um fiapo de mercado, "caindo" para 85,9%. As associadas Cofave/Kasinski e Sundown tiveram problemas e recuaram de forma acentuada em 2003. Estimativas extraoficiais consideravam que o restante do mercado representava cerca de 10% do total registrado pela Abraciclo, dado que elevava o mercado nacional para acima da casa do milhão. De toda forma, essa era a meta para 2004.

A CG 150 Titan teve uma responsabilidade enorme: suceder a venerável Honda CG 125, que, depois de muitos serviços prestados, foi aposentada

Logo de início, a notícia mais bombástica do ano. Depois de 27 anos em produção, a Honda aposentou a CG 125, desde sempre a motocicleta mais vendida do Brasil. O velho e resistente motor OHV, com comando no bloco e varetas para acionar as válvulas, deixou o campo de batalha, sucedido pelo OHC da CG 150 Titan, que tinha comando de válvulas no cabeçote acionadas por corrente, balancins roletados e balanceiro antivibrações. Essa configuração demonstrava a preocupação em reduzir as vibrações típicas do sistema OHV, deixando o funcionamento do motor mais macio. A CG 150 tinha potência de 14,2 hp a 8.000 rpm e torque de 1,35 kgfm a 6.000 rpm, números ligeramente superiores aos da sua "ascendente" (12,5 hp a 9.000 rpm e 1 kgfm a 7.500 rpm). O novo motor permitiu que as trocas de óleo fossem mais espaçadas, a cada 4 mil quilômetros (contra 1.500 da CG 125 Titan). A velocidade máxima da nova moto era um pouco maior, 125 km/h, 5 km/h mais veloz. Segundo a Honda, ela era até 18% mais econômica, dependendo do "peso" da mão direita do motociclista. A ciclística foi toda reformulada, ganhando penetração aerodinâmica. Outras características presentes foram as novas suspensões (com curso de 130 mm na dianteira e 101 mm na traseira), câmbio, banco, farol, painel, para-lama dianteiro, tanque, laterais, chave de ignição, suporte da pedaleira da garupa e conjunto traseiro. Com tantas alterações, a moto ficou mais pesada, 118 quilos, contra 110 da CG 125. A CG 150 Titan era oferecida nas versões KS (com pedal de partida e freio a tambor), por 4.740 reais; ES (com partida elétrica e freio a tambor), por 5.149 reais; e ESD (com partida elétrica e freio dianteiro a disco), por 5.420 reais. Considerada a sexta geração da linha CG, a nova "arma" da Honda tinha alvo certo: conter o progresso da Yamaha no mercado brasileiro.

A Honda continuou importando a linha *racing* em 2004. Entre os destaques, a CBR 1000 RR e a CBR 600 RR. Na foto, a Honda CBR 1000 (à esquerda, pilotada pelo jornalista João Mendes) e a Honda CBR 600 (pilotada pelo autor)

Pouco depois, a CG 125 Cargo foi substituída pela CG 150 Job, com a mesma base mecânica da 150 Titan, chassi reforçado e bagageiro para 30 quilos de carga. Como era de se esperar, a retirada estratégica da CG 125 deu margem a críticas, e a aposentadoria da Honda CB 500 (16.765 reais) aumentou o tom da discussão. Os consumidores afirmavam que as novas opções, quando existiam (isso não aconteceu no caso da CB), eram mais caras e, algumas vezes, menos eficientes. Na linha de importados, novas versões da CBR 600 RR (52.861 reais) e CBR 900 RR (53.646 reais). A CBR 1100 Blackbird foi sucedida pela CBR 1000 RR (73.669 reais), uma superesportiva derivada das corridas de MotoGP.

A linha Yamaha 2004 mudou apenas cores e gráficos. Entre as importadas, continuaram passando pela alfândega a TDM 900 (15.561 dólares) e a YZF R1 (17.314 dólares). A Suzuki candidatou-se a

A Yamaha TDM de 2003 tinha um chassi bastante rígido, motor de quatro tempos bicilíndrico em linha de 897 cc, potência de 86 hp a 7.500 rpm e velocidade máxima acima de 220 km/h

TDM

Propaganda da Suzuki Yes 125: projeto bem resolvido em mecânica e estética, renovando o visual da faixa das motos populares

ocupar o espaço deixado pela Honda no mercado de 125 cc com a EN 125 Yes (5.494 reais), uma evolução da Katana 125 cc, descontinuada em 2002. A moto tinha motor quatro tempos monocilíndrico de 124 cc, com comando no cabeçote (OHC), potência de 13 hp a 8.500 rpm e torque de 1,15 kgfm a 7.000 rpm. A Yes dispunha de bons itens de série, como painel completo, com conta-giros, marcador de combustível e indicador de marchas, rodas de liga leve, bagageiro, alça para garupa, partida elétrica, porta-luvas (embaixo do banco) e freio dianteiro a disco.

A Ava Kawasaki enfrentou a concorrência das importações independentes e problemas de pós-venda. A moto em si é extraordinária. Na foto, Regis Laconi e Makoto Tamada, pilotos do Mundial de *Superbike*

O Grupo Ava-Kawasaki enfrentou problemas de pós-venda e a concorrência dos importadores independentes, que muitas vezes conseguiam preços mais competitivos que os praticados pela distribuidora oficial. A opção exclusiva pelo mercado de luxo, somada aos elevados custos de manutenção e peças de reposição, minou a confiança do consumidor.

A BMW atualizou a turismo de luxo K 1200 LT (113,3 mil reais) e trouxe três novos modelos: as novas

Em cima, a BMW F 650 GS Dakar de 2004 tem chassi reforçado, motor Sachs monocilindro quatro tempos de 652 cc, potência de 50 hp a 6.500 rpm e velocidade máxima de 163 km/h. Embaixo, uma propaganda da campanha "ponha sua vida para rodar", que divulgava a linha Hunter, a Max SE 125 e a *trail* STX 200

trail 650 GS (45,9 mil reais), GS Dakar (46,9 mil reais) e a *touring trail* R 1200 GS (76,5 mil reais).

Na trilha deixada pela CG 125, a Sundown, representada pela Companhia Brasileira de Bicicletas, ampliou sua linha de produtos montados no Zona Franca de Manaus, passando a oferecer três modelos de 125 cc. A Hunter permaneceu em produção e teve a companhia da urbana Max, versões SE (4.468 reais), com partida elétrica e freios a tambor, e SED (4.879 reais), com partida elétrica, rodas esportivas e freio dianteiro a disco. As três tinham em comum o motor monocilíndrico quatro tempos com válvulas no cabeçote (OHV), com potência de 10,5 hp a 8.500 rpm, torque de 0,87 kgfm a 7.000 rpm, chassi tipo *diamond* e suspensões com curso de 120 mm na dianteira e 100 mm na traseira (sistema bichoque).

Em 2004, a indústria brasileira de motocicletas superou a marca de um milhão de unidades feitas por ano. Um pelotão interminável de chassis passeia pela linha de montagem, seguindo para o encontro com as duas-rodas-e-um-motor

Com saúde de sobra, o mercado brasileiro superou a meta de um milhão de unidades fabricadas. Foram produzidas no Brasil em 2004 nada menos que 911.717 motos que, somadas às 157.440 unidades exportadas (aumento de 56,7% em relação a 2003), significam um aumento de 11% sobre 2003. As vendas subiram 7,5%, de 848.377 para 911.717 unidades. A moto mais vendida foi a CG 150 Titan, com 413.290 unidades, representando 45,3% do mercado, em que a Honda recuou para 84,6% do total de vendas (contra 86% em 2003, queda de 5,7%). A Yamaha voltou a avançar, atingindo 13,3% do todo, com base na combinação YBR (81.166 vendas, ou 8,9% do mercado) e XTZ (24.581 vendas, ou 2,7%) na classe 125. Também como fruto dos novos modelos 125, a progressão mais notável foi da Sundown, que passou de 0,3% para 1,3% do mercado, com 12.277 motos vendidas (contra apenas 2.129 do ano anterior). A Cofave/Kasinski avançou um décimo, para 0,7% do mercado, com 6.653 motos vendidas.

Disposta a recuperar a fatia do mercado perdida com a descontinuação da CG 125 e da CB 500, a Honda encarou 2005 como um desafio multifacetado. A primeira frente foi recuperar o vazio pós-CB 500. A solução encontrada foi nacionalizar a CB 600 F Hornet (em inglês, marimbondo ou vespa). O nome é apropriado, e a Hornet é bem mais moderna (e cara, com preço de 29,1 mil reais) que sua antecessora. A moto utiliza motor quatro tempos de quatro cilindros em linha, com duplo comando no cabeçote (DOHC) e refrigeração líquida, potência de 96,5 hp a 12.000 rpm e torque de 6,4 kgfm a 9.500 rpm. O estilo *naked* fez sucesso, e a vantagem da estrutura de manutenção e peças de reposição eram atrativos, o que as importadas não possuíam. Na guerra das motonetas, a C 100 Biz foi sucedida pela C 125 Biz, versões KS (4.796 reais) e ES (5.455 reais). Com motor de 124,9 cc, potência de 9,1 hp a 7.000 rpm e torque de 1,06 kgfm a 4.000 rpm, os resultados foram sempre superiores aos da C 100, especialmente com relação ao torque, que passou a surgir em uma faixa de giros mais baixa. A versão Biz + foi descontinuada. Na discutida faixa das 150 cc, a atitude foi seguir em frente, com a versão CG 150 Sport (7.120 reais), com o motor de 149,2 cc trabalhado para render 15,3 hp a 8.000 rpm e alcançar torque máximo de 1,41 kgfm a 7.000 rpm. Para distinguir a Sport, foram alteradas as laterais, conjunto traseiro, escapamento, guidão, rodas, pneus, painel (que incorporou um conta-giros) e posição da pedaleira.

A mecânica deliberadamente à mostra é a principal característica do estilo *naked* (despido)

Sequência de fotogramas da campanha "Motocracia Honda", que relançou a moto mais popular da história do país

Mas a manobra mais incrível da temporada foi da própria Honda, que voltou a fabricar a CG 125, com o mesmo motor OHV de quase três décadas e o nome de CG 125 Fan (4.660 reais). Essa reviravolta sem precedentes na história da empresa foi precedida por uma grande campanha publicitária, que tinha como tema a "motocracia", ou, em outras palavras, "o povo no poder". Em suma, a Honda cedeu aos apelos de milhões de consumidores. Para os que queriam entrar no mundo do motociclismo e para os

O relançamento da Honda CG 125 foi a notícia mais comentada do motociclismo nacional em 2005

que queriam trocar de moto sem gastar muito, a Fan era a solução. Buscando uma redução de custos, a moto foi "depenada": foram-se para-lamas, rabeta e laterais na cor da moto, substituídos por preto básico. Também desapareceram o cavalete central, o marcador de combustível, a proteção da buzina e até a câmara traseira *tuff up*. Com o retorno da CG 125, a marca passou a contar com nove modelos básicos de moto e motoneta, em 12 versões. No final do ano, um agrado para as elites: a estradeira VT 600 Shadow deixou a grade, substituída pela Shadow 750 (29.980 reais). Na nova Shadow, o motor OHC subiu para 745 cc, com 45,8 hp a 5.500 rpm e torque de 6,42 kgfm a 3.000 rpm.

A Yamaha XT 660R, substituta da XT 600, tem vocação mais urbana que a sua antecessora. Na foto, o modelo 2008

Anunciada com estardalhaço no final de 2004, a Yamaha Neo At 115 (5.870 reais) veio para brigar pelo mercado de motonetas, dominado pela Honda Biz. A Neo foi apresentada como sucessora da Crypton, até então segunda moto mais vendida da Yamaha. Ela tem motor monocilíndrico quatro tempos de 114 cc com comando de válvulas no cabeçote (OHC), potência de 8,4 hp a 8.000 rpm e torque de 0,78 kgfm a 7.000 rpm. Diferentemente da Biz, que optou pelo câmbio rotativo semiautomático, a Neo tinha câmbio automático (transmissão por correia, tipo CVT – Transmissão Variável Contínua), suspensão bichoque na traseira e rodas de 16 polegadas. Em 2005, a Yamaha completou 35 anos de atividades no Brasil, e a comemoração incluiu um lançamento: a *touring trail* XT 660 R (23.838 reais). A moto chegou para substituir a XT 600 E (em dezembro de 2004, custava 17.136 reais), que deixou a grade depois de 12 anos de bons serviços. A XT 660 R foi a primeira motocicleta nacionalizada com injeção eletrônica de combustível. A XT trouxe um motor monocilíndrico quatro tempos de 660 cc com comando único no cabeçote (SOHC), refrigeração líquida, potência de 48 hp a 6.000 rpm e torque de 5,95 kgfm a 5.250 rpm. As suspensões mantiveram o mesmo curso, 225 mm na dianteira e 200 mm na traseira, porém com maior rigidez. O chassi tipo *diamond* agradou, mas o escapamento duplo foi criticado, pois era a primeira peça que encostava no chão em trilhas mais travadas. De maneira geral, a XT 660 R era mais voltada para o asfalto que a sua antecessora, mas, como não havia concorrência nessa faixa (as BMW custavam o dobro), as vendas mantiveram o padrão da XT E, em torno de 200 unidades por mês. Para brigar com a recém-lançada Honda Hornet, a Yamaha passou a importar oficialmente a FZ 600 Fazer (15,7 mil dólares), que usa o motor da esportiva R6 (quatro tempos de quatro cilindros em linha com duplo comando no cabeçote e refrigeração líquida), reprogramado para render melhor em giros baixos. Ainda assim, a potência ficou em consideráveis 98 hp a 12.000 rpm e torque de 6,44 kgfm a 10.000 rpm. Esses números eram superiores aos da Hornet, que equilibrava a disputa por ter um custo menos elevado.

Em outubro de 2005, a Yamaha abriu uma nova e importante frente de batalha com a Honda: o próspero mercado das 250 cc, considerado a segunda compra da maioria dos motociclistas brasileiros. A Yamaha YS Fazer 250 (9.981 reais) é uma *naked* esportiva na linha da Honda Twister (lançada em 2001), com um grande diferencial – a injeção eletrônica de combustível. A Fazer usa motor monocilindro quatro tempos de 249 cc e comando no cabeçote (OHC), com potência de 21 hp a 7.500 rpm e torque de 2,1 kgfm a 6.500 rpm. Esses números são menores que os gerados pelo motor da Twister (24 hp e 2,48 kgfm), mas esta teria que se adaptar às normas ambientais do Ibama, coisa que a Yamaha já havia feito. A injeção eletrônica proporciona uma aceleração mais linear, melhorando o consumo de combustível, que na Fazer chega a ultrapassar 30 quilômetros por litro. Esse fato, somado à grande capacidade do tanque, de 19,2 litros (2,7 litros mais que o da Twister), lhe garante uma excelente autonomia. O chassi é de berço duplo, e as suspensões têm bom curso: 120 mm, com sistema

A Yamaha Fazer 250 foi a primeira tentativa da marca no segmento das 250 cc urbanas

monochoque de cinco regulagens na traseira. O câmbio é de cinco marchas (seis na Twister), e o peso de 137 quilos (139,6 na Twister). No geral, o avanço tecnológico da injeção eletrônica foi o grande atrativo da moto, com os prós (rendimento uniforme e melhor consumo) e contras (em caso de falha, não há como improvisar, pois o conjunto é selado) do sistema. O mais importante foi o aumento da competição entre duas grandes marcas, em benefício do consumidor.

No início do ano, a J. Toledo colocou em promoção a estradeira Intruder LC 1500 (46.970 reais) e o *big scooter* Burgman 400 (29.970 reais), remanescentes da linha 2004, abrindo espaço para as motos 2005. Entre os destaques, a C 1500 Boulevard (56.091 reais), uma grande estradeira de 2,5 metros de comprimento e 302 quilos. Para empurrar o enorme conjunto, um motor quatro tempos bicilíndrico em V com comando de válvulas no cabeçote (OHC), potência de 70 hp a 4.800 rpm e torque de 11,7 kgfm a 2.800 rpm. A briga das 600 teve mais duas concorrentes: a semicarenada Bandit S (35.265 reais) e a exibida *naked* Bandit N (33.586 reais), ambas com motor quatro tempos de quatro cilindros em linha, duplo comando no cabeçote (DOHC), potência de 78 hp a 10.100 rpm e torque de 6,3 kgfm a 7.800 rpm.

Depois de muitas temporadas com ênfase nas grandes máquinas, a Suzuki resolveu se dedicar também ao mercado de menor centimetragem, que é bem maior em volume de vendas. A tendência começou com a Katana, seguiu com a Intruder e, a seguir, a Yes; em 2005, a "pequena notável" da marca foi o *scooter* Burgman AN 125 (5.990 reais). Irmão menor do Burgman 400, o miniBurgman usa motor

Propaganda do Suzuki Burgman 125 Automatic: econômico e fácil de pilotar, irmão menor do 400 cc, é sucesso de vendas em todo o Brasil

monocilíndrico quatro tempos de 124 cc, com potência de 12,3 hp a 7.500 rpm e torque de 1,10 kgfm a 6.500 rpm. Com esses bons números, ele é ligeiro no trânsito, e a velocidade máxima passa dos 100 km/h. O projeto é moderno, prático e bem-acabado, atraindo consumidores que queriam um veículo econômico sem abrir mão da elegância. O ponto negativo do AN 125 são as rodas com aro de dez polegadas, instáveis e sujeitas a problemas em piso irregular. Uma promoção no final do ano ofereceu toda a linha Suzuki em 24 parcelas sem juros – um ótimo presente de Natal.

A BMW trouxe a nova safra da turismo de luxo K 1200 RT (117,9 mil reais), com motor mais potente, de 1.171 cc, potência de 116 hp a 8.000 rpm, e novos acessórios, entre eles um cavalete central hidráulico, para estacionar sem esforço os mais de 400 quilos da moto. A R 1200 RT (89,9 mil reais) era menos requintada, mas igualmente exclusiva. O motor Boxer de 1.170 cc gerava 110 hp a 7.500 rpm, com torque

A BMW 1200 RT: nascida para viajar

de 11,7 kgfm a 6.000 rpm. Como a RT pesava 141 quilos menos que a LT, era uma moto mais ágil, aceitando um ritmo mais esportivo na pilotagem. Em setembro, desembarcou no Brasil a *naked* K 1200 R (83,5 mil reais), que em 2005 apresentou um novo motor, com quatro cilindros transversais de 1.167 cc, refrigeração líquida, potência de 163 hp a 10.250 rpm e torque de 12,7 kgfm a 8.250 rpm. A moto foi direto para o Autódromo de Interlagos, onde, na semana do GP do Brasil, foi testada (e aprovada) pelo amazonense Antônio Pizzonia (1980-), então piloto da equipe Williams BMW na Fórmula 1.

O Grupo Izzo investiu no sotaque inglês e trouxe a Triumph Rocket III (99,9 mil reais), uma estradeira musculosa que tem no megatorque de 20 kgfm a 2.500 rpm o seu grande atrativo. Com essa configuração, as retomadas de aceleração são brutais, e o piloto contava com o formato do tanque para não ser cuspido do "foguete britânico". A potência também acorda cedo, 142 hp a 5.750 rpm, gerada pelo maior motor do mundo (em uma moto de produção em série), com colossais 2.294 cc, duplo comando no cabeçote (DOHC) e refrigeração líquida. No pelotão da Harley-Davidson, as novidades foram a Screamin' Eagle e a Street Rod (63,9 mil reais), variações radicais da consagrada H-D V Rod.

A HD V Rod Screamin' Eagle, mesmo parada, é extraordinariamente linda

Kawasaki Ninja ZX10 R. Para os astronautas, a Terra é azul, mas os ninjas da Kawasaki têm certeza de que o mundo é verde

O grupo Ava-Kawasaki trouxe uma grade de oito modelos, com preços que variavam entre 63 mil reais (ZZR 1200 e Vulcan VN 1500 Classic FI) e 79 mil reais (Ninja ZX 10 R e ZX 12 R).

Husqvarna TE 450: tradição de mais de um século no mundo do fora-de-estrada

A Sundown Future quadriculada, moto oficial do GP do Brasil de Fórmula 1

Restrita às funções de importadora, a Agrale trouxe as Cagiva, cujo ponto forte era a Canyon 500 (22,4 mil reais), e cinco modelos Husqvarna, dos quais a topo de linha foi a TE 450 (30.302 reais).

Em 13 de abril de 2005, a Companhia Brasileira de Motos foi oficialmente extinta, e as motos Sundown passaram a ser representadas pela Brasil & Movimento S.A. Desde 2001, a B&M tinha uma parceria com a chinesa Jinan Qingqi Motorcycle para montar motocicletas e bicicletas na Zona Franca de Manaus, sob os nomes Sundown Motos e Sundown Bikes. A Sundown Motos manteve o quarteto que tinha feito sucesso no ano anterior e incorporou um *scooter* de 125 cc, o Future (6.990 reais), com um motor monocilíndrico quatro tempos de 124 cc, comando de válvulas no cabeçote (OHC), potência de 8,8 hp a 7.500 rpm e torque de 0,83 kgfm a 6.000 rpm.

A Kasinski inovou com o Prima Rally 50 (6.258 reais), com motor dois tempos de 49 cc, potência de 6,5 hp a 6.500 rpm, torque de 0,73 kgfm a 6.000 rpm, pneus cidade/campo e suspensão reforçada. A marca também marcou presença na

A Kasinski Comet 250, única esportiva 250 bicilíndrica de série no mercado brasileiro

recém-criada faixa das 150 cc, com a urbana Flash 150 (4.850 reais). A moto segue o estilo da Titan, com motor OHC de 21,7 hp e torque de 1,02 kgfm. Mas a maior investida da marca do "seu Kasinski" veio com a Comet 250 (14.266 reais), uma *naked* esportiva de briga. O "cometa" da Kasinski usa motor quatro tempos bicilíndrico em V de 249 cc e duplo comando de válvulas no cabeçote (DOHC), com potência de 28,5 hp a 10.250 rpm, torque de 1,6 kgfm a 9.500 rpm. A moto é muito avançada para a categoria, com freios a disco de bom rendimento, chassi perimetral, suspensão invertida na dianteira e monochoque na traseira. No final do ano, a marca teve fôlego para fazer chegar às lojas dois modelos de grande porte muito anunciados: a esportiva Comet 650 R (30,9 mil reais) e a estradeira Mirage 650 Power (34,9 mil reais), com tecnologia Suzuki. A Power é dotada de motor DOHC que rende 79,5 hp a 9.000 rpm e torque de 6,93 kgfm a 7.500 rpm. O estilo italiano e as suspensões invertidas na dianteira e monochoque na traseira chamavam a atenção. Com seus 220 quilos (contra 207 da Comet), a moto é imponente, e o visual remete à Harley-Davidson V Rod – sem dúvida, uma excelente lembrança.

A Jialing foi sucedida pela Traxx, com sede em Fortaleza, Ceará (Avenida Paulino Rocha, 1.650 – Cajazeiras. A empresa manteve o foco nas categorias de base, com as motonetas JL 50 Q (3.358 reais) e Prince JL 110-11 (4.698 reais), a urbana JH 125 G

Traxx Fly JH 125 L, uma *trail* versátil e econômica, importada da China com sotaque cearense

(5.158 reais) e a *trail* Fly JH 125 L (6.158 reais), todas com tecnologia chinesa da Jialing (Honda).

Também do Ceará veio a Mottus, fabricante da Mottoca (2.280 reais), ciclomotor (derivado da lendária Mobylette) que usava motor dois tempos de 49 cc, com potência de 3 hp a 6.000 rpm e velocidade final em torno de 50 km/h. A Mottoca, nas versões Passeio ou Cargo, é vendida pelo consórcio nacional da Mottus. Em 2005, podia ser adquirida por módicas prestações mensais de 39 reais, em 60 meses. O modelo tem frente invertida e rodas esportivas. Segundo o fabricante, a Mottoca, que continua a ser produzida, suporta 160 quilos de carga total, faz 50 quilômetros com um litro de combustível (a mistura de óleo é feita manualmente, na proporção de 25 para 1) e está de acordo com as normas ambientais do Ibama. Entre

A Mottoca, parente próxima da Mobylette

os acessórios, baú e suporte para transportar água mineral ou gás de cozinha, combinando com o lema "Vou sempre de Mottoca, para tudo e a qualquer hora".

Os triciclos de carga da Brascar possuem certificado do Inmetro e podem ser montados na plataforma da Honda CG ou da Yamaha YBR

Também cabe mencionar a presença da Brascar, empresa 100% nacional que desde 1989 atua na fabricação de triciclos de carga, com motorização da Honda (CG 150 Titan, Cargo ou Fan) e da Yamaha (YBR 125). O Tricargo pode carregar botijões de gás, engradados, compras de supermercado ou pessoas, quando configurado como Tripwind, uma espécie de riquixá, que dispensa o uso de capacete pelo passageiro. Os veículos Brascar possuem registro de patente e aprovação pelo Inmetro.

A Polini minicross XP 4 tem motor quatro tempos de 107 cc, câmbio de quatro marchas e potência suficiente para divertir crianças e adultos por horas

A Polini, marca italiana de minimotos, chegou ao Brasil via Niterói, Rio de Janeiro, com o modelo X3 R, campeão brasileiro de *minicross* em 2004. O responsável pela marca no Brasil era o ex-piloto de enduro e preparador de suspensões Jaime Ramon.

A Husaberg foi formada em 1987 por ex-empregados da KTM, e foi a escolhida pelos campeões mundiais Joel Smets (*motocross*) e Anders Eriksson (enduro). Na foto, o modelo TE 450 de 2006

Mais um ex-piloto de enduro, o paulista Valdir Siqueira, continuou representando a KTM no Brasil, e em 2005 importou nada menos que 15 modelos, da *minicross* SX 50 cc (4,8 mil dólares) à gigantesca *touring trail* Adventure 950 (21,9 mil dólares). A artesanal Husaberg, também distribuída por Valdir, disponibilizou dois modelos de enduro profissional: a FE 450 (14 mil dólares) e a DE 550 (15 mil dólares).

Gas Gas EC 450 FSE foi pioneira na injeção, e, além disso, tinha um excelente motor e suspensões Marzocchi na dianteira (11,8 polegadas de curso) e Ohlins na traseira (12,8 polegadas de curso)

Fredy Tejada, ex-piloto de *Trial*, manteve seis modelos Gas Gas disponíveis nas 11 concessionárias da marca espanhola no Brasil, entre eles a EC 450 FSE (13,4 mil dólares), uma enduro profissional com motor quatro tempos e injeção eletrônica de combustível.

No quesito novidades, a importadora multimarcas Forest Trade, de São Paulo, trouxe dois modelos de *scooter* da marca chinesa Zhongyu Motors Group: o

O quadriciclo ZY 125 TS foi mais um produto Zhongyu que desembarcou no Brasil

A linha de populares da Honda 2006: porta de entrada para o mundo do motociclismo

ZY 125 TS (potência de 6,5 hp a 7.500 rpm) e o ZY 150 TA (potência de 8,5 hp a 6.000 rpm).

Infelizmente, inúmeras montadoras e fabricantes continuaram a não divulgar seus números em 2005. Ainda assim, o resultado computado pela Abraciclo, único registro confiável do mercado brasileiro, apontou mais uma fantástica progressão. A produção alcançou 1.024.987 unidades no mercado interno, com 184.592 exportações (avanço de 17,3% sobre 2004), representando 14,8% mais que no ano anterior. As vendas no mercado interno subiram 12,3%, fechando o ano com o milionário total de 1.024.203 motos vendidas. A campeã de vendas foi a CG 150 Titan, com 347.445 motos, ou 33,9% das vendas da Honda, que por sinal voltaram a recuar timidamente, para 81,5% do mercado. A Yamaha avançou para 14,4%, com 147.306 motos vendidas, sendo 94.856 do modelo YBR 125, que representou 9,3% do total. A Sundown disparou, com um crescimento de 197%: de 1,3% para 3,6% do mercado, sendo 1,9% do modelo Web 100. Já a Kasinski manteve a tendência de queda e passou a representar apenas 0,5% do mercado nacional de motocicletas.

A Honda começou o ano de 2006 relançando a Biz + (6.070 reais), dessa vez com motor 125 cc. A moto tinha painel, pintura e rodas esportivas exclusivas. Ao mesmo tempo, a empresa reformulou as três versões da NX 150 Bros: os modelos KS (6.860 reais), ES (7.508 reais) e ESD (7.880 reais) receberam o mesmo motor da CG 150, com vista a atender à fase

A Honda VTX 1800 tem no torque descomunal (15,9 kgfm a 3.000 rpm), sua característica mais marcante

dois das normas ambientais do Programa de Controle de Poluição do Ar por Motociclos e Veículos Similares (Promot), que havia entrado em vigor em 10 de janeiro de 2006. As "irmãs Bros" ganharam também novos defletores do tanque, painel, sistema antifurto e acendimento automático do farol com a moto em funcionamento. No segmento turismo de luxo, a Honda anunciou a importação oficial da GL 1800 Gold Wing (91.210 reais). A moto é um automóvel luxuoso sobre duas rodas, com motor de 1.832 cc de seis cilindros contrapostos, potência de 118 hp a 5.500 rpm e torque de 17 kgfm a 4.000 rpm. Já a estradeira VTX 1800 (71.647 reais) foi dotada de um impressionante motor bicilíndrico em V de 1.795 cc e comando no cabeçote (OHC), gerando uma potência de 96,5 hp a 5.000 rpm e torque de 15,9 kgfm a 3.000 rpm.

A Honda CRF 230, inicialmente fabricada apenas para exportação, foi disponibilizada para o mercado interno no final de 2006

Em outubro, a Honda completou 35 anos no Brasil, onde acumulou 900 milhões de dólares em investimentos no setor automotivo. Para registrar a data, a marca lançou uma versão especial de 6 mil unidades da CG 150 Titan na cor laranja metálico e com gráficos comemorativos (preço de 6,9 mil reais). A CB 500 também voltou em edição limitada e preço elevado (23 mil reais). Em piso de terra, o lançamento mais comentado do ano foi a Honda CRF 230 (9.963 reais). Depois de exportado para vários países durante muitas temporadas, o modelo finalmente passou a ser vendido em seu país de origem. A CRF 230 tem motor quatro tempos de 223 cc, com comando único no cabeçote (OHC), potência de 19,3 hp a 8.000 rpm e torque de 1,92 kgfm a 6.500 rpm. Mantendo o estilo da famosa linha CR de competição, a moto é muito bem-acabada e inclui farol e chave de contato, acessórios inexistentes nas versões de exportação. A exemplo do que ocorrera com a Yamaha MXL duas décadas antes, a CRF fortaleceu bastante o fora-de-estrada nacional, aumentando a quantidade de pilotos na razão direta da redução de custos por ela proporcionada. Em novembro, foi inaugurado o Centro Educacional de Trânsito Honda (CETH) em Recife, Pernambuco, com estrutura para atender a toda a região Nordeste, nas áreas de pilotagem com segurança, educação no trânsito e motociclismo esportivo.

A Yamaha consolidou o avanço na classe 250 cc nacional ao lançar a XTZ 250 Lander (10.990 reais), uma *trail* destinada a dividir curvas e vendas com a Honda XR 250 R Tornado. Assim como a "irmã urbana" YR 250 Fazer, a Lander apresentou como grande diferencial a injeção eletrônica de combustível. A moto tem freios a disco nas duas rodas, mas os aros são de aço, contra os de alumínio da Tornado. A YBR recebeu pequenas alterações na alimentação, cabeçote, corrente de comando, painel e hodômetro. No restante da linha Yamaha 2006, mudanças restritas a cores e gráficos. Entre as importadas, a marca trouxe a *street fighter* MT 01 (30 mil dólares),

A *trail* XTZ 250 Lander veio compor a grade da Yamaha na combativa categoria 250 cc

Propaganda com as opções de cores do *scooter* Burgman AN 125

uma megamoto com motor quatro tempos bicilíndrico em V de 1.670 cc, com potência de 90 hp a 4.750 rpm e torque de 15,3 kgfm a 3.750 rpm.

Já a J. Toledo Suzuki antecipou os modelos 2007 da sua linha de motos 125 cc. A miniestradeira Intruder recebeu um novo carburador, a Yes ganhou painel e pisca-piscas novos e no Burgman novas cores e gráficos marcaram a mudança de ano.

A BMW K 1200 R, visual pós-moderno e desempenho de puro-sangue

A BMW Brasil importou a K 1200 R (88,5 mil reais), recém-lançada na Europa, uma *naked* devoradora de estradas repleta de opcionais. A moto usa um motor quatro tempos de 1.157 cc de quatro cilindros em linha, com duplo comando no cabeçote (DOHC), potência de 163 hp a 10.250 rpm e torque de 12,9 kgfm a 8.250 rpm. A esportiva F 800 S (57,9 mil reais) tem como principal novidade o motor bicilíndrico em linha de 798 cc e potência de 85 hp a 8.000 rpm, desenvolvido em parceria com a Rotax. No fora-de-estrada, a receita para 2006 foi radical: a GS 1200 HP2 (99,9 mil reais). Empurrada pelo megamotor quatro tempos de 1.170 cc no formato *Boxer*, a HP2 alcança potência máxima de 105 hp a 7.000 rpm, com o torque de 11,7 kgfm a 5.500 rpm. A ciclística da moto trouxe soluções inéditas para uma BMW, como o amortecedor a ar na traseira (curso de 250 mm) e bengalas invertidas na dianteira (curso de 230 mm). O rendimento da moto é espetacular, mas, pelo preço pedido, fica difícil sujá-la de lama.

A Triumph Sprint ST usa um motor de quatro tempos tricilíndrico em linha de 1.050 cc. A moto fica a meio caminho entre esporte e turismo, saindo-se muito bem em qualquer situação

O Grupo Izzo seguiu acelerando à inglesa, com a Triumph Thruxton 900 (38,9 mil reais), uma *naked* com visual anos 1960 e nome de um famoso circuito inglês, o Thruxton Motorsport Center. Ela tem motor bicilíndrico de 865 cc, com duplo comando no cabeçote (DOHC), potência de 69 hp a 7.200 rpm e torque de 7,3 kgfm a 6.400 rpm. A Sprint ST (49,9 mil reais) é uma *sport touring* de 125 hp com direito a GPS, para não se perder por aí. A vocação transnacional da Izzo passou pela Itália, de onde o grupo trouxe a Ducati SR4S Testastretta ("cabeça estreita"), uma *naked* de alto luxo. Movida por um motor quatro tempos bicilíndrico em V de 998 cc, a "Duc SR4S" disponibiliza potência de 130 hp a 9.500 rpm e torque de 10,6 kgfm a 7.500 rpm.

Vinda do território americano, a Harley-Davidson Night Train (56,9 mil reais) é atípica, pois os cromados foram deixados de lado, substituídos por doses fartas de preto fosco. O resultado ficou bonito, e a moto agradou no mundo inteiro. O motor é tradicional, quatro tempos bicilíndrico em V de 1.450 cc, com potência de 62 hp a 5.300 rpm e torque de 11,7 kgfm a 3.500 rpm.

Propaganda da Harley-Davidson. Em destaque, a Heritage Springer Ol'Boy

O topo de linha H-D continuou sendo a Ultra Glide SE (125 mil reais). O destaque dessa turismo de (super) luxo é o gigantesco motor quatro tempos bicilíndrico em V de 1.690 cc, com potência de 138 hp a 4.000 rpm e torque de 14 kgfm a 4.000 rpm. A partir de 2006, a Izzo passou a representar também a Buell, marca que usa a mecânica Harley-Davidson como base para os ousados projetos do engenheiro Erik Buell. Os modelos City Cross (39,9 mil reais), XB (a partir de 44,9 mil reais) e Ulysses (49,9 mil reais) chamam a atenção pelo visual esportivo, a curta distância entre eixos e componentes diferentes, como o tanque transparente e os discos de freio dianteiro radiais, presos ao aro.

Propaganda da Sundown V Blade 250, moto do ano de 2007 na categoria Custom até 250 cc, prêmio oferecido pela revista *Duas Rodas Motociclismo*

Depois de estudar bem o mercado, a Sundown lançou a motocicleta mais barata do Brasil, a Hunter 90 (2.990 reais), uma pequena urbana com motor monocilíndrico quatro tempos de 86 cc com comando no cabeçote (OHC) e potência de 5,7 hp a 8.500 rpm. Apesar dos limites do projeto, a moto tem charme, lembrando as japonesas da década de 1970. Acessórios práticos como conta-giros, bagageiro e indicador de marchas compensam o motor um tanto anêmico, mas econômico. Pensando no consumidor de maior poder aquisitivo, a marca trouxe a estradeira V Blade 250 (12.660 reais), movida por motor quatro tempos bicilíndrico em V de 249 cc, com comando simples no cabeçote (OHC), potência de 19,5 hp a 11.700 rpm e torque de 1,58 kgfm a 6.500 rpm. As suspensões bem acertadas (monochoque na traseira, com 100 mm de curso, e frente telescópica, com 114 mm de curso) equilibram bem os 170 quilos da moto, mas o motor, similar ao da antiga "Viraguinho", é meio preguiçoso e tem que se esforçar para movimentar o conjunto. No geral, a V Blade é muito agradável de pilotar e boa de curvas, uma raridade no segmento. No campo das motonetas *cub*, a novidade da empresa foi a Web Evo (5.290 reais). Mais uma grande sacada aconteceu no segmento das 200 cc, com dois modelos bastante interessantes: a STX 200 (8.590 reais) e a Motard (8.990 reais). Ambas usam motor monocilindro quatro tempos de 199 cc, com comando no cabeçote (OHC), potência de 16,7 hp a 7.500 rpm e torque de 1,45 kgfm a 7.000 rpm.

Suspensões modernas, motor bicilíndrico e visual imponente, características da linha Comet da Kasinski

Sem se abalar com os resultados anteriores, a Kasinski acelerou 2006 em várias frentes. Em março, a empresa fechou um acordo comercial com a fábrica chinesa Lifan, maior fabricante de motores para motos do mundo (2 milhões de unidades por ano). O contrato com a Hyosung permaneceu em vigor, e a nova proposta para encarar as estradas foi a Comet 250 Phase 2 (14.266 reais), equipada com motor bicilíndrico em V de 249 cc, potência de 32,5 hp a 10.000 rpm e torque de 12,16 kgfm a 7.500 rpm. No segmento urbano, a aposta foi na Flash 150 (4.850 reais), com freio a disco na dianteira e um painel completo. O motor monocilindro de 149,5 cc com válvulas no cabeçote (OHV) gera 12,7 hp a 8.500 rpm.

A Traxx Best JH 125 G usa a mesma mecânica da *trail* Fly 125 L

A Traxx apresentou a *cub* Sky JL 110-8 (4.398 reais), com motor monocilíndrico quatro tempos de 108 cc, potência de 6,6 hp a 8.500 rpm e torque de 0,8 kgfm a 6.000 rpm. A versão Prince (4.698 reais) usa o mesmo motor, com visual mais esportivo, rodas de liga leve e suspensão traseira monochoque. A topo de linha da empresa, Fly JH 125 L (5.888 reais), ganhou uma irmã urbana, a Best JH 125 G. Ambas usam motor quatro tempos com potência de 9,5 hp a 8.500 rpm.

O Zhongyu ZY 50 QT faz 45 quilômetros por litro de combustível

A Zhongyu, antes representada no Brasil pela Forest Trade, passou a se chamar Zhongyu Motor e apresentou o Forest 150 (8.330 reais), *scooter* com aros de 16 polegadas, freio a disco nas duas rodas, bom compartimento de carga e freio de estacionamento. Com tudo isso, o Forest ficou bastante pesado: 130 quilos seco. O motor quatro tempos monocilíndrico de 152,7 cc tem potência de 6,5 hp a 7.000 rpm, muito brando para movimentar o conjunto.

Propaganda da Miza Skema: uma 125 cc urbana com visual clássico e muitos acessórios

Um novo grupo chegou ao país em 2006, a Miza Motos do Brasil, que inaugurou cinco lojas para vender a Easy 110 e a Skema 125, com preço unificado de 3.990 reais.

A MVK Motos do Brasil, em associação com a Maverick argentina e a Maverick chinesa, passou a atuar ativamente em meados de 2006. A empresa se juntou ao mercado com uma linha de 14 produtos,

A MVK Fox 110 é econômica, divertida, e aceita pilotagens agressivas

de 100 a 150 cc. O modelo Street 125 (5,8 mil reais) veio para brigar com a CG, e tem algumas qualidades, como a fartura de acessórios e o consagrado (porém veterano) motor quatro tempos de 124 cc com válvulas no cabeçote (OHV), potência de 12,5 hp a 7.500 rpm e torque de 0,69 kgfm a 7.200 rpm.

Propaganda do Garini GR 150 T3, um *scooter* futurista de procedência chinesa com tempero italiano

A Garini Adventure Motor foi mais uma que desembarcou no Brasil em 2006. A empresa tinha um acordo operacional com fabricantes chineses, e seus produtos se originavam daquele país, com um visual italiano feito sob medida para impressionar. No total, a grade da Garini tinha cinco modelos. Entre os mais apreciados, o *scooter* GR 150 T3 (8.705 reais), que usa motor monocilíndrico quatro tempos de 150 cc, com potência de 9,5 hp a 7.500 rpm e torque de 0,86 kgfm a 5.000 rpm, e câmbio automático CVT. O GR 150 T3 anda forte e tem acessórios charmosos, como alerta de chamada para celular e alarme acionado a distância.

A minimoto Pro Tork TR 50 foi mais um produto da empresa na linha de fora-da-estrada

Já a empresa paranaense Pro Tork, há tempos no mercado de acessórios e equipamentos, decidiu competir no ramo de minimotos para *motocross*. O modelo TR 50 (5,4 mil reais) tem motor quatro tempos de 49 cc, com câmbio de três marchas e potência de 3,5 hp.

A Yamaha YBR 125 foi, desde o lançamento, em 2000, a campeã de vendas da marca no mercado brasileiro. Na foto, o modelo 2008 ED

Tanta movimentação levou a uma nova marca histórica no final do ano. A Abraciclo apontou 1.413.062 motos zero-quilômetro produzidas no país, 13,4% mais do que em 2005. Como nada é perfeito, as exportações caíram 11,5%, recuando para 163.379 unidades. Mas o número de vendas acompanhou o de produção: 1.268.041 motocicletas, aumento de

23,7% em relação ao ano anterior. A Honda manteve a tendência de pequena queda, atingindo 80,3% do mercado, sendo que a CG 150 Titan respondia por 29,5% de todas as vendas. A Yamaha também recuou, para 14,1%, e a YBR seguiu como campeã de vendas da marca, com 8,6% do mercado. Revigorada, a Sundown cresceu 78% no ano, de 3,6% para 5,1% das vendas, capitaneadas pela linha Web, com 2,2%. A Kasinski continuou retrocedendo, com 3.576 motos vendidas, ou 0,3% do mercado. A novidade foi o ingresso da Izzo Harley-Davidson, que de 794 motos vendidas em 2005 subiu para 1.398 em 2006, um crescimento de quase 100% em apenas um ano. Curiosamente, o modelo mais vendido da H-D foi a Heritage Classic 1450, uma motocicleta que custava 67,9 mil reais, quase o dobro da Sporster XL 883 (29,9 mil reais), modelo de entrada da linha Harley.

Em 2007, com dezenas de marcas e centenas de opções, o consumidor ficou mais seletivo. O grau de exigência aumentou, passando por itens como praticidade, forma de pagamento, assistência técnica, preço e disponibilidade das peças de reposição. Com esse objetivo, as empresas aperfeiçoaram sua estrutura. Não havia mais espaço para tentativas – cada movimento tinha que ser preciso, e na direção certa.

A Pop 100 foi a opção da Honda para o mercado até 4 mil reais. O despojamento da moto foi criticado, mas acabou aceito pelo consumidor

A Honda pôs no mercado a Pop 100 (3.990 reais), versão despojada da extinta C 100 Biz. A intenção era boa, na linha da "motocracia Honda", mas o consumidor reclamou da aparência confusa do conjunto, que aproveitou componentes de outras motos. Um problema que as urbanas 125 também enfrentam parece mais evidente na Pop: pilotar o modelo não dá *status*... Intensas campanhas publicitárias e um sistema de vendas em 50 parcelas iguais de 150 reais aumentaram as vendas, mas não livraram a Pop da fama de sub-básica. No outro extremo, a marca passou a importar oficialmente a *naked touring* CB 1300 (20.627 dólares), uma moto com inspiração retrô e boa relação custo/benefício (15,8 dólares por centímetro cúbico de motorização). O motor é um quatro tempos de 1.284 cc com quatro cilindros em linha, duplo comando no cabeçote (DOHC), refrigeração líquida, potência de 115,6 hp a 7.500 rpm e torque de 11,9 kgfm a 6.000 rpm.

A Honda CB 1300 tinha inspiração retrô combinada com alta tecnologia. A moto era oferecida nas cores branca ou preta

O chassi é de aço com berço duplo e suspensões convencionais, assim como o painel de instrumentos. O conforto e a confiabilidade são os pontos altos da CB 1300. Completando a ofensiva no campo das motos grandes, a *touring trail* XL 1000 Varadero (28.064 dólares) foi importada da Espanha, como opção para grandes jornadas sobre qualquer piso. O motor é um quatro tempos bicilíndrico em V de 996 cc, com duplo comando no cabeçote (DOHC), potência de 93,8 cc a 7.500 rpm e torque de 9,9 kgfm a 6.000 rpm. Já a turismo de luxo GL 1800 Gold Wing (49.267 dólares) foi dotada de um inédito sistema de *air bag*, monitorado por sensores eletrônicos, localizados na frente da moto.

A Neo At 115 tem forte inspiração na YZF R1. A moto faz cerca de 30 quilômetros por litro e alcança 105 km/h

No mercado das motonetas, a Yamaha seguiu um caminho inverso ao da Honda, incrementando de vez a moderninha Neo AT 115 (6.087 reais). Os faróis do escudo frontal lembram as esportivas, o banco e o assoalho foram redesenhados e foi utilizada a mesma simulação de chassi perimetral aparente da Fazer 250 (e da Honda Twister). A suspensão traseira ganhou 20 mm de curso (total de 75 mm), a dianteira 10 mm (subindo para 90 mm) e o afogador passou a ser automático. No geral, a Neo ficou muito bonita, e as vendas aumentaram. Seguindo na briga com a Honda Hornet, a Yamaha trouxe duas novas versões da Fazer 600: carenada (35 mil reais) e *naked* (32,6 mil reais). No final do ano, foi lançada a XT 125 X (7.167 reais), versão *motard* da XT 125. Oferecida apenas na cor preta, a X tem a mesma mecânica da XTZ, aros de 17 polegadas, protetores do garfo dianteiro, painel com fundo vermelho e setas da XT 250 Lander. E, seguindo a atitude da Honda no ano anterior, a Yamaha disponibilizou para o mercado interno o seu modelo *motocross* de exportação, a TT R 230 (9.940 reais), fabricada na Zona Franca de Manaus desde 2004. A TT R tem motor monocilíndrico quatro tempos de 223 cc, com comando no cabeçote (OHC), refrigeração a ar, potência de 18 hp a 7.500 rpm (19,3 na CRF) e torque de 1,58 kgfm (1,82 kgfm na CRF). A suspensão traseira monochoque tem curso de 240 mm (o mesmo da CRF), e a dianteira telescópica oferece 220 mm de curso (230 mm na CRF). Ficaram faltando farol e chave, disponíveis na Honda CRF e úteis em qualquer situação.

A Honda XL 1000 Varadero tem motor bicilíndrico e potência de 93,8 hp, e é mais uma opção no segmento *touring trail*

A J.Toledo Suzuki ampliou a estratégia de antecipar a linha do ano seguinte de seus modelos. A Yes 2008 (5.758 reais) manteve a fama de mais completa da categoria e incorporou novos punhos, manoplas, setas e posição do afogador. As estradeiras Boulevard M 800 (32,9 mil reais) e C 1500 (56.091 reais) também chegaram mais cedo às lojas, com pequenas mudanças estéticas. Na batalha das esportivas, a empresa apostou no equilíbrio entre potência e agilidade ao importar a GSX R 750 da safra 2007 (66,9 mil reais). A GSX R "sete galo" tem motor quatro tempos de 750 cc com quatro cilindros em linha, duplo comando no cabeçote (DOHC), refrigeração líquida, potência de 150 hp a 13.200 giros e torque de 8,8 kgfm a 11.200 rpm. Essas medidas mostram que a moto gostava de pilotagens agressivas, com a mão direita torcida ao máximo. A relação entre peso e potência era de quase um para um, muito perto do que oferecem as superesportivas de 1.000 cc. Na versão 1000, a maior novidade da GSX R 2007 foi o Suzuki Drive Mode Selector (SDMS), com três posições de mapeamento do motor: A, esportiva; B, estradeira; e C, para tempo chuvoso ou trânsito intenso. No segmento das médias, bola dentro da Suzuki, com o retorno da *naked* GS 500 E (21.235 reais), que havia sido

A Suzuki GSX R 1000 de 2008 incorporou um sistema de mapeamento do motor, permitindo ao piloto escolher o comportamento da moto de acordo com as circunstâncias

descontinuada em 2005. A moto mudou muito pouco em relação ao modelo anterior. O motor continuou o mesmo, um quatro tempos bicilíndrico em linha de 487 cc, com duplo comando no cabeçote (DOHC), refrigeração a ar, potência de 48,6 hp a 9.200 rpm e torque de 4,1 kgfm a 7.500 rpm. Como não havia concorrência nessa faixa, a Suzuki voltou a reinar, para satisfação dos seus muitos admiradores.

A BMW fez um triplo X na sua linha 650. As novas G 650 X buscam cativar a juventude motociclística, filhos de clientes dos automóveis e das motocicletas BMW. A ofensiva foi em três frentes: a G 650 X Challenge, uma *big trail* de luxo; a G 650 X Moto, uma *motard* com visual agressivo; e a G 650 X Country, o meio-termo, algo como cidade/campo/estrada. As três usam a mesma base mecânica – um motor monocilindro quatro tempos de 652 cc, com potência de 52 hp. Engraçada mesmo era a propaganda da F 800 S, que tinha como lema: "Aumente a quantidade de mulheres na sua lista de amigos do Orkut".

A BMW X Country é a mais versátil do trio de opções que a marca apresentou a partir de 2007

No segmento turismo de luxo, a nova opção da marca foi a K 1200 GT (92,9 mil reais), que usa o motor da esportiva K 1200 S com ciclística reformulada para encarar longas distâncias, numa combinação exclusiva de diversão e conforto.

Arrastar o cotovelo no chão sem cair é coisa de piloto fora de série e moto idem, conforme demonstram o paulista Gian Calabrese e a Ducati 749 Dark

O Grupo Izzo apresentou o projeto Izzo Motorcycle Culture and Experience (IMOCX), uma espécie de centro de irradiação de cultura motociclística. O propósito é divulgar, com estilo e elegância, as oito marcas representadas pela empresa: Harley-Davidson, Buell, Ducati, MV Agusta, Triumph, Husqvarna, Malaguti e Polaris. Em 2007, a empresa trouxe a estradeira Harley-Davidson Softail Fat Boy (59,9 mil reais), com mais de 700 alterações em relação ao modelo anterior. Entre as melhorias mais significativas, está o novo motor bicilíndrico em V com duplo comando no cabeçote (DOHC) de 1.584 cc (contra 1.450 cc da 2006), com potência de 78,8 hp a 5.250 rpm e torque de 12 kgfm a 3.000 rpm (65 hp e

11,5 kgfm na 2006). Do território italiano veio a Ducati 749 Dark (57,9 mil reais), uma bela esportiva com motor quatro tempos bicilíndrico em L a 90 graus, comando desmodrômico, potência de 108 hp a 10.000 rpm e torque de 8,2 kgfm a 8.500 rpm. E da "velha ilha do norte" (Inglaterra) saiu a Triumph Tiger 2007, com motor de 1.050 cc, 115 hp de potência (contra 955 cc e 105 hp da Tiger 2006), e um visual com mais jeito de *touring* do que de *trail*. Da fria Suécia veio a quentíssima Husqvarna SM 610 (29,4 mil reais), uma *motard* profissional para arrasar quarteirões urbanos em qualquer lugar do mundo. O motor da SM é um monocilindro quatro tempos com duplo comando no cabeçote (DOHC), refrigeração líquida e potência de 53 hp. A proposta de estilo – moto de *cross* com pneus de asfalto – abre mão do conforto, priorizando a agressividade, e vem encontrando boa resposta dos consumidores. No irregular solo verde-amarelo, uma *motard* é, sem dúvida, uma boa alternativa.

A KTM EXCF 250 de 2007 dominou o Campeonato Mundial de Enduro na classe E1. A moto é leve (107 quilos) e bem fácil de pilotar

A KTM do Brasil mandou descer a SXC 625 (42,2 mil reais), uma enduro profissional que manteve a tradição esportiva da marca. Ela tem um motor monocilíndrico quatro tempos de 625 cc com comando no cabeçote (OHC), refrigeração líquida e potência estimada em mais de 60 hp.

A Garini mudou de mãos, passando da família Aragão para a família Cola, do Grupo Itapemirim, gigante do transporte rodoviário. A nova empresa firmou um acordo operacional com a Qianjiang, quinta maior fabricante de motocicletas do mundo e proprietária da marca italiana Benelli. A rede de distribuição passou a usar as linhas da Itapemirim, garantindo o envio de peças de reposição em tempo recorde e a um custo menor que o das concorrentes.

Garini GR 125 Z: "foge comigo"

Propaganda da Vespa GTS 250 IE: aprovada pelo Papa-léguas – *bip-bip, vrooom!*

Assim como os turistas apaixonados, a Vespa voltou ao Brasil, dessa (quinta) vez representada pela empresa carioca Bauen-PVGA Indústria e Comércio de Veículos, com os modelos LX 150 (14,5 mil reais) e GTS 250 IE (24,5 mil reais), descendentes do revolucionário veículo criado por Corradino D'Ascanio em 1945. A LX tem motor quatro tempos de 151 cc com comando no cabeçote (OHC), potência de 11,7 hp, rodas de liga leve e catalisador antipoluentes. Para quem pode pagar, a GTS 250 IE tem modernidade de sobra, pois possui motor quatro tempos de 244 cc com comando no cabeçote (OHC), refrigeração líquida e injeção eletrônica. A potência declarada é de 22 hp a 8.500 rpm e torque de 2 kgfm a 6.500 rpm. Na área dos produtos exóticos, o Piaggio MP3 (39,5 mil reais) é um triciclo às avessas, com duas rodas dianteiras e uma traseira. A suspensão permite boa inclinação nas curvas, e um sistema de travas evita que o veículo se incline quando parado ou até atingir 10 km/h.

A preocupação com o meio ambiente foi o ponto de partida do *scooter* elétrico Motor Z S 500 (3.995 reais), vindo da China e representado no Brasil pelo Grupo Zeppini. O motor de 500 watts usa uma bateria de 48 Vdc x 20AH, com 0,7 hp e potência e torque de 0,7 kgfm. A montagem do motor é na roda traseira, eliminando a necessidade de transmissão. Com carga completa (cerca de oito horas na tomada, com o consumo de 1,2 KWh, ou aproximadamente 0,60 reais), tem autonomia entre

O Motor Z SS 1000 modelo 2009 ganhou um sistema de freios regenerativos semelhante ao da Fórmula 1, aproveitando a energia da frenagem para recarregar a bateria. Em suma, quanto mais se freia, mais longe se vai

35 e 50 quilômetros, ou seis horas. A empresa afirma que a bateria foi projetada para suportar 300 cargas completas e recomenda carregá-las sempre que possível, acrescentando que esse procedimento não prejudica a vida útil, estimada entre um e dois anos. Mais uma vantagem: as baterias podem ser removidas e carregadas em casa. O S 500 tem boa arrancada e velocidade máxima de 35 km/h – não indicado, portanto, para utilização em avenidas e vias expressas.

Bozoka e a Traxx Fly : de Fortaleza à Antártica, "o acelerador da moto é na mão, e a mão é mais perto do coração"

Pondo fé nos fãs da estrada, a Traxx importou as *custom* JH 150 e JH 250. A empresa foi mais uma a ocupar espaço próprio na Zona Franca de Manaus. Um dos lados positivos da Traxx é o apoio a aventuras de motociclistas brasileiros. Em 2006, a empresa apoiou o cearense Francisco Façanha, o "Bozoka" (1960-), que viajou de Fortaleza à Antártida com uma Fly JH 125 L, num percurso total de 8.900 quilômetros. Em 2007, a proposta era ainda mais ambiciosa (e um tanto maluca). No dia 1° de maio de 2007, pilotando uma *cub* Traxx Sky 110, o motociclista Flávio Kenup (1979-), na época com 28 anos, saiu da cidade serrana de Teresópolis, RJ, para viajar até o Alaska, extremo noroeste do continente americano, no Círculo Polar Ártico. Depois de atravessar 14 países e rodar mais de 57 mil quilômetros, Kenup e a pequena Traxx voltaram ilesos para Teresópolis, aonde chegaram no dia 17 de janeiro de 2008.

Flávio Kenup, 57 mil quilômetros ao redor do mundo com uma Traxx Sky 110

A Miza apresentou o Vite 150 (5,1 mil reais), um *scooter* de grande porte com muitos opcionais, potência de 8,7 hp a 8.000 rpm e torque de 0,97 kgfm a 7.500 rpm. Os 6 hp de potência e 0,9 kgfm de torque da Easy 125 (4,3 mil reais) indicam que a *cub* da Miza também sofre de anemia na motorização, mas as suspensões funcionam bem, os acessórios são muitos e a economia de combustível excelente, em torno de 40 quilômetros por litro.

A MVK aumentou sua grade de produtos para oito modelos, incluindo dois quadriciclos. A empresa mostrou

A MVK Speed XY 150 S, visual de esportiva, economia de combustível e bom desempenho, especialmente morro abaixo...

Hao Bao HB 125-9: desenho moderno, rodas de liga leve e freio a disco na dianteira

uma versão *motard* bem próxima da Bros 150 cc, mas a moto não chegou a ser lançada no Brasil.

A HaoBao desembarcou em São Paulo com três modelos produzidos em sua novíssima fábrica na Zona Franca de Manaus: a *cub* HB 110-3 (3.950 reais), a urbana HB 125-9 (4,9 mil reais) e o *scooter* HB 150 Eagle (6,2 mil reais). As motos chinesas têm muitas afinidades com a linha Honda, sendo possível em alguns casos o intercâmbio de peças de reposição.

O grande estande da Kawasaki no Salão das Duas Rodas de 2007 sinalizava o interesse da marca no Brasil

Fechando o ano, a presença da Kawasaki no Salão das Duas Rodas sinalizou uma possível volta da marca ao Brasil, completando o quarteto japonês que dá as cartas na indústria de motocicletas.

Propaganda da Sundown STX 200 Motard, primeira moto de produção brasileira voltada para esse segmento

Como se esperava, os totais divulgados pela Abraciclo registraram mais um notável avanço do mercado de motocicletas em 2007. A produção subiu 26,1%, para 1.600.157 unidades. O dólar sob controle afetou as exportações, que recuaram 14,4%, para 138.880 operações. De todo modo, o quadro geral de produção subiu 22,8%, para motos zero-quilômetro. As vendas subiram 26,9%, lideradas pela Honda, com 79,8%, ou 1.276.329 motos, sendo 394.291 do modelo CG 150 Titan. A CG 125 Fan foi a vice-líder, com estupendas 301.037 vendas. A Yamaha foi responsável por 14,2% do mercado, e a YBR foi a melhor classificada da marca, com 124.814 unidades vendidas, sendo a quarta colocada entre as mais vendidas no país. A Sundown, que lançou sua 200 cc STX em duas versões, *trail* e *supermotard*, teve ótima resposta do mercado. Diversificando a linha de produtos, a empresa melhorou novamente sua posição no mercado, subindo para 5,5%, com 87.859 motos vendidas, sendo 31.766 dos modelos Hunter e Max 125 cc. A seguir, a Kasinski, com 6.783 motos, ou 0,4% do mercado, e a Harley-Davidson, com 2.388 vendas, equivalentes a 0,1% do mercado.

O projeto da Honda Hornet foi inteiramente modificado em 2008. A moto ganhou novo chassi, motor mais compacto, injeção eletrônica e ciclística modernizada. Foram alterados ainda balança traseira, suspensões e freios (ABS/CBS opcionais). O motor quatro tempos de quatro cilindros em linha e duplo comando no cabeçote passou a render 102 hp a

A Hornet 600 foi totalmente remodelada em 2008, ganhando injeção eletrônica e freios ABS/CBS opcionais

12.000 rpm, com torque máximo de 6,5 kgfm a 10.500 rpm. A Hornet 2008 (30.837 reais, ou 33.137 reais com ABS) emagreceu oito quilos e ganhou 5,5 hp em relação à versão anterior, uma grande evolução técnica. A empresa antecipou o lançamento da Shadow 750 modelo 2009 (29.980 reais), que, além de mudanças estéticas, recebeu injeção eletrônica de combustível, sensores de oxigênio e catalisadores.

A Honda Shadow 750 de 2009 recebeu injeção eletrônica de combustível e mudanças no *design*. A moto tem três opções de cores

A seguir, o benefício da injeção eletrônica foi estendido às versões 2009 da Biz 125, lançadas em setembro: KS (5.147 reais), ES (5.854 reais) e Biz + (6.480 reais). No final do ano, a mudança mais esperada: a nova CG 150 Titan com injeção eletrônica e índice de poluição bem abaixo dos limites estabelecidos pelo Ibama por meio da fase três do Programa de Controle de Poluição do Ar por Motociclos e Veículos Similares (Promot), programada para vigorar no início de 2009. Aproveitando o embalo da proteção ao meio ambiente, a moto foi inteiramente remodelada, inaugurando a sétima geração da linha CG, que em 2009 completa 33 anos de existência. As três versões da CG 150 Titan – KS (6.090 reais), ES (6.590 reais) e ESD (6.990 reais), receberam os melhoramentos. Na urbana CG 125 Fan – versões KS (5.140 reais) e ES (5.590 reais) –, a solução para cumprir a nova legislação foi diferente, por meio da instalação de um filtro catalisador na saída do escapamento. Por causa dos novos limites do Ibama, no final do ano, a Honda anunciou a descontinuação dos modelos NX 4 Falcon, XR 250 Tornado e CBX 250 Twister. O mercado acredita que há fortes possibilidades de essas motocicletas voltarem em 2009, com versões adequadas à nova legislação ambiental. Na linha de importadas, a Honda CB 1300 (21.262 dólares) ganhou freios com sistema antitravamento ABS. Em 2008, o CETH de Indaiatuba completou dez anos, e seu modelo de gestão foi exportado para outros países da América Latina. No mundo, a Honda comemorou meio século do lançamento da C 100 Super Cub, criadora do segmento *cub* e maior sucesso da marca em todos os tempos, com 60 milhões de unidades vendidas em todo o planeta.

O grande lançamento da Yamaha em 2008 foi a YBR 125 Factor, primeira remodelação significativa da YBR em oito anos de mercado. O motor permaneceu intocado, mas com um novo sistema de alimentação, com carburador a vácuo em dois estágios, melhorando o consumo e emitindo menos gases poluentes. O visual da moto, inspirado na linha Fazer, foi bem resolvido e tem um ar esportivo raramente presente nessa

YBR 125 Factor, uma modernização radical na campeã de vendas da Yamaha

categoria. O que frustrou o consumidor foi a queda de potência, que passou de 12,5 para 11,2 hp, para atender às novas normas de emissão de poluentes. Em compensação, o consumo melhorou, passando dos 40 quilômetros por litro. A Yamaha manteve os preços do modelo anterior nas três versões da Factor: K (5.610 reais), E (6.210 reais) e ED (6.585 reais). Acompanhando as modificações (que resultaram em redução de potência de 12,5 para 10,9 hp), a XT 125 virou XTZ 125 E (7.817 reais), enquanto a *motard* XTZ 125 X passou a ser identificada como XTZ 125 XE (8.087 reais). No segmento das médias, destaque para a XTZ 250 X (12.060 reais), versão *motard* da Lander 250. A base mecânica da Lander foi mesclada às rodas da Fazer 250, com a adição de proteção rígida nas bengalas dianteiras (similar à adotada na XTZ 125 X), novo conjunto traseiro, bocal do tanque da XT 660 R e fartas doses de preto fosco, batizado pela Yamaha como *"mat-black"*. Curiosamente, a coroa foi reduzida em dois dentes, o que implicou uma relação de marchas mais longa, em desacordo com a proposta de *motocross* urbano do conceito *motard*.

A Yamaha MT 03 chama a atenção mesmo parada. Um dos componentes mais notados é o amortecedor lateral montado horizontalmente, a dianteira da conhecida marca italiana Paioli e o arrojado painel

Outra novidade da linha Yamaha 2008 foi a MT 03 (26.950 reais), versão urbana da *big trail* XT 660 cc. A MT 03 usa a mesma base mecânica da XT, motor monocilíndrico quatro tempos de 660 cc com comando no cabeçote (OHC), refrigeração líquida, potência de 48 hp a 6.250 rpm e torque de 5,73 kgfm a 5.500 rpm. A relação de marchas é mais curta, e a programação eletrônica prioriza o rendimento em baixa e média rotações. Meio-termo entre *motard* e *fun bike*, a MT 03 chama a atenção pela modernidade do projeto, uma versão menor da musculosa MT 01 (de 1.670 cc). No setor de importados, a novidade foi a Fazer FZ 6 N (35 mil reais), versão sem carenagem, para enfrentar a nova Hornet. As versões 2008 da TDM 900 (40.928 reais), MT 01 (54.586 reais) e YZF R1 (59.384 reais) continuaram vindo, com financiamento em 60 meses e um ano de seguro grátis.

A Suzuki Bandit 650 manteve o equilíbrio entre desempenho e conforto que caracterizam a linha Bandit, lançada em 1990

A Suzuki B King, como o nome indica, faz você se sentir o "rei". A moto pode ser programada para pilotagem mansa ou agressiva

A J.Toledo manteve a estratégia de opções em todos os segmentos do mercado. Entre as importadas, destaque para a *naked* esportiva B King (69.615 reais), uma resposta à Yamaha MT 01. A B King usa a motorização consagrada da Hayabusa, com a centimetragem aumentada para 1.340 cc, potência de 183,5 hp a 9.500 rpm e torque de 14,89 kgfm a 7.200 rpm. O mapeamento do motor tinha duas opções de programação: "A", mais esportiva, e "B", mais suave, indicada para pisos irregulares e tempo chuvoso. O visual da moto é no mínimo estonteante, com as setas dianteiras embutidas nas enormes aletas do tanque de combustível (inexplicavelmente pequeno, com capacidade para 16,5 litros) e os escapes colossais que lembram as asas traseiras do carro do Batman.

Para brigar no segmento das *naked*, a Bandit 650 (31.151 reais) com novo motor, um quatro tempos de quatro cilindros em linha de 656 cc, duplo comando no cabeçote (DOHC), inédita refrigeração líquida, potência de 85 hp a 10.500 rpm e torque de 6,28 kgfm a 8.900 rpm. A moto também recebeu injeção eletrônica de combustível e novos freios, mas, curiosamente, o chassi não foi modificado. A Bandit 650 ganhou uma versão carenada, a GSX 650 F (34.594 reais). Também com motorização 650 cc, chegou ao Brasil o *big scooter* Burgman Executive (52.235 reais). O motor é um quatro tempos de 638 cc com dois cilindros em linha, refrigeração líquida, potência de 55 hp a 7.500 rpm e torque de 6,32 kgfm a 5.000 rpm. Bem resolvido em todos os sentidos, o "Burgmaço" é uma ótima opção para quem gosta de estradas e *scooters*.

A BMW trouxe a versão 2008 da R 1200 GS (77.960 reais, com todos os acessórios), com motor de 105 hp a 7.500 rpm, 5 hp mais que a versão

BMW 1200 GS com novo sistema de ajuste de suspensão: ousadia com muito estilo

anterior. A mudança mais notável foi nas suspensões, que receberam o sistema eletrônico ESA, que equipou inicialmente a BMW K 1200 S. Nesse sistema há um botão do lado esquerdo do guidão que, pressionado e mantido na posição "enduro", regula a pré-carga da mola das suspensões em duas alternativas: reserva média *(medium reserve)*, original, com a figura de um pequeno morro, e reserva máxima *(maximum reserve)*, com a figura de um grande morro. Em ambas as opções, aparecem os modos suave *(soft)*, normal e duro *(hard)*. Na versão *hard*, o curso das suspensões aumenta em 20 mm, e o sistema de freios ABS é desligado. Em piso de asfalto, as opções são para apenas o piloto *(driver only)*, piloto com bagagem *(driver with luggage)* e piloto com passageiro *(pillion use)*. Cada uma dessas opções tem como subitens conforto, normal e esportivo. Esse sistema, que é mais difícil de explicar do que de comandar, deixa a moto ajustada a qualquer tipo de terreno e condição de pilotagem. No final do ano, a "família BMW GS" aumentou, com a F 800 GS (55,7 mil reais), uma *big trail* menos sofisticada que a 1200, mas igualmente qualificada para enfrentar qualquer desafio. Fechando a temporada de lançamento da marca, a G 450 X, primeira enduro profissional da história da BMW.

A Sundown modificou a Hunter 90, que ganhou 10 cc e 1,5 hp em relação à versão anterior, lançada em 2005. A mudança foi significativa, pois ampliou os limites de utilização da moto, que tinha dificuldades para manter o ritmo em meio aos carros nas vias expressas, especialmente com garupa. Por questões de custo, a Hunter 100 (3,1 mil reais) não teve outra alteração de monta. As motonetas *cub* Web (4.388 reais) e Evo (4.877 reais) receberam o novo chassi Flexbar, formato que, segundo a fábrica, permite melhor absorção dos impactos e redução de vibrações.

O Grupo Izzo passou a financiar todos os seus produtos com 50% de entrada e o restante em 24 parcelas sem juros. Entre os destaques da safra 2008, a Road King Classic (59.530 reais), uma turismo de

A BMW G 450 X é uma moto exclusivamente de competição, e marcou o ingresso da empresa no Campeonato Mundial de Enduro

Versão 2009 da City Cross XB9SX. Note os discos de freio radiais na roda dianteira

luxo com estilo clássico e tecnologia de ponta. Já a proposta da Rocker C (59,9 mil reais) é de uma *chopper* original de fábrica, com aparência artesanal e exclusiva. Entre as outras marcas representadas pelo grupo, a Malaguti marcou presença com seus modernos *scooters*, cotados entre 4,7 mil reais (Grizzly 10) e 29,9 mil reais (Spidermax). Na Buell, a City Cross XB9SX (33 mil reais) é o modelo mais acessível, e seu motor de 984 cc (potência de 92 hp a 7.500 rpm e torque de 9,68 kgfm a 5.500 rpm) leva vantagem considerável sobre a concorrência.

KTM Superduke 990 R tem estilo diferenciado e disposição de sobra para engolir o asfalto a muitos quilômetros por hora. Na foto, a versão 2007 desse modelo

A KTM saiu da lama com a *naked* esportiva Superduke 990 R (65 mil reais), evolução do modelo lançado em 2006. O motor é um quatro tempos de 999 cc, bicilíndrico em V a 75 graus, com duplo comando no cabeçote (DOHC), refrigeração líquida, potência de 119,6 hp a 9.000 rpm e torque de 11,6 kgfm a 9.000 rpm. Com um visual agressivo e componentes de alta qualidade, a KTM Super Duke 990 R é o topo de linha da grade de 15 modelos da KTM do Brasil.

A Kasinski reformulou seus dez modelos, em busca das vendas perdidas para a concorrência. A nova Comet GTR 250 (17,3 mil reais) trouxe como novidades uma carenagem integral estilo Ducati e duplo freio a disco na dianteira. A moto ficou mais esportiva e 12 quilos mais pesada (182 quilos) que a sua antecessora – ou seja, anda menos, mas freia mais... No segundo semestre, a Kasinski adotou uma nova estratégia de vendas: toda a linha 2008-2009 em 20 vezes sem juros.

Uma guinada radical ocorreu na linha 2008 da Motor Z, que lançou três novos modelos, todos movidos a gasolina. O *scooter* SCO 50 (4.090 reais) tem o mesmo visual do seu irmão chocante, o S 500, e o SCO 800 (5,9 mil reais) é a versão a combustão

O Motor Z V1500 modelo 2009 é o topo de linha da empresa. Usa motor elétrico de corrente contínua com potência de 1500 W (2,04 hp) e alcança 50 km/h

do S 800 elétrico. Os modelos movidos a bateria continuaram disponíveis e ganharam novas versões: o SS 500 (4 mil reais) e o S 1000 (5,2 mil reais). Segundo a empresa, as vendas em 2007 ultrapassaram 1.400 unidades, e a rede de concessionários possui 35 lojas, distribuídas por 12 Estados do Brasil.

O autor fazendo uma curva, em imagem de propaganda da Traxx JH 125 Joto: a empresa tem uma parceria comercial com a China South Industry Corporation (Jialing, Dayang, Jianshe e Qingqi)

A Traxx lançou a Shark 250 (8 mil reais), uma estradeira de médio porte com muitos cromados e acessórios. O motor é um bicilindro quatro tempos de 233 cc, com comando no cabeçote (OHC), potência de 17 hp a 8.000 rpm e torque de 1,16 kgfm a 6.500 rpm. A inspiração do desenho vem da Honda 600 Shadow. Na linha das 125 cc, a aposta da empresa foi na Joto JH 125 (5.390 reais), que tem como diferencial a suspensão traseira monochoque. O motor é um monocilindro quatro tempos de 133 cc com comando no cabeçote (OHC), potência de 13,1 hp a 8.000 rpm e torque de 1,07 kgfm a 6.500 rpm. Em 2008, a empresa cearense inaugurou uma nova fábrica em Manaus, com galpão de 6 mil metros quadrados, capacidade de produção de 100 mil motos por ano, meta de 24 mil unidades no primeiro ano e investimento total de 100 milhões de reais. No mês de setembro, a Traxx contratou a cantora Ivete Sangalo (1972-) para divulgar os produtos nos próximos dois anos, por um cachê de 4 milhões de reais. Nas revistas, os comerciais da cantora substituíram as propagandas de página dupla com uma imagem do modelo Joto 125 sendo pilotado pelo... autor deste livro, que, possivelmente por ser desafinado, nada recebeu. No final do ano, a empresa foi a primeira montadora a oferecer, além da garantia de dois anos sem limite de quilometragem e assistência 24 horas, um seguro contra roubo, furto, incêndio ou colisão.

Ivete Sangalo passa a divulgar a marca: em 2008, o Grupo CSICG produziu mais de 8 milhões de motocicletas, que, quando exportadas, recebem o nome Traxx

A Garinni, do empresário Camilo Cola Neto (1980-), ganhou um "n" e uma frota de nove modelos 2008, com preços variando entre 4,3 mil reais (GR 125 U) e 24,3 mil reais (GR 500 ATV).

A MVK alcançou 28 revendedores no país e lançou dois novos modelos: as fora-de-estrada BRX 140 (4.980 reais) e BRX 250 (7.280 reais). A 250 usa motor quatro tempos de 229 cc com 15,6 hp de potência, menos que os 19,3 da Honda CRF 230 fabricada no Brasil. A ciclística é moderna, com frente invertida, suspensão monochoque na traseira e freios a disco nas duas rodas, mas falta uma maior resistência aos impactos de um fora-de-estrada mais profissional.

A MVK JH 125 L, uma *trail* na linha da Traxx 125: opção para dentro e para fora da estrada

A Drago 150: acessórios em profusão

Da Miza veio a Drago 150 (8,8 mil reais), uma miniestradeira com mecânica simples e acessórios de luxo. O motor é um monocilindro quatro tempos de 150 cc com comando no cabeçote (OHV), potência de 10 hp a 8.000 rpm e torque de 1 kgfm a 7.000 rpm. A moto original vem com quatro ponteiras de escapamento, faróis auxiliares, painel completo, pedaleiras no estilo plataforma, bagageiro e encosto na garupa.

Propaganda da Piaggio Beverly 250, uma das estrelas da linha New Vespa

A PVGA Piaggio seguiu distribuindo seus *scooters* refinados. A Beverly 250 Cruiser (20,8 mil reais) é uma opção para quem quer praticidade no trânsito com economia (média de consumo de 29 quilômetros por litro) e exclusividade.

A Amazonas, conhecida pela fusão de motores Volkswagen e chassi próprio durante os anos 1970 e 1980, voltou ao mercado em uma nova faixa: a das estradeiras de médio porte (e cara de grande). A Amazonas AME (de Amazonas Motocicletas Especiais) C1 250 (13,2 mil reais) é importada da China em parceria com a Loncin Corporation, que utiliza

A Amazonas AME 250 C1 usa motor Loncin, com tecnologia Suzuki. A moto sinaliza o retorno das atividades de uma empresa que marcou época no Brasil

tecnologia da Suzuki. A C1 tem motor monocilíndrico quatro tempos de 249 cc e comando no cabeçote (OHC), com potência de 21,5 hp a 6.700 rpm e torque de 2,5 kgfm a 5.400 rpm, números muito próximos dos registrados pela Suzuki Intruder 250. Já o visual (e o peso, 185 quilos a seco) parece inspirado na BMW 1200 C. A Amazonas está disponibilizando ainda uma versão policial da moto, com o nome de AME P (15,8 mil reais). Sirenes, alto-falantes e toda a parafernália de patrulhamento são oferecidas nessa versão, que exibe no tanque e laterais o nome "Police". A empresa lançou simultaneamente a Mix 110 (3.990 reais), uma motoneta com jeito de (Honda) Pop 100, visual fora-de-estrada e muitos acessórios.

Em outubro, confirmou-se oficialmente a volta da Kawasaki ao mercado brasileiro, com o nome de Kawasaki Motores do Brasil. Uma nova fábrica será construída na Zona Franca de Manaus, com investimento inicial de 5 milhões de dólares. Entre os planos, linhas de motocicletas, quadriciclos e *jet skis*. A prioridade da Kawasaki é trazer para o Brasil a Ninja 250 R, conhecida no exterior como "Baby Ninja". Ela tem motor bicilíndrico quatro tempos com duplo comando no cabeçote (DOHC), potência de 33 hp a 11.000 rpm e torque de 2,2 kgfm a 8.200 rpm. O preço nos Estados Unidos é de 3.499 dólares, o que demonstra o potencial de mercado para essa moto no Brasil.

Em 2008, a Kawasaki voltou oficialmente ao Brasil. Bom retorno ao "povo verde"

FYM FY 250, uma *custom* de média cilindrada com visual de moto grande. A FY briga com a Sundown V Blade e a Kasinski Mirage pela preferência do consumidor

A chinesa Fym Motors desembarcou no Brasil afirmando que, em seus 41 anos de existência, soma a tecnologia alemã (num acordo operacional com a tradicional fabricante Sachs) à competitividade chinesa. A marca está presente em 40 países, e no Brasil a grade conta com sete modelos, de 100 a 250 cc. A topo de linha é a estradeira FY 250 (9.360 reais), com motor bicilíndrico quatro tempos de 233 cc, comando no cabeçote (OHC), potência de 17 hp a 8.500 rpm e torque de 1,63 kgfm a 6.000 rpm. Imponente, repleta de acessórios e vendida por um preço razoável, a Fym passou a ser mais uma opção em um segmento não prioritário para os grandes fabricantes brasileiros (leia-se Honda e Yamaha).

O grupo administrador de consórcios Rodobens estreou no mercado de motocicletas com uma nova

A Green 150 Sport, além de bonita, revela certo parentesco com a MVK Speed XY 150 S

empresa, a Green Motos. O modelo de estreia foi a Green 150 Sport (4.950 reais). A moto chama a atenção, com carenagem integral, duplo freio a disco na roda dianteira, rodas de estradeira (*custom*) e escape duplo. O motor é um monocilindro quatro tempos com válvulas no cabeçote (OHV), potência de 13 hp a 8.500 rpm e torque de 1 kgfm a 8.000 rpm. A empresa oferece dois anos de garantia em todos os seus produtos, sem limite de quilometragem.

A Bimota DB7 modelo 2009 tem chassi tubular em treliça de aço e alumínio de aviação, motor Ducati Testastretta Evoluzione de 1.098 cc, com 160 hp a 9750 rpm e velocidade máxima de 290 km/h

Já a empresa carioca Birelli apostou em dois opostos, ao trazer dois modelos chineses da categoria 125 cc: a urbana Victory BW 125 12 (5 mil reais) e o *scooter* Birelli 125 (5,7 mil reais). No extremo oposto, a aposta da Birelli foi importar cinco modelos da exclusivíssima Bimota DB5S 1100 (preço não divulgado), uma superesportiva com motor Ducati e repleta de acessórios de grife. Meses depois, saiu a notícia de que a Bimota teria outro representante no país, a Perfect Trading, que tinha planos de montar cinco concessionárias da marca. Até o momento, duas entraram em funcionamento, ambas na cidade de São Paulo.

A Shineray XY 150 GY, uma *trail* para encarar os buracos urbanos em dias úteis e trilhas descompromissadas nas horas vagas

Outra que desembarcou no Brasil em 2008 foi a Shineray, fundada em 1997, que produz 600 mil motocicletas por ano e exporta para 80 países. A filial brasileira está sediada no Cabo de Santo Agostinho, em Pernambuco, onde conta com um galpão de armazenagem e área total de 10 mil metros quadrados. A grade de produtos tem 16 modelos, entre ciclomotores, motocicletas, triciclos e quadriciclos, de 50 a 250 cc. A Shineray do Brasil tem mais de 50 revendas, distribuídas em 12 Estados.

A Iros One 125, criatura urbana já aprovada nas normas Promot 3. O planeta agradece

A Iros Motos da Amazônia foi mais uma oriental que "pegou um ita no norte e veio pro Brasil morar". A empresa é controlada pelo Grupo Microservice, sediado na Zona Franca de Manaus e maior fabricante de CDs (e DVDs) da América Latina. Pesquisas sobre o nome Iros na internet o associaram à robótica (*Intelligent Robots and Systems*). Na página da empresa na internet, está consignado que "para aqueles que desejam pertencer ao universo imaginário das motocicletas e *quads*, Iros é a marca que representa a essência do indomável, dono de seu próprio destino. Traz consigo a sensação de pertencimento a uma tribo fascinante, poderosa, misteriosa e emocionante". A Iros, que tem um interessante logo (uma mandíbula de cobra) e o lema "Espírito indomável", apresentou uma grade de dez produtos, entre motocicletas e quadriciclos.

A pequena estradeira Dayun DY 150 7 segue o padrão muitos cromados e grande distância entre eixos: 1,48 metro

No embalo das Olimpíadas, chegou ao Brasil a Dayun, fornecedora oficial dos Jogos Olímpicos de Pequim. A empresa foi fundada em 1999 e está presente em mais de cem países. Em seu primeiro ano no Brasil, a Dayun montou uma rede de sete concessionários e apresentou seis modelos, de 110 a 250 cc. A página da empresa na Internet explica que a Dayun é "uma moto com um preço surpreendente e com uma beleza incrível."

Propaganda de inauguração de revenda Dafra em Porto Alegre, Rio Grande do Sul. Do Oiapoque ao Chuí, 170 pontos de venda, no primeiro ano de atividade

A estreia mais impressionante da temporada 2008 foi da Dafra, empresa do Grupo Itavema, gigante do setor automobilístico. Com investimento inicial de 100 milhões de reais, a nova empresa se instalou em um terreno de 100 mil metros quadrados na Zona Franca de Manaus e, em parceria com as fabricantes chinesas Lifan, Loncin e Zongshen, passou a montar quatro modelos. A versão de entrada é a Super 100 (3.290 reais), planejada para enfrentar a Sundown Hunter 100 (que é basicamente a mesma moto) e a Honda Pop 100. A Speed 150 (4.990 reais) tem como alvo, entre outras, as Honda Titan e Fan, a Yamaha YBR e a Suzuki Yes. A estradeira Kansas 150 (5.590

Uma inédita CG 125 adaptada artesanalmente para trilhas fortes, com correntes na roda traseira e pneu dianteiro com parafusos. A foto foi feita em Tucuruí, sudeste do Pará, em janeiro de 2009

reais) veio duelar especialmente com a Suzuki Intruder 125, e o *scooter* Laser 150 (5.990 reais), topo de linha da Dafra, briga com os congêneres Burgman, Biz, Neo e companhia. A rede de concessionárias, acoplada às revendas de automóveis, é uma grande arma da Dafra, que iniciou suas operações contando com 170 pontos de venda.

Sobre as marcas chinesas, cabe esclarecer que aquele país possui mais de trezentos fabricantes e quatro níveis de qualidade diferentes, ou seja, a culpa por eventuais produtos ruins é dos que, por questão de custo, optaram pela versão mais sujeita a defeitos. Além disso, a indústria japonesa também começou copiando modelos europeus, e hoje acontece o contrário.

Com chegadas, retornos e algumas partidas, o mercado nacional de motocicletas fechou 2008 com um novo recorde: 1.879.157 motos produzidas, que, somadas às 131.720 unidades exportadas, perfazem um aumento de 23,4% em relação a 2007. Apesar da crise internacional, as vendas no mercado interno aumentaram 17,5%, alcançando 1.879.695 unidades. A Honda recuou 13,7%, para 77,2% do mercado, capitaneado pela CG 150 Titan, com 462.890 motos vendidas, ou 24% do total de vendas. Dessa vez a Yamaha também recuou, de 14,2% para 13,3% das vendas, e a sua melhor marca foi com a dupla YBR e Factor, num total de vendas de 138.967 unidades, o que representa 7% do total.

Virtudes da Dafra Kansas 150: partida elétrica, rodas de liga leve, suspensões Showa, freio a disco na roda dianteira, 13 hp e 30 quilômetros por litro

A estreante Dafra teve uma atuação espetacular, com 88.523 motos vendidas, 4,7% do mercado logo em seu primeiro ano. O modelo mais vendido foi a Speed 150, com 46.748 negócios, ou 2,5% do total de vendas. A Sundown foi a quarta colocada, com 78.320 vendas, ou 4,2% do mercado, o que significou um recuo de 10,9% em relação a 2007. O modelo mais vendido da marca foi o *scooter* Web Evo 100, com 24.841 unidades, o que equivale a 1,3% do mercado. O Grupo Izzo compareceu com duas marcas: a Harley-Davidson, com 5.194 motos vendidas, ou 0,3% do total (um avanço de 117,5% em relação a 2007), e a Bramont Triumph, que vendeu 376 motos. O modelo H-D mais vendido no Brasil em 2008 foi a Sporster 883, com 1.707 negócios, ou 0,1% do mercado.

Além dos dados da Abraciclo, foram examinadas as informações da Federação Nacional da Distribuição de Veículos Automotores (Fenabrave). Pelo número de licenciamentos, o segmento de motos cresceu 12,69% em relação a 2007, passando de 1.708.640 para 1.925.514 emplacamentos no final de 2008. O *ranking* anual por segmento ficou assim:

STREET

	Modelos	DEZ		NOV	Acumulado (jan a dez)	Part. (%) s/ Total
1º	CG150	33.001	▲	26.271	442.008	34,48
2º	CG 125	34.684	▲	29.023	382.992	29,87
3º	YBR 125	10.446	▲	9.978	127.222	9,92
4º	EN125	4.626	▲	4.551	84.762	6,61
5º	CBX 250 TWISTE	4.730	▼	3.506	76.131	5,94
6º	SPEED 150	4.161	▼	3.965	37.105	2,89
7º	FAZER	2.204	▲	1.451	36.771	2,87
8º	INTRUDER	943	▲	820	24.699	1,93
9º	HUNTER 125	957	▲	914	19.735	1,54
10º	MAX 125	1.297	▼	1.255	18.704	1,46
	Total geral	**99.265**	▲	**83.673**	**1.282.023**	**100,00**

É o segmento mais popular do país, com 66,94% dos emplacamentos, ou seja, detém amplo domínio do mercado nacional. A Honda segue suprema, mas qualquer fração de vendas representa um grande volume, o que incentiva a competição entre as marcas.

CUSTOM

	Modelos	DEZ		NOV	Acumulado (jan a dez)	Part. (%) s/ Total
1º	KANSAS 150	1.506	▲	1.414	12.728	44,95
2º	SHADOW 750	141	▼	161	2.508	8,86
3º	FY 250	46	▼	55	1.870	6,60
4º	DRAG STAR XVS	174	▲	166	1.819	6,42
5º	BLADE	144	▼	155	1.682	5,94
6º	BOULEVARD M800	97	▲	93	1.373	4,85
7º	MT-03	89	▲	79	1.350	4,77
8º	XL 883 C	77	~	77	1.194	4,22
9º	FLSTF	82	▲	65	790	2,79
10º	MIRAGE 250	68	▲	59	745	2,63
	Total geral	**2.577**	▲	**2,502**	**28.317**	**100,00**

Para o consumidor, o preço vem antes do tamanho. Assim, a pequena Dafra Kansas 150 cc disparou na frente da concorrência, inclusive japonesa. Interessante a briga entre grandes e pequenas, japonesas e chinesas e, especialmente, entre o caro e o barato. O total de vendas é pouco expressivo, representando 1,48% dos emplacamentos efetivados em 2008.

MAXITRAIL

	Modelos	DEZ		NOV	Acumulado (jan a dez)	Part. (%) s/ Total
1º	XT 660	204	▼	226	2.569	48,25
2º	DL1000	50	▼	56	883	16,59
3º	BMW R1200	79	▲	52	845	15,87
4º	XL 1000V	8	▼	13	368	6,91
5º	TDM TWIN900	11	▲	5	260	4,88
6º	XB12	4	▼	5	149	2,80
7º	G650	2	▲	1	94	1,77
8º	ADVENTURE 990	4	▼	5	53	1,00
9º	F650	21	▲	12	65	1,22
10º	YG 125	–	~	–	12	0,23
	Total geral	**383**	▲	**377**	**5.324**	**100,00**

Na faixa das *big trail* não é diferente: a relação custo/benefício vem em primeiro lugar. Pelo que oferece, a Yamaha XT 660 é a que melhor resolve essa equação. Com 5.324 emplacamentos, essa faixa responde por 0,28% do total.

NAKED/ROADSTER

	Modelos	DEZ		NOV	Acumulado (jan a dez)	Part. (%) s/ Total
1º	CB600	466	▲	445	5.864	46,08
2º	BANDIT	147	▼	164	2.599	20,42
3º	GS500	81	▲	77	1.676	13,17
4º	FAZER	111	▼	124	1.135	8,92
5º	CB1300	41	▲	30	649	5,10
6º	XB12	9	▲	7	162	1,27
7º	XB9	2	▼	3	149	1,17
8º	GREEN RUNNER	–	▼	6	138	1,08
9º	MONSTER	15	▲	12	113	0,89
10º	K1200	–	▼	3	58	0,46
	Total geral	**876**	▼	**882**	**12.725**	**100,00**

A modernização da Honda CB 600 F Hornet foi decisiva para o modelo continuar na ponta nesse disputado nicho de mercado, que, no entanto, tem pouca influência no total de vendas: 0,68% do total de emplacamentos no ano.

SCOOTER/CUB

	Modelos	DEZ		NOV	Acumulado (jan a dez)	Part. (%) s/ Total
1º	BIZ	14.569	▲	12.122	196.172	54,11
2º	POP 100	4.023	▲	3.928	67.769	18,69
3º	WEB 100	1.711	▼	1.911	25.908	7,15
4º	AN 125	1.097	▲	910	21.528	5,94
5º	NEO AT115	798	▲	633	18.158	5,01
6º	JL50	559	▼	566	7.340	2,02
7º	LASER 150	418	▲	407	4.600	1,27
8º	LF 110	263	▲	224	3.574	0,99
9º	JL110	271	▲	216	3.476	0,96
10º	FUTURE	282	▼	312	3.303	0,91
	Total geral	**24.746**	▲	**21.840**	**362.516**	**100,00**

Honda no pódio novamente, e uma notável presença da Sundown, firme na terceira posição, à frente da Suzuki e da Yamaha. O segmento é expressivo e reponde por 13,93% do total de emplacamentos em 2008.

SPORT

	Modelos	DEZ		NOV	Acumulado (jan a dez)	Part. (%) s/ Total
1º	GREEN SPORT	290	▲	224	2.768	19,94
2º	CBR 600	119	▲	92	2.070	14,91
3º	YZF R1	195	▲	191	1.663	11,98
4º	HONDA CBR 1000RR	93	▲	90	1.543	11,12
5º	COMET 250R	92	▼	166	1.289	9,29
6º	GSX750	35	▼	49	961	6,92
7º	GSXR1000	68	▲	65	918	6,61
8º	GSXR750	61	▲	52	733	5,28
9º	GSX 1300	43	▲	40	705	5,08
10º	YZF R6	20	▼	37	461	3,32
	Total geral	**1.077**	▲	**1.047**	**7.830**	**100,00**

Surpresa extrema: a pequena (mas completinha) Green à frente das poderosas Honda CBR 600 RR e Yamaha YZF R1 Os modestos 13 hp superaram os milhares de cavalos de força das demais classificadas, um prêmio à simplicidade e ao baixo custo. Muito provavelmente em função do preço, a penetração das esportivas no mercado é reduzida, 0,41% do total. A importância desse mercado está na imagem de modernidade e tecnologia, que muitas vezes influencia a opção dos motociclistas dos demais segmentos.

TOURING

	Modelos	DEZ		NOV	Acumulado (jan a dez)	Part. (%) s/ Total
1º	FXD	48	▼	55	544	31,16
2º	FLHTCUI	19	⌥	19	258	14,78
3º	FXDC	4	▼	6	235	13,46
4º	FLHRC	9	▲	1	202	11,57
5º	FLSTC	15	⌥	15	199	11,40
6º	K1200	2	⌥	2	85	4,87
7º	GOLDWING GL 1800	6	▲	–	82	4,70
8º	VRSCDX	–	▼	3	77	4,41
9º	R1200	7	▲	–	50	2,86
10º	CONCOURS	–	⌥	–	6	0,34
	Total geral	**111**	▲	**101**	**1.746**	**100,00**

Liderança tranquila da Harley-Davidson, que ocupa as cinco primeiras posições e seis entre as *top* dez do micromercado brasileiro de megamáquinas. O custo unitário das turismo de luxo é alto, e possivelmente a margem de lucro também, mas o peso no mercado é quase nenhum, apenas 0,09% do total de emplacamentos.

TRAIL/FUN

	Modelos	DEZ		NOV	Acumulado (jan a dez)	Part. (%) s/ Total
1º	NXR150	7.487	▲	7.241	111.418	51,88
2º	XTZ 125	1.740	▲	1.621	27.329	12,72
3º	XR 250	1.727	▲	1.512	26.836	12,50
4º	NX-4	1.013	▲	907	16.766	7,81
5º	LANDER	673	▲	631	14.169	6,60
6º	STX	572	▲	359	9.450	4,40
7º	XTZ 250	394	▼	416	4.521	2,11
8º	JH125	270	▲	231	3.398	1,58
9º	NXR125	36	▲	30	437	0,20
10º	XLR 125	18	▲	5	119	0,06
	Total geral	**13.948**	▲	**101**	**214.771**	**100,00**

Mais um segmento liderado pela Honda. Com a descontinuação da XR 250 Tornado e da NX 4 Falcon, respectivamente terceira e quarta colocadas, a tendência é a concorrência aumentar, numa faixa que responde por 11,21% do total de emplacamentos e tem grande potencial no país.

CAPÍTULO 20

PRESENTE E FUTURO

O futuro nos aguarda na próxima curva da estrada

É clássica a noção de que o futuro não chega nunca, porque, quando isso acontece, ele já se tornou presente. Assim, o que ainda vai acontecer é no imaginário de cada um de nós, repleto de esperança e de sonhos de fartura e felicidade.

Apenas para especular, na visão de um motociclista brasileiro essa noção de futuro róseo envolve, além dos desejos naturais de saúde, paz e prosperidade, motos eficientes por um preço acessível, vias bem cuidadas, convívio harmônico com os semelhantes e segurança no trânsito. E, se não for pedir demais, acho que todos torcem por pouca chuva e nenhum tombo.

Um futuro melhor para as próximas gerações: unanimidade no reino animal

Mas, como diz o ex-presidente Fernando Henrique Cardoso, há o ideal e o possível, e aqui no Brasil muito raramente esses dois conceitos caminham juntos. Uma avaliação mais realista indica que a situação do mercado de motocicletas é delicada. É fato que a venda de motos tende a passar ao largo das crises, pois muitos automobilistas se desfazem de seus veículos e recorrem às motos, mais baratas, econômicas e fáceis

Motocicleta: use a sua ou compre uma agora. Sua vida vai melhorar 24 horas por dia!

É como diz a capa do velho e bom disco do Supertramp: *Crise? Que crise??*

de estacionar. Geralmente esse pessoal se surpreende com as vantagens da vida sobre duas rodas, tornando-se motociclista em definitivo. Como diriam os mineiros: "*Libertas quae sera tamen*".

Mas a crise de 2008/2009 foi diferente, mais abrangente e, portanto, mais sinistra. Segundo os economistas, foi o maior colapso financeiro desde a crise de 1929, e afetou diretamente o mercado de veículos automotores. Estados Unidos, Europa e Japão cambalearam. Dos nossos colegas de pelotão, os "BRICs", considerados os "gigantes do futuro", Rússia, Índia e China apostam tudo nos seus mercados internos, represados por décadas de contenção ao consumo. Essa também é a receita brasileira.

No setor de motocicletas, o mercado nacional foi atingido num momento de mudanças, com as fábricas tendo de investir forte em tecnologia para atender à fase três do Programa de Controle de Poluição do Ar por Motociclos e Veículos Similares (Promot), que prevê a redução da emissão de monóxido de carbono (CO) de 5,5 para 2 gramas por quilômetro rodado. A emissão de hidrocarbonetos (HC) é reduzida de 1,20 para 0,8 g/km em motos de até 150 cc e de 1 para 0,3 g/km em motos acima de 150 cc. A emissão de óxido de nitrogênio (NOx) cai de 0,3 para 0,15 g/km em 2009. Esses parâmetros nos colocam em igualdade com as normas ambientais Euro 3 adotadas pela União Europeia, tidas como as mais rigorosas do mundo. Algumas "motocicletas nisseis" (japonesas nacionalizadas ou fabricadas no Brasil) tiveram dificuldades em se enquadrar e foram descontinuadas. As marcas chinesas terão que se adaptar às novas regras sem perder seu principal atrativo, o baixo custo. Por conta da queda nas vendas ocorrida no final de 2008 e início de 2009, a Abraciclo obteve uma prorrogação das licenças de configuração até 31 de março de 2009, o que, na prática, adia a vigência da nova legislação, originalmente marcada para 1° de janeiro de 2009.

Só para se ter uma ideia do panorama, as vendas de janeiro de 2009 caíram 43,9% em relação a janeiro de 2008, com a produção recuando 60,3% e as exportações 14,2% na mesma comparação. Nos Estados Unidos, a queda foi de 7,2% e na Europa o declínio foi de 5%, aproximadamente, mas é bom lembrar que a crise econômica começou a assustar a partir de setembro de 2008, depois de meses muito positivos no primeiro semestre, ou seja, esses números podem não revelar adequadamente o que se passa por lá.

Uma situação de crise atua como um cruel filtro de qualidade. Quem sobrevive sai fortalecido. Talvez seja o momento ideal de repensar estratégias. Cabe questionar se realmente precisamos de motos que ultrapassam 150 km/h em primeira marcha. Outro dia, um motociclista inglês foi flagrado a 122 milhas por hora (quase 200 km/h) debaixo de chuva e com o filho de 14 anos na garupa. E olha que existem muitos assim por aí. Penso que o melhor em qualquer situação é usar o raciocínio de contador, o velho esquema custo/benefício, receita/despesa, ativo/passivo, que se resume em vantagem/prejuízo.

Craig Vetter com a versão 1972 da Windjammer em testes no famoso Monument Valley, no deserto do Arizona, EUA

Nos Estados Unidos, terra do consumo e, muitas vezes, do desperdício, um motociclista visionário chamado Craig Vetter (1942-) está determinado a aperfeiçoar o amanhã. Ex-piloto, hábil engenheiro e criativo inventor, Vetter começou a desenhar carenagens na década de 1960, depois de pegar carona no vácuo de um caminhão, numa viagem de Illinois para o Colorado. Sem o vento, ele se sentiu muito confortável, e a moto ficou mais econômica. Chegando em casa, Vetter colocou a moto no centro da sala e começou a trabalhar com resina, espuma e força de vontade. O molde ficou pronto, foi testado e aprovado, os amigos gostaram e assim surgiu a Vetter Corporation. Logo surgiu uma série de carenagens estradeiras, com o nome de Windjammer (algo como "bloqueador de vento"). As Windjammer traziam várias configurações de acessórios, como para-brisas reguláveis, proteções para o motociclista, tomadas de ar, suporte para bagagem e equipamentos de áudio. Nos anos 1970, o sucesso era tal que as fábricas passaram a oferecer as carenagens como opcionais e até como equipamento original. Quando, no final da década, as fábricas resolveram criar seu próprio desenho de carenagens, Craig Vetter, o modernizador do estilo turismo de luxo, estava rico.

Craig, a mulher, Carol, e Willie, o cão. Família unida

Ele foi morar na Califórnia com a família e passou a se dedicar a outro projeto mais abrangente: a "Freedom Machine". Partindo do *scooter* Honda Helix 250, que em versão *standard* consegue marcas próximas de 30 quilômetros por litro, Craig Vetter criou uma série de carenagens para tentar atingir a meta de andar cem quilômetros com um litro de combustível. Além disso, a moto devia ser capaz de rodar por ruas e estradas de todo o país, incluindo as *freeways* e *highways*, vias expressas de alta velocidade. Ele ultrapassou essa marca em 1985, com um protótipo oval com motor 125 cc de quatro tempos que marcou incríveis 188 quilômetros por litro, mas em condições muito particulares: em linha reta, com um minipiloto, em baixa velocidade, etc. Na concepção de Vetter, qualquer veículo (de duas, três ou quatro rodas) que atinja os cem quilômetros por litro deve ser premiado com incentivos legais, que valem tanto para o fabricante quanto para o proprietário – atrativos como financiamento subsidiado e a longo prazo, isenção de pedágios e estacionamento liberado.

A ideia é radical, mas tem lógica e está sendo levada a sério por Craig Vetter e sua equipe. Eles já apresentaram o projeto às autoridades californianas, que se interessaram em desenvolver o assunto. Quem sabe alguma coisa do gênero funcionasse aqui... Só a diminuição da enorme carga tributária já seria um ótimo elemento de convencimento. De tudo o que pode acontecer, o que se espera, e o que cada um busca, é um futuro feliz, com ou sem moto. Consideradas as infinitas possibilidades, uma certeza: o amanhã será bem mais divertido sobre duas-rodas-e-um-motor.

Craig testa a versão 2008 da "Freedom Machine". Repare que a placa e a lanterna traseira estão no alto, atrás do piloto, para não prejudicar a aerodinâmica

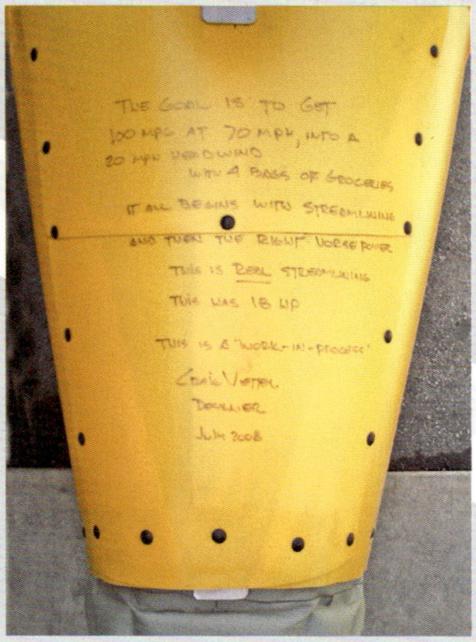

À esquerda, detalhe da porta escamoteável para colocar os pés no chão quando o veículo está parado. À direita, um resumo do andamento do projeto de Craig em julho de 2008, escrito à mão na própria "Freedom Machine"

HONDA
HORNET
CB600F